壽險精算（第三版）

卓志　編著

Actuary

${}_{k|}V^{1}_{x:\overline{n}|}$

$\mathring{e}_x$

${}_{n}p_x^{(\tau)} + {}_{n}q_x^{(\tau)} = 1$

$P_{x:\overline{n}|} = \dfrac{M_x - M_{x+n} + D_{x+n}}{N_x - N_{x+n}}$

$\ddot{a}^{(m)}_{\overline{n}|} = \dfrac{1-v^n}{d^{(m)}}$

$A^{\ 1}_{x:\overline{n}|}$

ACTUARIAL SCIENCE

$\left(1+\dfrac{i^{(m)}}{m}\right)^m = 1+i$

財經錢線

第三版前言

筆者於 1993年編著出版了《壽險精算的理論與操作》一書。為此,美國天普大學風險管理與保險教授段開齡博士作序並評價道:「它是西方精算科學引進中國后,卓君對中國保險精算及其教育的重要貢獻。」該書出版后得到業界與學界的廣泛認可隨著市場的發展,隨著高校對人才培養要求和規格的提高,隨著精算越來越受到重視,在該書的基礎上,筆者不斷修改、補充和完善相關內容,並結合多年教學實踐,編著出版了《壽險精算》一書,呈現給廣大讀者直至今日。這本較為系統地反映壽險精算基礎

但是,自第二版《壽險精算》出版以來,儘管獲得了廣大讀者與國內很多高校的廣泛認可並選作本碩教材,但是也有一些使用本教材的師生提出了寶貴的修改建議,比如有的符號有誤,使用的生命表較舊,中國償付能力二代監管體系頒布后需要增加一些新的內容,尤其是2016 年 12 月中國發布了「中國人身保險業經驗生命表」,即第三套生命表,等等。我們非常重視這些意見和建議,更把修改修訂作為我們編著者的責任。為此,我們對第二版教材做了全面修訂,以便更能有效分析現實問題,解釋客觀現象,推進教學改革,提升教學質量,培養更多精算人才。

在盡量保持教材原貌與風格的前提下,本次修訂要點如下:

(1)給出了第三套生命表及其替換函數表,以替換原教材中陳舊的生命表與替換函數表,並使用第三套生命表重新計算涉及用替換函數表計算的例題。

(2)為了便於資產份額與利源分析部分的學習,新增了一章,即多元風險模型。

(3)修正了教材中的一些錯誤,增刪了一些例題與習題,並提供了習題答案。

(4)新增介紹了一些本學科的最新發展趨勢和研究成果。

本教材修訂由我總負責,張運剛教授協助我做了大量工作。在此次修訂過程中,我與張運剛教授確定總的思路和原則,我們和幾個保險精算研究生研討修改內容,制訂修改計劃,分工落實。參與具體修訂事務的人員及其工作如下:冉立負責第一章和第二章;王詩舒、馮力、陳玉瀅、苟照雄、黃可心、葉雨昊分別負責第三章到第八章;薛智雯負責第九章與第十章;吳超負責第十一章的增補;孫梓涵修改了第十二章至第十四章。本人對全書進行了統籌協調和綜合性修訂。在此,對廣大參與教材修訂的師生表示衷心的感謝。

儘管花了大量時間進行本教材的更新與修正,但是百密難免一疏,懇請廣大讀者批評指正。

卓 志

目　　錄

1 壽險精算概論

1.1 壽險精算的內涵

迄今為止,國內外對精算的定義,尚未形成完全統一的解釋。結合現行對精算的一般描述,所謂精算,就是運用數學、統計學、金融學、保險學及人口學等學科的知識和原理,定量解決工作尤其是保險經營管理中的實際問題,進而為決策提供科學依據的一門應用型學科。精算與保險的結合形成保險精算,保險精算是精算的重要組成部分。保險精算一般被描述為:運用數學、統計學、金融學、保險學及人口學等學科的知識和原理,去解決商業保險與各種社會保障業務中需要計算的項目,如死亡率的測定、生命表的構造、費率的厘定、準備金的計提以及業務盈餘分配等,以此保證保險經營的穩定性和安全性。

顯然,精算與保險精算是種概念與子概念的關係。精算的外延比保險精算的外延更寬、更廣。精算要解決的商業與社會問題,大致限於涉及生命、健康、財產、意外及退休養老等意外事故(件)的經濟方案,亦即保險精算的範疇。然而,自第二次世界大戰結束以來,精算的應用範圍逐漸擴大,精算可以與投資活動結合,形成投資精算學,除處置負債方面的意外事件外,也滲透到了資產領域的風險界定和分析。精算用於人口問題中的有關計算,有人口精算學之說。當然,保險尤其是人壽保險與養老金等業務所負責任的長期性和伴隨的動態性決定了保險精算與精算具有密不可分的關係。

保險精算通常可分為壽險精算和意外險精算兩大類。壽險精算主要研究以生存和死亡為兩大保險事故而引發的一系列計算問題。通常情況下,與生存有關的問題由生存年金來處理,與死亡有關的問題由壽險(主要指死亡保險)來應對,或者生死事件由生存與死亡保險的結合來解決等。生存和死亡保險事故危及單生命(single - life)時,涉及的主要精算問題是:單生存下的純保險費計算、準備金提存等問題。生存和死亡保險事故也危及多生命(multi - life),與此對應的精算主要討論連生年金和連生保險的純保險費、準備金等的計算。意外險精算與壽險精算在具體的研究對象上各有側重,有所不同。意外險精算主要研究自然災害、意外事故的出險頻率和損失幅度的分佈以及由此而產生的一系列計算問題。意外險精算包含兩個重要分支:一是損失分佈理論,研究在過去已有統計資料的條件下,未來損失的分佈狀況以及損失與賠款的相互關係等問題,並以此作為預測的依據與基礎,提高經營決策的科學性。二是風險理論,即通過分析出險頻率與損失幅度的分佈,研究這種出險次數與每次損失大小的複合隨機過程,以期洞察保險應具備多大規模的基金,方可不至於發生破產;若有可能發生破產,評估這一破產概率的大小等問題。

由於壽險精算是保險精算的一個構成部分,保險精算又從屬於精算科學,而精算與數學、統計學具有密切的內在聯繫,因此從這種意義上講,壽險精算具有經濟計算和應用數學的學科性質,壽險精算也就必須以應用數學、計算數學作為數理基礎。隨著現代經濟金融的發展和深化,以及精算自身的完善和領域擴展,壽險精算已突破了簡單地對生死或然率等風險的分析。壽險精算還會涉及壽險原理及其他多種學科,並形成一門嶄新的以數學為基礎,結合經濟、金融和保險理論的交叉和邊緣學科。

1.2 壽險精算的起源與發展

壽險精算是從壽險經營的窘境中應運而生的一門新興學科。壽險的前身是歐洲中世紀的基爾特(Guild)制度。據記載,世界上最早的壽險保單之一,是在 16 世紀末,由一群海上保險承保人在倫敦對 William Gibbon 簽發的一年保險期限、保險金額為 382.68 英鎊的定期保單。

18 世紀中期以前,英國早期的壽險組織資格最老的要數於 1706 年在倫敦特許成立的協和保險社。1721 年經特許成立的皇家交易保險公司和倫敦保險公司同年開始經營壽險業務。此外,還有一些捐助團體以及聯盟協會也經營壽險業務。這些互助協會、保險公司以及其他團體經營的壽險業務,概括起來,其經營具有如下幾個特點:①壽險僅為火險、海險的副產品,尚未大規模獨立地經營壽險。②壽險業務所承保的對象限制較多。互助協會承保會員人數有限,主要局限於商人、企業合夥人;特許保險公司經營的壽險,將病人、老年人及天花病人等一概拒於門外。③壽險的保險費採用賦課式,未將年齡大小、死亡率高低等與保險費掛鉤。④壽險經營缺乏嚴密的科學基礎,表現在有關計算單一、粗糙,所考慮因素較少。這樣的壽險經營導致的是壽險業不景氣,保險技術停滯不前。也正是在這種經營思想指導下,協和保險社在 1756 年以詹姆斯・道森(James Dodson)年齡偏大(那時 Dodson 實際年齡僅 46 歲)為由,拒絕吸收其為保險社會員,其爭議結果成為壽險精算興起的導火繩。

按照協和保險社的經營之道,承保對象年齡與保險費無關,保險費採用賦課式。倘若吸收了年長者,那麼無疑會增大自身的風險。詹姆斯・道森鑒於此事,意識到壽險經營的這種狹隘性,研究了該如何為永久的保險設立保險費和準備金,提出了保險費應與死亡率掛鉤,保險費隨投保人年齡和預期壽命有所差異等新觀點和新方案。這就是現代壽險精算科學的雛形,也就是現代精算科學的雛形。

但是,限於道森當時所處的社會與經濟環境,他的建議在其有生之年並未得到協和保險社以及特許保險公司等的重視和讚同,相反卻遭到了無情的抗議和否定。1757 年道森死后,整個壽險經營已面臨嚴重窘境,道森的讚同者(如 Edward Rowe Mores)紛紛採納了道森的方案,並於 1762 年創立了倫敦公平人壽保險社,簡稱「老公平」。「老公平」於 1764 年開業。

「老公平」採納了道森的方案,依英國政府公布的 1728—1750 年倫敦市死亡統計編制了死亡率表,按照被保險人年齡及保險金額收取保險費,並製作了第一套保險費表。這樣,「老公平」就能夠簽定長期壽險契約,能夠接受和調整範圍廣泛的各類風險,壽險經營從此打開了新的局面,同時壽險業務開始步入科學經營之路。就這樣,現代壽險精算科學正式地從「老公平」的壽險經營中誕生了。

壽險精算及壽險精算學的產生,並不是偶然的,相反,它具有自身的理論淵源。第一,在 1530 年的倫敦,因負責統計瘟疫和其他原因死亡的人數,而使 John Graunt 於 1662 年出版了《基於死亡證明書的自然與政治的觀察報告》。Graunt 的觀察包括:「……一些是關於貿易和政府,另一些則是關於大氣、國土、季節、收成、健康、疾病、壽命及人類性別、年齡間的比例。」更重要的是,他給出了一張有 100 個人的死亡表,認定 36 人將在頭 6 年內死去,並假定了此后每十年死去的人數,直到最后一人死於 86 歲前。這張表成為現代生命表的先驅,其對死亡規律的研究也是最早的。第二,道森的有關計算方案的思想,直接受其老師、法國數學家 Abraham de Moivre(1667—1754)的影響。De Moivre 曾對死亡率及其模型做過大量的研究,在 1724 年提出了一個死亡法則,即將一定年齡對應的生存人數看成這一年齡的函數,用式子可表示為 $l_x = k(\omega - x)$。式中,x 表示年齡,$12 < x < 86$;ω 代表終極年齡;k 為比例常數;l_x 為活到 x 歲的生存人數。他運用自己的死亡法則,成功地計算和簡化了當時頗為棘手的年金問題。第三,英國數學家、天文學家埃德蒙·哈雷(Edmund Halley)(1656—1742),在 1693 年利用德國 Breslau 市 Neuman Casper 所搜集整理的該市 1687—1691 年五年間按年齡分類的死亡記錄,統計出按不同年齡和性別分類的死亡人數和出生人數,編制了一份完整的 Breslau 市生命表。哈雷在其中對死亡率、生存率以及死亡率隨年齡不同而異等概念的研究,為后來精算的產生奠定了科學基礎,甚至一些學者將這個生命表的出抬視為精算科學的真正開始。第四,無論 De Moivre 對死亡規律的研究,還是哈雷生命表的編制等,均不同程度受益於 17 世紀帕斯卡與費爾馬之間關於賭博問題的通信而導致的概率論。事實上,18 世紀、19 世紀的精算先驅正是那些對精算問題感興趣的十分著名的科學家和數學家。這些科學家和數學家紛紛參與這門學科的建設並做出了重大貢獻。

到了 19 世紀初期,隨著工業革命的完成,精算技術也逐漸被人們重視。到了 19 世紀中葉,隨著各國經濟的快速發展,各國對保險業的經營也相繼採取直接或間接的監督管理辦法,使保險業逐漸走向正規化,精算事業正是在這一時期發展成形的。1848 年,世界上最早的精算學會——英格蘭精算師協會在倫敦成立。隨后,精算技術逐漸傳到美國、日本、加拿大等國。受倫敦精算學會的影響,許多國家開始設立自己的精算組織。1868 年德國成立了精算組織,1889 年美國成立了精算學會,該會於 1949 年與 1909 年成立的芝加哥精算學會合併並改名為北美精算師協會(SOA)。1895 年,由美國、比利時、德國等五國發起的首屆國際精算師大會順利召開,並成立了國際精算師協會。國際精算師協會在推動世界精算教育和精算技術等方面發揮了重要的作用。此后,世界各國陸續成立了精算師職業組織。如 1899 年日本精算師協會成立、1900 年俄羅斯精算師協會成立、1991 年匈牙利精算師協會成立,埃及也於 1999 年成立了精算師職業組織。2007 年 11 月,中國精算師協會成立。

1.3 壽險精算的地位與意義

壽險精算學是涉及壽險經營的學科。從歷史發展與邏輯視角來看,壽險精算起源於壽險業。隨著壽險經營的不斷擴大和發展,壽險精算愈發顯現出其重要性。壽險的科學運行離不開精算,壽險精算可以確保壽險經營的科學化程度,維持經營的穩定性和安全性。國外保險業界流行著「精算乃保險經營之科學基石」的說法。無疑,學習和研究壽險精算學,對壽險經營具有深遠的理論意義和強烈的現實意義。

第一,壽險經營的對象是風險,確切地說,主要是活得太久與死得過早這樣兩類風險。這些風險總是與損失相聯繫的。一般來說,它們具有三個基本性質:①風險是客觀存在的。對一個人而言,生和死總是只居其一,生與死是不以人的意志為轉移的。②風險具有不確定性。就一個人觀察,存活多久或者何時死亡、死亡或生存的時間、死亡或生存對應的年齡,事先均不能精確地知曉,從而表現出不確定性。③風險的可預測性。在擁有相似風險的對象大量資料的前提下,可以測定、評估風險的值。具體地說,就是以過去群體觀察的人的生與死的可能性大小推斷現在、未來相似群體的人的生與死的概率的近似值。但是,為確保壽險經營正常、科學地運行,準確地評估生與死的概率以及派生出的一些概率,便成為壽險經營中極其重要的一項工作。在實際經營中,預期的生與死的概率幾乎都難以與實際的生與死的概率吻合。不吻合是絕對的、一般的和普遍的。這表明壽險經營不可避免地存在一定的風險。要減少或縮小這一風險,理想的要件是:①承保人數應盡可能地多,充分發揮大數法則的作用,同時又要避免出現自身難以承受的局面。這樣做就可以自動減少相對風險,使出險頻率和損失幅度更具穩定性,從而可以正常地經營和發展。②同一年齡組的人,盡可能滿足同質性,即生與死的概率在各年齡組間應盡量一致或接近,表現為合理選擇各年齡組的投保人。③被保險人之間應當盡量地滿足相互獨立性,即一個人的生或死,不必然引起別人的生或死。令人遺憾的是,理想的要件在實際中往往得不到滿足。表現在:參加保險的人畢竟有限,從而決定著相對風險並不為零,風險是客觀存在的。再者,同一年齡組的人,要完全做到同質性,也是苛刻的,一方面受技術的限制,不能辦到這一點;另一方面即便辦得到,也將使壽險功能受到抑制,否定保險的基本內涵,動搖大數法則的科學性。此外,壽險經營中的風險可能罕見,但不排除幾年、幾十年甚至上百年期間遭受突發性大災,如戰爭、洪水、地震等,造成大面積被保險人死亡的可能性。隨著醫療條件的改善,可能使人存活的平均壽命普遍提高。凡此種種,要求在壽險經營中必須考慮到這些風險的存在,除採取積極措施,防範道德風險及逆向選擇外,還得用定量方法進行風險加成或安全附加,以防備實際與預期的偏差造成的不良影響和風險。進一步,為應付巨災和巨損,還應逐步累積總準備金,壯大自身的償付能力。而無論風險加成,還是總準備金累積,都離不開精算的方法或技術。

第二,壽險經營的成本與一般工商企業的產品成本的差異,表現在一般產品成本發生在過去,且由不變資本和可變資本價值予以決定,而壽險經營的成本卻發生在未來,考慮到經營對象的不確定性,為應付未來成本而籌措的保險費,與未來實際發生的現實成本,存在支付的時間差和額度的規模差。顯然,要縮小這一差距,科學地測定保險費成本或保險費率,便是保險經營中極為重要的一項工作。在壽險保險費厘定中,需要考慮的主要因素為預定死亡率、預定利息率及預定費用率;有時尚須考慮預定解約率、分紅規定等。這樣,如果考察從現在年齡到死亡為止對應年齡的那段時間長度以及從出生到死亡為止的那段時間長度,那麼壽險的純保險費就是關於這些時間隨機變量函數的數學期望值。

由於壽險資金運用乃壽險保險費中考慮預定利息率的內在要求,壽險保險費中也存在閒置資金,所以壽險經營中存在投資要求。壽險投資既可以彌補預定的利息,又可以增強公司的經濟實力。而且,投資額度的匡算、投資風險的分析、投資項目的選擇、收益率的計算、投資綜合效應的評估等,也與精算有關。此外,隨著風險的變化,一定時期內相對穩定的費率終將變化。也就是說,生命表每隔一定時期應做一定的修正,甚至為了適應新業務的發展,有時還需構造新的生命表。

第三,由於參加保險的投保者千差萬別,致使投保者在投保時間、投保金額等方面表現各異。就一個會計年度來考察,投保者在該年度內隨時隨地有投保的可能,而保險期限一般較長且又各不相同,因此壽險責任表現出長期性和連續性。保險年度與會計年度的分離,使保險會計年度核算的成果並非全部為盈餘,相反還包括各種各樣的準備金,具體表現在壽險中必須計提責任準備金。某個保險年度末的理論責任準備金,等於該年度末未來保險金給付現值與未來純保險費現值之差額,或該年度末過去已付保險費積存值扣除過去已付保險金積存值之差額。

除上述所分析的欄目需要精算外,壽險經營的複雜性還決定了壽險中涉及精算的項目相當多。如壽險經營中的利潤分配和評估,解約價值的決定以及由此產生的保單選擇帶來的有關計算;最低償付能力的測定;經濟波動、通貨膨脹與緊縮對壽險的影響,由此引起的相應調整等。總而言之,壽險經營需要科學運行,客觀上就需要精算。毋庸置疑,壽險精算在壽險經營中占據著重要地位。

1.4 壽險精算的理論架構

人們通常認為,理論是用系統性觀點表述某一探究領域的內部聯繫、概念、定義及命題,或者是由某一探究領域的通用觀點所構成的一套前后一貫的假設性、概念性和實用性的原則。理論的目的在於對現象做出解釋和預測。將理論的定義應用於壽險精算,可將壽險精算理論定義為:一套前后一致的假設性、概念性和實用性的原則,是一個旨在探索壽險精算本質的總體性參考框架。簡單地說,壽險精算理論體系構建如圖 1.1 所示。

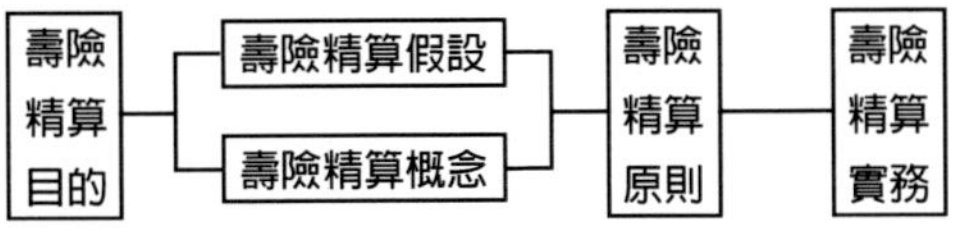

圖 1.1

壽險精算目的是壽險精算理論架構的最高層次,是進行理論推導的前提。那麼,壽險精算的目的是什麼呢?北美精算師學會(SOA)1998 年發表的《未來精算師特別工作組》研究報告中,對精算師的定義為:「精算師是私人和公共財務設計師和潛在的企業管理人員,這是建立在精算職業的智能核心基礎上的,其智能核心為經驗分析和衡量、估算、轉移以及對未來意外事件的現行財務狀況進行反映。」因此,筆者認為,壽險精算的目的是對壽險公司未來的財務風險做出評估與預測,使公司的經營管理建立在科學的基礎上,以確保公司經營穩健發展。

壽險公司的運作機制是通過收取眾多的、零散的保險費匯聚為巨額資金,並通過資金的運作使其價值增值,從而為遭受了保險事故的保單所有人提供大額賠付金。這個「收入在先,支付在后」的運作過程需以一系列假設為前提,這些假設主要有死亡率、利息率、費用率以及解約率等。通常,利息率假設和費用率假設較易確定,而死亡率和解約率的確定則有其特殊性。死亡或解約對單個人來說是隨機的,不可測的,但對社會群體來說則是必然的、確定的,這就是概率論的大數法則,因此在壽險公司的運作過程中需要根據大數法則來確定死亡率等重要假設。大數法則是指隨機事件在每次獨立的觀察中呈現出的偶然性將在大量重複的觀察中呈現為必然性。它是壽險公司經營的前提條件,也是壽險精算進行邏輯推理的約束因素。不過,在實際經營中,大數法則的理想要件往往不能完全滿足,這將導致精算的預期值與實際值存在差異。如果偏差過大,壽險公司可能破產,故引入了償付能力概念。另外,壽險業務多為長期業務,保險人收取的保險費不會被立即用於支付保險金額,如何管理這一保險基金,使其保值或增值是一個重要考慮因素。因此,準備金是壽險精算理論所涉及的又一重要概念。

壽險精算一個重要且基本的原則是「收支對等原則」或「權責對等原則」,它要求保險人承擔風險的開支與保險人收集到的保險費相等。因此,進行人壽保險精算時,首先要求研究被保險人遭受的危險事件的出險率及其變動規律。這個出險率在人壽保險中指死亡率。死亡率與存活率存在互補關係,人壽保險是以生命表方式研究和表述被保險人死亡規律的。從生命表可看出,不同年齡的人死亡概率不同,年齡越大死亡概率越高,相應繳納的保險費也就越多。但人的勞動能力與其年齡成反比,為了不加重投保人年老時的經濟負擔,在精算實務中,一般採用「均衡保險費制」。當然,壽險精算實務按精算師的工作範圍可具體分為產品定價實務、負債評估實務、償付能力實務與財務評估實務等。這些實務需要理論來指導,理論隨著實務的發展而發展。迄今為止,壽險精算理論已成為一門集數學、數理統計學、人口學、計算機科學、會計學、金融學等學科於一體的綜合性邊緣學科,其理論體系也日臻完善。

1.5 壽險精算的內容與面臨的挑戰

如前所述,精算可以與投資活動、人口問題及經濟預測等結合,形成諸多精算分支。就壽險精算而言,自其產生以來,目前不僅研究單個生命單一偶然因素相關的一系列計量和計算問題,而且還涉及單個生命多個偶然因素的有關計量和計算問題。當多個偶然因素涉及死亡、殘廢、離退職及退休時,也可派生出一門與生命隨機事件、經濟金融、人口等相關的分支——社會保障精算。此外,壽險經營也發展到多個生命遭遇單一偶然因素的情形,與此對應的保險費計算、準備金計提等,也可列入廣義壽險精算學的內容。本書側重於生死偶然事件影響單生命和多生命的有關計算問題,其內容主要涉及單生命壽險精算問題,也討論多生命的概率、年金和保險函數;分析一些特殊保單及保單精算的應用,介紹精算實務的約束。壽險經營環境正在發生著變化,壽險精算面臨挑戰。

第一,金融市場的波動性不斷增強,增大了壽險經營的風險。20 世紀 80 年代的通貨膨脹與利息率的劇烈變動,對壽險公司的競爭能力和盈利能力提出了嚴峻的挑戰。傳統壽險產品由於利息率固定,在市場利息率上升時,由於投保人分享不到市場升值的好處,其對消費者的吸引力可能下降,壽險市場出現保險脫媒,即投保人紛紛通過退保和保單貸款等手段收回資金轉投其他高利息率的金融工具。保單抵押貸款和退保激劇上升,增大了非預期的現金支出,將威脅壽險經營的穩定性。保險脫媒一定程度上反映了消費者對儲蓄和保障兩個要素分離的要求。而當利息率下降的時候,壽險公司面臨的「利差損」問題,也不利於壽險公司持續穩定地發展,因此如何降低經營風險和實現穩健經營,是壽險精算需研究的一個重要課題。

第二,來自同行業和其他金融機構的競爭也日益加劇。伴隨著金融的自由化和金融市場的一體化,各金融機構為搶奪市場,紛紛進行金融創新。如來自商業銀行的流動性強、回報率高的可轉讓存單、共同貨幣市場基金、住房抵押貸款證券化等新型投資工具吸引了大批個人投資者。而傳統的壽險產品,儘管享有稅收優惠,又具有儲蓄性,但傳統壽險產品的繳費機制、利息率結構明顯缺乏彈性,不如資本市場上許多新興的金融工具靈活。因此,壽險公司為提高自身產品的競爭力,就需賦予壽險產品類似於金融市場上其他金融產品的特點。但金融產品的價值受市場利息率的影響比較大。如果壽險產品實現了從傳統到非傳統的轉型,則其現金價值將不能像傳統產品那樣在購買時就已經確定,而是定期由保險費額、投資收益額、死亡率支出、其他營業費用直接決定。另外,壽險公司為增強保單的靈活性,賦予投保人較多的選擇權。傳統的精算方式所依賴的「穩定性」不能夠有效地對這些嵌入選擇權進行估計,並且在利息率波動時期,保單嵌入選擇權可能增加保險人的付現成本。如何評估各類保單嵌入選擇權條款的價值,進而在定價時給予考慮,是壽險精算中亟須解決的問題。

第三,隨著金融市場的日益完善和壽險公司產品的轉型,壽險公司已成為資本市場上重要的機構投資者,它擁有大量的金融資產與複雜的金融負債。它面臨的風險,除了一般投資風險以外,還承擔兩種與投資有關的特殊風險:預期利息率風險和資產負債匹配風險。預期利息率風險是指壽險投資的實際收益率低於壽險產品定價時採用的預期利息率,從而導致壽險公司不能或者不能完全履行保險給付責任的風險。資產負債匹配風險是指在某一時點壽險公司的資產現金流與負債現金流的不匹配而造成壽險公司損失的可能性。這就要求壽險公司加強投資管理,建立集投資、精算、財務「三位一體」的投資管理體系。同時,為更有力地防範金融風險,對壽險業信息的披露、會計準則的建立等方面提出了更嚴格的要求,這些均將促進壽險精算理論的發展。

第四,隨著保險監管體系的不斷強化,國家相關部門機構對保險公司風險管理的要求越來越高,這也使壽險精算工作面臨了極大的挑戰。2016 年中國開始正式實行第二代償付能力監管體系,二代制度下的精算規定和更加透明的精算工作流程,對精算師能力提出了更高的要求。精算師必須具備良好的經濟學知識背景和紮實的專業知識,不斷提高專業技術能力,並將這些技術運用到產品設計、風險管理、償付能力管理、資本管理等各個領域,增強應對挑戰的能力。

1.6 精算教育與精算師資格考試

精算師是利用專業技能分析風險並量化其影響,解決精算實務中具體問題的專門職業人員。他們綜合運用數學、經濟學、統計學、保險學、財務管理等方面的專業知識,在保險、投資及其他領域分析並評估不同的風險對公司未來的影響。隨著精算師職業化和全球化的發展,精算師的職業領域不斷擴展。精算師不僅在保險公司中發揮著重要的作用,在養老金計劃管理以及社會保險制度的設計和運行中也擔當了重要的角色。

要成為精算師,需要經過長期的專業知識學習並達到精算師職業組織的專業要求,通過協會認可才能獲得精算師的從業資格。世界上的精算資格認可制度主要有兩種,一種是考試認可制度,如美國、中國、英國、日本。精算資格考試分為準精算師和精算師兩個階段。在準精算師階段主要涉及數理基礎知識,在高級精算師階段,不同的國家由於國別差異而實行相應的考試製度。另外一種是學歷認可制度,如義大利、德國、法國、澳大利亞。這又分為本科生和研究生兩個階段,完成相關學業即可獲得準精算師、精算師資格。

為了培養更多的精算人才,促進精算業的發展,世界各國相繼成立了精算師協會,定期舉辦精算師資格考試。在中國,常見的考試有中國精算師資格考試、北美精算師資格考試、英國精算師資格考試、日本精算師資格考試。目前,英國精算師資格考試和北美精算師資格考試以及日本精算師資格考試,共同構成了保險精算師資格考試的三大支柱,在國際保險界享有極高的聲望。

1.6.1 北美精算師資格考試

北美精算師協會創立於 1949 年,主要致力於處理保險業出現的新問題,研究改進精算技術,同時通過年會制度將精算的新成果加以迅速推廣,並將新技術與經濟發展緊密地結合起來。北美精算師資格考試是國際上最具影響力、認證度最高的精算師資格考試,享有極高的聲譽,因此,許多國家的精算教育和考試製度都深受美國精算教育和考試的影響。目前,北美精算師協會擁有正式會員與非正式會員約 28,000 名。中國於 1987 年引入北美精算師考試,先后在天津、上海、北京、深圳、長沙等地方設立了考點。2000 年,北美精算師協會改變其考試體系,其中準精算師資格考試由 15 門課程合併為 6 門課程,精算師的資格考試加入另外兩門課程和職業發展課程。北美精算師資格考試每年春季和秋季各進行一次。春季的考試一般安排在 5 月份,秋季的考試一般安排在 11 月份。

北美精算師考試分為準精算師(ASA)與正精算師(FSA)兩個部分。

關於具體的考試課程,準精算師階段包括:

(1)基礎考試部分:概率論(P)、金融數學(FM)、金融經濟模型(MFE)、精算模型構建與評估(C)、壽險精算模型(MLC)。

(2)VEE 認證部分:宏微觀經濟學(Economics)、公司金融(Corporate Finance)、應用統計方法(Applied Statistical Methods)。

(3)實踐課程 FAP(Fundamentals of Actuarial Practice):完成所有初級課程及 VEE 認證之后,考生必須通過實踐課程 FAP 的 8 個模塊的學習和考試。

(4)準精算師專業課程培訓(APC)。完成了以上要求,考生就可以遞交一份準精算師的書面申請,通過北美精算師協會管理委員會的審批就可獲得北美準精算師(ASA)資格。

正精算師階段:在獲得北美準精算師資格后,需要從公司金融、投資、養老金、個人壽險和年金以及團體和健康保險方向中選擇一個專業方向,學習其要求的相關課程並通過考試。另外,所有考生必須完成 DMAC 模塊和 FAC 模塊。

1.6.2 英國精算師資格考試

英國精算師資格考試是由英國精算學會和英國精算公會聯合主辦的考試,通過該考試后獲得的精算師資格被全世界承認。

英國精算師資格考試已有 160 多年的歷史,1994 年,中央財經大學首次引入英國精算師資格考試。2000 年以前,英國精算師資格考試分為 A、B、C、D、E 五個系列,2000 年英國精算師資格考試體系改革后分為四個系列:100 系列(包括「金融數學」「精算數學」等九門課程考試)、200 系列(「溝通技能」一門課程考試)、300 系列(「投資和資產組合」「壽險精算」「財產險精算」「養老金」四門課程考試)和 400 系列(從人壽保險、財產保險等四種資格考試中選考一門)。考生通過前三個系列考試的所有考試科目,即可獲得準精算師資格證書,再通過 400 系列的任意一門科目后,即可獲得英國精算師資格證書。英國精算師資格考試分別在每年的 4 月和 9 月。

從 2010 年開始,英國精算協會實行新的教育與考試體系,將教育與考試體系分為基礎技能階段、基礎應用階段、專項技能階段、專項應用階段。基礎技能階段包括 9 門 CT 課程:金融數學(CT1)、財務報告分析(CT2)、概率統計(CT3)、模型(CT4)、壽險精算(CT5)、統計模型(CT6)、經濟學(CT7)、金融經濟學(CT8)、商務必備(CT9)。基礎應用階段包括 3 門 CA 課程:精算風險管理(CA1)、模型設計(CA2)、交流技能(CA3)。專項技能階段包括 9 門 ST 課程:健康及醫療保險(ST1)、壽險(ST2)、非壽險(ST3)、養老金(ST4)等。專項應用階段包括 6 門 SA 課程:研究論文(SA1)、健康及醫療保險(SA2)、壽險(SA3)等。完成 CT 和 CA 課程的考試,並有一年的工作經歷,參加一天的職業訓練課后即可獲得準精算師資格。在此之后,完成 ST 和 SA 課程的考試並有三年的工作經驗,參加兩天的職業訓練課后即可獲得正精算師資格。

1.6.3 日本精算師資格考試

日本精算學會創立於 1899 年,至今已有 100 多年的歷史。中國自 1998 年開始引入日本精算師資格考試。日本精算學會入會規定:凡通過前期考試 1 門科目以上者,均可成為該學會的普通會員,按規定繳納會費並同時享有基本權利。而后期考試合格者,經日本精算學會理事會批准通過,即可成為日本精算學會的正式會員。

日本精算師資格考試由前期考試和后期考試兩部分組成。前期考試即基礎科目考試,包括:數學、產險數理、壽險數理、年金數理、會計經濟投資理論。其目的是判斷考生是否具備執業所必需的基礎知識。只有全部通過前期考試者才能報考后期專業科目考試。

后期考試分為生保、損保、年金三個方向,考生在三個方向中任選一個,每個方向有兩門考試課程。其目的是判斷考生是否具備精算師在實際工作中所需要的專業知識及解決實際問題的能力。日本精算師考試一年舉辦1次,時間均在每年12月中旬,考試成績合格者可於次年2月得到考試結果通知。

1.6.4 中國精算師資格考試

中國精算師考試從1999年開始實施。2000年12月,中國保險監督管理委員會首次面向社會舉辦了中國精算師資格考試中的六門課程考試,共474人報名參加,大學本科以上學歷或同等學力的人都可報名參加。2007年中國精算師協會成立,協會設立了考試教育委員會,專門負責精算師資格考試事宜。中國精算師資格考試自施行以來,認證了一批中國準精算師和中國精算師,累積了一定經驗,為中國培養了一批具有專門職業能力的精算師。中國精算師資格考試分為準精算師和精算師兩個階段。準精算師考試旨在考察精算人員是否掌握必需的精算理論和技能,精算師考試要求以精算實務為主,涉及財務會計制度、社會保障制度、保險法規等。

隨著國內保險市場的發展,原有的考試體系已不能很好地適應精算技術發展的需要。為此,中國精算師協會於2011年開始實施新的資格考試體系。調整后仍分為準精算師部分和精算師部分。

準精算師部分包括八門必考的專業課程和一門職業道德教育課程。八門考試課程包括:數學(A1)、金融數學(A2)、精算模型(A3)、經濟學(A4)、壽險精算(A5)、非壽險精算(A6)、會計與財務(A7)、精算管理(A8)。通過8門課程考試並經過職業道德培訓后,可獲得中國準精算師資格,成為中國精算師協會準會員。

精算師階段分為壽險和非壽險兩個方向。壽險方向的考試包括七門考試課程和職業道德教育課程。考試課程包括:保險法及相關法規(F1L)、保險公司財務管理(F2L)、健康保險(F10)、投資學(F8)、個人壽險與年金精算實務(F3)、資產負債管理(F9)、員工福利計劃(F4)。非壽險方向包括保險法及相關法規(F1G)、保險公司財務管理(F2G)、健康保險(F10)、投資學(F8)、非壽險實務(F5)、非壽險定價(F6)、非壽險責任準備金評估(F7)七門課程考試以及一門職業道德教育課程。有三年以上工作經驗的準精算師,通過相關精算師考試課程,並經過職業道德培訓后,可獲得中國精算師資格。

習題1

1-1 簡述壽險精算與精算的關係。

1-2 壽險精算在壽險經營中起哪些作用?

1-3 列舉壽險公司需要精算的主要項目,說明為什麼它們需要精算。

1-4 簡述壽險精算產生的歷史。

1-5 簡述現代壽險精算研究的主要對象。

1-6 簡述壽險精算面對的主要挑戰。

1-7 簡述保險精算的概念及其分類。

1-8 簡述推動壽險精算產生與發展的重大事件。

1-9 壽險精算的目標是什麼?

1-10 概述中國精算師資格考試體系。

2 利息的度量及其基本計算

利息是資本借入者因使用資本而支付給資本借出者的一種報酬。也可以說,利息是資本借入者支付給資本借出者因放棄資本的使用而發生的損失的一種租金。從理論上講,資本和利息可以是貨幣,也可以不用貨幣度量。但是,本章所考慮的資本和利息均限於貨幣,且內容將重點涉及利息的度量及不同利息度量方式下的有關計算問題。

2.1 終值與現值函數

2.1.1 終值函數

終值函數是指1個貨幣單位的本金從投入之日起,經過一定時期后的終值。顯然,利息率一定,時期不同,一般地,終值也會有變化。即使時期相同,利息的度量方式不同或利息度量方式相同但利息率不同的情況下,終值也會有差異。可見,在本金和利息度量方式確定的情況下,終值是關於時期長度的函數。本書中,為論述的方便,約定函數 $a(t)$ 表示1個貨幣單位經過時期 t 后的終值函數。$a(t)$ 具有以下基本性質:

第一,$a(0) = 1$,即投入本金1后的立刻的終值,等於本金的值。

第二,$a(t)$ 是 t 的遞增函數。在利息度量中,通常忽略出現隨 t 的增加,$a(t)$ 為負數的情形。另外,一定時期內,允許 t 有一定變化,但不影響 $a(t)$ 的值。所以 $a(t)$ 一般是關於 t 的非嚴格遞增函數。

第三,當利息連續產生時,$a(t)$ 是 t 的連續函數。

當 K 個貨幣單位的本金($K > 0$),從投入之日起,經過一定的時期后的終值,通常可用 $A(t)$ 來表示。$A(t)$ 實質是本金為 K 的終值函數。同樣地,為方便起見,以下稱函數 $A(t)$ 為數量函數。現實生活中,本金不為1的情形是普遍存在的,亦即研究 $A(t)$ 更接近現實。

不難得到,數量函數與終值函數具有的基本關係是:

$$A(t) = Ka(t) \qquad (K > 0, K \text{ 為常數}) \tag{2.1}$$

根據這一關係,$A(t)$ 具有與 $a(t)$ 相似的性質:

第一,$A(0) = K$;

第二,一般地,$A(t)$ 是關於 t 的遞增函數;

第三,當利息連續產生時,$A(t)$ 是 t 的連續函數。

2.1.2 現值函數

現值函數是指1個貨幣單位的終值(或本利和),在時期長度之初的現值。通常,當終值為1個貨幣單位,且時期長度為 t 時,現值函數被記作 $a^{-1}(t)$。

進一步,當終值為 K 個貨幣單位,時期為 t 時,在期初的現值函數記作 $A^{-1}(t)$。除 $a^{-1}(t)$ 和 $A^{-1}(t)$ 一般隨 t 遞減外,一般地,$a^{-1}(t)$ 和 $A^{-1}(t)$ 具有與 $a(t)$ 和 $A(t)$ 類似關係的性質。

2.2 終值與現值的計算

由於 $A(t)$ 和 $a(t)$ 的關係是 $A(t) = K \cdot a(t)$,所以作為理論上的研究,只需討論 $a(t)$ 的計算即可。由於 $a(t)$ 的表達式受利息具體的度量方式的影響,所以以下將討論不同利息率或貼現率度量利息方式下 $a(t)$ 的計算。

2.2.1 已知利息率,求 $a(t)$

1. 已知單利息率 i,求 $a(t)$

單利是投入本金經過一定的時期,按照一定的利息率在本金上計息,但在下期結算利息時上期所結算利息並不隨同本金計算,也就是利上無利。

據此,若本金為1,單利息率為 i,經過時期 t 后的終值:

$$a(t) = 1 + it \quad \text{(其中的 } t \text{ 為整數年)} \tag{2.2}$$

例 2.1 某人存入銀行1,000萬元本金,銀行存款按年單利息率5.5%計息,存款期限為3年,計算該人在第3年可獲得的利息。

解:設該人在第3年利息的理論值為 I,則:

$$I = A(3) - A(2) = 1{,}000[(1 + 5.5\% \times 3) - (1 + 5.5\% \times 2)]$$
$$= 1{,}000 \times 5.5\% = 55 \text{(萬元)}$$

當 t 為非整數年時,令 $t = K + S$,K 為整數年,S 為分數年,$a(t)$ 的計算有下列四種方法:

● 確切計算法:

$$a(t) = 1 + Ki + \frac{S}{365} \cdot i \quad \text{(其中 } S \text{ 按實際天數計算)} \tag{2.3}$$

● 銀行家法則:

$$a(t) = 1 + Ki + \frac{S}{360} \cdot i \quad \text{(其中 } S \text{ 按實際天數計算)} \tag{2.4}$$

● 普通計算法:

$$a(t) = 1 + Ki + \frac{S}{360} \cdot i \tag{2.5}$$

上式中 S 計算如下:不足一月的,按實際天數計算;超過一月的,每月按30天計算;其餘不足一月的,按實際天數計算。

● 其他不常用的方法:

$$a(t) = 1 + Ki + \frac{S}{365} \cdot i \tag{2.6}$$

上式中 S 計算如下:不足一月的,按實際天數計算;超過一月的,每月按 30 天計算;其餘不足一月的,按實際天數計算。

例 2.2 某人於 2009 年 1 月 8 日將 800 萬元存入銀行,銀行存款按年單利息率 4% 計息。若該人於 2009 年 3 月 28 日取出銀行的存款,問按銀行家法則可取得多少本利和?

解:按銀行家法則計算終值的公式為:

$$a(t) = 1 + Ki + \frac{\text{實際天數}}{360} \cdot i$$

所以,所求值應為:

$$800\left(1 + \frac{79}{360} \times 4\%\right) \approx 807.02(\text{萬元})$$

2. 已知複利息率 i,求 $a(t)$

複利是投入本金經過一定的時期,按照一定的利息率在本金上計算利息,並將當年結算的利息並入本金,在下期結算利息時隨同本金一併計算,也就是利上有利。

如本金為 1,複利息率為 i,經過時期 t 後的終值為:

$$a(t) = (1 + i)^t \tag{2.7}$$

上式中,t 既可以是正整數,也可以是正分數。

例 2.3 在例 2.2 中,若銀行存款按年複利息率 4% 計息,其他條件不變,問那人在 3 月 28 日可以取得多少本金和利息?

解:所求本金和利息為:

$$800(1 + 4\%)^{\frac{79}{365}} \approx 806.82(\text{萬元})$$

3. 已知實際利息率 i_n,求 $a(t)$

實際利息率,即一年計息或結算一次的年利息率,或全年利息額與投入之初本金之比率。第 n 年的實際利息率記作 i_n,i_n 可用式子表達為:

$$i_n = \frac{A(n) - A(n-1)}{A(n-1)} = \frac{a(n) - a(n-1)}{a(n-1)} \tag{2.8}$$

當 $a(t)$ 由常數單利息率 i 計算時,

$$i_n = \frac{i}{1 + (n-1)i} \tag{2.9}$$

當 $n \neq 1$ 時,i_n 是 n 的遞減函數。一般地,$i_n \neq i$。

當 $a(t)$ 由常數複利息率 i 計算時,$i_n = i$ 且與 n 無關。

從而 1 元本金在實際利息率 $i_n(n = 1,2,\cdots,t)$ 的條件下,經時期 t 後的終值為:

$$a(t) = (1 + i_1)(1 + i_2)\cdots(1 + i_t) \tag{2.10}$$

特別地,當 $i_1 = i_2 = \cdots = i_t = i$ 時,

$$a(t) = (1 + i)^t$$

例 2.4 某人投入本金 100 萬元,複利息率是 4%,那麼這個人從第六年到第十年的五年間共賺得多少利息?

解: 設所求利息為 I,則:

$$I = 100(1+4\%)^{10} - 100(1+4\%)^{5}$$

$$\approx 100(1.480,244 - 1.216,653) = 26.36(\text{萬元})$$

4. 已知名義利息率 $i^{(m)}$,求 $a(t)$

名義利息,又稱虛利息。依利息率計算利息額時,若計息的單位期間不滿一年,而按單純的比例關係將它換算為一年的利息率,則稱為名義利息率。

一年內計息 m 次的名義利息率,記作 $i^{(m)}$。一年內的每 $\frac{1}{m}$ 年的利息率為 $\frac{i^{(m)}}{m}$。在名義利息率 $i^{(m)}$ 的作用下,一單位本金在年末的終值為:

$$a(1) = (1+\frac{i^{(m)}}{m})^{m}$$

經時期 t 后,本金 1 的終值為:

$$a(t) = (1+\frac{i^{(m)}}{m})^{m\cdot t} \tag{2.11}$$

例 2.5 某人存入銀行 1,000 萬元,按年利息率 5% 計息,存入期限為 10 年,求:① 每年計息一次,到期時的本利和;② 每年計息四次,到期時的本利和。

解: (1) 年計息一次,所求本利和為

$$A(10) = 1,000a(10) = 1,000\ (1+i)^{10}$$

$$= 1,000\ (1+5\%)^{10} \approx 1,628.89(\text{萬元})$$

(2) 年計息四次,所求本利和為

$$A(10) = 1,000a(10) = 1,000\left(1+\frac{i^{(4)}}{4}\right)^{4\times 10}$$

$$= 1,000\left(1+\frac{5\%}{4}\right)^{4\times 10} \approx 1,643.62(\text{萬元})$$

2.2.2 已知利息率,求 $a^{-1}(t)$

前面討論了本金和利息率均已知的條件下的終值函數 $a(t)$ 的計算公式。與之關聯的問題是:已知利息率和終值,那麼終值在投入之初的值為多少呢?假定時期 t 之末的終值為 1,若用符號 $a^{-1}(t)$ 表示時期 t 之初的現值函數[以下 $a^{-1}(t)$ 均指終值為 1 個貨幣單位的現值函數],則在 $a(t)$ 討論的基礎上,可以獲得不同利息率條件下 $a^{-1}(t)$ 的計算公式:

(1) 在單利息率的條件下:

$$a^{-1}(t) = (1+it)^{-1} \tag{2.12}$$

(2) 在複利息率的條件下:

$$a^{-1}(t) = (1+i)^{-t} \tag{2.13}$$

(3) 在實際利息率的條件下:

$$a^{-1}(t) = (1+i_1)^{-1}(1+i_2)^{-1}\cdots(1+i_t)^{-1} \tag{2.14}$$

(4) 在名義利息率的條件下：

$$a^{-1}(t) = (1 + \frac{i^{(m)}}{m})^{-mt} \tag{2.15}$$

一年末的1元終值,在年初的現值為$\frac{1}{1+i}$,特別地,通常用符號v表示$\frac{1}{1+i}$。v被稱為貼現因子或折現因子;相應地,$1+i$被稱為累積因子或終值因子。

例2.6 如果利息率分別為單利息率5%和複利息率6%,要求在第三年年末獲得1,000萬元。問在此單利和複利條件下,應投入的本金分別為多少?

解:在單利條件下,設應投入的本金為K_1萬元,則:

$$K_1 = 1,000a^{-1}(3) = 1,000 \times \frac{1}{1+3\times 5\%}$$

$$= 1,000(1+3\times 5\%)^{-1} \approx 869.57(\text{萬元})$$

在複利條件下,設應投入的本金為K_2萬元,則:

$$K_2 = 1,000a^{-1}(3) = 1,000v^3 = 1,000 \times \frac{1}{(1+6\%)^3}$$

$$= 1,000(1+6\%)^{-3} \approx 839.62(\text{萬元})$$

2.2.3 已知貼現率,求 $a^{-1}(t)$

在這裡,僅討論按貼現率扣除的方法計算貼現。這種方法通常被稱為一般貼現法,以區別於按利息率扣除計算貼現的真貼現法。未聲明時,均假定時期t之末的終值為1元,討論在不同貼現率下時期t之初的現值函數。

1. 已知單貼現率d,求$a^{-1}(t)$

在單貼現率條件下,以到期日應付額為基準,算出單位貼現期間的折扣額的方法,就是單貼現法。顯然,

$$a^{-1}(t) = 1 - dt \tag{2.16}$$

2. 已知復貼現率d,求$a^{-1}(t)$

復貼現就是以最初的單位期間的貼現現值作為下一期的到期應付額,反覆貼現的方法。據此有:

$$a^{-1}(t) = (1-d)^t \tag{2.17}$$

3. 已知實際貼現率d_n,求$a^{-1}(t)$

所謂實際貼現率,就是一年貼現一次的年貼現率,或者全年貼現額與到期日應付額之比率。用終值函數或數量函數可表達第n年的貼現率為:

$$d_n = \frac{A(n) - A(n-1)}{A(n)} = \frac{a(n) - a(n-1)}{a(n)} \tag{2.18}$$

因此,在實際貼現率條件下,

$$a^{-1}(t) = (1-d_1)(1-d_2)\cdots(1-d_t) \tag{2.19}$$

特別地,當$d_1 = d_2 = \cdots\cdots = d_t = d$時,

$$a^{-1}(t) = (1-d)^t$$

4. 已知名義貼現率 $d^{(m)}$,求 $a^{-1}(t)$

一般地,依貼現率計算貼現額時,若貼現的單位期間不滿一年,而按單純的比例關係將它換算為一年的貼現率,稱為名義貼現率。用符號 $d^{(m)}$ 表示一年內貼現 m 次的年名義貼現率,那麼每 $\frac{1}{m}$ 年的貼現率為 $\frac{d^{(m)}}{m}$。

在名義貼現率 $d^{(m)}$ 的條件下,年末的 1 單位貨幣在年初的現值為:

$$a^{-1}(1) = \left(1 - \frac{d^{(m)}}{m}\right)^{m} \tag{2.20}$$

連續考察一年以后的 $(t-1)$ 年,那麼在 t 年初的現值為:

$$a^{-1}(t) = \left(1 - \frac{d^{(m)}}{m}\right)^{mt} \tag{2.21}$$

例 2.7 王某準備向一公司貸款 10,000 元,貸款期限 2 年,該公司要求第一年按實際年貼現率 6% 計息,第二年按貼息兩次的 8% 的名義年貼現率計息。問王某年初實際可貸得多少元款額?

解:設可貸款額為 x 元,則:

$$x = 10,000\left(1 - \frac{8\%}{2}\right)^{2\times1}(1 - 6\%) \approx 8,663.04(\text{元})$$

2.2.4 已知貼現率,求 a(t)

現在假定投入本金 1,在貼現率 d 的條件下,經過時期 t 以后的終值用 $a(t)$ 表示,$a(t)$ 相應地具有如下表達式:

(1) 單貼現率 d 對應於:

$$a(t) = (1 - dt)^{-1} \tag{2.22}$$

(2) 復貼現率 d 對應於:

$$a(t) = (1 - d)^{-t} \tag{2.23}$$

(3) 實際貼現率 d_n 對應於 $(n = 1,2,\cdots,t)$:

$$a(t) = (1 - d_1)^{-1}(1 - d_2)^{-1}\cdots(1 - d_t)^{-1} \tag{2.24}$$

(4) 名義貼現率 $\frac{d^{(m)}}{m}$ 對應於:

$$a(t) = \left(1 - \frac{d^{(m)}}{m}\right)^{-mt} \tag{2.25}$$

例 2.8 已知實際年利息率為 8%,經過多少年后一筆存款可以翻倍?

解:設期初存入 1 單位本金,經過 n 年后該存款可以翻倍,則有

$$(1 + 8\%)^{n} = 2$$

解之得

$$n = \frac{\ln 2}{\ln 1.08} \approx 9.00(\text{年})$$

2.2.5 已知息力,求 $a(t)$ 或 $a^{-1}(t)$

實際利息率和名義利息率分別表示每年結算利息一次的年利息率和每年結算利息數次的年利息率。這就是說,已知實際利息率和名義利息率,便可以分別度量一年和一年以內的分數年的利息。實際利息率和名義利息率在實際中有著廣泛的應用,涉及利息的問題通常由它們來度量。但是,在理論上或者實際中的某些時候,需要度量某一時刻或某個微小區間的利息。此時,實際利息率和名義利息率均表現出一定的局限性。

在某個時刻 t 的利息,通常用利息力來度量。利息力簡稱息力。如果用符號 δ_t 表示時刻 t 的息力,那麼 δ_t 的定義是:

$$\delta_t = \frac{\frac{\mathrm{d}}{\mathrm{d}t}A(t)}{A(t)} = \frac{\frac{\mathrm{d}}{\mathrm{d}t}a(t)}{a(t)} \tag{2.26}$$

關於 δ_t 的兩點註釋:

(1) 雖然 $\frac{\mathrm{d}}{\mathrm{d}t}a(t)$ 或 $\frac{\mathrm{d}}{\mathrm{d}t}A(t)$ 表示了 $a(t)$ 或 $A(t)$ 的變化率或利息的變動情況,但是僅用此導數卻不能真正度量利息,因雖然本金大小不同,它們卻可能產生相等的利息額。對於時刻 t 利息的度量,應當用 $a(t)$ 或 $A(t)$ 分別去除它們各自的導數,以消除本金差異對利息的影響。

(2) 從根本上講,息力 δ_t 表示在時刻 t 的瞬時利息率,而且 δ_t 還以年利息率形式來度量時刻 t 的利息,反映了在時刻 t 單位本金每期產生利息的多少。進一步,這種年利息率是以時刻 t 的利息密度為基礎的一種名義年利息率。

根據息力的定義,

$$\delta_t = \frac{\frac{\mathrm{d}}{\mathrm{d}t}a(t)}{a(t)} = \frac{\mathrm{d}}{\mathrm{d}t}\ln a(t)$$

兩邊積分得

$$\int_0^t \delta_s \mathrm{d}s = \int_0^t \mathrm{d}\ln a(s) = \ln a(s)\big|_0^t = \ln a(t)$$

從而

$$a(t) = \mathrm{e}^{\int_0^t \delta_s \mathrm{d}s} \tag{2.27}$$

這表明:投入 1 個單位貨幣本金,在息力 δ_t 已知的條件下,經過時期 t 后的終值 $a(t)$,可按公式 $\mathrm{e}^{\int_0^t \delta_t \mathrm{d}t}$ 求值。

經過時期 t 后的 1 個貨幣單位,在息力 δ_t 已知的條件下,在該時期 t 之初的現值為:

$$a^{-1}(t) = \mathrm{e}^{-\int_0^t \delta_s \mathrm{d}s} \tag{2.28}$$

類似於定義 δ_t 的原理,茲對貼息力給出定義。

在時刻 t 的貼息力記作 δ'_t,δ'_t的定義是:

$$\delta'_t = -\frac{\frac{\mathrm{d}}{\mathrm{d}t}A^{-1}(t)}{A^{-1}(t)} = -\frac{\frac{\mathrm{d}}{\mathrm{d}t}a^{-1}(t)}{a^{-1}(t)} \tag{2.29}$$

δ'_t定義中出現負號,是因為$a^{-1}(t)$為t的遞減函數的緣故。貼息力δ'_t具有與利息力δ_t完全相似的性質。

由於

$$\delta'_t = -\frac{\frac{d}{dt}a^{-1}(t)}{a^{-1}(t)} = \frac{\frac{d}{dt}a(t)}{a^2(t)} \cdot \frac{1}{a^{-1}(t)}$$

$$= \frac{a(t)\delta_t}{a^2(t)a^{-1}(t)} = \delta_t$$

所以,利息力等於貼息力。本書以后將它們統稱為息力。

例 2.9 已知在利息力$\delta_t = kt^2$的作用下,100 萬元在第 10 年年末的值為 500 萬元,求k的值。

解: 根據公式$A(t) = A(0)e^{\int_0^t \delta_s ds}$,並依題意可得

$$500 = 100e^{\int_0^{10} kt^2 dt}$$

$$k = \frac{3 \times \ln 5}{1,000} \approx 0.004,828$$

2.2.6 利息率、貼現率及息力之間的關係

綜合前述有關分析及其原理,並結合它們各自的定義,不難得出實際利息率、名義利息率、實際貼現率、名義貼現率以及息力之間有如下相互關係:

$$d = 1 - v = iv \tag{2.30}$$

$$1 + i = \left(1 + \frac{i^{(m)}}{m}\right)^m \tag{2.31}$$

$$1 - d = \left(1 - \frac{d^{(m)}}{m}\right)^m \tag{2.32}$$

$$\delta = \ln(1 + i) \tag{2.33}$$

所有這些關係,可概括為

$$1 + i = \left(1 + \frac{i^{(m)}}{m}\right)^m = (1 - d)^{-1} = \left(1 - \frac{d^{(n)}}{n}\right)^{-n} = e^{\delta} \tag{2.34}$$

例 2.10 求每半年計息一次的名義利息率,並使之等價於每月貼現一次的名義貼現率。

解: 根據名義利息率與名義貼現率之間的關係,與名義貼現率等價的名義利息率$i^{(2)}$由下式決定:

$$\left(1 + \frac{i^{(2)}}{2}\right)^2 = \left(1 - \frac{d^{(12)}}{12}\right)^{-12}$$

從而所求的等價的名義利息率為

$$i^{(2)} = 2\left[\left(1 - \frac{d^{(12)}}{12}\right)^{-6} - 1\right]$$

例 2.11 試證:① $i = (1 + i)d$;

② $i^{(m)} = (1 + i)^{\frac{1}{m}} d^{(m)}$。

證明：① 因為 $d = iv$

所以 $i = (1+i)d$

② 因為

$$\left(1+\frac{i^{(m)}}{m}\right)^{m} = \left(1-\frac{d^{(m)}}{m}\right)^{-m}$$

$$\left[\left(1+\frac{i^{(m)}}{m}\right)\left(1-\frac{d^{(m)}}{m}\right)\right]^{m} = 1$$

展開得

$$1-\frac{d^{(m)}}{m}+\frac{i^{(m)}}{m}-\frac{i^{(m)}}{m}\cdot\frac{d^{(m)}}{m} = 1$$

亦即

$$\frac{i^{(m)}}{m}-\frac{d^{(m)}}{m} = \frac{i^{(m)}}{m}\cdot\frac{d^{(m)}}{m}$$

所以

$$\frac{i^{(m)}}{m} = \frac{d^{(m)}}{m}\left(1+\frac{i^{(m)}}{m}\right)$$

$$= (1+i)^{\frac{1}{m}}\cdot\frac{d^{(m)}}{m}$$

$$i^{(m)} = (1+i)^{\frac{1}{m}}d^{(m)}$$

例 2.12 如果名義利息率為 6%，每季結算利息一次，那麼實際利息率為多少？

解：與名義利息率等價的實際利息率由下列關係決定：

$$1+i = \left(1+\frac{i^{(m)}}{m}\right)^{m}$$

從而

$$i = \left(1+\frac{i^{(m)}}{m}\right)^{m}-1 = \left(1+\frac{6\%}{4}\right)^{4}-1 \approx 6.14\%$$

可見，實際利息率 6.14% 大於名義利息率 6%。這也是每年結算數次的利息率被稱為名義利息率的緣由。

例 2.13 已知 $i = 6\%$，求 $i^{(2)}$、$i^{(4)}$、$d^{(2)}$、$d^{(4)}$。

解：$\because 1+i = \left(1+\frac{i^{(2)}}{2}\right)^{2} = \left(1+\frac{i^{(4)}}{4}\right)^{4} = \left(1-\frac{d^{(2)}}{2}\right)^{-2} = \left(1-\frac{d^{(4)}}{4}\right)^{-4}$

$\therefore i^{(2)} = 2[(1+i)^{\frac{1}{2}}-1] = 2[(1.06)^{\frac{1}{2}}-1] = 0.059,126$

$\therefore i^{(4)} = 4[(1+i)^{\frac{1}{4}}-1] = 4[(1.06)^{\frac{1}{4}}-1] = 0.058,695$

$\therefore d^{(2)} = 2[1-(1+i)^{-\frac{1}{2}}] = 2[1-(1.06)^{-\frac{1}{2}}] = 0.057,428$

$\therefore d^{(4)} = 4[1-(1+i)^{-\frac{1}{4}}] = 4[1-(1.06)^{-\frac{1}{4}}] = 0.057,847$

2.3　等值方程及其求解

考慮與利息有關的問題時,應遵循一個最基本的原則:貨幣具有時間價值。就是說,在所考察時刻的一定貨幣的價值,就是這筆貨幣本身所代表的價值。如現在的500元在現在的價值就是500元;6年后的300元在6年后的價值就是300元。但是,現在的500元在6年后的價值卻不再是500元。相反,6年后的價值的決定,既依賴於這筆錢已經歷的時間,又得考慮利息的度量方式。同樣地,要決定6年后的300元在2年前的價值,也得考慮這筆貨幣經過的時期和利息度量的方式。因此,同量的貨幣在不同時點上並不等值。換言之,不同時點上的兩筆或兩筆以上的貨幣不能直接進行比較。要說明它們的大小,只有將這些貨幣累積或折現到一個共同的時點上,才能比較這些貨幣的價值大小。特別地,像這種為比較貨幣價值而選擇的共同時點,稱為可比點或可比日。每筆支付貨幣累積或折現到可比日所建立的等式,就稱為等值方程或者價值等式。

建立和求解等值方程的一般步驟是:

第一步:畫時間軸。把收取的貨幣按時間順序記在時間軸的一邊,把支付的貨幣按時間順序記在時間軸的另一邊,這樣建立的圖示有利於建立等值方程。但是這一步並非必需。

第二步:選擇可比日。可比日就是使每筆貨幣在指定利息度量方式下,累積或折現到這一時刻。選擇可比日是為了使不同時刻的貨幣可比。可比日可以有不同的選擇,但選擇恰當有利於簡化計算。

第三步:建立等值方程。使所有收取的貨幣與所有支付的貨幣在可比日具有相等的值。

第四步:求解等值方程,以求出所要的量。

事實上,前述終值函數、現值函數本質上都是等值方程。以下通過兩例對等值方程的一般應用加以討論。

例2.14　為了能在第八年底收到600萬元,一個人同意立即支付100萬元,在第五年底支付200萬元,並在第十年底再支付一筆資金。已知年實際利息率為4%,求第十年底的支付額為多少?

解:畫出時間軸,令第十年末的支付額為 X 萬元,則

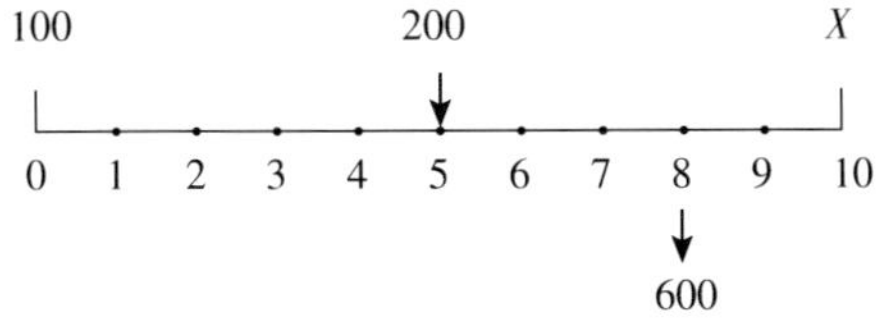

選擇第一年年初,即「0」點為可比日。

建立等值方程:

$$600v^8 = 100 + 200v^5 + Xv^{10}$$

求解 X,得

$$X = \frac{600v^8 - 200v^5 - 100}{v^{10}}$$

$$= 600(1+4\%)^2 - 200(1+4\%)^5 - 100(1+4\%)^{10} \approx 257.61(\text{萬元})$$

兩點註釋：

(1) 在本例中,也可以選擇第十年末為可比日,並且 X 的值不因選擇第十年末而有不同的值。當然,這裡隱含了一個假定：利息率以複利計息時,不同可比日的選擇,不影響所求的值。

(2) 在單利條件下,可比日選擇不同,可能出現不同的解。

任何一個利息問題,通常包含四個基本要素：本金、利息的度量方式、時期長度和本金產生的終值。僅從數學意義上講,只要已知其中的三個量,第四個量便可以確定。前面重點研究了已知利息度量方式和經歷的確定期間條件下現值和終值的計算。當然,以所得基本函數表達式為基礎,同樣可以在一定已知條件下,討論時期的確定,或利息率、貼現率的計算。

例2.15 每半年結算一次利息的利息率為多少時,現在投入的100萬元和從現在算起的三年后投入的100萬元,方可在第10年末累積到300萬元?

解：畫出時間軸：

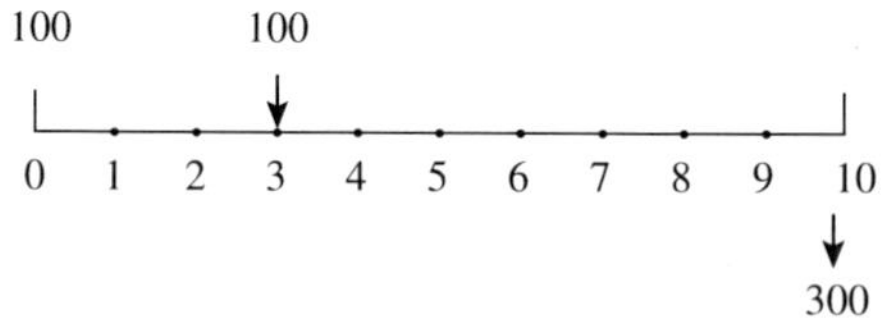

選擇第10年末為可比日。令 $j = \frac{i^{(2)}}{2}$,建立等值方程

$$300 = 100(1+j)^{20} + 100(1+j)^{14}$$

再令 $f(j) = 100(1+j)^{20} + 100(1+j)^{14} - 300$,現尋找 j,使 $f(j) = 0$。經反覆試驗,

$$f(0.02) \approx -19.465 < 0,\ f(0.03) \approx 31.87 > 0$$

運用線性插值法：

$$j = 0.02 + 0.01 \times \frac{0 + 19.465}{31.87 + 19.465} \approx 0.023,8$$

$$i^{(2)} = 2 \times 0.023,8 = 0.047,6 \text{ 或 } 4.76\%$$

說明：線性插值法預先確定一個大於真實利息率的利息率值和一個小於真實利息率的利息率值,然后在這兩個值之間進行線性插值從而得到真實值的一個近似值。

具體而言,設 $f(i)$ 為關於 i 的函數,選取 $\tilde{i}_1$、$\tilde{i}_2$ 使得 $f(\tilde{i}_1)$ 與 $f(\tilde{i}_2)$ 異號。由於 $(\tilde{i}_1, f(\tilde{i}_1))$、$(\tilde{i}_2, f(\tilde{i}_2))$、$(\hat{i}, 0)$ 三點共線,因此,方程 $f(i) = 0$ 的根的近似值的計算公式為：

$$\frac{\hat{i} - \tilde{i}_1}{\tilde{i}_2 - \tilde{i}_1} = \frac{0 - f(\tilde{i}_1)}{f(\tilde{i}_2) - f(\tilde{i}_1)}$$

$$\hat{i} = \tilde{i}_1 - \frac{f(\tilde{i}_1)}{f(\tilde{i}_2) - f(\tilde{i}_1)}(\tilde{i}_2 - \tilde{i}_1) \tag{2.35}$$

習題 2

2-1 判斷下列式子或陳述的正誤,並改正錯誤以及不完全的等式或句子。

(1) $\left(1-\frac{d^{(m)}}{m}\right)^{-m}=\left(1+\frac{i^{(n)}}{n}\right)^{n}$ 無論 m 等於還是不等於 n。

(2) 當投資時期增長時,常數的單利息率意味著實際利息率遞增或不變。

(3) $d-i=id$。

2-2 證明:$(1-d)^{n}>1-dn$,如果 $n>1, 0<d<1$,這裡 d 為貼現率。

2-3 試分別確定1,000元在三年之末的終值。① 如果實際利息率3%;② 如果月計息一次的6% 的名義年利息率;③ 如果季計息一次的4% 的名義年貼現率。

2-4 試確定兩年期間的常數實際利息率,使之等價於第一年5%、第二年6% 的實際貼現率。

2-5 如果 $\delta_t=0.04(1+t)^{-2}$,那麼1,000元在第20年末的終值為多少?

2-6 試比較 δ、$i^{(m)}$、i 的大小。

2-7 一個人現在投資30萬元,兩年后追加投資60萬元,這兩筆投資將在第4年末累積至150萬元,求該投資的實際利息率。

2-8 已知 $A(t)=t+2\sqrt{t}+7$,求 i_4、d_4。

2-9 已知 $i^{(2)}=6\%$,求 i、$i^{(4)}$、$d^{(2)}$、δ。

2-10 證明:$\frac{d^{(m)}}{m}=\frac{i^{(m)}}{m}\cdot v^{\frac{1}{m}}$。

2-11 已知某人現在投資1,000元,第一年的利息率為8%,第二年的利息率為10%,第三年的利息率為7%,第四年的利息率為9%,求該投資在第4年末的終值。

2-12 在3月12日存入1,000元,到同年的11月26日取出,利息率為單利息率10%,試用銀行家法則計算利息金額。

2-13 已知每期實際利息率為 i,$1+\frac{i^{(m)}}{m}=\frac{1+\frac{i^{(4)}}{4}}{1+\frac{i^{(6)}}{6}}$,確定 m。

2-14 有兩筆投資,一筆投資以每季計息一次的年名義利息率12% 累積,另外一筆以利息力 $\delta_t=\frac{t}{3}$ 累積,在時刻0時兩筆投資存入相同的資金,試求兩筆投資下次金額相等的時刻。

2-15 兩項基金 A 和 B 以相同的基金金額開始,基金 A 以利息強度6% 計息,基金 B 以年計息兩次的名義利息率 $i^{(2)}$ 計息,第8年末基金 A 的金額是基金 B 的1.2倍,求 $i^{(2)}$。

3 確定年金

年金可以被簡單地定義為在相等時間區間上所做的一系列給付。在經濟生活中,年金是普遍存在的。如每隔一個確定時間存入銀行的一筆錢;分期支付的房屋租金;貨幣借出或貸出后定期獲得的利息收入等。年金並不局限於每隔一年給付一次,只要是每隔相等的區間提供一次給付也可形成一個年金。此外,年金每次的給付額可以是固定量或水平量,也可以是非固定量或呈不斷變化的情形。

確定年金是年金的一種形式。確定年金與人的生死不發生關係。確定年金的支付總期間事前確定,純粹以預定利息率作為累積基礎。確定年金有多種分類,通常情況下的分類有:年金給付於每期開始時支付的期初付年金以及每期完了時支付的期末付年金;年金的給付在簽約后即刻開始的即時年金以及經過一段時間后才開始的延付年金;年金的給付限於一定期間的有限期年金以及年金的給付無限期延續的無限期年金等。

3.1 年金給付期等於利息結算期的確定年金

3.1.1 期末付年金

考慮如下年金:年給付額為1,於每年年底支付,年金總期間為n年,年利息率為i。求這種年金的現值和終值。

用$a_{\overline{n}|i}$和$s_{\overline{n}|i}$(或簡記為$a_{\overline{n}|}$和$s_{\overline{n}|}$)分別表示上述年金的現值和終值。由於這個現值表示所有支付額在確定期末年金之初的現值之和,而終值表示所有支付額在確定期末年金之和,即年金最后一次支付完畢后的立即的終值之和,所以現值和終值決定於:

$$a_{\overline{n}|} = v + v^2 + \cdots + v^n = \frac{1 - v^n}{i} \tag{3.1}$$

$$s_{\overline{n}|} = 1 + (1 + i) + \cdots + (1 + i)^{n-1} = \frac{(1 + i)^n - 1}{i} \tag{3.2}$$

以下對$a_{\overline{n}|}$和$s_{\overline{n}|}$做進一步的分析。

(1) 根據式(3.1)易得:

$$1 = ia_{\overline{n}|} + v^n \tag{3.3}$$

該式表明：現在投資的1元，在每年年底可獲利息 i 元，而且在 n 年末還可獲本金1元。每年年底的利息 i 形成了一個期末付確定年金。根據等值方程原理，在期初投入的本金應等於投入本金所產生的利息及償還本金現值之和。

(2) $a_{\overline{n}|}$ 和 $s_{\overline{n}|}$ 具有如下基本關係：

$$s_{\overline{n}|} = (1+i)^n a_{\overline{n}|} \tag{3.4}$$

$$\frac{1}{a_{\overline{n}|}} = \frac{1}{s_{\overline{n}|}} + i \tag{3.5}$$

例 3.1　證明：$\frac{1}{a_{\overline{n}|}} = \frac{1}{s_{\overline{n}|}} + i$。

證明：事實上，在 $1 = ia_{\overline{n}|} + v^n$ 兩邊同除以 $a_{\overline{n}|}$，得

$$\frac{1}{a_{\overline{n}|}} = i + \frac{v^n}{a_{\overline{n}|}}$$

再運用式(3.4)即得

$$\frac{1}{a_{\overline{n}|}} = i + \frac{1}{(1+i)^n a_{\overline{n}|}} = \frac{1}{s_{\overline{n}|}} + i$$

例 3.2　如果一個人現在投入10,000元，年利息率為4%，每半年結算一次利息，那麼這個人每六個月末提取一筆多大的金額，在第20年末正好取完投入的資金？假定每次的提取額相等。

解：設每次的相等提取額為 X 元，則

$$10,000 = Xa_{\overline{40}|2\%}$$

$$X = \frac{10,000}{a_{\overline{40}|2\%}} = \frac{10,000}{\frac{1-(1.02)^{-40}}{2\%}} \approx 365.56(\text{元})$$

本例揭示出，在有關 $a_{\overline{n}|}$ 和 $s_{\overline{n}|}$ 的推導中，雖然考慮的情形限於每隔一年支付一次的確定年金，但是公式 $a_{\overline{n}|}$ 和 $s_{\overline{n}|}$ 的應用，卻並不只限於以年為給付單位。只要年金給付期等於利息結算期，$a_{\overline{n}|}$ 和 $s_{\overline{n}|}$ 就可以運用。

3.1.2　期初付年金

考慮如下年金：每年年初支付1，支付總期間 n 年，年利息率為 i，求該年金的現值和終值。

若用 $\ddot{a}_{\overline{n}|i}$ 和 $\ddot{s}_{\overline{n}|i}$（簡記作 $\ddot{a}_{\overline{n}|}$ 和 $\ddot{s}_{\overline{n}|}$）分別表示該年金的現值和終值，則 $\ddot{a}_{\overline{n}|}$ 表示所有支付額在 n 年初（包括第一年年初的支付額在內）的值之和，$\ddot{s}_{\overline{n}|}$ 表示所有支付額在 n 年末的值之和。據此有：

$$\ddot{a}_{\overline{n}|} = 1 + v + v^2 + \cdots + v^{n-1} = \frac{1-v^n}{d} \tag{3.6}$$

$$\ddot{s}_{\overline{n}|} = (1+i) + (1+i)^2 + \cdots + (1+i)^n = \frac{(1+i)^n - 1}{d} \tag{3.7}$$

類似地，

(1) $1 = d\ddot{a}_{\overline{n}|} + v^n$ 與 $1 = ia_{\overline{n}|} + v^n$ 有相似的文字解釋。

(2)$\ddot{a}_{\overline{n}|}$ 和 $\ddot{s}_{\overline{n}|}$ 具有如下基本關係:

$$\ddot{s}_{\overline{n}|} = (1+i)^n \ddot{a}_{\overline{n}|} \tag{3.8}$$

$$\frac{1}{\ddot{a}_{\overline{n}|}} = \frac{1}{\ddot{s}_{\overline{n}|}} + d \tag{3.9}$$

例 3.3　已知年計息12次的年名義利息率為6%,為了在第10年末獲得1,000,000元,每年初需要投資多少元?

解:設每年初需要投資 R 元,每年的實際利息率為 i,於是,根據題意有

$$i = \left(1 + \frac{6\%}{12}\right)^{12} - 1 \approx 0.061,677,812$$

$$R\ddot{s}_{\overline{10}|i} = 1,000,000$$

$$R = \frac{1,000,000}{\ddot{s}_{\overline{10}|i}} \approx 70,899.31(\text{元})$$

3.1.3　期末付年金與期初付年金的關係

這裡的期末付年金與期初付年金的關係,是指期末付年金與期初付年金的現值與終值之間的相互關係。其常見的關係有如下兩組:

(1)　$a_{\overline{n}|}(1+i) = \ddot{a}_{\overline{n}|}$　(3.10)

$s_{\overline{n}|}(1+i) = \ddot{s}_{\overline{n}|}$　(3.11)

(2)　$\ddot{a}_{\overline{n}|} = 1 + a_{\overline{n-1}|}$　(3.12)

$\ddot{s}_{\overline{n}|} = s_{\overline{n+1}|} - 1$　(3.13)

例 3.4　證明:$a_{\overline{n}|}(1+i) = \ddot{a}_{\overline{n}|}$。

證明:按期末付年金的定義:

$$a_{\overline{n}|} = \frac{1-v^n}{i} = v \cdot \frac{1-v^n}{iv} = v \cdot \frac{1-v^n}{d} = v\ddot{a}_{\overline{n}|}$$

$$a_{\overline{n}|}(1+i) = \ddot{a}_{\overline{n}|}$$

直觀地分析,這個結論的成立是顯然的。因為 n 年期初付年金的現值,與提前一年算起的 n 年期末付年金的現值,正好相差一年,而繳付額是相同的支付額,所以 $a_{\overline{n}|}(1+i) = \ddot{a}_{\overline{n}|}$。

例 3.5　證明:$\ddot{a}_{\overline{n}|} = 1 + a_{\overline{n-1}|}$。

證明:因為

$$a_{\overline{n-1}|} = \frac{1-v^{n-1}}{i},$$

所以

$$1 + a_{\overline{n-1}|} = \frac{1+i-v^{n-1}}{i} = \frac{1-\dfrac{v^{n-1}}{1+i}}{\dfrac{i}{1+i}} = \frac{1-v^n}{d} = \ddot{a}_{\overline{n}|}$$

亦即

$$1 + a_{\overline{n-1}|} = \ddot{a}_{\overline{n}|}$$

這個等式表明：n 年期初付年金的現值 $\ddot{a}_{\overline{n}|}$，可視為$(n-1)$ 年期末付年金的現值 $a_{\overline{n-1}|}$ 與1 的 現值之和。

同理，可以證明 $\ddot{s}_{\overline{n}|}=(1+i)s_{\overline{n}|}$ 和 $\ddot{s}_{\overline{n}|}=s_{\overline{n+1}|}-1$。

例 3.6　某人希望通過一項基金在2020 年7 月1 日累積10,000 元，為實現該願望，計劃從2009 年7 月1 日到2019 年7 月1 日之間，每年年初存入一筆基金相等的金額。如果基金賺得實際利息率為4%，那麼該人每年年初存入金額為多少？

解：假定該人每年年初存入基金相等的金額為 R 元，那麼據題意有：

$$R\ddot{s}_{\overline{11}|}=10,000$$

$$R=\frac{10,000}{\ddot{s}_{\overline{11}|4\%}}=\frac{10,000}{s_{\overline{12}|}-1}\approx\frac{10,000}{15.025,8-1}\approx 713.0(\text{元})$$

例 3.7　已知 $\ddot{s}_{\overline{10}|}=2.5$，求 $s_{\overline{11}|}$ 的值。

解：根據關係式 $\ddot{s}_{\overline{n}|}=s_{\overline{n+1}|}-1$ 可以得到

$$s_{\overline{11}|}=\ddot{s}_{\overline{10}|}+1=3.5$$

3.1.4　年金在任意日期的值

以上考察的期末付年金與期初付年金，主要解決了它們在年金期初和期末的現值與終值問題。但是，有關確定年金的計算，僅限於此是不夠的。下面，將進一步研究確定年金在不同時刻的年金值的計算，如：

(1) 年金在第一次支付前若干年的值；

(2) 年金在最后一次支付后若干年的值；

(3) 年金在第一次支付與最后一次支付之間某個時點的值。

為通俗易懂起見，以下借助例題闡明年金在不同情況下的值的計算的一般原理。

例 3.8　① 你現在應存入銀行多少錢，方可從第三年年末開始，直至第九年年末為止，每年取得20,000 元？② 若你從第三年年末開始，直至第九年年末為止，每年存入銀行20,000元，則你在第十二年年末可以一次性取到多少錢？③ 當條件與 ② 相同時，年金在第五年年末的值為多少？本例計算所用利息率均為5%。

解：根據題意

(1) 所求之值 $=20,000a_{\overline{7}|5\%}v^2$

$=20,000(a_{\overline{9}|5\%}-a_{\overline{2}|5\%})\approx 104,968.22(\text{元})$

(2) 所求之值 $=20,000s_{\overline{7}|5\%}(1+5\%)^3$

$=20,000(s_{\overline{10}|5\%}-s_{\overline{3}|5\%})\approx 188,507.85(\text{元})$

(3) 所求之值 $=20,000s_{\overline{3}|5\%}+20,000a_{\overline{4}|5\%}=20,000a_{\overline{7}|5\%}(1+5\%)^3$

$=20,000s_{\overline{7}|5\%}v^4\approx 133,969.01(\text{元})$

結合本例的思路和方法，我們將其總結為更一般的情形：

(1) 延付 m 年的給付額為1 的 n 年期末付年金，其現值記作 ${}_{m|}a_{\overline{n}|}$，那麼

$${}_{m|}a_{\overline{n}|}=v^m a_{\overline{n}|}=a_{\overline{m+n}|}-a_{\overline{m}|}\tag{3.14}$$

(2) 延付 m 年的給付額為 1 的 n 年期初付年金，其現值記作 ${}_{m|}\ddot{a}_{\overline{n}|}$，而且

$$ {}_{m|}\ddot{a}_{\overline{n}|} = v^m \ddot{a}_{\overline{n}|} = \ddot{a}_{\overline{m+n}|} - \ddot{a}_{\overline{m}|} \tag{3.15} $$

3.1.5 永久年金

年金給付的期限無限延續的年金，或年金給付延續到永遠的年金，稱為永久年金。永久年金的期限是不確定的。我們憑直覺感到似乎這種年金並不存在，即使存在也不普遍。但是，不普遍存在的永久年金，並不等於不存在。如未附償還條件的優先股的紅利，其實質就是一種永久年金。當然，研究永久年金，更主要的是理論研究的需要。

年給付額為 1 的期末付永久年金的現值，記作 $a_{\overline{\infty}|}$，若 $i > 0$，則

$$ a_{\overline{\infty}|} = v + v^2 + \cdots = \frac{v}{1-v} = \frac{1}{i} \tag{3.16} $$

或者

$$ a_{\overline{\infty}|} = \lim_{n\to\infty} a_{\overline{n}|} = \lim_{n\to\infty} \frac{1-v^n}{i} = \frac{1}{i} $$

年給付額為 1 的期初付永久年金的現值，記作 $\ddot{a}_{\overline{\infty}|}$，若 $i > 0$，則

$$ \ddot{a}_{\overline{\infty}|} = 1 + v + v^2 + \cdots = \frac{1}{1-v} = \frac{1}{d} \tag{3.17} $$

或者

$$ \ddot{a}_{\overline{\infty}|} = \lim_{n\to\infty} \ddot{a}_{\overline{n}|} = \lim_{n\to\infty} \frac{1-v^n}{d} = \frac{1}{d} $$

3.2 年金給付期不等於利息結算期的確定年金

3.2.1 年金給付期大於利息結算期的確定年金

年金給付期大於利息結算期的確定年金也可描述為：年金支付次數比利息結算次數少的確定年金。

假定有這樣的確定年金：年金總的期間為 n，n 由利息結算期度量。進一步假定每一個年金給付期內包含整數利息結算期，用 K 表示一個年金給付期內利息結算的次數。i 代表每一個利息結算期內的利息率。年金每次的給付額為 1。

以下具體就期末付年金和期初付年金兩種情形進行討論。

1. 期末付年金

滿足上述條件的期末付年金的現值和終值，分別用 $(PV)_I$ 和 $(AV)_I$ 表示，那麼

$$ (PV)_I = v^K + v^{2K} + \cdots + v^{\frac{n}{K}\cdot K} = v^K \cdot \frac{1-v^n}{1-v^K} $$

$$ = \frac{1-v^n}{(1+i)^K - 1} = \frac{a_{\overline{n}|}}{s_{\overline{K}|}} \tag{3.18} $$

$$(AV)_I = (1+i)^n(PV) = (1+i)^n \cdot \frac{a_{\overline{n}|}}{s_{\overline{K}|}} = \frac{s_{\overline{n}|}}{s_{\overline{K}|}} \tag{3.19}$$

關於上述$(PV)_I$和$(AV)_I$的結論,也可以從另一個角度加以分析而得出。

由於每隔K個利息結算期期末支付1,所以將1分解為每個利息結算期期末支付一次,且每次的支付額為$\frac{1}{s_{\overline{K}|}}$,於是整個年金轉化為年金給付期等於利息結算期的確定年金。所求年金的現值$(PV)_I$和終值$(AV)_I$便是給付額為$\frac{1}{s_{\overline{K}|}}$而期間為$n$的確定年金的現值和終值。

$$(PV)_I = \left(\frac{1}{s_{\overline{K}|}}\right) \cdot a_{\overline{n}|} = \frac{a_{\overline{n}|}}{s_{\overline{K}|}}$$

$$(AV)_I = \left(\frac{1}{s_{\overline{K}|}}\right) \cdot s_{\overline{n}|} = \frac{s_{\overline{n}|}}{s_{\overline{K}|}}$$

2. 期初付年金

除年金額於每隔K個利息結算期期初支付1以外,其餘條件和符號約定與上述期末付完全相同。用類似的方法,可以求出滿足上述條件的期初付年金的現值$(PV)_D$和終值$(AV)_D$:

$$(PV)_D = \frac{a_{\overline{n}|}}{a_{\overline{K}|}} \tag{3.20}$$

$$(AV)_D = \frac{s_{\overline{n}|}}{a_{\overline{K}|}} \tag{3.21}$$

例3.9　已知某種12年期限的確定年金,每四個月末支付20,000元,月利息率為2%,求這種年金在12年年金期期初的前三年的值。

解1:依題意,對於已知的期末付確定年金,其利息結算期小於年金給付期,而且

$n = 12 \times 12 = 144, K = 4, i = 2\%$

如果所求值設為PV,那麼PV可決定如下:

$$PV = \left(\frac{20,000a_{\overline{n}|}}{s_{\overline{k}|}}\right)v^{36} = \frac{20,000a_{\overline{144}|2\%}}{s_{\overline{4}|2\%}}v^{36} \approx 112,070.64(\text{元})$$

解2:本題也可以按如下方法求得:

$$PV = 20,000\frac{a_{\overline{180}|2\%}}{s_{\overline{4}|2\%}} - 20,000\frac{a_{\overline{36}|2\%}}{s_{\overline{4}|2\%}} \approx 112,070.64(\text{元})$$

解3:根據年金值的原始概念,所求值PV可由如下式子得到:

$$PV = 20,000(v^{40} + v^{44} + \cdots + v^{180}) = 20,000v^{40}\frac{1-(v^4)^{36}}{1-v^4}$$

$$= 20000 \cdot \frac{v^{40} - v^{184}}{1-v^4} = 20000 \cdot \frac{a_{\overline{184}|2\%} - a_{\overline{40}|2\%}}{a_{\overline{4}|2\%}} \approx 112,070.64(\text{元})$$

3.2.2　年金給付期小於利息結算期的確定年金

年金給付期小於利息結算期的確定年金也可以描述為:年金支付次數比利息結算次數多的確定年金。

約定:n代表由利息結算期度量的年金總的期間;i代表每個利息結算期的利息率;在每

個利息結算期內的支付額為1，分期於 m 次相等的時間間隔給付，每次的支付額為$\frac{1}{m}$。求這種年金期初和期末的現值和終值。以下就期末付年金和期初付年金分別予以討論。

1. 期末付年金

滿足上述約定的期末付年金的現值和終值，分別用符號 $a_{\overline{n}|}^{(m)}$ 和 $s_{\overline{n}|}^{(m)}$ 表示。關於它們的表達式的推導，可以有多種方法：

方法1：運用已知的每個利息結算期的利息率 i，令 $v = \frac{1}{1+i}$，則

$$a_{\overline{n}|}^{(m)} = \frac{1}{m}v^{\frac{1}{m}} + \frac{1}{m}v^{\frac{2}{m}} + \cdots + \frac{1}{m} \cdot v^{\frac{mn}{m}} = \frac{1}{m}v^{\frac{1}{m}} \cdot \frac{1-v^n}{1-v^{\frac{1}{m}}}$$

$$= \frac{1-v^n}{m[(1+i)^{\frac{1}{m}}-1]} = \frac{1-v^n}{i^{(m)}} \tag{3.22}$$

$$s_{\overline{n}|}^{(m)} = (1+i)^n a_{\overline{n}|}^{(m)} = \frac{(1+i)^n-1}{i^{(m)}} \tag{3.23}$$

方法2：將已知的每個利息結算期的利息率 i 轉化為每個$\frac{1}{m}$期間的利息率，以使年金給付期等於利息的結算期。

令 $v' = \frac{1}{1+\frac{i^{(m)}}{m}}$，則

$$a_{\overline{n}|}^{(m)} = \frac{1}{m}v' + \frac{1}{m}v'^2 + \cdots + \frac{1}{m}v'^{mn}$$

$$= \frac{1}{m}a_{\overline{mn}|i^{(m)}/m} = \frac{1}{m} \cdot \frac{1-\left(\frac{1}{1+\frac{i^{(m)}}{m}}\right)^{mn}}{\frac{i^{(m)}}{m}} = \frac{1-v^n}{i^{(m)}}$$

$$s_{\overline{n}|}^{(m)} = \frac{1}{m}s_{\overline{mn}|i^{(m)}/m} = \frac{(1+i)^n-1}{i^{(m)}} \tag{3.24}$$

2. 期初付年金

滿足基本約定的期初付年金的現值和終值，分別用 $\ddot{a}_{\overline{n}|}^{(m)}$ 和 $\ddot{s}_{\overline{n}|}^{(m)}$ 表示。

用類似於推導 $a_{\overline{n}|}^{(m)}$ 和 $s_{\overline{n}|}^{(m)}$ 的方法，可以推導得出 $\ddot{a}_{\overline{n}|}^{(m)}$ 和 $\ddot{s}_{\overline{n}|}^{(m)}$ 具有如下關係式：

$$\ddot{a}_{\overline{n}|}^{(m)} = \frac{1-v^n}{d^{(m)}} \tag{3.25}$$

$$\ddot{s}_{\overline{n}|}^{(m)} = \frac{(1+i)^n-1}{d^{(m)}} \tag{3.26}$$

3. 期末付年金與期初付年金的現值與終值之間的相互關係

對此，常用的幾組關係是：

①
$$\ddot{a}_{\overline{n}|}^{(m)} = (1+i)^{\frac{1}{m}}a_{\overline{n}|}^{(m)} \tag{3.27}$$

$$\ddot{s}_{\overline{n}|}^{(m)} = (1+i)^{\frac{1}{m}}s_{\overline{n}|}^{(m)} \tag{3.28}$$

② $\begin{cases} \ddot{a}_{\overline{n}|}^{(m)} = \dfrac{1}{m} + a_{\overline{n-\frac{1}{m}}|}^{(m)} & (3.29) \\ \ddot{s}_{\overline{n}|}^{(m)} = s_{\overline{n+\frac{1}{m}}|}^{(m)} - \dfrac{1}{m} & (3.30) \end{cases}$

③ $\begin{cases} a_{\overline{n}|}^{(m)} = \dfrac{i}{i^{(m)}} a_{\overline{n}|} = s_{\overline{1}|}^{(m)} a_{\overline{n}|} & (3.31) \\ s_{\overline{n}|}^{(m)} = \dfrac{i}{i^{(m)}} s_{\overline{n}|} = s_{\overline{1}|}^{(m)} s_{\overline{n}|} & (3.32) \end{cases}$

④ $\begin{cases} \ddot{a}_{\overline{n}|}^{(m)} = \dfrac{d}{d^{(m)}} \ddot{a}_{\overline{n}|} = \ddot{a}_{\overline{1}|}^{(m)} \ddot{a}_{\overline{n}|} & (3.33) \\ \ddot{s}_{\overline{n}|}^{(m)} = \dfrac{d}{d^{(m)}} \ddot{s}_{\overline{n}|} = \ddot{a}_{\overline{1}|}^{(m)} \ddot{s}_{\overline{n}|} & (3.34) \end{cases}$

例 3.10 ①已知某種年支付額 24,000 元,分期於每月月末收付一次相等的金額,總期限 10 年的確定年金。年實際利息率 5%,那麼該年金的現值是多少?② 其餘條件與 ① 相同,只是年利息率 5%,每季結算一次,那麼該年金的現值又該是多少?

解: (1) 所求現值可直接運用公式,即

$$24,000a_{\overline{10}|5\%}^{(12)} = 24,000s_{\overline{1}|5\%}^{(12)} a_{\overline{10}|5\%} \approx 189,530.36(元)$$

(2) 因為年利息 5%,每季結算一次,所以每季的利息率為 $\dfrac{5\%}{4} = 1.25\%$,且每季總的給付額為 $\dfrac{1}{4} \times 24,000 = 6,000$ 元,從而所求現值為:

$$6,000a_{\overline{40}|1.25\%}^{(3)} = 6,000\frac{1-(1+1.25\%)^{-40}}{3[(1+1.25\%)^{\frac{1}{3}}-1]} \approx 188,742.61(元)$$

例 3.11 從 2015 年 7 月 1 日起,直至 2025 年 6 月 1 日止,包括 2025 年 6 月 1 日在內,每月提供 2,000 元。如果年實際利息率為 5%,那麼所有給付額在 2015 年 6 月 1 日的現值以及在 2010 年 7 月 1 日的現值各為多少?

解: 依題意,所求答案如下:

(1) $\quad 24,000a_{\overline{10}|5\%}^{(12)} = 24,000a_{\overline{10}|5\%} \dfrac{i}{i^{(12)}} \approx 189,530.36(元)$

上式中 $i = 5\%$, $i^{(12)} = 12[(1+i)^{\frac{1}{12}} - 1] \approx 0.048,889$

(2) $\quad 24,000(\ddot{a}_{\overline{15}|5\%}^{(12)} - \ddot{a}_{\overline{5}|5\%}^{(12)}) = 24,000(a_{15} - a_5)\dfrac{i}{d^{(12)}} \approx 149,108.05(元)$

上式中 $i = 5\%$, $d^{(12)} = 12[1-(1+i)^{-\frac{1}{12}}] \approx 0.048,691$

例 3.12 試證:$\ddot{s}_{\overline{1}|i}^{(m)} = (1+i)^{\frac{1}{m}} \cdot s_{\overline{1}|i}^{(m)} = \dfrac{i}{m} + s_{\overline{1}|i}^{(m)}$。

證明: 因為

$$(1+\frac{i^{(m)}}{m})^{m} = (1-\frac{d^{(m)}}{m})^{-m}$$

亦即

$$(1+\frac{i^{(m)}}{m})^{m}\cdot(1-\frac{d^{(m)}}{m})^{m}=1$$

所以

$$\frac{i^{(m)}}{m}-\frac{d^{(m)}}{m}=\frac{i^{(m)}}{m}\cdot\frac{d^{(m)}}{m}$$

據此不難得出：$i^{(m)}=(1+i)^{\frac{1}{m}}d^{(m)}$，因此

$$\ddot{s}_{\overline{1}|i}^{(m)}=\frac{i}{d^{(m)}}=(1+i)^{\frac{1}{m}}\cdot\frac{i}{d^{(m)}\cdot(1+i)^{\frac{1}{m}}}$$

$$=(1+i)^{\frac{1}{m}}\cdot\frac{i}{i^{(m)}}=(1+i)^{\frac{1}{m}}\cdot s_{\overline{1}|i}^{(m)}$$

進一步，

$$\ddot{s}_{\overline{1}|i}^{(m)}=(1+i)^{\frac{1}{m}}\cdot s_{\overline{1}|i}^{(m)}=(1+i)^{\frac{1}{m}}\cdot\frac{i}{i^{(m)}}$$

$$=(1+i)^{\frac{1}{m}}\cdot\frac{i}{m[(1+i)^{\frac{1}{m}}-1]}=\frac{i(1+i)^{\frac{1}{m}}-i+i}{m[(1+i)^{\frac{1}{m}}-1]}$$

$$=\frac{i(1+i)^{\frac{1}{m}}-i}{m[(1+i)^{\frac{1}{m}}-1]}+\frac{i}{m[(1+i)^{\frac{1}{m}}-1]}$$

$$=\frac{i}{m}+\frac{i}{i^{(m)}}=\frac{i}{m}+s_{\overline{1}|i}^{(m)}$$

3.3 連續確定年金

連續確定年金，作為年金給付期小於利息結算期的確定年金的一種特殊形式，其現值和終值可以借助確定年金給付頻數趨於無窮大而求得。連續年金的含義是連續地支付。

若用 $\bar{a}_{\overline{n}|}$ 表示在 n 個利息結算期內連續地給付，且在每個利息結算期內總的給付額為 1 的連續年金的現值，則

$$\bar{a}_{\overline{n}|}=\lim_{n\to\infty}a_{\overline{n}|}^{(m)}=\lim_{n\to\infty}\ddot{a}_{\overline{n}|}^{(m)}=\frac{1-v^{n}}{\delta}=\int_{0}^{n}v^{t}\mathrm{d}t \tag{3.35}$$

與 $\bar{a}_{\overline{n}|}$ 相應的連續年金的終值，記作 $\bar{s}_{\overline{n}|}$，則

$$\bar{s}_{\overline{n}|}=\lim_{n\to\infty}s_{\overline{n}|}^{(m)}=\lim_{n\to\infty}\ddot{s}_{\overline{n}|}^{(m)}=\frac{(1+i)^{n}-1}{\delta} \tag{3.36}$$

連續年金與一般年金的關係是：

$$\bar{a}_{\overline{n}|}=\frac{1-v^{n}}{\delta}=\frac{i}{\delta}\cdot\frac{1-v^{n}}{i}=\frac{i}{\delta}\cdot a_{\overline{n}|}=\bar{s}_{\overline{1}|}\cdot a_{\overline{n}|} \tag{3.37}$$

$$\bar{s}_{\overline{n}|}=\frac{(1+i)^{n}-1}{\delta}=\frac{i}{\delta}\cdot\frac{(1+i)^{n}-1}{i}=\frac{i}{\delta}s_{\overline{n}|}=\bar{s}_{\overline{1}|}\cdot s_{\overline{n}|} \tag{3.38}$$

雖然在實際中連續年金並不常見，但是在理論上連續年金有重要的研究價值。而且，對於實際中給付頻數很小的確定年金，連續年金往往可以作為它的近似值。進一步，從連續年金與一般年金的關係中還可見，連續年金的計算又可轉化為 $a_{\overline{n}|}$ 和 $s_{\overline{n}|}$，這些函數可通過直接

查找利息表而獲得,從而使整個運算得到極大簡化。

例 3.13　求$\frac{\mathrm{d}}{\mathrm{d}n}\bar{s}_{\overline{n|}}$的表達式。

解：$\frac{\mathrm{d}}{\mathrm{d}n}\bar{s}_{\overline{n|}} = \frac{\mathrm{d}}{\mathrm{d}n}\lim_{n\to\infty} s_{\overline{n|}}^{(m)} = \frac{\mathrm{d}}{\mathrm{d}n}\int_0^n (1+i)^t \mathrm{d}t$

$= (1+i)^n = 1 + \delta\bar{s}_{\overline{n|}}$

3.4　變動確定年金

本部分之前研究的確定年金有一個明顯的特徵,就是年金的給付額是一個固定量或水平量。然而實際生活中,年金的給付額並非只是水平的,也會遇到給付額變動的情形。鑒於此,本部分將研究年金給付額變動的確定年金的現值和終值的計算。為方便起見,側重考察年金給付期等於利息結算期,且給付額呈算術級數或幾何級數變動的確定年金。

3.4.1　一般變動確定年金

一般變動確定年金的現值和終值的計算,均可從概念出發,將各次給付額累積或折現到所求值的時點上。這種方法通稱「累積法」或「折現法」。此外,也可以將一般變動年金所求現值或終值,轉化為水平給付確定年金現值或終值的一定結合。

例 3.14　某種五年期確定年金,第一年年末的給付額為1,000元,第二年年末至第五年年末的給付額分別為500元、300元、800元和2,000元。已知年利息率為4%,求該年金的現值和終值。

解：設該年金的現值和終值分別記作 PV 和 AV。

運用「折現法」:

$$PV = 1,000v + 500v^2 + 300v^3 + 800v^4 + 2,000v^5 \approx 4,018.21(\text{元})$$

運用「累積法」:

$$AV = 2,000 + 800(1+4\%) + 300(1+4\%)^2 + 500(1+4\%)^3 + 1,000(1+4\%)^4 \approx 4,888.77(\text{元})$$

例 3.15　某種八年期期末確定年金,第一年至第三年的每年年末的給付額分別是3,000元;第四年至第六年的每年年末的給付額為400元;第七年年末和第八年年末的給付額都是2,000元。已知利息率是5%,求這一年金的現值和終值。

解：不難發現,該年金的現值可以轉化為以前熟悉的現值之和,即

$$2,000a_{\overline{8|}} + 2,000a_{\overline{6|}} - 1,000a_{\overline{3|}} \approx 20,354.56(\text{元})$$

或者

$$2,000a_{\overline{8|}} + 1,000a_{\overline{6|}} + 1,000\,{}_{3|}A_{\overline{3|}} \approx 20,354.56(\text{元})$$

同理,該年金的終值為

$$3,000s_{\overline{8|}} + 1,000s_{\overline{5|}} - 2,000s_{\overline{2|}} \approx 30,072.96(\text{元})$$

或者

$$2,000s_{\overline{8|}} + 1,000s_{\overline{6|}}(1+5\%)^2 + 1,000s_{\overline{3|}}(1+5\%)^2 \approx 30,072.96(\text{元})$$

3.4.2 給付額呈算術級數變化的確定年金

1. 期末付年金

情形一:給付額呈遞增的確定年金。

考察這樣的確定年金:年金總期間為 n 年,第一年年末支付 1,第二年年末支付 2,以后每年年末給付額在上一年基礎上遞增 1,直至第 n 年年末支付 n。假定年利息率為 i。求該年金的現值和終值。

上述年金的現值和終值,分別記作 $(Ia)_{\overline{n|}}$ 和 $(Is)_{\overline{n|}}$。關於 $(Ia)_{\overline{n|}}$ 和 $(Is)_{\overline{n|}}$ 的表達式,可以按多種方式推出,以下是其中的一種方式:

$$\begin{aligned}(Ia)_{\overline{n|}} &= a_{\overline{n|}} + {}_{1|}a_{\overline{n-1|}} + {}_{2|}a_{\overline{n-2|}} + \cdots + {}_{n-1|}a_{\overline{1|}} \\ &= a_{\overline{n|}} + (a_{\overline{n|}} - a_{\overline{1|}}) + (a_{\overline{n|}} - a_{\overline{2|}}) + \cdots + (a_{\overline{n|}} - a_{\overline{n-1|}}) \\ &= na_{\overline{n|}} - \frac{(n-1) - a_{\overline{n-1|}}}{i} \\ &= \frac{a_{\overline{n-1|}} - nv^n + 1}{i} \\ &= \frac{\ddot{a}_{\overline{n|}} - nv^n}{i} \end{aligned} \tag{3.39}$$

$$\begin{aligned}(Is)_{\overline{n|}} &= (1+i)^n (Ia)_{\overline{n|}} \\ &= \frac{\ddot{s}_{\overline{n|}} - n}{i}\end{aligned} \tag{3.40}$$

情形二:給付額呈遞減的確定年金。

考察這樣的確定年金:第一年年末給付 n,第二年年末給付 $n-1$,每年年末給付額在上一年的基礎上遞減 1,直至第 n 年年末給付 1 為止。假定利息率為 i,求該年金的現值和終值。

分別用符號 $(Da)_{\overline{n|}}$ 和 $(Ds)_{\overline{n|}}$ 表示年金的現值和終值,那麼,

$$(Da)_{\overline{n|}} = a_{\overline{n|}} + a_{\overline{n-1|}} + \cdots + a_{\overline{1|}} = \frac{n - a_{\overline{n|}}}{i} \tag{3.41}$$

$$(Ds)_{\overline{n|}} = (1+i)^n \cdot (Da)_{\overline{n|}} = \frac{n(1+i)^n - s_{\overline{n|}}}{i} \tag{3.42}$$

2. 期初付年金

除此處討論的期初付年金外,其餘假定與期末付確定年金的假定相同。現用符號 $(I\ddot{a})_{\overline{n|}}$ 和 $(I\ddot{s})_{\overline{n|}}$ 分別表示期初遞增年金的現值和終值;用符號 $(D\ddot{a})_{\overline{n|}}$ 和 $(D\ddot{s})_{\overline{n|}}$ 分別表示期初遞減年金的現值和終值。可以證明相應的現值和終值如下:

$$(I\ddot{a})_{\overline{n|}} = \frac{\ddot{a}_{\overline{n|}} - nv^n}{d} \tag{3.43}$$

$$(I\ddot{s})_{\overline{n|}} = \frac{\ddot{s}_{\overline{n|}} - n}{d} \tag{3.44}$$

$$\begin{cases} (D\ddot{a})_{\overline{n}|} = \dfrac{n - a_{\overline{n}|}}{d} & (3.45) \\ (D\ddot{s})_{\overline{n}|} = \dfrac{n(1+i)^n - s_{\overline{n}|}}{d} & (3.46) \end{cases}$$

例 3.16 現有一種永久年金,前 n 年內每年年末的給付額分別為 $1,2,\cdots,n$。n 年以后的每年年末的給付額為 n。求這種年金的現值。

解: 這種年金可以看成是 n 年遞增年金與水平給付永久年金的一種結合,所以要求的現值為:

$$(Ia)_{\overline{n}|} + v^n \cdot \frac{n}{i} = \frac{\ddot{a}_{\overline{n}|}}{i}$$

例 3.17 某年金在第1年初付款1,000元,第2年初付款1,100元,以后每年增加100元,總付款次數為10次,假設年實際利息率為5%,求該年金的現值。

解: 所求年金的現值為

$$900\ddot{a}_{\overline{10}|} + 100\,(I\ddot{a})_{\overline{10}|} \approx 11,431.29\text{(元)}$$

例 3.18 現有這樣的一種遞減確定年金,第一年年末給付額為10,000元,第二年年末給付額為9,900元,以后每年年末給付額較上年給付額遞減100元,直至給付額為1,000元止。試寫出這一年金的現值符號表達式。若年利息率為5%,試求該年金的現值。

解: 依題意,遞減年金最后一次給付額1,000元,對應於第91年年末,而此后每年年末的給付額有公因數1,000,這些公因數作為給付額形成一種91年期末付確定年金。餘下的給付額形成90年期末遞減確定年金,第一年年末給付額為9,000元,以后每年年末遞減100,直至第90年年末給付額為100元止。所以要求的年金現值為:

$$1,000a_{\overline{91}|} + (Da)_{\overline{90}|} \approx 160,259.54\text{(元)}$$

3.4.3 給付額呈幾何級數變動的確定年金

考察如下 n 年期末付確定年金:第一年年末給付額為1;以后每年年末按公比 $(1+j)$ $(j>0)$ 的幾何級數遞增。假設年利息率為 i,那麼該年金的現值和終值各為多少?

該年金的現值為:

$$PV = \frac{1 - \left(\dfrac{1+j}{1+i}\right)^n}{i-j} \tag{3.47}$$

該年金的終值為:

$$AV = (1+i)^n \cdot \frac{1 - \left(\dfrac{1+j}{1+i}\right)^n}{i-j} = \frac{(1+i)^n - (1+j)^n}{i-j} \tag{3.48}$$

類似地,可以獲得期初付、給付額呈幾何級數遞增的確定年金的現值和終值。

例 3.19 某人從銀行貸款1,000,000元,分10年償還,年利息率為6%,每年末的還款額是前一年的1.1倍,那麼第一年末應還款多少元?

解: 設第一年末還款 X 元,則

$$1,000,000 = X[v + (1.1)v^2 + (1.1)^2v^3 + \cdots + (1.1)^9v^{10}]$$

解得

$$X \approx 89,219.55(\text{元})$$

例 3.20 已知某種十年遞增確定年金,其第一年年末的給付額為 1,000 元,以后每年年末的給付額較前一年年末的給付額多 2%,年利息率為 5%,求該年金的現值。

解: 這是一個給付額呈幾何級數遞增的期末付確定年金,其現值由如下公式決定:

$$1,000\frac{1-\left(\frac{1+j}{1+i}\right)^n}{i-j} = 1,000\frac{1-\left(\frac{1+2\%}{1+5\%}\right)^{10}}{5\%-2\%} \approx 8,388.11(\text{元})$$

習題 3

3-1 如果實際貼現率為 10%,那麼 $\ddot{a}_{\overline{8}|}$ 為多少?

3-2 一臺新電視的現金價為 15,000 元。某顧客想以每月計息一次、6% 的年利息率分期付款購買該臺電視。若她在 4 年內每月月末付款 250 元,問現付款需要多少?

3-3 某 20 年確定年金,每月月初支付 10,000 元,年名義利息率為 12%,求如下三種情況下該年金的現值:① 每月計息一次;② 每季計息一次;③ 每年計息一次。

3-4 王強從銀行貸款 100,000 元,計劃從借款后的第七個月開始每月末等額還款。若銀行規定需在借款后三年內還清本息,設年利息率為 16%,求每月還款額。

3-5 假設 10,000 元半年后成為 12,000 元,求:

(1) $i^{(2)}$; (2) $d^{(3)}$; (3) i。

3-6 某人從 25 歲起,每年年末存入 10,000 元,以 60 歲作為退休年齡;假設年利息率為 6%,預計領取 20 年,問退休后每年年初可領取多少元養老金?(假設此人能領取最后一筆養老金)

3-7 有一項 10 年期確定年金,它在前 5 年內每季度之初付款 400 元,以后增加到每季度之初付款 600 元。假定年實際利息率為 12%,試確定此年金的現值,算到無為止。

3-8 判斷下列式子的正誤,並改正錯誤以及不完全的等式或句子。

(1) $(Ds)_{\overline{n}|} = \frac{n(1+i)^n - s_{\overline{n}|}}{i}$;

(2) $\ddot{s}^{(m)}_{\overline{n}|} = s^{(m)}_{\overline{n-\frac{1}{m}}|} + \frac{1}{m}$;

(3) $\ddot{s}^{(m)}_{\overline{1}|} = \frac{i}{m} + s^{(m)}_{\overline{1}|}$;

(4) $\bar{a}_{\overline{n}|} = \frac{1-e^{-n\delta}}{\delta}$。

3-9 每半年末向某基金存入 10,000 元,假設每年計息 4 次的年名義利息率為 6%,存期 10 年,問第 10 年末那次款項存入后即刻的累積值為多少元?

3 - 10　有這樣一種年金:3 年延期,20 年給付期,每季初給付 1,800 元,年結轉 12 次利息,年名義利息率為 12%。請計算這種年金的購買價格。

3 - 11　某年金第 1 年初支付 10,000 元,以后每兩年增加 1,000 元,至 20,000 元時止,即每兩年給付 1 次;然后,每年比上一年減少 1,000 元,至 10,000 元時止。已知前 20 年的年利息率為 4%,后 10 年的年利息率為 5%,求該年金的現值。

3 - 12　某 10 年期的確定年金在前 4 年的每年初可領取 20,000 元;后 6 年的每月初可領取 2,000 元。已知前 4 年的年利息率為 4%,后 6 年年計息 4 次的年名義利息率為 6%,求該年金的現值。

3 - 13　每年初存入 2 萬元,共存 10 次,前 6 年的年利息率為 6%,后 4 年年計息 4 次的年名義利息率為 4%,求第 10 年末能提取的款項。若要達到同樣的效果(即獲得相同的終值),在年利息率為 5% 的條件下,每年初應存入多少錢?

3 - 14　一項年金提供 20 筆年末付款,一年以后的第一次付款為 1,000 元,以后每年付款額比上一年多 5%,已知年實際利息率為 7%,求該年金的現值。

4 生命函數

生命表,又稱死亡表,乃指某一個數目的0歲的人所組成的集合,在自0歲起一直到生存人數成為0亦即所觀察人群全部死亡為止的這個期間,以統計數字表明其每年死亡、生存狀態的表。生命表是壽險保險費和責任準備金等計算的基礎。這就是說,在保險費厘定和責任準備金測定時,一般以現有的生命表為基礎來計算它們的值。

生命表是壽險精算的基礎,更確切地說,生命表中記載的生存數、死亡數、生存率、死亡率以及平均餘命等是壽險精算的基礎。而生命表欄目中的生存數、死亡數、生存率、死亡率及平均餘命等,依賴於構建生命表的原始生存數,即0歲的人數及其死亡率。換言之,原始生存人數和它們的死亡率,才是所有生命函數的核心,其他函數均由它們派生而來。像這樣的以構成生命表的生存數為基礎而推演出來的各種函數,統稱生命函數。本章將研究生命函數的意義及其計算,闡述生命表的構成原理及其基本運用,為壽險精算做必要的準備。

4.1 基本隨機變量

為了弄清生命函數的實質以及從數理角度予以分析,在此引入與生命密切相關的幾個隨機變量。

(1) 個體壽命 X:

個體壽命 X 表示新出生的嬰兒或0歲的人在死亡時的年齡。顯然,X 是一個連續型隨機變量。假定它的分佈函數用 $F(x)$ 表示,那麼 $F(x) = P(X \leqslant x, x \geqslant 0)$,這表明新出生的嬰兒尚未能活到 x 歲便發生死亡的概率。特別地,令 $S(x) = 1 - F(x) = 1 - P(X \leqslant x) = P(X > x)$,亦即新出生嬰兒能夠活過 x 歲的概率。在壽險精算中,$S(x)$ 被稱為關於 x 的生存函數。

生存函數 $S(x)$ 有如下基本性質:

①$S(0) = 1$,即新出生嬰兒能夠活到0歲的概率為1,或新出生嬰兒必然能夠活到0歲。$S(\infty) = 0$,即新出生嬰兒不可能活到無窮大,或新出生嬰兒永遠生存是不可能的事件。

②$S(x)$ 是一個關於 x 的遞減函數。

③$S(x)$ 一般還是一個關於 x 的連續函數。

綜上所述,隨機變量 X 的分佈既可以用 $F(x)$ 來表達,也可以用 $S(x)$ 來描述。進一步,

$$P(x_1 < X \leqslant x_2) = F(x_2) - F(x_1) = S(x_1) - S(x_2) \tag{4.1}$$

(2) 個體餘命 $T(x)$：

個體餘命 $T(x)$ 表示年齡 x 歲的人未來還能夠生存的時間,或者年齡 x 歲的人直到死亡時所生存的時間。在不引起混淆的情況下,$T(x)$ 可簡寫為 T。同樣,$T(x)$ 或 T 是一個連續型隨機變量。令 $G(t)$ 為 T 的分佈函數,$G(t) = P(T \leqslant t)$,它意指 x 歲的人在 t 年內死亡的概率。結合 T 與 X 的關係,$G(t)$ 既可以用 $F(x)$ 表示,也可以用 $S(x)$ 描述,其具體形式如下：

$$G(t) = P(T \leqslant t) = P(X - x \leqslant t \mid X > x) = \frac{P(x < X \leqslant x + t)}{P(X > x)}$$

$$= \frac{F(x+t) - F(x)}{1 - F(x)} = \frac{S(x) - S(x+t)}{S(x)} \tag{4.2}$$

(3) 取整餘命 $K(x)$：

取整餘命 $K(x)$ 表示 x 歲的人活到死亡時已生存的整數年。在不引起混淆的情況下,$K(x)$ 可縮寫為 K。不難理解,$K(x)$ 或 K 是一個離散型隨機變量,其取值為 $0,1,2,\cdots,k$。K 與 T 的關係是 $K = [T]$,即 K 為 T 的最大整數。由此可見,K 的概率分佈可以轉化為 T 的分佈來研究,進一步還可以轉化為 X 的分佈來討論。具體地,

$$P(K = k) = P(k \leqslant T < k + 1) = G(k+1) - G(k)$$

$$= \frac{S(x) - S(x+1+k)}{S(x)} - \frac{S(x) - S(x+k)}{S(x)}$$

$$= \frac{S(x+k) - S(x+k+1)}{S(x)} \tag{4.3}$$

例 4.1 已知 x 歲的人的生存函數 $S(x) = 1 - \frac{x}{100}(0 \leqslant x \leqslant 100)$,試計算：

(1) 年齡為 30 歲的人在 50 歲前死亡的概率；

(2) 年齡為 30 歲的人在 40 歲與 50 歲之間死亡的概率；

(3) 年齡為 30 歲的人在 39 歲與 40 歲之間死亡的概率。

解：(1) $P(T(30) \leqslant 20) = \frac{S(30) - S(50)}{S(30)} = \frac{0.7 - 0.5}{0.7} \approx 0.285,7$

(2) $P(10 < T(30) \leqslant 20) = \frac{S(40) - S(50)}{S(30)} = \frac{0.6 - 0.5}{0.7} \approx 0.142,9$

(3) $P(K(30) = 19) = \frac{S(49) - S(50)}{S(30)} = \frac{0.51 - 0.50}{0.7} \approx 0.014,3$

例 4.2 已知 $S(x) = \sqrt{ax + b}(0 \leqslant x \leqslant k)$,且個體壽命 X 的期望值為 50,求 a、b、k 的值。

解：$\because S(x) = \sqrt{ax + b}(0 \leqslant x \leqslant k)$

$\therefore S(0) = \sqrt{b} = 1$

$S(k) = \sqrt{ak + b} = 0$

$\therefore b = 1$、$a = -\frac{1}{k}$

$$\because \mathrm{E}(X) = \int_0^k S(x)\,\mathrm{d}x$$

$$\therefore \int_0^k \sqrt{ax+b}\,\mathrm{d}x = \frac{2}{3a}\left[(ak+b)^{\frac{3}{2}} - b^{\frac{3}{2}}\right] = 50$$

解得

$$k = 75$$

$$\therefore a = -\frac{1}{75}、b = 1、k = 75$$

4.2 基本生命函數

這裡所說的基本生命函數,是指生命表中揭示的那些欄目所代表的函數。

通常,生命表揭示的主要欄目或基本生命函數有:

(1)l_x:同時出生的一批 l_0 人平均能活過 x 歲的生存人數,即

$$l_x = l_0 \mathrm{P}(X > x) = l_0 S(x) \tag{4.4}$$

(2)d_x:同時出生的一批 l_0 人中在 x 歲與 $x+1$ 歲間的平均死亡的人數,即

$$\begin{aligned} d_x &= l_0 \mathrm{P}(x < X \leqslant x+1) = l_0[\mathrm{P}(X > x) - \mathrm{P}(X > x+1)] \\ &= l_0[S(x) - S(x+1)] = l_x - l_{x+1} \end{aligned} \tag{4.5}$$

(3)p_x:x 歲的人在未來一年內生存的概率或 x 歲的人活過 $x+1$ 歲的概率,即

$$p_x = \mathrm{P}(T > 1) = 1 - \mathrm{P}(T \leqslant 1) = \frac{S(x+1)}{S(x)} = \frac{l_{x+1}}{l_x} \tag{4.6}$$

(4)q_x:x 歲的人在一年內死亡的概率或 x 歲的人活不過 $x+1$ 歲的概率,即

$$q_x = \mathrm{P}(T \leqslant 1) = \frac{S(x) - S(x+1)}{S(x)} = 1 - \frac{l_{x+1}}{l_x} = 1 - p_x = \frac{d_x}{l_x} \tag{4.7}$$

顯然,基本生命函數之間有如下關係:

$$l_{x+1} = l_x - d_x \tag{4.8}$$

$$p_x + q_x = 1 \tag{4.9}$$

(5)L_x:x 歲的人在未來一年間平均生存的人年數。人年是表示人群存活時間的複合單位,一人年表示一個人存活了一年。L_x 是指活到確切年齡 x 歲的人群 l_x 人在到達 $x+1$ 歲前平均存活的人年數。當死亡人數在每個年齡區間上均勻分佈時,

$$L_x = \frac{l_x + l_{x+1}}{2} \tag{4.10}$$

(6)T_x:x 歲的人群未來累計生存人年數。累計生存人年數表示存活到確切年齡的人群未來將存活的總人年數,即

$$T_x = L_x + L_{x+1} + \cdots \tag{4.11}$$

例 4.3　已知 $S(x) = 1 - \frac{x}{100}$,$0 \leqslant x \leqslant 100$,且 $l_0 = 10{,}000$,求 q_{20} 與 d_{25} 的值。

解：$q_{20} = \frac{S(20) - S(21)}{S(20)} = \frac{80 - 79}{80} = \frac{1}{80}$

$$d_{25} = l_0[S(25) - S(26)] = 10,000[(1 - \frac{25}{100}) - (1 - \frac{26}{100})]$$

$$= 10,000 \times \frac{1}{100} = 100$$

例 4.4　已知 $l_x = 10,000 - x^2 (0 \leqslant x \leqslant 100)$，求 L_{50}、T_{50}（均勻分佈假設下）。

解：$L_{50} = \frac{l_{50} + l_{51}}{2} = 7,449.5$

$$T_{50} = \frac{l_{50} + l_{51}}{2} + \frac{l_{51} + l_{52}}{2} + \cdots + \frac{l_{99} + l_{100}}{2} = \frac{l_{50}}{2} + (l_{51} + \cdots + l_{99})$$

$$= 3,750 + (490,000 - \sum_{n=51}^{99} n^2) = 493,750 - (\sum_{n=1}^{99} n^2 - \sum_{n=1}^{50} n^2)$$

$$= 493,750 - \frac{99 \times (99+1) \times (2 \times 99 + 1) - 50 \times (50 + 1) \times (2 \times 50 + 1)}{6}$$

$$= 208,325$$

值得注意的是：生命表中主要欄目所揭示的生命函數，僅針對整數年齡而言。也就是說，生命表揭示的只是相鄰整數年齡對應的生死狀態，不能直接用它來解決和說明實際中的大量問題。例如：20 歲的人在 5 年內死亡的概率；25 歲的人在 30 ~ 35 歲間死亡的概率；30 歲的人在 5 年內死亡的人數；70 歲的人尚能存活半年的可能性大小；一群 50 歲的人，在未來平均存活的時間，等等。這些問題的值，顯然無法直接從生命表中查到，而這些函數又在現實中常見。因此，更為重要的是，除基本生命函數外，還有必要研究更為一般的生命函數。

4.3　一般正整數年齡生命函數

一般正整數年齡生命函數有如下幾種：

(1) ${}_tp_x$（x 是年齡，t 是正整數）

${}_tp_x$ 表示 x 歲的人未來能夠存活 t 年的概率，表示為：

$${}_tp_x = \mathrm{P}(T > t) \tag{4.12}$$

${}_tp_x$ 的計算，可以借助生命表中的生存人數。事實上，

$${}_tp_x = \mathrm{P}(T > t) = \mathrm{P}(X - x > t \mid X > x)$$

$$= \frac{\mathrm{P}(X > x + t)}{\mathrm{P}(X > x)} = \frac{S(x+t)}{S(x)}$$

$$= \frac{l_0 S(x+t)}{l_0 S(x)} = \frac{l_{x+t}}{l_x} \tag{4.13}$$

特別地，

$${}_xp_0 = \mathrm{P}(T > x) = \mathrm{P}(X > x) = S(x) \tag{4.14}$$

(2) ${}_tq_x$(x 是年齡,t 是正整數)

${}_tq_x$ 表示 x 歲的人在未來的 t 年內發生死亡的概率,表示為:

$$
\begin{aligned}
{}_tq_x &= P(T \leqslant t) = 1 - P(T > t) = 1 - {}_tp_x \\
&= 1 - \frac{l_{x+t}}{l_x} = \frac{l_x - l_{x+t}}{l_x}
\end{aligned} \tag{4.15}
$$

(3) μ_x(x 是年齡)

μ_x 表示 x 歲時的死力,其含義是在活到 x 歲的人當中,瞬間死亡的人所占的比率。通俗來講,就是 x 歲的人每千人每年死亡人數。用嚴格的數學關係式來定義,即:

$$
\mu_x = -\frac{S'(x)}{S(x)} = -\frac{l'_x}{l_x} \tag{4.16}
$$

死力又稱死亡密度或者瞬間死亡率。它在壽險精算的理論研究中佔有重要的地位。

據前述已知,$G(t) = P(T \leqslant t)$ 是 T 的分佈函數。現假定 $g(t)$ 表示 T 的概率密度函數,那麼

$$
\begin{aligned}
g(t) &= G'(t) = \frac{d}{dt}({}_tq_x) \\
&= \frac{d}{dt}[1 - \frac{S(x+t)}{S(x)}] \\
&= -\frac{S'(x+t)}{S(x)} = -\frac{S(x+t)}{S(x)} \cdot \frac{S'(x+t)}{S(x+t)} = {}_tp_x\mu_{x+t}
\end{aligned} \tag{4.17}
$$

根據 T 的概率密度函數,${}_tp_x$ 和 ${}_tq_x$ 可以表達如下:

$$
{}_tp_x = \int_t^{\infty} {}_sp_x \mu_{x+s} ds \tag{4.18}
$$

$$
{}_tq_x = \int_0^{t} {}_sp_x \mu_{x+s} ds \tag{4.19}
$$

根據 ${}_tp_x + {}_tq_x = 1$,進而得到結論:

$$
\int_0^{\infty} {}_tp_x \mu_{x+t}\, dt = 1
$$

進一步,${}_tp_x$ 和 ${}_tq_x$ 還可以用死力來表達。

根據 μ_x 的定義:

$$
\mu_x = -\frac{S'(x)}{S(x)} = -\frac{d}{dx}\ln S(x)
$$

$$
-\mu_x dx = d\ln S(x)
$$

$$
\int_0^x -\mu_t dt = \int_0^x [\ln S(t)]' dt = \ln S(x)
$$

$$
S(x) = e^{-\int_0^x \mu_s ds} \tag{4.20}
$$

所以

$$
{}_tp_x = \frac{S(x+t)}{S(x)} = e^{-\int_x^{x+t}\mu_s ds} \overset{令 s = x+r}{=} e^{-\int_0^t \mu_{x+r} dr} \tag{4.21}
$$

$$
{}_tq_x = 1 - {}_tp_x = 1 - e^{-\int_x^{x+t}\mu_s ds} \tag{4.22}
$$

(4) ${}_td_x$(x 是年齡,t 是正整數)

${}_td_x$ 表示 0 歲的人當中在 x 歲與 $x+t$ 歲間發生死亡的平均人數,其概率表達式為:

$$ {}_td_x = l_0\mathrm{P}(x < X \leqslant x+t) = l_0[\mathrm{P}(X > x) - \mathrm{P}(X > x+t)] \tag{4.23} $$

從這個等式出發可得

$$ \begin{aligned} {}_td_x &= l_x - l_{x+t} \\ &= (l_x - l_{x+1}) + (l_{x+1} - l_{x+2}) + \cdots + (l_{x+t-1} - l_{x+t}) \\ &= d_x + d_{x+1} + \cdots + d_{x+t-1} \end{aligned} \tag{4.24} $$

這就是說,t 年內的死亡人數等於 t 年內各年的死亡人數之和。

此外,因為 $l_x = {}_td_x + l_{x+t} = {}_td_x + d_{x+t} + l_{x+t+1}$

$$ \begin{aligned} &= {}_td_x + d_{x+t} + d_{x+t+1} + l_{x+t+2} \\ &= \cdots\cdots \\ &= d_x + d_{x+t} + \cdots + d_{x+t} + d_{x+t+1} + \cdots \end{aligned} $$

一般情況下,當 y 較大時,$l_y = 0$。在生命表中通常約定終極年齡 ω 對應的 $l_\omega = 0$。

因此,

$$ l_x = d_x + d_{x+1} + \cdots + d_{\omega-1} \tag{4.25} $$

例 4.5 證明:$\dfrac{\mathrm{d}}{\mathrm{d}t}({}_tp_x) = -{}_tp_x\,\mu_{x+t}$。

證明: $\dfrac{\mathrm{d}}{\mathrm{d}t}({}_tp_x) = \dfrac{\mathrm{d}}{\mathrm{d}t}\left(\dfrac{l_{x+t}}{l_x}\right) = \dfrac{l'_{x+t}}{l_x} = \dfrac{l_{x+t}}{l_x}\cdot\dfrac{l'_{x+t}}{l_{x+t}} = -{}_tp_x\,\mu_{x+t}$

例 4.6 證明:${}_nd_x = \int_0^n l_{x+t}\,\mu_{x+t}\,\mathrm{d}t$。

證明:

$$ \begin{aligned} \int_0^n l_{x+t}\,\mu_{x+t}\mathrm{d}t &= l_x\int_0^n {}_tp_x\,\mu_{x+t}\mathrm{d}t \\ &= l_x\int_0^n \mathrm{d}(-{}_tp_x) = l_x(-{}_tp_x)\Big|_0^n \\ &= l_x(1 - {}_np_x) = l_x\,{}_nq_x = {}_nd_x \end{aligned} $$

例 4.7 ① 求年齡 20 歲的人,在 25 ~ 30 歲之間死亡的概率。以 CL1(2010—2013)2.5% 為計算基礎。② 推導這類概率的一般表達式。

解: ① 設所求概率為 P,則

$$ \begin{aligned} \mathrm{P} &= P(5 < T(20) \leqslant 10) = \mathrm{P}(T(20) \leqslant 10) - \mathrm{P}(T(20) \leqslant 5) \\ &= {}_{10}q_{20} - {}_5q_{20} = {}_5p_{20} - {}_{10}p_{20} \\ &= {}_5p_{20}\cdot{}_5q_{25} \approx 0.003,382 \end{aligned} $$

② 現年 x 歲的人在 $x+t_1$ 歲與 $x+t_2$ 歲之間死亡的概率可以表示為:

$$ \begin{aligned} &\mathrm{P}(t_1 < T(x) \leqslant t_2) \qquad (0 < t_1 < t_2) \\ &= {}_{t_2}q_x - {}_{t_1}q_x = {}_{t_1}p_x - {}_{t_2}p_x = {}_{t_1}p_x\cdot{}_{t_2-t_1}q_{x+t_1} \end{aligned} $$

特別地,記這一概率為 ${}_{t_1|t_2-t_1}q_x$,即

$$ {}_{t_1|t_2-t_1}q_x = {}_{t_1}p_x\cdot{}_{t_2-t_1}q_{x+t_1} \tag{4.26} $$

(5) L_x(x 是年齡)

前面已對 L_x 作了定義,即很多時候死亡並不是均勻分佈的,所以 L_x 更一般的計算式如下:

$$L_x = \int_0^1 t l_{x+t} \mu_{x+t} \mathrm{d}t + l_{x+1} \tag{4.27}$$

$$= -\int_0^1 t \mathrm{d} l_{x+t} + l_{x+1}$$

$$= -t l_{x+t} \Big|_0^1 + \int_0^1 l_{x+t} \mathrm{d}t + l_{x+1} = \int_0^1 l_{x+t} \mathrm{d}t \tag{4.28}$$

(6) T_x(x 是年齡)

$$T_x = \int_0^\infty t l_{x+t} \mu_{x+t} \mathrm{d}t \tag{4.29}$$

$$= \int_0^\infty l_{x+t} \mathrm{d}t \tag{4.30}$$

4.4 生命期望值

生命期望值,又稱為平均餘命。簡言之,平均餘命就是餘命的平均值。某年齡的人在未來能夠活多久,事前不能確切地判斷或肯定。因此,這個人的餘命從現在的年齡到死亡為止的那段時間,不能事前確定。但是,一個人總是要死的,一旦死亡,則其餘命隨之確定,所以談某一個人的餘命意義不大。平均餘命是針對人群中或某年齡的集合而言的,是指集合中每個成員的餘命的平均值。

平均餘命有兩種形式:

(1) 完全平均餘命。某年齡對應的完全平均餘命,是指集合中全部人員可能生存的期間,包括不滿一年的零數均計算在內的餘命的平均值。

(2) 簡約平均餘命。某年齡對應的簡約平均餘命,是指只考慮集合中人員生存的整數年,不包括不滿一年的零數而計算的餘命的平均值。

相對於平均餘命的不同形式,其具體計算也有一定的差異。

(1) 年齡 x 歲的人的完全平均餘命用 $\mathring{e}_x$ 表示

根據完全平均餘命的定義,

$$\mathring{e}_x = \mathrm{E}(T(x)) = \int_0^\infty t \mathrm{g}(t) \mathrm{d}t \tag{4.31}$$

$$= \int_0^\infty t \, {}_t p_x \mu_{x+t} \mathrm{d}t = \int_0^\infty {}_t p_x \mathrm{d}t \tag{4.32}$$

$$= \frac{\int_0^\infty l_{x+t} \mathrm{d}t}{l_x} = \frac{T_x}{l_x} \tag{4.33}$$

得出這個結論並不奇怪。因為$\int_0^\infty l_{x+t} \mathrm{d}t = \int_0^\infty t l_{x+t} \mu_{x+t} \mathrm{d}t$ 表示 x 歲以后生存的總年數,所以完全平均餘命應由最初的人數 l_x 去除$\int_0^\infty l_{x+t} \mathrm{d}t$。

(2) 年齡 x 歲的人的簡約平均餘命用 e_x 表示

$$e_x = E[K(x)] = \sum_{k=0}^{\infty} kP(K = k) \tag{4.34}$$

$$= \sum_{k=0}^{\infty} {}_{k+1}p_x = \frac{l_{x+1} + l_{x+2} + \cdots}{l_x} \tag{4.35}$$

現對 e_x 的計算式給予解釋:

l_x 在 x 歲與 $x+1$ 歲間有 d_x 人死亡,這些死亡者生存的整數年為 0 年;l_x 在 $x+1$ 歲與 $x+2$ 歲間有 d_{x+1} 人死亡,這些死亡者生存的整數年為 d_{x+1} 年 …… 以后年度的分析類同。因此,l_x 人一共生存的總年數(不滿一年的不予計算)便為:$d_{x+1} + 2 \cdot d_{x+2} + 3 \cdot d_{x+3} + \cdots$,而這正是 $l_{x+1} + l_{x+2} + l_{x+3} + \cdots$。

(3) 完全平均餘命和簡約平均餘命的相互關係

令 $T = K + S$ 且 S 均勻分佈,亦即每一年中各死亡者死亡的日期均勻地分佈於一年的各個月中。於是,

$$\mathring{e}_x = E(T) = E(K + S) = E(K) + E(S) \approx e_x + \frac{1}{2} \tag{4.36}$$

例 4.8 假定死亡日期在各年齡段內是均勻分佈的,試證:

$$\mathring{e}_x \doteq \frac{1}{2}(q_x + 3\,{}_{1|}q_x + 5\,{}_{2|}q_x + \cdots)$$

證明: 在死亡日期均勻分佈假設下,

$$\mathring{e}_x \doteq e_x + \frac{1}{2} = \frac{1}{2} + \frac{l_{x+1} + l_{x+2} + \cdots}{l_x}$$

$$= \frac{l_x + 2l_{x+1} + 2l_{x+2} + \cdots}{2l_x} = \frac{d_x + 3d_{x+1} + 5d_{x+2} + \cdots}{2l_x}$$

$$= \frac{1}{2}(q_x + 3\,{}_{1|}q_x + 5\,{}_{2|}q_x + \cdots)$$

例 4.9 證明:$e_x = p_x(1 + e_{x+1})$

證明: $$e_x = \frac{l_{x+1} + l_{x+2} + \cdots}{l_x} = \frac{l_{x+1}}{l_x} \cdot \frac{l_{x+1} + l_{x+2} + l_{x+3} + \cdots}{l_{x+1}}$$

$$= p_x\left(1 + \frac{l_{x+2} + l_{x+3} + \cdots}{l_{x+1}}\right) = p_x(1 + e_{x+1})$$

例 4.10 填寫表 4.1 中的空欄(死亡均勻分佈假設下)。

表 4.1

x	l_x	d_x	p_x	q_x	$\mathring{e}_x$	e_x
98	160					
99		40				
100	24			0.667		
101			0.250			
102				1.000		

解：運用生命函數之間的相互關係

$$d_x = l_x - l_{x+1}, {}_tp_x = \frac{l_{x+t}}{l_x}, q_x = \frac{d_x}{l_x}, e_x = p_x(1 + e_{x+1}), \mathring{e}_x \approx e_x + \frac{1}{2}$$

容易得到表 4.2：

表 4.2

x	l_x	d_x	p_x	q_x	$\mathring{e}_x$	e_x
98	160	96	0.400	0.600	1.11	0.61
99	64	40	0.375	0.625	1.03	0.53
100	24	16	0.333	0.667	0.92	0.42
101	8	6	0.250	0.750	0.75	0.25
102	2	2	0	1.000	0.50	0

4.5　正分數年齡生命函數

在討論 ${}_tp_x$、${}_tq_x$ 以及 μ_{x+t} 等生命函數時，均假定 x 代表整數年齡，t 為正整數。在實際中，不時會遇到 t 為正分數的情形。例如，一個 20 歲的人能夠活到 $20\frac{2}{3}$ 歲的概率；一個已活到了 $30\frac{3}{4}$ 歲的人，在以后的 $\frac{2}{5}$ 年內死亡的概率；30 歲的人群在半年內的死亡人數。所有這些例子告訴我們一個事實：有研究分數年齡的生命函數的必要。

要求 t 為正分數對應的生命函數，如 ${}_tp_x$、${}_tq_x$ 或 μ_{x+t} 等的表達式。當已知 l_x 的解析式時，它們相對易於計算和分析；但當 l_x 僅由生命表定義時，一般需要做出一些基本的死亡假設。在壽險精算中，常用的三個基本假設是：均勻分佈假設、常數死力假設以及以義大利精算師名字命名的鮑德希（Balducci）假設。在此，僅分析死亡均勻分佈及鮑德希假設下的生命函數表達式。

(1) 死亡均勻分佈

$$S(x+t) = (1-t)S(x) + tS(x+1) \tag{4.37}$$

上式中，$S(x)$ 為生存函數，x 是整數，$0 \leqslant t \leqslant 1$。

在死亡均勻分佈假設下，生命函數有如下的表達式：

$$① \ {}_tq_x = \frac{S(x) - S(x+t)}{S(x)} = \frac{S(x) - (1-t)S(x) - tS(x+1)}{S(x)}$$

$$= \frac{t[S(x) - S(x+1)]}{S(x)} = tq_x \tag{4.38}$$

$$② \ {}_tp_x = 1 - {}_tq_x = 1 - tq_x \tag{4.39}$$

$$③ \ {}_yq_{x+t} = \frac{S(x+t) - S(x+t+y)}{S(x+t)} \quad (0 \leqslant y \leqslant 1, y + t \leqslant 1)$$

$$= \frac{y[S(x)-S(x+1)]}{S(x)-t[S(x)-S(x+1)]} = \frac{yq_x}{1-tq_x} \quad (4.40)$$

④ $$\mu_{x+t} = -\frac{S'(x+t)}{S(x+t)} = \frac{S(x)-S(x+1)}{(1-t)S(x)+ts(x+1)} = \frac{q_x}{1-tq_x} \quad (4.41)$$

⑤ $${}_tp_x\,\mu_{x+t} = (1-tq_x)\cdot\frac{q_x}{1-tq_x} = q_x \quad (4.42)$$

據上可見,在死亡均勻分佈假設下,分數年齡生命函數可轉化為整數年齡生命函數。

例 4.11　試證在每一年齡年度死亡均勻分佈假設下,

$$({}_{\frac{1}{2}}p_x - p_x) + ({}_{\frac{3}{2}}p_x - {}_2p_x) + ({}_{\frac{5}{2}}p_x - {}_3p_x) + \cdots = \frac{1}{2}$$

證明:原式左端 $= ({}_{\frac{1}{2}}p_x - p_x) + p_x({}_{\frac{1}{2}}p_{x+1} - p_{x+1}) + {}_2p_x({}_{\frac{1}{2}}p_{x+2} - p_{x+2}) + \cdots$

$= (q_x - {}_{\frac{1}{2}}q_x) + p_x(q_{x+1} - {}_{\frac{1}{2}}q_{x+1}) + {}_2p_x(q_{x+2} - {}_{\frac{1}{2}}q_{x+2}) + \cdots$

$= \frac{1}{2}q_x + p_x\cdot\frac{1}{2}\cdot q_{x+1} + {}_2p_x\cdot\frac{1}{2}\cdot q_{x+2} + \cdots$

$= \frac{1}{2}\cdot\frac{d_x + d_{x+1} + d_{x+2} + \cdots}{l_x}$

$= \frac{1}{2}\cdot\frac{l_x}{l_x} = \frac{1}{2} =$ 右端

例4.12　已知 $q_{70} = 0.06$ 和 $p_{71} = 0.92$,且每個年齡段內死亡人數服從均勻分佈假設,求 70 歲的人在 $70\frac{1}{2}$ 歲與 $71\frac{1}{2}$ 歲之間死亡的概率。

解:設所求概率為 P,那麼

$P = {}_{\frac{1}{2}}p_{70}\cdot{}_{\frac{1}{2}}q_{70+\frac{1}{2}} + p_{70}\cdot{}_{\frac{1}{2}}q_{71}$

$= 0.03 + 0.94\times\frac{1}{2}\times 0.08 \approx 0.068$

(2)死力常數假設

$$S(x+t) = (S(x))^{1-t}\cdot(S(x+1))^t \quad (0\leqslant t\leqslant 1) \quad (4.43)$$

容易得到:

① ${}_tp_x = (p_x)^t$ (4.44)

② ${}_tq_x = 1-(p_x)^t$ (4.45)

③ ${}_yq_{x+t} = 1-(p_x)^y \quad (0\leqslant y\leqslant 1, t+y\leqslant 1)$ (4.46)

④ $\mu_{x+t} = -\ln p_x$ (4.47)

⑤ ${}_tp_x\,\mu_{x+t} = \mu_x e^{-\mu_x t}$ (4.48)

(3)鮑德希假設

鮑德希假設 $1/S(x+t)$ 是 t 的線性函數,即有

$$\frac{1}{S(x+t)} = \frac{1}{S(x)} - t\left[\frac{1}{S(x)} - \frac{1}{S(x+1)}\right] \quad (0\leqslant t\leqslant 1) \quad (4.49)$$

在此假設下,生命函數有如下表達式:

① $_tq_x = \dfrac{tq_x}{1-(1-t)q_x}$ (4.50)

② $_tp_x = \dfrac{p_x}{1-(1-t)q_x}$ (4.51)

③ $_yq_{x+t} = \dfrac{yq_x}{[1-(1-y-t)q_x]} \quad (0<y<1, y+t \leqslant 1)$ (4.52)

④ $\mu_{x+t} = \dfrac{q_x}{1-(1-t)q_x}$ (4.53)

⑤ $_tp_x\mu_{x+t} = \dfrac{p_xq_x}{[1-(1-t)q_x]^2}$ (4.54)

上述三種假設以死亡均勻分佈假設最簡單、最常用,也比較符合客觀情況,因為在同一年齡段內死亡力是遞增的。死力常數假設,其簡單性體現在死力為常數,也有一定的合理性。鮑德希假設雖然不太符合常理,如死力是遞減的,但 $_{1-t}q_{x+t} = (1-t)q_x$ 比較簡單,因而常常用於生存模型中去估計死亡概率。

4.6 保險領域常用的死亡法則

死亡法則就是關於死亡秩序的理論上或經驗上的統計規律,以解析方式(即數學方式)所做的呈現。關於死亡法則的研究相當多,茲列舉三種在保險中常用的死亡法則。

4.6.1 Abraham de Moivre 死亡法則

Abraham de Moivre 定義死亡法則為 $l_x = k(\omega - x), 0 \leqslant x < \omega$,$\omega$ 為終極年齡。在當時 Abraham de Moivre 已意識到視 l_x 為一條直線很粗糙,但是好在他本意並非用其法則擬合真實曲線 l_x,而是用於簡化棘手的年金計算問題。

從 $l_x = k(\omega - x)$ 出發,容易得到 $\mu_x = (\omega - x)^{-1}$ 和 $S(x) = 1 - \dfrac{x}{\omega}$。

4.6.2 Gompertz 死亡法則

Gompertz 認為,一個人的死亡主要受兩種力量的支配:一是與年齡無關的死亡機會,如疾病和意外等;另一種是隨著年齡增加,死亡抵抗力減退即衰老。進一步,Gompertz 還假定一個人抵禦死亡的能力是以成比例的速度遞減的,並考慮到死力 μ_x 是一個人對死亡的敏感性度量指標,所以 Gompertz 使用 μ_x 的倒數 $\dfrac{1}{\mu_x}$ 去度量一個人對死亡的抵禦能力,從而 Gompertz 死亡法則的分析形式為

$$\frac{d}{dx}\left(\frac{1}{\mu_x}\right) = -h \cdot \frac{1}{\mu_x} \quad (h \text{ 為比例系數})$$

令 $e^h = C$,經積分得:

$$\mu_x = BC^x \tag{4.55}$$

不難得到：

$$S(x) = e^{-m(C^x-1)} \quad (B > 0, C > 1, x \geqslant 0) \tag{4.56}$$

4.6.3 Makeham 死亡法則

雖然 Gompertz 認識到了死亡的兩個原因，但是他提出的死亡法則中只考慮了其中的一個原因，忽略了第一個原因。Makeham 在 1860 年參考 Gompertz 的死亡法則，並用常數代表第一個原因，加在 Gompertz 死亡法則所描述的死力之上，便產生了 Makeham 死亡法則：

$$\mu_x = A + BC^x \quad (A \text{ 為常數}) \tag{4.57}$$

從而

$$S(x) = e^{-Ax-m(C^x-1)} \quad (B > 0, A \geqslant -B, C \geqslant 1, x \geqslant 0) \tag{4.58}$$

4.7 生命表的編制與選擇

4.7.1 生命表的編制方法

壽險精算通常以編制完善的生命表為計算基礎。生命表的編制，在已知生命表人群基數以及這群人的死亡率時，是一件比較容易的事。選定初始人數 l_0 作為生命表的集合基數，結合死亡概率 q_x，便可編制出 l_x 和 d_x 兩個欄目的數據，通過 q_x 和 l_x 就可得到平均餘命和生存概率。生命表的編制過程是：

$d_0 = l_0 q_0 \rightarrow l_1 = l_0 - d_0$

$\downarrow$

$d_1 = l_1 q_1 \rightarrow l_2 = l_1 - d_1$

$\downarrow$

…… ……

$\downarrow$

$d_x = l_x q_x \rightarrow l_{x+1} = l_x - d_x$

但是，一般情況下，一群人的死亡率是很難準確獲得的，而且就是要近似地獲得它也非易事。常用的方法是：

首先，計算某個時期分年齡中心死亡率。假定某年 x 歲的死亡人數為 $\widetilde{D}_x$，x 歲的平均人數為 $\widetilde{\widetilde{P}}_x$，$\widetilde{\widetilde{P}}_x$ 可以用年中 x 歲的人數或年初 x 歲人數與年末 x 歲人數平均數來近似地得到。在這些假設下，x 歲的中心死亡率為 m'_x，

$$m'_x = \frac{\widetilde{D}_x}{\widetilde{\widetilde{P}}_x} \tag{4.59}$$

其次，計算生命表分年齡中心死亡率。生命表中 x 歲的中心死亡率為 m_x，則

$$m_x = \frac{\int_0^1 l_{x+t}\mu_{x+t}\,dt}{\int_0^1 l_{x+t}\,dt} = \frac{d_x}{L_x} \tag{4.60}$$

亦即 m_x 表示生命表分年齡死亡人數占分年齡生存人數的比例。

當死亡時間均勻分佈時,

$$L_x = \frac{1}{2}(l_x + l_{x+1})$$

所以

$$m_x = \frac{d_x}{L_x} \doteq \frac{d_x}{\frac{1}{2}(l_x + l_{x+1})} = \frac{2d_x}{2l_x - d_x} = \frac{2q_x}{2 - q_x} \tag{4.61}$$

$$q_x = \frac{2m_x}{2 + m_x} \tag{4.62}$$

實際中,以 m'_x 近似地表示 m_x,便可得到 q_x 的近似值:

$$q_x \doteq \frac{2m'_x}{2 + m'_x} \tag{4.63}$$

4.7.2 生命表的選擇

生命表依不同劃分標準可劃分為不同的類型。生命表通常可分為以一國國民為對象的國民生命表和以人壽保險公司被保險人集合為對象而編制的經驗生命表;當依照性別為標準劃分時,生命表有男子表、女子表及男女混合表之分;此外,按照所考察人群死亡率測定的觀察期間選擇的不同,生命表還可分為選擇表、綜合表和截斷表等類型;考慮到壽險業務與年金業務被保險人生死狀態的差異,生命表可進一步劃分為壽險生命表和年金生命表。

不同壽險業務的精算,應結合不同分類,選擇恰當的生命表作為預定死亡率的基礎,否則精算結果必將引致誤差。此外,選擇生命表時,還應注意,由於生命表中的死亡率建立在過去資料基礎之上,過去一群人與未來一群人的死亡狀況絕非一致。就死亡趨勢來看,隨著生活質量的提高、醫療手段的改進等,生命表死亡率有逐年下降的傾向。因此,選擇生命表作為精算應用,應假定生命表人群與計算對象死亡狀況接近。否則,必要時要對現成生命表做適度修正或調整,以使計算結果更貼近實際。

中國保險業自 1980 年全面恢復以來,直至 1995 年以前,保險行業的精算都選用日本第二回生命表、第三回生命表作為基礎。為了適應中國人壽保險業發展,加強人壽保險市場的監管,1996 年 6 月,中國人民銀行宣布,在中國境內從事壽險業務的保險公司統一使用「中國人壽保險業經驗生命表(1990—1993)」,即第一套生命表。該套生命表簡稱為 CL(1990—1993)表,分為非養老金類業務用表三張、養老金類業務用表三張,分別為:

非養老金類業務用表
- CL1(1990—1993):非養老金業務男表
- CL2(1990—1993):非養老金業務女表
- CL3(1990—1993):非養老金業務男女混合表

養老金類業務用表
- CL4(1990—1993):養老金業務男表
- CL5(1990—1993):養老金業務女表
- CL6(1990—1993):養老金業務男女混合表

隨后,保險業務快速發展,累積了大量的保險業務數據資料,保險公司信息化程度也大幅度提高,數據質量有較大的提高,保險精算技術獲得了極大的發展,累積了一些死亡率分析經驗。在中國保監會的領導和組織之下,2003 年 8 月,正式啓動了第二套生命表編制項目,編制的數據來源於國內經營時間較長、數據量較大的六家壽險公司即中國人壽、中國平安人壽、太平洋人壽、新華人壽、泰康人壽、友邦保險公司的一億多條保單記錄,占全行業同期保單數量的 98% 以上。第二套生命表編制完成后,於 2005 年 11 月 12 日通過了以著名人口學專家、全國人大常委會副委員長蔣正華為主任的專家評審會的評審。

2005 年 12 月 19 日,中國保監會發出關於頒布《中國人壽保險業經驗生命表(2000—2003)》的通知 ,規定自 2006 年 1 月 1 日起使用《中國人壽保險業經驗生命表(2000—2003)》,保險公司可以自行決定定價用生命表,保單現金價值計算用生命表可以採用公司定價生命表,但保險公司進行法定準備金評估必須採用該套生命表。

中國第二套壽險業生命表被命名為《中國人壽保險業經驗生命表(2000—2003)》,英文名稱為 *China Life Insurance Mortality Table*(2000 - 2003),簡稱 CL(2000—2003)。其中,非養老金業務表兩張,養老金業務表兩張,分別是:①非養老金業務男表,簡稱 CL1(2000—2003);②非養老金業務女表,簡稱 CL2(2000—2003);③養老金業務男表,簡稱 CL3(2000—2003);④養老金業務女表,簡稱 CL4(2000—2003)。

中國人身保險業第三套經驗生命表編制項目自 2014 年 3 月啓動,由中國人壽、中國平安人壽、太平洋人壽、新華人壽、泰康人壽、友邦保險、富德生命人壽等壽險公司和中再壽險 1 家再保險公司組成項目組,觀察期為 2010. 1. 1—2013. 12. 31,歷時兩年多,完成了第三套生命表的編制工作。

2016 年 7 月 27 日,中國人身保險業第三套經驗生命表審定會在北京舉行。來自保監會、國家統計局、北京大學、中國人民大學、南開大學、中國人壽、太平洋人壽的 7 位專家組成的審定委員會,一致通過了第三套經驗生命表。

保監會副主席黃洪作為審定委員會主任委員出席會議並發表了重要講話:「生命表就是壽險業的『靈魂』,生命表是人身保險的基石和核心基礎設施,編制新生命表是服務國家治理體系和治理能力現代化的現實需要,也是貫徹落實『新國十條』的重要舉措。」因此,生命表的編制和運用是至關重要的。《中國人身保險業經驗生命表(2010—2013)》也即第三套生命表的編制對於保險公司的產品定價、責任準備金的評估都有極其重要的影響。總的來說,新版生命表更注重對風險的差別對待,以及對業務表的審慎判斷和使用。

2016 年 12 月 28 日,中國保監會發布關於《中國人身保險業經驗生命表(2010—2013)》的通知,明確該表於 2017 年 1 月 1 日啓動,規定保險公司在計提責任準備金時,評估死亡率應採用《中國人身保險業經驗生命表(2010—2013)》所提供的數據。當分紅保險用精算規定的責任準備金計算紅利時,應採用《中國人身保險業經驗生命表(2010—2013)》所提供的數據作為計算紅利分配的基礎。

保險公司選擇適用的生命表時,應按照審慎性原則整體考慮同一產品或產品組合的全部保單。①定期壽險、終身壽險、健康保險應採用非養老類業務一表;②保險期間(不含滿期)沒有生存金給付責任的兩全保險或含有生存金給付責任但生存責任較低的兩全保險、長壽風險較低的年金保險應採用非養老類業務二表;③保險期間(不含滿期)含有生存金給付責任且生存責任較高的兩全保險、長壽風險較高的年金保險應採用養老類業務表；④保險公司應根據產品特徵綜合分析，按照精算原理和審慎性原則判斷生存責任和長壽風險的高低。對其他不屬於上述產品形態或產品形態認定存在歧義的產品，保險公司應根據產品特徵及保險人群死亡率特點，按照精算原理和審慎性原則，選擇適用的生命表。

此次生命表編制具有諸多亮點和創新點，第三套生命表樣本數據量巨大，共收集了3.4億張保單、185萬條賠案數據，覆蓋了1.8億人口，樣本數據量位居世界第一；另外還運用數據挖掘等先進技術，利用自主開發的計算機程序自動完成了全部理賠數據中95%的清洗工作，且準確率高於97%，大大提升了數據質量和處理效率；同時，這也是中國首次編制出真正意義上的養老表，為養老保險業務的發展夯實了技術基礎，針對不同保險人群的特點編制出三張表，進一步滿足了精細化定價和審慎評估的需要。

中國第三套人身保險業經驗生命表被命名為《中國人身保險業經驗生命表(2010—2013)》，英文名稱為 *China Life Insurance Mortality Table* (2010－2013)，簡稱 CL(2010—2013)。其中非養老類業務一表兩張，非養老類業務二表兩張，養老類業務表兩張，分別是：①CL1(2010—2013)：非養老類業務一表(男)；②CL2(2010—2013)：非養老類業務一表(女)；③CL3(2010—2013)：非養老類業務二表(男)；④CL4(2010—2013)：非養老類業務二表(女)；⑤CL5(2010—2013)：養老類業務表(男)；⑥CL6(2010—2013)：養老類業務表(女)。

《中國人身保險業經驗生命表(2010—2013)》具體內容可見本書附錄3。

習題 4

4－1　已知 $S(x) = 1 - \frac{x}{100}, 0 \leq x \leq 100$，求 ${}_{10|10}q_{20}$。

4－2　已知 $S(x) = \sqrt{1 - \frac{x}{100}}$，求 $S(50)$、${}_{3|2}q_{30}$、${}_{3}p_{30}$、μ_{36}。

4－3　選擇與 ${}_{t|}q_x$ 等價的式子。

(1) ${}_{t}p_x \ {}_{t}q_{x+t}$；

(2) ${}_{t}p_x q_{x+t}$；

(3) ${}_{t}p_x - {}_{t+1}p_x$；

(4) ${}_{t}q_x - {}_{t+1}q_x$；

(5) ${}_{t+1}q_x - {}_{t}q_x$。

4－4　已知 $\mu_x = kx, k > 0$，且 ${}_{10}p_{35} = 0.81$，求 ${}_{20}p_{40}$。

4－5　已知 $e_{63} = 9.5, e_{64} = 9.0, e_{65} = 8.5$，求63歲的人在65歲前死亡的概率。

4－6　證明：在 Balducci 假設下，$\mu_{x+t} = \frac{q_x}{1-(1-t)q_x}$。

4－7　已知 $l_x = 100,000\left(\frac{C-x}{C+x}\right), l_{35} = 44,000$，求：

(1) C 的值；

(2) 生命表最大年齡；

(3) 從出生存活到 60 歲的概率;

(4) 20 歲的人在 40 ~ 60 歲之間死亡的概率。

4 - 8　若 $l_{40} = 7,746$, $l_{41} = 7,681$, 計算下列假設下 $\mu_{40\frac{1}{4}}$ 的值:

(1) 死亡均勻分佈假設;

(2) 死力常數假設;

(3) Balducci 假設。

4 - 9　證明: $\frac{\mathrm{d}}{\mathrm{d}x}\,{}_tp_x = {}_tp_x(\mu_x - \mu_{x+t})$。

4 - 10　證明:在死亡服從均勻分佈假設時, $m_x = \mu_{x+\frac{1}{2}}$。

4 - 11　已知 $\mu_x = 0.001$, $10 \leqslant x \leqslant 20$, 求 ${}_{2|3}q_{12}$。

4 - 12　已知 $l_x = 100(100 - x)^2$, $0 \leqslant x \leqslant 100$, 求 $\mathring{e}_{40}$。

4 - 13　已知 $T_{50} = 95,000$, $L_{50} = 2,500$, $m_{50} = 0.022$, $l_{50} = 2,600$, 求 $\mathring{e}_{51}$。

4 - 14　已知 $\mu(70.5) = 0.010,05$, $\mu(71.5) = 0.030,46$, $\mu(72.5) = 0.051,28$, 死亡人數在各年齡均服從均勻分佈假設, 求 70.5 歲的人在未來兩年內死亡的概率。

4 - 15　設生存函數為 $S(x) = \left(1 - \frac{x}{\omega}\right)^a$, $0 \leqslant x < \omega$, $a > 0$, 求 μ_x 與 $\mathring{e}_x$。

5 生存年金

5.1 生存年金概述

生存年金也是年金的一種形式,它以人的生存作為年金支付的條件,即以特定的人仍存活為限制條件,按期進行一連串的給付。

生存年金與確定年金的基本區別表現在:首先,生存年金以特定的人的生存為給付的條件,確定年金與特定的人或年金受領人的生死無關,隨之而來的是給付期確定,每期給付額也確定的一種年金。但是,在生存年金中,生存僅為給付的必要條件,而非充分條件。也就是說,一旦特定的人死亡,年金即停止給付;特定的人生存,同樣有可能得不到給付。其次,生存年金的給付期間或給付次數,事前無法確定;而確定年金的給付期間或給付次數,事前可以確定。最后,生存年金的有關計算,除考慮利息率外,還必須考慮特定的人或年金受領人的生存率;而確定年金中的計算,一般只考慮利息率。

生存年金與確定年金也不是沒有任何聯繫。無論是生存年金,還是確定年金,均為年金的一種形式。年金固有的特徵和性質,在它們中都有所體現。此外,生存年金還可以被視為其給付期間是「隨機變量」的確定年金。

生存年金按不同標準也有多種分類:僅限特定的人仍在生存中並終身均予給付年金額的終身年金;以某一特定期間為限,且以特定的人仍生存為條件給付年金額的定期生存年金;生存一定期間后或到達一定年齡后,且以特定的人仍生存為條件給付年金額的延付年金;與延付年金相對的就是從訂約年度開始,以生存為條件給付年金額的即時年金;又按特定人的人數可分為以一個特定人的生存為條件給付年金的單生年金以及以兩個人以上的特定人群全部均生存作為年金給付條件的連生年金。此外也有以兩個人以上的特定人中至少尚有一人生存作為年金給付的限制條件的最后生存者年金等。

生存年金在整個壽險中佔有重要的地位。壽險中大量出現生存年金的情形,如投保人或被保險人分期繳付的保險費,便形成一種生存年金;又如退休年金計劃中,從退休之日開始每隔一定時期所做的一系列給付,形成的也是一種生存年金。這樣的例子在壽險中不勝枚舉。特別需要說明的是,年金保險是在被保險人終身或在一定的期限內生存時,每隔一定時期由保險人按期支付一次年金,直至被保險人死亡或者保險期限屆滿為止。很顯然,從根本上講,年金保險乃一種以生存為保險事故,其給付額由生存年金實現的生存保險。因此,研究生存年金所得出的結論,完全適用於相應的年金保險。

5.2 以生存為條件的一次性給付

根據前述內容,在已知複利息率 i 的條件下,n 年末 R 元的現在價值等於 Rv^n,其中 $v = \frac{1}{1+i}$。進一步分析,如果一個人在 n 年末有 p 的可能性獲得 R 元,$0 \leqslant p \leqslant 1$,那麼這個人在 n 年末期望獲得的值應為 Rp,顯然這個期望值在 n 年初的現值為 $(Rp)v^n$。

現將上述思路用於分析與人的生死有關的情形。現年 x 歲的人,若在以后的 n 年內生存,則在 n 年末他可以獲得 R 元的給付;反之,若在這 n 年內死亡,則這個人分文不獲。試求這個人在 n 年末期望獲得的給付額在 n 年初的現值。

不難看出,這個人在 n 年末期望獲得的給付額為 $(R\,{}_np_x)$,這一給付額在 n 年初的現值為:

$$(R\,{}_np_x)v^n = Rv^n\,{}_np_x \tag{5.1}$$

為區別於確定給付的現值,以生存為條件所做給付的現值通常稱為精算現值。

當 $R = 1$ 時,精算現值 $Rv^n\,{}_np_x$ 變為 $v^n\,{}_np_x$,其值用特定符號 ${}_nE_x$ 表示,即:

$${}_nE_x = v^n\,{}_np_x \tag{5.2}$$

如果將前述情形視為一種以被保險人在這 n 年期間的生存為保險事故,給付約定保險金,如於期內死亡,所繳保險費分文不退的純生存保險,那麼精算現值 ${}_nE_x$ 便成為被保險人或其投保人購買保險金 1 元的純生存保險的躉繳純保險費。

進一步,因為 ${}_nE_x = v^n\,{}_np_x = v^n\frac{l_{x+n}}{l_x}$,所以有:

$$l_x\,{}_nE_x(1+i)^n = l_{x+n} \tag{5.3}$$

該式表明:以選定的生命表為基礎,活到 x 歲的 l_x 人,每人儲蓄 ${}_nE_x$ 形成一筆基金,在實際利息率 i 的條件下,初始基金在 n 年末的累積值將充分提供活到 $x+n$ 歲的 l_{x+n} 人每人 1 元的給付。

為清楚起見,以下用具體的例題來說明。

例 5.1 年齡 30 歲的人投保一種保險金額為 10,000 元,20 年期的純生存保險。計算這個人應繳納多少躉繳純保險費,並以此例證明等式 $l_x\,{}_nE_x(1+i)^n = l_{x+n}$。計算以 CL1(2010—2013)2.5% 為基礎。

解:這個人的躉繳純保險費為:

$$10{,}000\,{}_{20}E_{30} = 10{,}000v^{20}\,{}_{20}p_{30} = 5{,}879.36(\text{元})$$

在 CL1(2010—2013)2.5% 的基礎上,得到表 5.1。

表 5.1

30 歲的人	986, 395 人
每個人繳納的躉繳保險費	5, 879. 36 元
初始基金	5, 799, 165, 060 元
20 年的累積因子	1. 638, 616, 44
第 20 年末的基金總額	9, 502, 607, 207 元
活到 50 歲的人	950, 261 人
每個存活者的分攤額	10, 000 元

顯然,$5,879.36 \times l_{30} \cdot (1+3\%)^{20} = 10,000 l_{50}$

這個例題的一個重要的事實:活到 50 歲的被保險人所獲得的給付額,包含兩個組成部分:一部分為其所繳納的躉繳純保險費以及此保險費產生的利息;另一部分是因為活到 50 歲而分享到那些在 20 年內發生死亡的被保險人所喪失的利益的一定份額。所以,這裡論述的基金累積,不僅包含利息的累積,而且還包含殘存者獲得的利益。更一般的推論是:

$$ {}_nE_x + {}_nE_x[(1+i)^n - 1] + {}_nE_x(1+i)^n \cdot \frac{l_x - l_{x+n}}{l_{x+n}} = 1 \tag{5.4} $$

從這個關係式中,我們還可以看出人壽保險的儲蓄和保險等特性。

在壽險精算中,常常引進替換函數,以使結論表述清晰、簡便,運算簡化。在此,定義替換函數 D_x:

$$ D_x = v^x l_x \tag{5.5} $$

從而

$$ {}_nE_x = v^n {}_np_x = \frac{v^n l_{x+n}}{l_x} = \frac{v^{x+n} l_{x+n}}{v^x l_x} = \frac{D_{x+n}}{D_x} \tag{5.6} $$

5.3 以生存為條件每年提供一次給付的生存年金

首先對以下將討論的年金做出約定:年金簽約年齡為 x 歲,每年以生存為條件提供的給付額為 1,利息率為 i。

5.3.1 期初生存年金

1. 終身生存年金

記 $\ddot{a}_x$ 表示終身生存年金在 x 歲的精算現值,或終身年金保險在 x 歲的躉繳純保險費。

終身生存年金在 x 歲的精算現值,等於以生存為條件,每年提供的給付額在 x 歲的精算現值之和,即

$$ \begin{aligned} \ddot{a}_x &= {}_0E_x + {}_1E_x + {}_2E_x + \cdots = \sum_{k=0}^{\infty} {}_kE_x \\ &= \sum_{k=0}^{\infty} v^k {}_kp_x = \sum_{k=0}^{\infty} \frac{D_{x+k}}{D_x} = \frac{1}{D_x}\sum_{k=0}^{\infty} D_{x+k} \end{aligned} $$

引入替換函數 $N_x = \sum_{k=0}^{\infty} D_{x+k}$,則

$$\ddot{a}_x = \frac{N_x}{D_x} \tag{5.7}$$

設保險人對於終身年金所支付的現值為 $\ddot{Y}_x$,顯然它是隨機變量 K 的函數,易得

$$\ddot{Y}_x = \ddot{a}_{\overline{K+1}|},\ K \geqslant 0$$

$$\begin{aligned} \mathrm{E}(\ddot{Y}_x) &= E(\ddot{a}_{\overline{K+1}|}) = \sum_{k=0}^{\infty} \ddot{a}_{\overline{k+1}|}\ {}_{k|}q_x \\ &= \sum_{k=0}^{\infty} \ddot{a}_{\overline{k+1}|}({}_kp_x - {}_{k+1}p_x) \\ &= \sum_{k=0}^{\infty} v^k\ {}_kp_x = \ddot{a}_x \end{aligned} \tag{5.8}$$

2. n 年定期生存年金

記 $\ddot{a}_{x:\overline{n}|}$ 表示 n 年定期生存年金在 x 歲的精算現值。類似於終身生存年金的分析,$\ddot{a}_{x:\overline{n}|}$ 由下式決定:

$$\begin{aligned} \ddot{a}_{x:\overline{n}|} &= {}_0E_x + {}_1E_x + \cdots + {}_{n-1}E_x = \sum_{k=0}^{n-1} {}_kE_x \\ &= \frac{1}{D_x} \cdot \sum_{k=0}^{n-1} D_{x+k} = \frac{1}{D_x}\left(\sum_{k=0}^{\infty} D_{x+k} - \sum_{k=0}^{\infty} D_{x+n+k}\right) \\ &= \frac{N_x - N_{x+n}}{D_x} \end{aligned} \tag{5.9}$$

設 $\ddot{Y}_{x:\overline{n}|}$ 為保險人對定期年金所支付的現值,則

$$\ddot{Y}_{x:\overline{n}|} = \begin{cases} \ddot{a}_{\overline{K+1}|}, & 0 \leqslant K < n \\ \ddot{a}_{\overline{n}|}, & \text{其他} \end{cases}$$

容易得到

$$\mathrm{E}(\ddot{Y}_{x:\overline{n}|}) = \ddot{a}_{x:\overline{n}|} \tag{5.10}$$

3. n 年延付終身生存年金

以 ${}_{n|}\ddot{a}_x$ 表示 n 年延付終身生存年金在 x 歲的精算現值,那麼

$$\begin{aligned} {}_{n|}\ddot{a}_x &= {}_nE_x + {}_{n+1}E_x + \cdots = \frac{1}{D_x}\sum_{k=n}^{\infty} D_{x+k} \\ &= \frac{1}{D_x}\sum_{k=0}^{\infty} D_{x+n+k} = \frac{N_{x+n}}{D_x} \end{aligned} \tag{5.11}$$

或

$${}_{n|}\ddot{a}_x = \frac{1}{D_x}\sum_{k=n}^{\infty} D_{x+k} = \frac{1}{D_x}\left(\sum_{k=0}^{\infty} D_{x+k} - \sum_{k=0}^{n-1} D_{x+k}\right) = \ddot{a}_x - \ddot{a}_{x:\overline{n}|} \tag{5.12}$$

或

$${}_{n|}\ddot{a}_x = \frac{1}{D_x}\sum_{k=n}^{\infty} D_{x+k} = \frac{D_{x+n}}{D_x}\sum_{k=0}^{\infty} \frac{D_{x+n+k}}{D_{x+n}} = {}_nE_x \cdot \ddot{a}_{x+n} \tag{5.13}$$

4. n 年延付 m 年定期生存年金

以 ${}_{n|}\ddot{a}_{x:\overline{m|}}$ 表示 n 年延付 m 年定期生存年金在 x 歲的精算現值,那麼

$${}_{n|}\ddot{a}_{x:\overline{m|}} = {}_{n}E_{x} + {}_{n+1}E_{x} + \cdots + {}_{n+m-1}E_{x}$$

$$= \frac{1}{D_x}\left(\sum_{k=n}^{\infty} D_{x+k} - \sum_{k=n+m}^{\infty} D_{x+k}\right) = \frac{N_{x+n} - N_{x+n+m}}{D_x} \qquad (5.14)$$

同樣地,${}_{n|}\ddot{a}_{x:\overline{m|}}$ 還可以表示為

$${}_{n|}\ddot{a}_{x:\overline{m|}} = \ddot{a}_{x:\overline{n+m|}} - \ddot{a}_{x:\overline{n|}}$$

$${}_{n|}\ddot{a}_{x:\overline{m|}} = {}_{n}E_{x}\ddot{a}_{x+n:\overline{m|}}$$

例 5.2　證明:$\ddot{a}_x = 1 + vp_x\ddot{a}_{x+1}$。

證明: 根據上述分析,

$$\ddot{a}_x = \sum_{k=0}^{\infty} v^k {}_{k}p_x = v^0 {}_{0}p_x + \sum_{k=1}^{\infty} v^k {}_{k}p_x$$

$$= 1 + \sum_{k=1}^{\infty} v^k {}_{k}p_x = 1 + \sum_{s=0}^{\infty} v^{s+1} {}_{s+1}p_x$$

$$= 1 + \sum_{s=0}^{\infty} vp_x v^s {}_{s}p_{x+1} = 1 + vp_x \sum_{s=0}^{\infty} v^s {}_{s}p_{x+1}$$

$$= 1 + vp_x\ddot{a}_{x+1}$$

例 5.3　試證:$\sum_{k=0}^{\infty} \ddot{a}_{\overline{k+1|}}\,{}_{k|}q_x = \ddot{a}_x$。

證明: $\because\ {}_{k}E_x = v^k {}_{k}p_x$

$$\therefore \sum_{k=0}^{\infty} {}_{k}E_x = \sum_{k=0}^{\infty} v^k {}_{k}p_x$$

$$\ddot{a}_{\overline{k+1|}} = \sum_{t=0}^{k} v^t$$

$$\sum_{k=t}^{\infty} {}_{k|}q_x = \sum_{k=t}^{\infty} ({}_{k}p_x - {}_{k+1}p_x) = {}_{t}p_x$$

$$\sum_{k=0}^{\infty} \ddot{a}_{\overline{k+1|}}\,{}_{k|}q_x = q_x + (1+v)\,{}_{1|}q_x + (1+v+v^2)\,{}_{2|}q_x + \cdots$$

$$= (q_x + {}_{1|}q_x + {}_{2|}q_x + {}_{3|}q_x + \cdots) + v({}_{1|}q_x + {}_{2|}q_x + {}_{3|}q_x + \cdots)$$

$$+ v^2({}_{2|}q_x + {}_{3|}q_x + \cdots) + \cdots$$

$$= 1 + vp_x + v^2 {}_{2}p_x + \cdots = \ddot{a}_x$$

例 5.4　已知 $l_x = 100 - x\ (0 \leqslant x \leqslant 100)$,$i = 0.05$,求 $\ddot{a}_{20}$、$\ddot{a}_{20:\overline{40|}}$、${}_{40|}\ddot{a}_{20}$ 的值。

解: ${}_{k}p_{20} = \frac{l_{20+k}}{l_{20}} = \frac{80-k}{80} = 1 - \frac{k}{80}\ (0 \leqslant k \leqslant 80)$

$$\ddot{a}_{20} = \sum_{k=0}^{79} v^k {}_{k}p_{20} = \sum_{k=0}^{79} v^k\left(1 - \frac{k}{80}\right)$$

$$= \sum_{k=0}^{79} v^k - \sum_{k=0}^{79} v^k \frac{k}{80} \approx 15.855,929$$

$$\ddot{a}_{20:\overline{40|}} = \sum_{k=0}^{39} v^k {}_{k}p_{20} = \sum_{k=0}^{39} v^k\left(1 - \frac{k}{80}\right)$$

$$= \sum_{k=0}^{39} v^k - \sum_{k=0}^{39} v^k \frac{k}{80} \approx 15.004,260$$

$$ {}_{40|}\ddot{a}_{20} = \sum_{k=40}^{79} v^k {}_kp_{20} = \sum_{k=40}^{79} v^k (1 - \frac{k}{80}) $$

$$ = \sum_{k=40}^{79} v^k - \sum_{k=40}^{79} v^k \frac{k}{80} \approx 0.851,669 $$

由此可以證明等式 $\ddot{a}_{20} - \ddot{a}_{20:\overline{40}|} = {}_{40|}\ddot{a}_{20}$ 成立。

例 5.5 以 CL1(2010—2013)2.5%為基礎,求出 $\ddot{a}_{20}$、$\ddot{a}_{20:\overline{40}|}$、${}_{40|}\ddot{a}_{20}$ 的值。

解：$\ddot{a}_{20} = \frac{N_{20}}{D_{20}} = 30.490,414$

$$ \ddot{a}_{20:\overline{40}|} = \frac{N_{20} - N_{60}}{D_{20}} = 25.220,589 $$

$$ {}_{40|}\ddot{a}_{20} = \frac{N_{60}}{D_{20}} = 5.269,825 $$

5.3.2 期末生存年金

1. 終身生存年金

以 a_x 表示終身生存年金在 x 歲的精算現值,那麼

$$ a_x = {}_1E_x + {}_2E_x + \cdots = \sum_{k=1}^{\infty} {}_kE_x = \frac{N_{x+1}}{D_x} \quad (5.15) $$

同樣,將精算現值看作隨機變量,則

$$ Y = a_{\overline{K}|} \quad (K > 0) $$

$$ a_x = \mathrm{E}(Y) = \mathrm{E}(a_{\overline{K}|}) = \sum_{k=1}^{\infty} v^k {}_kp_x $$

2. 定期生存年金

以 $a_{x:\overline{n}|}$ 表示 n 年定期生存年金在 x 歲的精算現值,那麼

$$ a_{x:\overline{n}|} = {}_1E_x + {}_2E_x + \cdots + {}_nE_x = \frac{1}{D_x}\sum_{k=1}^{n} D_{x+k} $$

$$ = \frac{1}{D_x}(\sum_{k=1}^{\infty} D_{x+k} - \sum_{k=n+1}^{\infty} D_{x+k}) = \frac{N_{x+1} - N_{x+n+1}}{D_x} \quad (5.16) $$

同樣,

$$ Y = \begin{cases} a_{\overline{K}|}, & 0 \leqslant K < n \\ a_{\overline{n}|}, & \text{其他} \end{cases} $$

$$ a_{x:\overline{n}|} = \mathrm{E}(Y) = \mathrm{E}(a_{\overline{K}|}) = \sum_{k=1}^{n} v^k {}_kp_x \quad (5.17) $$

3. 延付終身生存年金

以 ${}_{n|}a_x$ 表示 n 年延付終身生存年金在 x 歲的精算現值,那麼

$$ {}_{n|}a_x = {}_{n+1}E_x + {}_{n+2}E_x + \cdots = \sum_{k=n+1}^{\infty} {}_kE_x = \frac{N_{x+n+1}}{D_x} \quad (5.18) $$

容易求得,在期末生存年金中,

$$a_x = a_{x:\overline{n}|} + {}_{n|}a_x \tag{5.19}$$

的關係同樣成立。

4. 延付定期生存年金

以 ${}_{n|}a_{x:\overline{m}|}$ 表示 n 年延付 m 年定期生存年金在 x 歲的精算現值,那麼,

$${}_{n|}a_{x:\overline{m}|} = {}_{n+1}E_x + {}_{n+2}E_x + \cdots + {}_{n+m}E_x = \frac{N_{x+n+1} - N_{x+n+m+1}}{D_x} \tag{5.20}$$

仔細比較由替換函數表達的期初生存年金和期末生存年金的精算現值,可以發現下列事實:同類年金的精算現值表達式中,分母相同,只是在分子的替換函數中,期末生存年金替換函數的年齡,比期初生存年金替換函數的年齡大一歲。認識到這種特徵,對於學習者記憶公式是大有裨益的。

例 5.6　計算 a_{20}、$a_{20:\overline{40}|}$、${}_{40|}a_{20}$,以 CL1(2010—2013)2.5% 為計算基礎。

解:$a_{20} = \dfrac{N_{21}}{D_{20}} \approx 29.490,414$

$$a_{20:\overline{40}|} = \frac{N_{21} - N_{61}}{D_{20}} \approx 24.555,797$$

$${}_{40|}a_{20} = \frac{N_{61}}{D_{20}} \approx 4.934,617$$

5.3.3　期初生存年金與期末生存年金的關係

期初生存年金與期末生存年金的關係,亦即它們各自精算現值之間的關係。以下分析兩組常見的關係。

第一組關係:

① $a_x = \ddot{a}_x - 1$ (5.21)

② $a_{x:\overline{n}|} = \ddot{a}_{x:\overline{n}|} + {}_nE_x - 1$ (5.22)

③ ${}_{n|}a_x = {}_{n|}\ddot{a}_x - {}_nE_x$ (5.23)

下面是這些關係的證明及其解釋:

① $\ddot{a}_x - 1 = \dfrac{N_x}{D_x} - 1 = \dfrac{N_x - D_x}{D_x} = \dfrac{N_{x+1}}{D_x} = a_x$

② $\ddot{a}_{x:\overline{n}|} + {}_nE_x - 1 = \dfrac{N_x - N_{x+n}}{D_x} + \dfrac{D_{x+n}}{D_x} - 1 = \dfrac{(N_x - D_x) - (N_{x+n} - D_{x+n})}{D_x}$

$$= \frac{N_{x+1} - N_{x+n+1}}{D_x} = a_{x:\overline{n}|}$$

③ ${}_{n|}\ddot{a}_x - {}_nE_x = \dfrac{N_{x+n}}{D_x} - \dfrac{D_{x+n}}{D_x} = \dfrac{N_{x+n+1}}{D_x} = {}_{n|}a_x$

期初生存年金與期末生存年金均以被保險人生存為條件提供給付,只是兩者每次支付的給付相差一年。據此,$a_x = \ddot{a}_x - 1$ 是直觀的。至於 n 年定期生存年金,若 x 歲的被保險人在第 n 年末仍然生存,便提供生存給付額 1,則此給付額在被保險人 x 歲的精算現值為 ${}_nE_x$,從而

$\ddot{a}_{x:\overline{n|}}$與$_nE_x$之和扣除期初生存年金在被保險人$x$歲的第一次給付額1,即為$a_{x:\overline{n|}}$。類似地,$_{n|}a_x$與$_nE_x$之和等於$_{n|}\ddot{a}_x$,即$_{n|}a_x = {}_{n|}\ddot{a}_x - {}_nE_x$。

第二組關係:

① $\ddot{a}_{x:\overline{n|}} = 1 + a_{x:\overline{n-1|}}$

② $_{n|}\ddot{a}_x = {}_{n-1|}a_x$

③ $_{n|}\ddot{a}_{x:\overline{m|}} = {}_{n-1|}a_{x:\overline{m|}}$

其證明和解釋類似於第一組關係。

例 5.7 證明:$\ddot{a}_x < \dfrac{1}{d}$,$d$為貼現率。

證明: 因為$l_x > l_{x+1} > l_{x+2} > \cdots$,兩邊同乘以$v^x$,得

$$v^x l_x > v^x l_{x+1} > v^x l_{x+2} > \cdots$$

$$D_x > \frac{1}{v}D_{x+1} > \frac{1}{v^2}D_{x+2} > \cdots$$

又因

$$_kE_x = \frac{D_{x+k}}{D_x}$$

所以

$$_1E_x < v^1, {}_2E_x < v^2, \cdots\cdots$$

即

$$\ddot{a}_x = 1 + {}_1E_x + {}_2E_x + \cdots < 1 + v + v^2 + \cdots = \frac{1}{d}$$

所以

$$\ddot{a}_x < \frac{1}{d}$$

例 5.8 某年金保單規定,若被保險人活到50歲,則被保險人可以獲得10,000元給付且保單期滿;保單還規定有選擇權,即活到50歲時不領取給付額,改變給付方式:在50歲以后的10年裡以及60歲后仍存活的時間裡,每年年初獲得相等的給付額R元。如果被保險人在50~60歲之間發生死亡,那麼保單將對他的繼承人提供給付額,直至十次給付支付完畢止。求選擇權下的給付額R。計算以CL1(2010—2013)2.5%為基礎。

解: 按題意,保單持有人的選擇,實際上將一次性給付額10,000元分解為年金給付,從而

$$R(\ddot{a}_{\overline{10|}} + {}_{10|}\ddot{a}_{50}) = 10,000$$

$$R = \frac{10,000}{\ddot{a}_{\overline{10|}} + {}_{10|}\ddot{a}_{50}} = \frac{10,000}{\ddot{a}_{\overline{10|}} + {}_{10}E_{50}\ddot{a}_{60}}$$

$$= \frac{10,000}{\ddot{a}_{\overline{10|}} + \dfrac{D_{60}}{D_{50}} \cdot \dfrac{N_{60}}{D_{60}}} \approx 492.70(\text{元})$$

例 5.9 已知 $\ddot{a}_{x:\overline{n}|} = 8$, ${}_nE_x = 0.5$,求 $a_{x:\overline{n}|}$。

解: $a_{x:\overline{n}|} = \ddot{a}_{x:\overline{n}|} - 1 + {}_nE_x = 8 - 1 + 0.5 = 7.5$

值得注意的是,不論 a_x、$\ddot{a}_x$ 還是 $\ddot{a}_{x:\overline{n}|}$,都指年給付額為 1 的對應生存年金的精算現值。如果年給付額不等於 1,應在相應的公式前乘上給付額。

5.3.4 生存年金的精算終值

上面討論了生存年金的精算現值或者年金保險,包括純生存保險的躉繳純保險費的計算原理。下面將從另一個角度考察生存年金,研究其精算終值的意義及其計算。

首先,考察一次性給付對應的精算終值。

假定一個年齡 x 歲的人,存入 1 個單位貨幣,形成一筆基金。基金的年利息率是 i。那麼這個人活到 n 年末一次性可以獲得多少金額?

令(x) 活到 n 年末可一次性獲得的金額為 R,那麼此人在 n 年末獲得的金額的期望為 $R\,{}_np_x$。顯然,這一金額在 n 年初的現值,應等於最初投入的金額,從而 R 取決於

$$1 = v^n(R\,{}_np_x)$$

$$R = \frac{1}{v^n\,{}_np_x} = \frac{1}{{}_nE_x}$$

進一步,$\frac{1}{{}_nE_x}$ 可以用如下方式表達:

當 $n > t > 0$ 時,

$${}_nE_x = \frac{D_{x+n}}{D_x} = \frac{D_{x+t}}{D_x} \cdot \frac{D_{x+t+n-t}}{D_{x+t}} = {}_tE_x \cdot {}_{n-t}E_{x+t} \tag{5.24}$$

由此可得

$$\frac{1}{{}_nE_x} = \frac{1}{{}_tE_x \cdot {}_{n-t}E_{x+t}}$$

或者

$$\frac{1}{{}_{n-t}E_{x+t}} = \frac{{}_tE_x}{{}_nE_x}$$

其次,考察生存年金的精算終值。

很明顯,只有定期生存年金才有精算終值。因此以下就年給付額為 1 的 n 年期生存年金精算終值進行討論。

(1) 期末生存年金

用符號 $s_{x:\overline{n}|}$ 表示 n 年期末生存年金在 n 年末的精算終值。借助於一次性給付對應的精算終值,$s_{x:\overline{n}|}$ 有下列表達式:

$$s_{x:\overline{n}|} = \frac{1}{{}_{n-1}E_{x+1}} + \frac{1}{{}_{n-2}E_{x+2}} + \cdots + \frac{1}{{}_0E_{x+n}} = \frac{{}_1E_x}{{}_nE_x} + \frac{{}_2E_x}{{}_nE_x} + \cdots + \frac{{}_nE_x}{{}_nE_x}$$

$$= \frac{a_{x:\overline{n}|}}{{}_nE_x} = \frac{N_{x+1} - N_{x+n+1}}{D_{x+n}} \tag{5.25}$$

(2) 期初生存年金

用符號 $\ddot{s}_{x:\overline{n}|}$ 表示 n 年期初生存年金在 n 年末的精算終值。類似地，

$$\ddot{s}_{x:\overline{n}|} = \frac{1}{{}_{n}E_{x}} + \frac{1}{{}_{n-1}E_{x+1}} + \cdots\cdots + \frac{1}{{}_{1}E_{x+n-1}} = \frac{1}{{}_{n}E_{x}} + \frac{{}_{1}E_{x}}{{}_{n}E_{x}} + \cdots + \frac{{}_{n-1}E_{x}}{{}_{n}E_{x}}$$

$$= \frac{\ddot{a}_{x:\overline{n}|}}{{}_{n}E_{x}} = \frac{N_{x} - N_{x+n}}{D_{x+n}} \tag{5.26}$$

可見

$$a_{x:\overline{n}|} = {}_{n}E_{x} \cdot s_{x:\overline{n}|} \tag{5.27}$$

$$\ddot{a}_{x:\overline{n}|} = {}_{n}E_{x} \cdot \ddot{s}_{x:\overline{n}|} \tag{5.28}$$

因此，在當前獲得 $a_{x:\overline{n}|}$ 與 n 年后存活獲得 $s_{x:\overline{n}|}$ 是等價的。

例 5.10　某個年齡 30 歲的人，希望在他活到 60 歲時立刻開始提供年給付額 2,000 元的生存年金。該人參加的年金保單規定：如果他在 60 歲以前死亡，那麼他得不到任何退還和給付。問這個人要實現他的願望，在 30 ~ 60 歲之間，每年年初應存入保險公司多大的金額？以 CL1(2010—2013)2.5% 為計算基礎。

解：設 R 為 30 ~ 60 歲之間每年年初應存入保險公司的金額。按照題意，保險公司所提供的生存年金在 60 歲的精算現值，應當等於投保人每年年初存入額形成的 30 年期初生存年金在 60 歲的精算終值。用符號表達為：

$$R\ddot{s}_{30:\overline{30}|} = 2,000\ddot{a}_{60}$$

$$R = \frac{2,000\ddot{a}_{60}}{\ddot{s}_{30:\overline{30}|}} = \frac{2,000N_{60}}{N_{30} - N_{60}} \approx 647.74(\text{元})$$

例 5.11　試證：$\ddot{s}_{x:\overline{n}|} > \ddot{s}_{\overline{n}|}$ 並給予解釋。

證明：
$$\ddot{s}_{x:\overline{n}|} = \frac{\ddot{a}_{x:\overline{n}|}}{{}_{n}E_{x}} = \frac{{}_{0}E_{x} + {}_{1}E_{x} + \cdots + {}_{n-1}E_{x}}{{}_{n}E_{x}}$$

$$= \frac{l_{x}}{l_{x+n}} \cdot (1+i)^{n} + \frac{l_{x+1}}{l_{x+n}} \cdot (1+i)^{n-1} + \cdots + \frac{l_{x+n-1}}{l_{x+n}} \cdot (1+i)$$

$$> (1+i)^{n} + (1+i)^{n-1} + \cdots + (1+i) = \ddot{s}_{\overline{n}|}$$

即：

$$\ddot{s}_{x:\overline{n}|} > \ddot{s}_{\overline{n}|}$$

$\ddot{s}_{\overline{n}|}$ 表示在利息率 i 之下，確定的 n 年內的每年年初存入金額 1 元在 n 年末的終值。而 $\ddot{s}_{x:\overline{n}|}$ 表示的精算終值，不僅考慮了利息率 i 之下每年年初的 1 元在 n 年末的累積值，而且還包含了因其殘存而獲得的已死者喪失的一定份額。因此，$\ddot{s}_{x:\overline{n}|} > \ddot{s}_{\overline{n}|}$。

5.3.5　水平給付生存年金的一般公式

在年齡 y 歲提供給付額 R，在年齡 x 歲的精算值可以表示為：$\frac{RD_{y}}{D_{x}}$；當 $x < y$ 時，該式表示精算現值；當 $x > y$ 時，該式表示精算終值。

在年齡 y 歲，$y+1$ 歲，…，$z-1$ 歲分別提供給付額等額 R 的生存年金，在 x 歲的精算值便

可以表達為：

$$\frac{RD_y}{D_x}+\frac{RD_{y+1}}{D_x}+\cdots+\frac{RD_{z-1}}{D_x}=\frac{R(N_y-N_z)}{D_x} \tag{5.29}$$

註釋：

x 是計算精算值對應的年齡，y 是年金第一次給付對應的年齡，z 是年金最后一次給付一年以后對應的年齡。x 可以大於、等於或小於 y 或 z。據此視不同情形，上述表達式既可以是精算現值的表達式，也可以是精算終值的表達式。

有了水平給付生存年金的一般公式，無論是期初生存年金替換函數表達式，還是期末生存年金替換函數表達式，便容易記憶了。

例 5.12　某種生存年金在 30 歲、31 歲……50 歲的生存給付金均為 1,000 元，試用替換函數表達該生存年金在 35 歲的精算值，並以 CL1(2010—2013)2.5% 為基礎計算。

解：根據水平給付生存年金的一般公式，所求生存年金在 35 歲的精算值替換函數表達如下：

$$\frac{1,000(N_{30}-N_{51})}{D_{35}}\approx 18,627.54(\text{元})$$

5.3.6　變動給付生存年金

1. 期初生存年金

(1) 遞增終身生存年金。用 $(I\ddot{a})_x$ 表示如下遞增期初終身生存年金在 x 歲的精算現值：第一年年初給付額為 1，第二年年初給付額為 2…… 每年年初給付額較上一年年初給付額增加 1，直至死亡發生導致停止給付為止。

$(I\ddot{a})_x$ 有如下多種表達方式：

$$(I\ddot{a})_x=\sum_{k=0}^{+\infty}(k+1)v^k{}_kp_x=\sum_{k=0}^{\infty}(k+1)\frac{D_{x+k}}{D_x}=\frac{S_x}{D_x} \tag{5.30}$$

或

$$(I\ddot{a})_x=\sum_{k=0}^{+\infty}{}_{k|}\ddot{a}_x=\sum_{k=0}^{\infty}\frac{N_{x+k}}{D_x}=\frac{S_x}{D_x}$$

上式中 S_x 為替換函數且定義 $S_x=\sum_{k=0}^{\infty}N_{x+k}$。

(2) 遞增定期生存年金。用 $(I\ddot{a})_{x:\overline{n|}}$ 表示如下給付的 n 年遞增生存年金在 x 歲的精算現值：第一年年初給付額為 1，第二年年初給付額為 2…… 每年年初給付額較上一年年初給付額增加 1，直至第 n 年年初給付額為 n 止。

$(I\ddot{a})_{x:\overline{n|}}$ 可以表達為：

$$(I\ddot{a})_{x:\overline{n|}}=\sum_{k=0}^{n-1}(k+1)v^k{}_kp_x=\sum_{k=0}^{n-1}(k+1)\frac{D_{x+k}}{D_x}$$

$$=\frac{S_x-S_{x+n}-nN_{x+n}}{D_x} \tag{5.31}$$

或

$$(I\ddot{a})_{x:\overline{n}|} = \sum_{k=0}^{n-1} {}_{k|}\ddot{a}_{x:\overline{n-k}|} = \sum_{k=0}^{n-1} \frac{N_k - N_{x+k}}{D_x} = \frac{S_x - S_{x+n} - nN_{x+n}}{D_x}$$

(3) 遞增水平終身生存年金。基本條件如同上述 n 年遞增生存年金，進一步假定如果被保險人在 $x+n$ 歲以及以后的每年年初仍生存，便繼續提供給付，其給付額均為 n。像這樣的給付額所形成的遞增水平生存年金，在 x 歲的精算現值記作 $(I_{\overline{n}|}\ddot{a})_x$。且

$$\begin{aligned}(I_{\overline{n}|}\ddot{a})_x &= \sum_{k=0}^{n-1}(k+1)v^k{}_kp_x + \sum_{k=0}^{\infty} nv^k{}_kp_x \\ &= (I\ddot{a})_{x:\overline{n}|} + n\,{}_{n|}\ddot{a}_x\end{aligned}$$

或

$$(I_{\overline{n}|}\ddot{a})_x = \sum_{k=0}^{n-1} {}_{k|}\ddot{a}_x = \sum_{k=0}^{n-1} \frac{N_{x+k}}{D_x} = \frac{S_x - S_{x+n}}{D_x} \tag{5.32}$$

(4) 遞減定期生存年金。約定 $(D\ddot{a})_{x:\overline{n}|}$ 表示如下 n 年遞減生存年金在 x 歲的精算現值：第一年年初給付額為 n；第二年年初給付額為 $n-1$……第 n 年年初給付額為 1。以后年度之初即便被保險人生存也概不給付，那麼

$$\begin{aligned}(D\ddot{a})_{x:\overline{n}|} &= \sum_{k=0}^{n-1}(n-k)v^k{}_kp_x = \sum_{k=0}^{n-1} nv^k{}_kp_x - \sum_{k=0}^{n-1} kv^k{}_kp_x \\ &= n\ddot{a}_{x:\overline{n}|} - {}_1E_x\,(I\ddot{a})_{x+1:\overline{n-1}|}\end{aligned}$$

或

$$(D\ddot{a})_{x:\overline{n}|} = \sum_{k=1}^{n} \ddot{a}_{x:\overline{k}|} = \sum_{k=1}^{n} \frac{N_x - N_{x+k}}{D_x} = \frac{nN_x - (S_{x+1} - S_{x+n+1})}{D_x} \tag{5.33}$$

例 5.13 現年 30 歲的人具有給付額分別為 500 元、450 元、400 元、350 元、300 元以及 250 元的六年期初生存年金。試寫出由替換函數表達的，計算該種年金精算現值的表達式。

解： 令 R 表示所求的精算現值。

$$\begin{aligned}R &= 500\,{}_0E_{30} + 450\,{}_1E_{30} + 400\,{}_2E_{30} + 350\,{}_3E_{30} + 300\,{}_4E_{30} + 250\,{}_5E_{30} \\ &= 50\,\frac{10D_{30} + 9D_{31} + 8D_{32} + 7D_{33} + 6D_{34} + 5D_{35}}{D_{30}}\end{aligned}$$

因為：

$$5(D_{30} + D_{31} + D_{32} + D_{33} + D_{34} + D_{35}) = 5(N_{30} - N_{36})$$

$$D_{30} + D_{31} + D_{32} + D_{33} + D_{34} = N_{30} - N_{35}$$

$$D_{30} + D_{31} + D_{32} + D_{33} = N_{30} - N_{34}$$

$$D_{30} + D_{31} + D_{32} = N_{30} - N_{33}$$

$$D_{30} + D_{31} = N_{30} - N_{32}$$

$$D_{30} = N_{30} - N_{31}$$

各式兩邊相加得：

$$10D_{30} + 9D_{31} + 8D_{32} + 7D_{33} + 6D_{34} + 5D_{35} = 10N_{30} - (S_{31} - S_{36}) - 5N_{36}$$

所以

$$R = \frac{50[10N_{30} - (S_{31} - S_{36}) - 5N_{36}]}{D_{30}}$$

R 也可按下列方法得到：

題中的六年期初生存年金，等同於每年年初給付 550 元的六年期初生存年金，扣除這樣的一種六年期初遞增生存年金：第一年年初給付額為 50 元，第二年年初給付額為 100 元……第六年年初給付額為 300 元。因此，

$$\begin{aligned} R &= 550\ddot{a}_{30:\overline{6}|} - 50(I\ddot{a})_{30:\overline{6}|} \\ &= 550 \cdot \frac{N_{30} - N_{36}}{D_{30}} - 50 \cdot \frac{S_{30} - S_{36} - 6 \cdot N_{36}}{D_{30}} \\ &= \frac{50(11N_{30} - S_{30} + S_{36} - 5N_{36})}{D_{30}} \\ &= \frac{50(10N_{30} - S_{31} + S_{36} - 5N_{36})}{D_{30}} = \frac{50(10S_{30} - 11S_{31} - 4S_{36} + 5S_{37})}{D_{30}} \end{aligned}$$

若以 CL1(2010—2013)2.5% 為計算基礎，則結果為 2,133.75 元。

例 5.14　30 歲的人購買了一份特殊的終身生存年金，該年金在購買后的第 30 年末第一次支付，支付額為 10,000 元，此后每年的支付額增加 10,000 元。當支付額達到 50,000 元時，不再增長，也不再變動。求該年金購買時的精算現值，以 CL1(2010—2013)2.5% 為計算基礎。

解：依題意得，此為延期 30 年的遞增 5 年的期初終身生存年金，每年遞增 10,000 元，因此，所求的精算現值為

$$10,000\ {}_{30}E_{30}\ (I_{\overline{5}|}\ddot{a})_{60} = 10,000 \cdot \frac{D_{60}}{D_{30}} \cdot \frac{S_{60} - S_{65}}{D_{60}} \approx 297,628.10(\text{元})$$

2. 期末生存年金

基本約定類似於期初生存年金，只是相應的給付在期末發生。不難得到，與期初生存年金討論平行的期末生存年金的精算現值的表達式分別是：

$$(Ia)_x = \frac{S_{x+1}}{D_x} \tag{5.34}$$

$$(Ia)_{x:\overline{n}|} = \frac{S_{x+1} - S_{x+n+1} - nN_{x+n+1}}{D_x} \tag{5.35}$$

$$(I_{\overline{n}|}A)_x = \frac{S_{x+1} - S_{x+n+1}}{D_x} \tag{5.36}$$

$$(Da)_{x:\overline{n}|} = \frac{nN_{x+1} - (S_{x+2} - S_{x+n+2})}{D_x} \tag{5.37}$$

例 5.15　試證：關於 x 歲的人的遞增生存年金的精算現值為：

$$\frac{hN_x + kS_{x+1}}{D_x}$$

假設第一次給付 h 立即兌現，以后給付每年增加 k。

證明：題目要求生存年金的精算現值為

$$h\ddot{a}_x + k(Ia)_x = h \cdot \frac{N_x}{D_x} + k \cdot \frac{S_{x+1}}{D_x}$$
$$= \frac{hN_x + kS_{x+1}}{D_x}$$

例5.16 某60歲的人購買了一份特殊的終身生存年金。該年金年末支付,第一次的支付額為1,000元,此后每年增加500元。當支付額達到3,000元時,逐年遞減1,000元,直到支付額為1,000元,此后保持不變。求購買時此生存年金的精算現值。以CL1(2010—2013)2.5%為計算基礎。

解: 所求年金的精算現值為

$$1,000a_{60} + 500\,{}_1E_{60}\,(Ia)_{61:\overline{6}|} + 1,000\,{}_7E_{60}\,(Da)_{67:\overline{2}|}$$
$$= 1,000\frac{N_{61}}{D_{60}} + 500\frac{D_{61}}{D_{60}} \cdot \frac{S_{62} - S_{68} - 6N_{68}}{D_{61}} + 1,000\frac{D_{67}}{D_{60}} \cdot \frac{2N_{68} - (S_{69} - S_{71})}{D_{67}}$$
$$= 500\frac{2N_{61} + S_{62} - S_{68} - 6N_{68} + 4N_{68} - 2S_{69} + 2S_{71}}{D_{60}}$$
$$= 500\frac{N_{61} + S_{61} - 3S_{68} + 2S_{71}}{D_{60}} \approx 26,427.98(\text{元})$$

5.4 以生存為條件每年提供數次給付的生存年金

在實際中,生存年金並不只限於每年給付一次,存在大量每隔半年、一個季度甚至一個月等給付一次的生存年金。

5.4.1 水平給付生存年金

我們對所要討論的生存年金做如下假定:簽約年齡均為 x 歲,年給付額為1,分期於 m 次支付,且每次支付額都是$\frac{1}{m}$,年利息率為 i。

(1) 期末生存年金

首先看終身生存年金。用 $a_x^{(m)}$ 表示滿足上述假定的期末生存年金在 x 歲的精算現值。由於該年金可以被視為一系列一次性給付在 x 歲的精算現值之和,所以 $a_x^{(m)}$ 可以表示為:

$$a_x^{(m)} = \frac{1}{m}\,{}_{\frac{1}{m}}E_x + \frac{1}{m}\,{}_{\frac{2}{m}}E_x + \frac{1}{m}\,{}_{\frac{3}{m}}E_x + \cdots$$
$$= \frac{1}{m}\sum_{t=1}^{\infty}\,{}_{\frac{t}{m}}E_x$$
$$= \frac{1}{mD_x}\sum_{t=1}^{\infty}D_{x+\frac{t}{m}}$$

對 $D_{x+\frac{t}{m}}$ 做進一步的分析:

① 當 $t \geqslant m(\omega - x)$ 時,ω 表示生命表終極年齡。$D_{x+\frac{t}{m}} = 0$ 從而上述和式的上限用 ∞ 代替 $m(\omega - x)$,其和式的值不受影響。

②當 $t < m(\omega - x)$ 時,對於 $D_{x+\frac{t}{m}}$ 本書在此前並未給出過定義。由於生命表沒有直接揭示一個人存活分數年的概率,故對 $D_{x+\frac{t}{m}}$ 做出評估有一定的困難。嚴格地說,關於 $D_{x+\frac{t}{m}}$ 的精確表達式幾乎不存在。

經過前人的長期探索,精算中 $\sum_{t=1}^{\infty} D_{x+\frac{t}{m}}$ 已經產生了多種近似表達式。在保險實務中常採用的是 Woolhouse 給出的近似公式。Woolhouse 公式的基本內容是:

$$\frac{1}{m}\sum_{t=1}^{\infty} D_{x+\frac{t}{m}} = \sum_{t=1}^{\infty} D_{x+t} + \frac{m-1}{2m}D_x + \frac{m^2-1}{12m^2}\cdot\frac{\mathrm{d}D_x}{\mathrm{d}x} + \cdots$$

$$\doteq \sum_{t=1}^{\infty} D_{x+t} + \frac{m-1}{2m}D_x \qquad (5.38)$$

運用 Woolhouse 近似公式,$a_x^{(m)}$ 有如下近似計算表達式:

$$a_x^{(m)} = \frac{1}{mD_x}\sum_{t=1}^{\infty} D_{x+\frac{t}{m}} \doteq \sum_{t=1}^{\infty}\frac{D_{x+t}}{D_x} + \frac{m-1}{2m}$$

$$= a_x + \frac{m-1}{2m} = \frac{N_{x+1} + \frac{m-1}{2m}\cdot D_x}{D_x} \qquad (5.39)$$

其次,看延付生存年金。用 ${}_{n|}a_x^{(m)}$ 表示 n 年延付生存年金在 x 歲的精算現值。${}_{n|}a_x^{(m)}$ 可以轉化為終身生存年金來計算。

$${}_{n|}a_x^{(m)} = {}_nE_x a_{x+n}^{(m)} \doteq {}_nE_x\left(a_{x+n} + \frac{m-1}{2m}\right)$$

$$= {}_nE_x a_{x+n} + \frac{m-1}{2m}\,{}_nE_x = {}_{n|}a_x + \frac{m-1}{2m}\,{}_nE_x$$

$$= \frac{N_{x+n+1} + \frac{m-1}{2m}D_{x+n}}{D_x} \qquad (5.40)$$

最后,考察 n 年定期生存年金。用 $a_{x:\overline{n|}}^{(m)}$ 表示 n 年定期生存年金在 x 歲的精算現值,那麼,

$$a_{x:\overline{n|}}^{(m)} = a_x^{(m)} - {}_{n|}a_x^{(m)} = \left(a_x + \frac{m-1}{2m}\right) - \left({}_{n|}a_x + \frac{m-1}{2m}\,{}_nE_x\right)$$

$$= (a_x - {}_{n|}a_x) + \frac{m-1}{2m}(1 - {}_nE_x) = a_{x:\overline{n|}} + \frac{m-1}{2m}(1 - {}_nE_x) \qquad (5.41)$$

$$= \frac{N_{x+1} - N_{x+n+1} + \frac{m-1}{2m}(D_x - D_{x+n})}{D_x} \qquad (5.42)$$

(2) 期初生存年金

類似於期末生存年金的推導,運用 Woolhouse 近似公式,可以得到期初付生存年金的精算現值的如下近似表達式:

$$\ddot{a}_x^{(m)} \doteq \ddot{a}_x - \frac{m-1}{2m} \qquad (5.43)$$

$${}_{n|}\ddot{a}_x^{(m)} \doteq {}_{n|}\ddot{a}_x - \frac{m-1}{2m}\,{}_nE_x \qquad (5.44)$$

$$\ddot{a}_{x:\overline{n}|}^{(m)} \doteq \ddot{a}_{x:\overline{n}|} - \frac{m-1}{2m}(1 - {}_nE_x) \tag{5.45}$$

值得注意的是，每年支付 m 次的期初生存年金並不等於每年支付一次的期初生存年金乘上一個比例系數。原因在於，每年支付一次的期初生存年金能在期初一次性獲得本年的所有支付及孳生的利息，而每年支付 m 次的生存年金利息收入減少，該年度的支付能否全部收回也具有不確定性，所以要在后面減去一項。

例 5.17 試計算出如下年金保險的躉繳純保險費：年金保險簽約年齡為 40 歲，以生存為條件每月給付 1,000 元，第一次給付從 50 歲開始，但最大給付期為 10 年。計算以 CL1（2010—2013）2.5% 為基礎（必要時計算可以運用近似公式）。

解：滿足已知條件的年金保險躉繳純保險費的精算現值的表達式：

$$12,000\, {}_{10|}\ddot{a}_{40:\overline{10}|}^{(12)} = 12,000\, {}_{10|10}\ddot{a}_{40:\overline{10}|}^{(12)} = 12,000({}_{10|}\ddot{a}_{40}^{(12)} - {}_{20|}\ddot{a}_{40}^{(12)})$$

運用 Woolhouse 近似公式的替換函數表達式：

$$\begin{aligned}12,000\, {}_{10|}\ddot{a}_{40:\overline{10}|}^{(12)} &\doteq 12,000\left(\frac{N_{50} - \frac{11}{24}D_{50}}{D_{40}} - \frac{N_{60} - \frac{11}{24}D_{60}}{D_{40}}\right)\\ &= \frac{12,000(N_{50} - N_{60}) - 5,500(D_{50} - D_{60})}{D_{40}}\\ &\approx 78,965.68(\text{元})\end{aligned}$$

（3）期初生存年金與期末生存年金的關係

容易推導，期初生存年金與期末生存年金具有下列關係：

$$\ddot{a}_x^{(m)} = a_x^{(m)} + \frac{1}{m} \tag{5.46}$$

$${}_{n|}\ddot{a}_x^{(m)} = {}_{n|}a_x^{(m)} + \frac{1}{m}\, {}_nE_x \tag{5.47}$$

$$\ddot{a}_{x:\overline{n}|}^{(m)} = a_{x:\overline{n}|}^{(m)} + \frac{1}{m}(1 - {}_nE_x) \tag{5.48}$$

根據這些關係，並結合每年給付一次的期末生存年金與期初生存年金的相互關係，也可以得出期初生存年金精算現值的表達式。

例 5.18 試用 $\ddot{s}_{30:\overline{35}|}$ 表達 $\ddot{s}_{30:\overline{35}|}^{(12)}$。

解：因為 $\ddot{s}_{30:\overline{35}|}^{(12)}$ 表示年給付額為 1，每年分期於 m 次給付相等的 $\frac{1}{m}$ 的 n 年生存年金在 x 歲的精算終值，所以

$$\begin{aligned}\ddot{s}_{30:\overline{35}|}^{(12)} &= \frac{\ddot{a}_{30:\overline{35}|}^{(12)}}{{}_{35}E_{30}} \doteq \frac{\ddot{a}_{30:\overline{35}|} - \frac{11}{24}(1 - {}_{35}E_{30})}{{}_{35}E_{30}}\\ &= \frac{\ddot{a}_{30:\overline{35}|}}{{}_{35}E_{30}} - \frac{11}{24}\left(\frac{1}{{}_{35}E_{30}} - 1\right) = \ddot{s}_{30:\overline{35}|} - \frac{11}{24}\left(\frac{1}{{}_{35}E_{30}} - 1\right)\end{aligned}$$

5.4.2 水平給付生存年金的一般公式

當定義了替換函數 $N_x^{(m)}$ 以后，年給付數次的水平生存年金的精算值，可以用一個替換函

數關係式來表達。

對於期初生存年金,假設 x 是精算值計算所對應的年齡,y 是年金第一次給付所對應的年齡,z 是年金最后一次給付以后的 $\frac{1}{m}$ 年所對應的年齡。進一步,令年金年給付額為水平量 R,分期於 m 次支付,且每次支付額均為 $\frac{R}{m}$,那麼年金在 x 歲的精算值可用替換函數表達為:

$$\frac{R(N_y^{(m)} - N_z^{(m)})}{D_x}$$

當 $x \leqslant y < z$ 時,表達式代表的精算值為精算現值;當 $y \leqslant z \leqslant x$ 時,表達式代表的精算值為精算終值。

例 5.19　如果 20 歲的年金受領人在 20 ~ 60 歲的 40 年內生存,那麼在其生存的每月月初給付 1,000 元。試用替換函數表達這一生存年金在 60 歲的精算終值。若以 CL1(2010—2013)2.5% 為計算基礎,求出具體結果。

解:運用水平給付生存年金的一般公式,且:$x = 60, y = 20, z = 60$。在 60 歲的精算終值的替換函數表達式為:

$$\frac{12\,000(N_{20}^{(12)} - N_{60}^{(12)})}{D_{60}}$$

利用 Woolhouse 公式

$$N_{20}^{(12)} = \sum_{t=0}^{\infty} D_{20+t} + \frac{11}{24}D_{20}$$

$$N_{60}^{(12)} = \sum_{t=0}^{\infty} D_{60+t} + \frac{11}{24}D_{60}$$

因此,所求年金的精算現值為

$$12,000 \cdot \frac{(N_{20} - N_{60}) + \frac{11}{24}(D_{20} - D_{60})}{D_{60}} \approx 913,771.49(\text{元})$$

對於期末生存年金,特別定義替換函數:

$$\tilde{N}_y^{(m)} = \frac{1}{m}\sum_{k=0}^{\infty} D_{y+\frac{1}{m}+\frac{k}{m}}$$

顯然,

$$\tilde{N}_y^{(m)} = N_{y+\frac{1}{m}}^{(m)}$$

從而水平給付期末生存年金精算值的一般表達式為:

$$\frac{R(\tilde{N}_y^{(m)} - \tilde{N}_z^{(m)})}{D_x}$$

上式中:R 為年給付額;x 為精算值計算所對應的年齡;y 為生存年金第一次支付之前的 $\frac{1}{m}$ 年所對應的年齡;z 為年金最后一次支付所對應的年齡。

5.4.3 變動給付生存年金

1. 一般變動給付生存年金

考察這樣的年金：年給付額分別為 $R_x, R_{x+1}, \cdots R_y, \cdots R_{x+n-1}$ 且分期於 m 次支付，每次給付額相等。給付額的支付最大期間是 n 年。以下分具體情況研究精算現值。

(1) 期初生存年金。用 $(apv)_x$ 表示滿足上述條件的期初生存年金在 x 歲的精算現值，那麼

$$(apv)_x = \sum_{y=x}^{x+n-1} R_y \cdot \ddot{a}_{y:\overline{1|}}^{(m)} \cdot {}_{y-x}E_x \tag{5.49}$$

(2) 期末生存年金。用 $(apv)_x$ 表示滿足上述條件的期末生存年金在 x 歲的精算現值，那麼

$$(apv)_x = \sum_{y=x}^{x+n-1} R_y \cdot a_{y:\overline{1|}}^{(m)} \cdot {}_{y-x}E_x \tag{5.50}$$

2. 有規律變動給付生存年金

這裡討論的有規律變動給付的生存年金，限於給付額呈算術級數變化的生存年金。

(1) 期初生存年金

首先，考察如下遞增生存年金：以生存為條件，第一年給付額為 1，第二年給付額為 2……第 n 年給付額為 n。每年給付額分期 m 次支付，且每次支付相等金額。n 年以后即使被保險人生存，也均無任何給付。這樣的年金在 x 歲的精算現值記作 $(I\ddot{a})_{x:\overline{n|}}^{(m)}$，$(I\ddot{a})_{x:\overline{n|}}^{(m)}$ 由下列式子決定：

$$\begin{aligned}(I\ddot{a})_{x:\overline{n|}}^{(m)} &= \sum_{k=0}^{n-1} {}_{k|}\ddot{a}_{x:\overline{n-k|}}^{(m)} = \frac{1}{D_x}\sum_{k=0}^{n-1}(N_{x+k}^{(m)} - N_{x+n}^{(m)}) \\ &= \frac{1}{D_x}(S_x^{(m)} - S_{x+n}^{(m)} - nN_{x+n}^{(m)})\end{aligned} \tag{5.51}$$

上式中，$N_x^{(m)}$、$D_x^{(m)}$ 及 $S_x^{(m)}$ 均為替換函數，它們的定義分別是：

$$N_x^{(m)} = \frac{1}{m}\sum_{t=0}^{\infty} D_{x+\frac{t}{m}} \tag{5.52}$$

$$D_x^{(m)} = N_x^{(m)} - N_{x+1}^{(m)} \tag{5.53}$$

$$S_x^{(m)} = \sum_{y=x}^{\infty} N_y^{(m)} \tag{5.54}$$

后面遇上這些替換函數，有相同的含義和約定。

其次，再看如下遞減定期年金：第一年給付額為 n，第二年給付額為 $n-1$……第 n 年給付額為 1。每年給付額分期 m 次支付，且每次支付金額相等。n 年后即使被保險人生存，也均無任何給付。這樣的年金在 x 歲的精算現值記作 $(D\ddot{a})_{x:\overline{n|}}^{(m)}$，$(D\ddot{a})_{x:\overline{n|}}^{(m)}$ 決定於下列各式：

$$\begin{aligned}(D\ddot{a})_{x:\overline{n|}}^{(m)} &= \sum_{k=1}^{n} \ddot{a}_{x:\overline{k|}}^{(m)} = \frac{1}{D_x}\sum_{k=1}^{n}(N_x^{(m)} - N_{x+k}^{(m)}) \\ &= \frac{1}{D_x}[nN_x^{(m)} - (S_{x+1}^{(m)} - S_{x+n+1}^{(m)})]\end{aligned} \tag{5.55}$$

(2) 期末生存年金

以下將討論的期末生存年金完全平行於前面所討論的期初生存年金。相應的精算現值

分別記作$(Ia)^{(m)}_{x:\overline{n}|}$和$(Da)^{(m)}_{x:\overline{n}|}$。可以得出它們的如下替換函數表達式：

$$(Ia)^{(m)}_{x:\overline{n}|} = \frac{S^{(m)}_{x+1} - S^{(m)}_{x+n+1} - nN^{(m)}_{x+n+1}}{D_x} \tag{5.56}$$

$$(Da)^{(m)}_{x:\overline{n}|} = \frac{nN^{(m)}_{x+1} - (S^{(m)}_{x+2} - S^{(m)}_{x+n+2})}{D_x} \tag{5.57}$$

5.5 以生存為條件每年連續地提供給付的生存年金

回顧以生存為條件每年提供數次給付的生存年金的精算現值，其中常見的是：

終身生存年金

$$\ddot{a}^{(m)}_x = \frac{1}{mD_x}\sum_{t=0}^{\infty} D_{x+\frac{t}{m}} \tag{5.58}$$

定期生存年金

$$\ddot{a}^{(m)}_{x:\overline{n}|} = \frac{1}{mD_x}\sum_{t=0}^{mn-1} D_{x+\frac{t}{m}} \tag{5.59}$$

延付生存年金

$$_{n|}\ddot{a}^{(m)}_x = \frac{1}{mD_x}\sum_{t=mn}^{\infty} D_{x+\frac{t}{m}} \tag{5.60}$$

在這些精算現值中，令給付頻數愈來愈小，或使 m 無限增大。根據定積分的定義，有

$$\lim_{m\to\infty}\ddot{a}^{(m)}_x = \int_0^{\infty}\frac{D_{x+t}}{D_x}\mathrm{d}t \tag{5.61}$$

$$\lim_{m\to\infty}\ddot{a}^{(m)}_{x:\overline{n}|} = \int_0^{n}\frac{D_{x+t}}{D_x}\mathrm{d}t \tag{5.62}$$

$$\lim_{m\to\infty}{}_{n|}\ddot{a}^{(m)}_x = \int_n^{\infty}\frac{D_{x+t}}{D_x}\mathrm{d}t \tag{5.63}$$

用$\bar{a}_x$、$\bar{a}_{x:\overline{n}|}$和$_{n|}\bar{a}_x$分別表示上述三個極限值，於是

$$\bar{a}_x = \frac{\bar{N}_x}{D_x} \tag{5.64}$$

$$\bar{a}_{x:\overline{n}|} = \frac{\bar{N}_x - \bar{N}_{x+n}}{D_x} \tag{5.65}$$

$$_{n|}\bar{a}_x = \frac{\bar{N}_{x+n}}{D_x} \tag{5.66}$$

上式中$\bar{N}_x$是替換函數，其定義是

$$\bar{N}_x = \int_0^{\infty} D_{x+t}\mathrm{d}t = \int_x^{\infty} D_y\mathrm{d}y = N_x - \frac{1}{2}D_x \tag{5.67}$$

像這種符號$\bar{a}_x$、$\bar{a}_{x:\overline{n}|}$和$_{n|}\bar{a}_x$表示的精算值，分別稱為年給付額 1，年內連續地支付的連續終身生存年金、連續 n 年定期生存年金和連續 n 年延期生存年金在 x 歲的精算現值。

5.6　完全期末生存年金和比例期初生存年金

5.5 節中討論的連續生存年金,其給付可以連續地進行到死亡時刻,從而不存在最后的調整額。然而,對於前面已討論過的每年提供一次給付或每年提供數次給付的生存年金,因年金受領人在一年之中或一定期間內發生死亡,便不能獲得任何年金給付。具體地說,就是在死亡發生年度或一定期間內已生存的時間,均無任何給付。這種情形並不總是合理的。要處理這個問題,就應在死亡時刻給付一定的調整值。完全期末生存年金和比例期初生存年金就是考慮了死亡調整值的兩種特殊生存年金。

5.6.1　完全期末生存年金

用 $\mathring{a}_x^{(m)}$ 表示滿足如下條件的完全期末生存年金在 x 歲的精算現值。年金給付額為1,分期 m 次支付,且每次的給付額均為$\frac{1}{m}$。該年金同時還考慮最后一次的給付額$\frac{1}{m}$ 對應的時刻與死亡發生時刻的那段期間的調整值。

由於在一年內的每$\frac{1}{m}$ 年的年末給付$\frac{1}{m}$,等價於在每$\frac{1}{m}$ 年以年率$\frac{1}{m}\cdot\frac{1}{\bar{s}_{\overline{\frac{1}{m}}|}}$ 連續地提供給付。所以若死亡在某個$\frac{1}{m}$ 年內的時刻 t 發生,其中 $0<t<\frac{1}{m}$,則在死亡時提供的連續生存年金支付,即選擇的調整給付值等價於:

$$\frac{1}{m}\cdot\frac{\bar{s}_{\overline{t}|}}{\bar{s}_{\overline{\frac{1}{m}}|}}=\frac{\delta}{i^{(m)}}\bar{s}_{\overline{t}|}$$

於是,完全期末生存年金的精算現值 $\mathring{a}_x^{(m)}$ 可以表達為:

$$\mathring{a}_x^{(m)}=\frac{\delta}{i^{(m)}}\bar{a}_x \tag{5.68}$$

類似地,完全定期期末生存年金在 x 歲的精算現值記作 $\mathring{a}_{x:\overline{n}|}^{(m)}$,且

$$\mathring{a}_{x:\overline{n}|}^{(m)}=\frac{\delta}{i^{(m)}}\bar{a}_{x:\overline{n}|} \tag{5.69}$$

5.6.2　比例期初生存年金

用 $\ddot{a}_x^{\{m\}}$ 表示年給付額為1的比例期初生存年金在 x 歲的精算現值。其中:年給付額1分期於 x 歲的人生存的每$\frac{1}{m}$年年初,同時年金還將返還一筆考慮從死亡時刻到下一次年金給付時刻的那段期間的給付。

由於在一年內生存的每$\frac{1}{m}$ 年內以年率$\frac{1}{m}\cdot\frac{1}{\bar{a}_{\overline{\frac{1}{m}}|}}$ 連續地提供給付,所以,若在$\frac{1}{m}$ 年內的時刻 t 發生了死亡,$0<t<\frac{1}{m}$,則可選擇

$$\frac{1}{m}\cdot\frac{\bar{a}_{\overline{\frac{1}{m}-t|}}}{\bar{a}_{\overline{\frac{1}{m}|}}}=\frac{\delta}{d^{(m)}}\bar{a}_{\overline{\frac{1}{m}-t|}}$$

作為返還金額。從而,比例期初生存年金的精算現值 $\ddot{a}_x^{\{m\}}$ 由下式決定:

$$\ddot{a}_x^{\{m\}}=\frac{\delta}{d^{(m)}}\bar{a}_x \tag{5.70}$$

類似地,比例期初定期生存年金在 x 歲的精算現值為:

$$\ddot{a}_{x:\overline{n|}}^{\{m\}}=\frac{\delta}{d^{(m)}}\bar{a}_{x:\overline{n|}} \tag{5.71}$$

習題 5

5-1　選擇與 ${}_{n|}a_{x:\overline{m|}}$ 等價的表達式:

(1) $\sum_{t=n}^{n+m}{}_tE_x$;

(2) $\frac{N_{x+n+1}-N_{x+n+m+1}}{D_x}$;

(3) $\sum_{t=n}^{n+m-1}\frac{D_{x+t}}{D_x}$;

(4) ${}_{n+1|}\ddot{a}_{x:\overline{m|}}$。

5-2　證明:$p_{x-1}\ddot{a}_x=(1+i)a_{x-1}$。

5-3　已知 $\ddot{a}_{50:\overline{10|}}=8.206,6$,$a_{50:\overline{10|}}=7.827,7$,${}_{10}p_{50}=0.919,5$,求實際年利息率 i。

5-4　已知 $a_{60}=10.996$,$a_{61}=10.756$,$a_{62}=10.509$,$i=0.06$,求 ${}_2p_{60}$。

5-5　(60) 購買一份終身生存年金,每年年末支付 10,000 元,求該年金的精算現值。以 CL1(2010—2013)2.5% 為計算基礎。

5-6　(40) 購買了一份終身生存年金。該年金於60歲開始支付,每年年初支付10,000元,且有5年保證期,即前五筆支付不論被保險人生存還是死亡,都會進行給付。保證期之后的支付仍以被保險人的生存為條件。以CL1(2010—2013)2.5%為計算基礎,① 求躉繳純保險費;② 若到達60歲時,(40) 有選擇權,可選擇放棄原有的年金計劃,改為普通的終身生存年金。求選擇權下每年初的支付額。

5-7　某人40歲時作為被保險人購買延期20年的年金保險,這一保險保證在他60歲退休時,每年得到20,000元給付,直至他死亡為止。假定年金額:① 在每年年初給付;② 在每季之末給付。試計算這一年金保險在購買時的精算現值或躉繳純保險費的替換函數表達式。

5-8　已知如下條件的變動年金:(x) 是年金起始年齡,(x) 第一年末給付 1,000 元,以后每年比上一年增加給付 500 元,當年給付額增加到 5,000 元時,又以每年比上一年減少 1,000 元遞減,減少到年給付額為 1,000 元時,保持這一給付水平直到被保險人死亡為止。試以替換函數表達該年金的現值。

5－9　已知死力$\mu = 0.04$，息力$\delta = 0.06$，求$\bar{a}_x$。

5－10　在第5－9題的假設和結果下，求概率值$P(\bar{a}_{\overline{T}|} > \bar{a}_x)$的大小。

5－11　已知$l_x = 100 - x(0 < x \leqslant 100)$，$i = 0.05$，求$a_{30:\overline{10}|}$、$a^{(4)}_{30:\overline{10}|}$、$\ddot{a}_{30:\overline{10}|}$、$\bar{a}_{30:\overline{10}|}$，並比較它們的大小。

5－12　一份10年期的期初生存年金於被保險人60歲時開始支付，每年支付一次，支付額比上一年增長4%。設$i = 0.05$，$l_x = 100 - x(0 < x \leqslant 100)$，求該年金在被保險人60歲時的精算現值。

5－13　某60歲的人購買的家庭收入保證保險的給付現值為隨機變量：

$$Y = \begin{cases} v^T \bar{a}_{\overline{10-T}|}, 0 < T < 10 \\ 0, \text{其他} \end{cases}$$

其中，$\delta = 0.06$，$\mu = 0.04$。求它的躉繳純保險費。

5－14　運用CL1(2010—2013)2.5%求$a_{30:\overline{10}|}$、$a^{(4)}_{30:\overline{10}|}$、$\ddot{a}_{30:\overline{10}|}$。

5－15　100個相互獨立的人同時購買了期末終身生存年金，每年支付額為10,000元。已知$\mu = 0.04$，$\delta = 0.06$。求0時刻保險公司應儲備多少基金，才能以95%的概率保證所有年金的給付。

5－16　某x歲的人購買了一份3年期的期初生存年金，三年的給付額分別為10,000元、15,000元和20,000元。已知$q_x = 0.01$，$q_{x+1} = 0.02$，$q_{x+2} = 0.02$，$i = 0.04$。求該年金的精算現值。

5－17　有如下三種生存年金：①從60歲開始支付，每年年初支付10,000元，支付期為15年；②從60歲開始支付，前十年每年年初支付5,000元，后五年每年年初支付15,000元；③從60歲開始支付，前十年每年年初支付5,000元，后五年每年年初支付12,000元，若75歲時被保險人仍生存，再支付一筆長壽金R元。已知在開始支付時第一種年金與第三種年金的躉繳純保險費相等，第二種年金的躉繳純保險費比第一種少1,000元，${}_{15}E_{60} = 0.65$，求R。

6 人壽保險

一個人面臨的主要人身風險有兩種:一是活得太久;二是死亡過早。一個人活得太久,可能引起正常收入來源減少及其他所需支出增大,從而導致收入難以維持支出。為維持老年正常生活所需,活得太久的人身風險,一般可由年金保險提供的經濟保障來化解。投保人只需以繳納一定的保險費為代價,便可從約定之日起以生存為條件,定期或終身地獲取一定的給付額。有關年金保險的基本計算原理,在上一章已經較為詳細地討論過了。一個人相對於本應存活的年數而言死得太早,不僅令人痛苦,而且死亡將導致遺屬收入來源短缺,影響遺屬的經濟生活。死得太早的人身風險,通常由人壽保險中的死亡保險提供的經濟保障來化解。人壽保險,嚴格地說,僅為人身保險的一種,它系以人的生死為保險事故(這裡死亡不問原因),由保險人依照合同負給付保險金額責任的保險。人壽保險通常劃分為生存保險(含年金保險)、死亡保險以及生死合險(兩全保險、儲蓄保險)三類。因此,本章討論的人壽保險,主要限於討論死亡保險的躉繳純保險費。此外,結合上一章的有關結論,還將討論生死合險的躉繳純保險費。

6.1 躉繳純保險費及其基本假定

躉繳純保險費,就是投保人或被保險人在保單簽發之日一次性繳付的純保險費。它是投保人或被保險人實際繳納的保險費扣除附加保險費的餘額。在人壽保險中,純保險費的計算系以預定死亡率和預定利息率為主要因素,按收支相等原則,依年齡分別計算的。保險人籌集的純保險費,用於抵補保險金額的給付。

為計算躉繳純保險費的方便,特做如下基本約定,並給出計算躉繳純保險費的一般數理原理:

約定:給付額的現值函數是 $Z_t = b_t v_t$,其中:b_t 為給付額;v_t 為折現因子或稱貼現因子;Z_t 為給付額在保單簽發之日的現值。

很顯然,t 取不同的值,Z_t 有不同的表達式。在死亡保險中,如果死亡給付額在死亡發生年度之末支付或在死亡發生后立刻支付,那麼與這兩種方式相對應,在 x 歲時簽發的壽險合同,t 取值如下:

$$t = \begin{cases} K+1 & (\text{對應於死亡年度末給付}) \\ T & (\text{對應於死亡后立刻給付}) \end{cases}$$

上式中,K 和 T 在此所代表的意義與第四章所定義的含義相同。

因此,不同時刻的給付額相應的現值函數的具體形式便為:

$$Z = \begin{cases} b_{K+1} v^{K+1} \\ b_T v^T \end{cases}$$

根據收支平衡原則,在保單生效之日,保險人未來預期支出的保險額的現值就是保險人應籌集或收取的躉繳純保險費,即:

$$\text{躉繳純保險費} = \mathrm{E}(Z) = \begin{cases} \mathrm{E}(b_{K+1} v^{K+1}) \\ \mathrm{E}(b_T v^T) \end{cases}$$

可見,死亡保險的躉繳純保險費的計算就是計算保險金額現值函數的數學期望值。因為不同險種不同保險金額有不同的表達式,因此,以下的內容,便是分主要險種討論相應期望值的具體表達式。

6.2　在死亡發生年度末提供保險金額的壽險

6.2.1　終身人壽保險

終身人壽保險有時簡稱終身險或終身壽險或終身保險。該保險的保險期間為被保險人的一生,僅於被保險人死亡時給付保險金的死亡保險。

令 A_x 表示 x 歲的人簽發的保險金額為 1 的終身人壽保險的躉繳純保險費。按前述一般原理:

$$\begin{aligned} A_x &= \mathrm{E}(Z) = \mathrm{E}(b_{K+1} v^{K+1}) = \mathrm{E}(v^{K+1}) \\ &= \sum_{k=0}^{\infty} v^{k+1} \mathrm{P}(K=k) = \sum_{k=0}^{\infty} v^{k+1} {}_k p_x q_{x+k} \\ &= \sum_{k=0}^{\infty} v^{k+1} \cdot \frac{d_{x+k}}{l_x} = \frac{1}{v^x l_x} \cdot \sum_{k=0}^{\infty} v^{x+k+1} d_{x+k} \end{aligned}$$

定義替換函數 C_x:

$$C_x = v^{x+1} d_x$$

$$M_x = C_x + C_{x+1} + \cdots$$

v 是按預定利息率 i 計算的折現因子,於是,

$$A_x = \frac{M_x}{D_x} \tag{6.1}$$

當終身壽險的保險金額為 R 時,其躉繳純保險費為:

$$RA_x = R \cdot \frac{M_x}{D_x}$$

6.2.2 定期人壽保險

在死亡保險中,保險期間以一定時期為限的稱為定期壽險。定期壽險僅於被保險人在保險期間死亡時給付保險金,生存至滿期則分文不付,保險費是有去無還的。

令 $A^{1}_{x:\overline{n}|}$ 表示 x 歲的人簽發的保險金額為 1 的 n 年定期壽險的躉繳純保險費,則:

$$
\begin{aligned}
A^{1}_{x:\overline{n}|} &= \mathrm{E}(Z) = \mathrm{E}(b_{K+1}v^{K+1}) \quad (K = 0,1,2,\cdots,n-1)\\
&= \sum_{k=0}^{n-1} v^{k+1}\mathrm{P}(K = k) + \sum_{k=n}^{\infty} 0 \cdot v^{k+1} \cdot \mathrm{P}(K = k)\\
&= \sum_{k=0}^{n-1} v^{k+1}{}_{k}p_{x}q_{x+k} = \frac{1}{v^{x}l_{x}}\sum_{k=0}^{n-1} v^{x+k+1}d_{x+k}\\
&= \frac{M_{x} - M_{x+n}}{D_{x}} \qquad (6.2)
\end{aligned}
$$

特別地,x 歲的人簽發的一年定期保險的躉繳純保險費,稱為在 x 歲的自然保險費。通常 x 歲的自然保險費用符號 c_x 表示。按其定義,

$$
c_{x} = A^{1}_{x:\overline{1}|} = \frac{M_{x} - M_{x+1}}{D_{x}} = \frac{C_{x}}{D_{x}} = vq_{x} \qquad (6.3)
$$

6.2.3 延期人壽保險

延期人壽保險有兩種基本形式:延期終身人壽保險和延期定期人壽保險。不論是何種形式,延期人壽保險僅限於被保險人在指定保險期間死亡時給付保險金,在延長期內死亡則分文不付。

(1) 延期終身人壽保險

令 ${}_{r|}A_{x}$ 表示 x 歲的人簽發的保險金額為 1 元的 r 年延期終身保險的躉繳純保險費,則:

$$
\begin{aligned}
{}_{r|}A_{x} &= \mathrm{E}(Z) = \mathrm{E}(b_{K+1}v^{K+1})\\
&= \sum_{k=0}^{r-1} 0 \cdot v^{k+1} \cdot \mathrm{P}(K = k) + \sum_{k=r}^{\infty} 1 \cdot v^{k+1} \cdot \mathrm{P}(K = k)\\
&= \sum_{k=r}^{\infty} v^{k+1}{}_{k}p_{x}q_{x+k} = \frac{1}{v^{x}l_{x}}\sum_{k=r}^{\infty} v^{x+k+1}d_{x+k}\\
&= \frac{M_{x+r}}{D_{x}} \qquad (6.4)
\end{aligned}
$$

${}_{r|}A_{x}$ 也可以按如下方式獲得:

$$
{}_{r|}A_{x} = A_{x} - A^{1}_{x:\overline{r}|} = \frac{M_{x}}{D_{x}} - \frac{M_{x} - M_{x+r}}{D_{x}} = \frac{M_{x+r}}{D_{x}} \qquad (6.5)
$$

(2) 延期定期人壽年金

令 ${}_{r|}A^{1}_{x:\overline{n}|}$ 表示 x 歲的人簽發的保險金額為 1 元的 r 年延期 n 年定期保險的躉繳純保險費,則:

$$
{}_{r|}A^{1}_{x:\overline{n}|} = \mathrm{E}(Z) = \mathrm{E}(b_{K+1}v^{K+1})
$$

$$= \sum_{k=0}^{r-1} 0 \cdot v^{k+1} P(K = k) + \sum_{k=r}^{r+n-1} 1 \cdot v^{k+1} P(K = k) + \sum_{k=r+n}^{\infty} 0 \cdot v^{k+1} P(K = k)$$

$$= \sum_{k=r}^{r+n-1} v^{k+1} {}_kp_x q_{x+k} = \frac{1}{v^x l_x} \sum_{k=r}^{r+n-1} v^{x+k+1} d_{x+k}$$

$$= \frac{M_{x+r} - M_{x+r+n}}{D_x} \tag{6.6}$$

或者運用關係

$${}_{r|}A^{1}_{x:\overline{n}|} = A^{1}_{x:\overline{r+n}|} - A^{1}_{x:\overline{r}|} = \frac{M_x - M_{x+r+n}}{D_x} - \frac{M_x - M_{x+r}}{D_x} = \frac{M_{x+r} - M_{x+r+n}}{D_x}$$

6.2.4 兩全保險

兩全保險,是指被保險人於保險期間死亡,或生存到保險期間終了后,均給付保險金的一種保險形式。從構造上看,兩全保險是由生存保險與死亡保險合併而成的,故又稱為生死合險。但是兩全保險並不是將生存保險附加於死亡保險上,而是將兩者合而為一計算保險費。

若用 $A_{x:\overline{n}|}$ 表示 x 歲的人簽發的保險金額為1的 n 年兩全保險的躉繳純保險費,則 $A_{x:\overline{n}|}$ 也可按一般原理求得,即:

$$A_{x:\overline{n}|} = E(Z) = E(b_{K+1} v^{K+1})$$

$$= \sum_{k=0}^{n-1} v^{k+1} {}_kp_x q_{x+k} + \sum_{k=n}^{\infty} v^n {}_kp_x q_{x+k} = A^{1}_{x:\overline{n}|} + v^n \sum_{k=n}^{\infty} {}_kp_x q_{x+k}$$

$$= A^{1}_{x:\overline{n}|} + v^n {}_np_x = A^{1}_{x:\overline{n}|} + {}_nE_x$$

在壽險中,${}_nE_x$ 常用專門符號 $A_{x:\overline{n}|}^{\;\;1}$ 代替,即 ${}_nE_x = A_{x:\overline{n}|}^{\;\;1}$,於是

$$A_{x:\overline{n}|} = A^{1}_{x:\overline{n}|} + A_{x:\overline{n}|}^{\;\;1} \tag{6.7}$$

$$= \frac{M_x - M_{x+n} + D_{x+n}}{D_x} \tag{6.8}$$

例 6.1 證明:(1) $M_x = D_x - dN_x$;

(2) $\frac{1}{D_x}\left(\sum_{t=0}^{n-1} C_{x+t} v^{n-t-1} + D_{x+n}\right) = v^n$;

(3) $\sum_{t=1}^{\infty} l_{x+t} A_{x+t} = l_x a_x$。

證明:

(1) $D_x = v^x l_x$, $C_x = v^{x+1} d_x$

$$M_x = C_x + C_{x+1} + \cdots$$

$$= v^{x+1} d_x + v^{x+2} d_{x+1} + \cdots$$

$$= v^{x+1}(l_x - l_{x+1}) + v^{x+2}(l_{x+1} - l_{x+2}) + \cdots$$

$$= v^{x+1} l_x - v^{x+1}(1 - v) l_{x+1} - v^{x+2}(1 - v) l_{x+2} - \cdots$$

$$= v^x l_x - v^x (1 - v) l_x - v^{x+1}(1 - v) l_{x+1} - v^{x+2}(1 - v) l_{x+2} + \cdots$$

$$= D_x - dD_x - dD_{x+1} - \cdots$$

$$= D_x - dN_x$$

或者用以下方法：

$$C_x = v^{x+1} d_x = v^{x+1}(l_x - l_{x+1}) = vD_x - D_{x+1}$$

兩邊求和得：

$$\sum C_x = \sum vD_x - \sum D_{x+1}$$

$$M_x = vN_x - N_{x+1} = (1-d)N_x - (N_x - D_x) = D_x - dN_x$$

(2) 原式左端 $= \dfrac{1}{D_x}(v^{x+n}d_x + v^{x+n}d_{x+1} + \cdots + v^{x+n}d_{x+n-1} + v^{x+n}l_{x+n})$

$$= \frac{1}{D_x}v^{x+n}(d_x + d_{x+1} + \cdots + d_{x+n-1} + l_{x+n})$$

$$= \frac{1}{D_x} \cdot v^{x+n} l_x = v^n = \text{右端}$$

(3) 因為

$$A_x = \frac{M_x}{D_x} = \frac{C_x + C_{x+1} + \cdots}{D_x}$$

所以

$$l_{x+1}A_{x+1} = vd_{x+1} + v^2 d_{x+2} + \cdots$$

$$l_{x+2}A_{x+2} = vd_{x+2} + v^2 d_{x+3} + \cdots$$

$$l_{x+t}A_{x+t} = vd_{x+t} + v^3 d_{x+t+1} + \cdots$$

……

等式兩邊相加得：

$$\sum_{t=1}^{\infty} l_{x+t}A_{x+t} = v(d_{x+1} + d_{x+2} + \cdots) + v^2(d_{x+2} + d_{x+3} + \cdots) + \cdots$$

$$= vl_{x+1} + v^2 l_{x+2} + \cdots$$

$$= l_x a_x$$

例 6.2 某男在 30 歲時買了保險額為 100,000 元的終身壽險,假設生存函數可以表示為 $l_x = 1,000(1 - \dfrac{x}{100})$, $i = 5\%$,求這一保單的精算現值。

解：由 $l_x = 1,000(1 - \dfrac{x}{100})$ 有

$$_tp_{30} = \frac{l_{30+t}}{l_{30}} = \frac{1 - \dfrac{30+t}{100}}{1 - \dfrac{30}{100}} = \frac{70-t}{70}$$

$$q_{30+t} = 1 - p_{30+t} = 1 - \frac{l_{30+t+1}}{l_{30+t}} = 1 - \frac{1 - \dfrac{31+t}{100}}{1 - \dfrac{30+t}{100}} = \frac{1}{70-t}$$

保單的精算現值為

$$100,000A_{30} = 100,000\sum_{t=0}^{\infty} v^{t+1}{}_{t|}q_{30} = 100,000\sum_{t=0}^{\infty} v^{t+1}{}_{t}p_{30}q_{30+t}$$

由生存函數可以看出,$t \geqslant 70$ 時 ${}_{t}p_{30} = 0$,因此有

$$100,000A_{30} = 100,000\sum_{t=0}^{69}\left(\frac{1}{1+0.05}\right)^{t+1}\left(\frac{70-t}{70}\right)\left(\frac{1}{70-t}\right)$$

$$= \frac{100,000}{70}\sum_{t=0}^{69}\left(\frac{1}{1+0.05}\right)^{t+1}$$

$$= \frac{100,000}{70}\cdot\frac{\frac{1}{1.05}-\left(\frac{1}{1.05}\right)^{71}}{1-\frac{1}{1.05}} \approx 27,632.395,2(\text{元})$$

因此,該保單的精算現值為 27,632.395,2 元。

例 6.3 用 A_{20}、A_{40} 及 $A_{20:\overline{20|}}$ 表達

(1) $A_{20:\overline{20|}}^{\ \ \ 1} = {}_{20}E_{20} = ?$

(2) $A_{20:\overline{20|}}^{1} = ?$

解:依題意,建立如下聯立方程組:

$$\begin{cases} A_{20} = A_{20:\overline{20|}}^{1} + {}_{20}E_{20}A_{40} \\ A_{20:\overline{20|}} = A_{20:\overline{20|}}^{1} + {}_{20}E_{20} \end{cases}$$

解方程組得:

$${}_{20}E_{20} = \frac{A_{20} - A_{20:\overline{20|}}}{A_{40} - 1}$$

$$A_{20:\overline{20|}}^{1} = \frac{A_{40}A_{20:\overline{20|}} - A_{20}}{A_{40} - 1}$$

例 6.4 某人在 30 歲購買了 20 年生死合險,被保險人在 20 年內死亡,給付 20,000 元,在 20 年末生存,給付 30,000 元,以后生死均不給付,問這個人在 30 歲時應繳納多少躉繳純保險費?給付在死亡年末實現,計算以 CL1(2010—2013)2.5% 為基礎。

解:設躉繳純保險費為 NSP 元,則

$$NSP = 20,000A_{30:\overline{20|}}^{1} + 30,000\ {}_{20}E_{30}$$

$$= 20,000\frac{M_{30} - M_{50}}{D_{30}} + 30,000\frac{D_{50}}{D_{30}} \approx 18,171.39(\text{元})$$

6.3 在死亡發生的 $\frac{1}{m}$ 年末提供保險金額的壽險

首先,對本部分將討論的壽險做如下約定:保險簽發年齡為 x 歲,保險年度以 $\frac{1}{m}$ 年度為單位年度,亦即從 x 歲到 $x+\frac{1}{m}$ 歲為第一個保險分年度;$x+\frac{1}{m}$ 歲到 $x+\frac{2}{m}$ 歲為第二個保險分年

度,以此類推。死亡保險金額為 1,於死亡發生所在的$\frac{1}{m}$年年末給付被保險人。

6.3.1 終身人壽保險

用 $A_x^{(m)}$ 表示滿足上述約定的終身保險在 x 歲的躉繳純保險費,則:

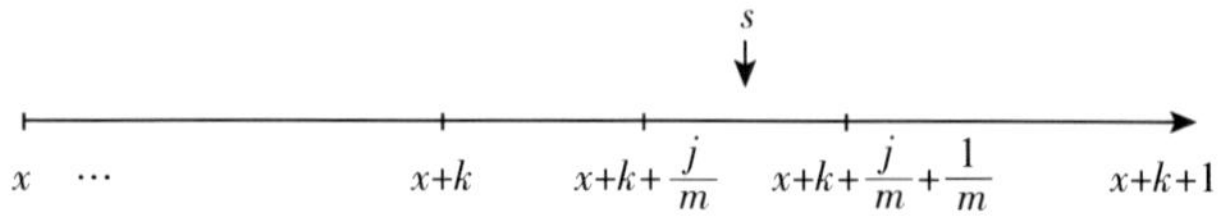

假設死亡發生在區間$(x+k+\frac{j}{m}, x+k+\frac{j}{m}+\frac{1}{m})$中的時刻 s,那麼在 $x+k+\frac{j}{m}+\frac{1}{m}$ 歲提供的 1 在 $x+k+\frac{j}{m}$ 歲的精算現值為:

$$\int_0^{\frac{1}{m}} v^{\frac{1}{m}} {}_s p_{x+k+\frac{j}{m}} \mu_{x+k+\frac{j}{m}+s} \mathrm{d}s$$

$$= v^{\frac{1}{m}} {}_{\frac{1}{m}} q_{x+k+\frac{j}{m}}$$

該值在 $x+k$ 歲的精算現值,亦即在 $x+k$ 歲與 $x+k+1$ 歲之間發生死亡提供保險金額 1 元在 $x+k$ 歲的精算現值為:

$$\sum_{j=0}^{m-1} \left(v^{\frac{1}{m}} {}_{\frac{1}{m}} q_{x+k+\frac{j}{m}} v^{\frac{j}{m}} {}_{\frac{j}{m}} p_{x+k} \right) = \sum_{j=0}^{m-1} v^{\frac{j+1}{m}} {}_{\frac{j}{m}|\frac{1}{m}} q_{x+k}$$

從而 $A_x^{(m)}$ 可以表示為如下形式:

$$A_x^{(m)} = \sum_{k=0}^{\infty} v^k {}_k p_x \sum_{j=0}^{m-1} v^{\frac{j+1}{m}} {}_{\frac{j}{m}|\frac{1}{m}} q_{x+k}$$

根據 $A_x^{(m)}$ 的含義,$A_x^{(m)}$ 也可用差分關係來表示:

$$A_x^{(m)} = \frac{1}{l_x}\left[v^{\frac{1}{m}}(l_x - l_{x+\frac{1}{m}}) + v^{\frac{2}{m}}(l_{x+\frac{1}{m}} - l_{x+\frac{2}{m}}) + \cdots \right]$$

$$= -\frac{1}{l_x} \sum_{t=1}^{\infty} v^{\frac{t}{m}} \triangle l_{x+\frac{t-1}{m}}$$

上式中:$\triangle$ 表示差分符號,差分區間為$\frac{1}{m}$。

在死亡服從均勻分佈假設的條件下,$A_x^{(m)}$ 可以轉化為由 A_x 來評估。事實上,

$$A_x^{(m)} = \sum_{k=0}^{\infty} v^k {}_k p_x \sum_{j=0}^{m-1} v^{\frac{j+1}{m}} {}_{\frac{j}{m}|\frac{1}{m}} q_{x+k} \doteq \sum_{k=0}^{\infty} v^k {}_k p_x \sum_{j=0}^{m-1} v^{\frac{j+1}{m}} {}_{\frac{1}{m}} q_{x+k}$$

$$= \sum_{k=0}^{\infty} v^{k+1} {}_k p_x \sum_{j=0}^{m-1} \frac{1}{m}(1+i)^{1-\frac{j+1}{m}} q_{x+k} = \sum_{k=0}^{\infty} v^{k+1} {}_{k|} q_x s_{\overline{1|}}^{(m)}$$

$$= \frac{i}{i^{(m)}} \cdot \sum_{k=0}^{\infty} v^{k+1} {}_{k|} q_x = \frac{i}{i^{(m)}} A_x \tag{6.9}$$

上式中:i 為實際利息率;$i^{(m)}$ 為名義利息率。

6.3.2 n 年定期人壽保險

類似於終身保險,在上述約定下 n 年定期保險的躉繳純保險費用 $A^{1\,(m)}_{x:\overline{n}|}$ 表示,且

$$A^{1\,(m)}_{x:\overline{n}|} = \sum_{k=0}^{n-1} v^k {}_kp_x \sum_{j=0}^{m-1} v^{\frac{j+1}{m}} {}_{\frac{j}{m}|\frac{1}{m}}q_{x+k}$$

或者

$$A^{1\,(m)}_{x:\overline{n}|} = -\frac{1}{l_x} \cdot \sum_{t=1}^{mn} v^{\frac{t}{m}} \triangle l_{x+\frac{t-1}{m}}$$

在死亡服從均勻分佈假設時,

$$A^{1\,(m)}_{x:\overline{n}|} \doteq \frac{i}{i^{(m)}} \cdot A^{1}_{x:\overline{n}|} \tag{6.10}$$

6.3.3 n 年延期終身人壽保險

用 ${}_{n|}A_x^{(m)}$ 表示n 年延期終身保險在 x 歲的躉繳純保險費,那麼

$${}_{n|}A_x^{(m)} = \sum_{k=n}^{\infty} v^k {}_kp_x \sum_{j=0}^{m-1} v^{\frac{j+1}{m}} {}_{\frac{j}{m}|\frac{1}{m}}q_{x+k}$$

或者

$${}_{n|}A_x^{(m)} = -\frac{1}{l_x} \sum_{t=mn}^{\infty} v^{\frac{t}{m}} \triangle l_{x+\frac{t-1}{m}}$$

在死亡服從均勻分佈假設時,

$${}_{n|}A_x^{(m)} \doteq \frac{i}{i^{(m)}}\, {}_{n|}A_x \tag{6.11}$$

6.3.4 n 年兩全保險

n 年兩全保險的躉繳純保險費,記作 $A^{(m)}_{x:\overline{n}|}$,那麼

$$\begin{aligned} A^{(m)}_{x:\overline{n}|} &= A^{1\,(m)}_{x:\overline{n}|} + {}_nE_x \\ &= \sum_{k=0}^{n-1} v^k {}_kp_x \sum_{j=0}^{m-1} v^{\frac{j+1}{m}} {}_{\frac{j}{m}|\frac{1}{m}}q_{x+k} + v^n {}_np_x \end{aligned}$$

在死亡服從均勻分佈假設時,

$$A^{(m)}_{x:\overline{n}|} \doteq \frac{i}{i^{(m)}} A^{1}_{x:\overline{n}|} + {}_nE_x \tag{6.12}$$

例6.5 某30歲的男性,向一家保險公司購買保險金額10萬元的20年期死亡保險,已知保單承諾保險金額在死亡發生當月的月末支付且死亡在每年均服從均勻分佈假設,要求用CL1(2010—2013)2.5% 計算該保單投保人在30歲時應繳納的躉繳純保險費。

解:設所要求躉繳純保險費為 NSP 元,那麼

$$\begin{aligned} NSP &= 100,000A^{1\,(12)}_{30:\overline{20}|} = 100,000\left(\frac{i}{i^{(12)}}A^{1}_{30:\overline{20}|}\right) \\ &= 100,000 \frac{2.5\%}{12(1.025^{\frac{1}{12}} - 1)} \cdot \frac{M_{30} - M_{50}}{D_{30}} \end{aligned}$$

$$= 100,000 \frac{2.5\%}{12(1.025^{\frac{1}{12}} - 1)} \cdot \frac{15,203.18 - 13,949.30}{47,203.96}$$

$$\approx 2,686.60(元)$$

例 6.6 已知 $l_x = 100 - x\ (0 \leqslant x \leqslant 100)$, $i = 5\%$ 。計算: $A^{\ 1}_{30:\overline{20}|}$ 、 $A_{30:\overset{\ 1}{\overline{20}|}}$ 、 $A_{30:\overline{20}|}$ 、 $A^{(6)\ 1}_{30:\overline{20}|}$ 、 $A^{(6)}_{30:\overline{20}|}$ 。

解: $\because \quad l_x = 100 - x$

$$\therefore \quad {}_{k|}q_{30} = \frac{l_{30+k} - l_{30+k+1}}{l_{30}} = \frac{1}{70}, {}_{20}p_{30} = \frac{l_{50}}{l_{30}} = \frac{5}{7}$$

$$\therefore \quad A^{\ 1}_{30:\overline{20}|} = \sum_{k=0}^{19} v^{k+1}\ {}_{k|}q_{30} = \frac{1}{70}\sum_{k=0}^{19} v^{k+1} = \frac{1}{70} a_{\overline{20}|0.05} \approx 0.178,0$$

$$A_{30:\overset{\ 1}{\overline{20}|}} = v^{20}\ {}_{20}p_{30} = \frac{1}{1.05^{20}} \times \frac{5}{7} \approx 0.269,2$$

$$A_{30:\overline{20}|} = A_{30:\overset{\ 1}{\overline{20}|}} + A^{\ 1}_{30:\overline{20}|} \approx 0.269,2 + 0.178,0 = 0.447,2$$

又 $\because \quad i^{(6)} = 6[(1+i)^{\frac{1}{6}} - 1] \approx 0.048,989$

$$\therefore \quad A^{(6)\ 1}_{30:\overline{20}|} \approx \frac{i}{i^{(6)}} A^{\ 1}_{30:\overline{20}|} \approx \frac{0.05}{0.048,989} \times 0.178,0 \approx 0.181,7$$

$$A^{(6)}_{30:\overline{20}|} = A^{(6)\ 1}_{30:\overline{20}|} + A_{30:\overset{\ 1}{\overline{20}|}} \approx 0.450,9$$

6.4 在死亡后立刻提供保險金額的壽險

在死亡時立即支付保險金的人壽保險,又稱為連續型人壽保險。在死亡所在時刻給付保險金,就是在 $x + T$ 歲時或在時刻 T 給付保險金。假設在時刻 T 給付保險金額為 b_T ,其折現因子為 v_T ,於是假設保險金給付在 x 歲時的現值為 Z_T ,那麼 $Z_T = b_T v_T$,因而躉繳純保險費為 $E(Z_T) = E(b_T v_T)$ 。

假定:本節討論的壽險,保險金額為 1 元,於死亡發生后立即給付;簽發保單年齡是 x 歲(也就是計算躉繳純保險費的年齡)。

6.4.1 終身人壽保險

終身壽險的躉繳純保險費用 $\bar{A}_x$ 表示,則:

$$\bar{A}_x = E(b_T v_T) = E(b_T v^T) = E(v^T)$$

$$= \int_0^\infty v^t\ {}_tp_x\, \mu_{x+t} dt = \int_0^\infty v^t \frac{l_{x+t}}{l_x} \mu_{x+t} dt$$

定義替換函數:

$$\bar{C}_x = \int_0^1 v^{x+t} l_{x+t}\, \mu_{x+t} dt = \int_0^1 D_{x+t}\, \mu_{x+t} dt = \frac{i}{\delta} C_x \tag{6.13}$$

$$\bar{M}_x = \bar{C}_x + \bar{C}_{x+1} + \cdots = \int_0^\infty D_{x+t}\, \mu_{x+t} dt = \frac{i}{\delta} M_x \tag{6.14}$$

從而

$$\bar{A}_x = \int_0^{\infty} v^t \frac{l_{x+t}}{l_x}\mu_{x+t}\mathrm{d}t = \frac{1}{D_x}\int_0^{\infty} v^{x+t} l_{x+t}\mu_{x+t}\mathrm{d}t$$

$$= \frac{1}{D_x}\int_0^{\infty} D_{x+t}\mu_{x+t}\mathrm{d}t = \frac{\bar{M}_x}{D_x} \tag{6.15}$$

6.4.2 n 年定期人壽保險

n 年定期死亡保險在 x 歲的躉繳純保險費記作 $\bar{A}^{1}_{x:\overline{n|}}$,則:

$$\bar{A}^{1}_{x:\overline{n|}} = \mathrm{E}(b_T v_T) = \mathrm{E}(b_T v^T)$$

$$= \int_0^n v^t{}_tp_x\mu_{x+t}\mathrm{d}t + \int_0^{\infty} 0 \cdot v^t{}_tp_x\mu_{x+t}\mathrm{d}t$$

$$= \frac{1}{D_x}\int_0^n D_{x+t}\mu_{x+t}\mathrm{d}t = \frac{\bar{M}_x - \bar{M}_{x+n}}{D_x} \tag{6.16}$$

6.4.3 n 年延期終身人壽保險

n 年延期終身保險在 x 歲的躉繳純保險費記作 ${}_{n|}\bar{A}_x$,則:

$${}_{n|}\bar{A}_x = \mathrm{E}(b_T v_T) = \mathrm{E}(b_T v^T)$$

$$= \int_0^n 0 v^t{}_tp_x\mu_{x+t}\mathrm{d}t + \int_n^{\infty} v^t{}_tp_x\mu_{x+t}\mathrm{d}t$$

$$= \int_n^{\infty} v^t{}_tp_x\mu_{x+t}\mathrm{d}t$$

$$= \frac{1}{D_x}\int_n^{\infty} D_{x+t}\mu_{x+t}\mathrm{d}t = \frac{\bar{M}_{x+n}}{D_x} \tag{6.17}$$

這個結論也可運用關係 ${}_{n|}\bar{A}_x = \bar{A}_x - \bar{A}^{1}_{x:\overline{n|}}$ 直接得到。事實上,

$${}_{n|}\bar{A}_x = \bar{A}_x - \bar{A}^{1}_{x:\overline{n|}} = \frac{\bar{M}_x}{D_x} - \frac{\bar{M}_x - \bar{M}_{x+n}}{D_x} = \frac{\bar{M}_{x+n}}{D_x} \tag{6.18}$$

6.4.4 n 年兩全保險

n 年兩全保險在 x 歲的躉繳純保險費記作 $\bar{A}_{x:\overline{n|}}$。由於這一保險的給付額無論是生還是死均為 1,只是貼現因子不同,所以

$$\bar{A}_{x:\overline{n|}} = \mathrm{E}(b_T v_T)$$

$$= \int_0^n v^t{}_tp_x\mu_{x+t}\mathrm{d}t + \int_n^{\infty} v^n{}_tp_x\mu_{x+t}\mathrm{d}t$$

$$\bar{A}_{x:\overline{n|}} = \bar{A}^{1}_{x:\overline{n|}} + {}_nE_x = \frac{\bar{M}_x - \bar{M}_{x+n} + D_{x+n}}{D_x} \tag{6.19}$$

關於在死亡發生時刻提供保險金額的壽險的躉繳純保險費的計算,有兩點需要說明:

(1) 運用本章前述的有關結論,同樣可以獲得本部分的相應結論。舉例如下:

$$\bar{A}_x = \lim_{m\to\infty} A_x^{(m)} = \lim_{m\to\infty}\left[-\frac{1}{l_x}\sum_{t=1}^{\infty} v^{\frac{t}{m}} \triangle l_{x+\frac{t-1}{m}}\right]$$

$$= -\frac{1}{l_x}\int_0^{\infty} v^t \mathrm{d}l_{x+t} = \frac{1}{l_x}\int_0^{\infty} v^t l_{x+t}\,\mu_{x+t}\mathrm{d}t$$

$$= \frac{1}{D_x}\int_0^{\infty} D_{x+t}\,\mu_{x+t}\mathrm{d}t = \frac{\bar{M}_x}{D_x}$$

(2) $A_x^{(m)}$、$A_{x:\overline{n}|}^{1\,(m)}$等在死亡均勻分佈條件下可以轉化為用$A_x$、$A_{x:\overline{n}|}^{1}$等來計算。其具體計算式為:

$$A_x^{(m)} = \frac{i}{i^{(m)}}A_x$$

$$A_{x:\overline{n}|}^{1\,(m)} = \frac{i}{i^{(m)}}A_{x:\overline{n}|}^{1}$$

類似地,$\bar{A}_x$、$\bar{A}_{x:\overline{n}|}^{1}$以及${}_{n|}\bar{A}_x$等也可以轉化為由$A_x$、$A_{x:\overline{n}|}^{1}$及${}_{n|}A_x$等來計算。其計算式既可以通過$m \to \infty$取$A^{(m)}$的極限來獲得,也可以直接推導而得。例如:

$$A_x^{(m)} = \frac{i}{i^{(m)}}A_x$$

$$\bar{A}_x = \lim_{m\to\infty} A_x^{(m)} = \lim_{m\to\infty}\frac{i}{i^{(m)}}A_x = \frac{i}{\delta}A_x$$

或者

$$\bar{A}_x = \int_0^{\infty} v^t\,{}_tp_x\,\mu_{x+t}\mathrm{d}t = \sum_{k=0}^{\infty}\int_k^{k+1} v^t\,{}_tp_x\,\mu_{x+t}\mathrm{d}t$$

$$= \sum_{k=0}^{\infty}\int_0^1 v^{k+s}\,{}_{k+s}p_x\,\mu_{x+k+s}\mathrm{d}s = \sum_{k=0}^{\infty} v^{k+1}\,{}_kp_x\int_0^1 v^{s-1}\,{}_sp_{x+k}\,\mu_{x+k+s}\mathrm{d}s$$

$$\doteq \sum_{k=0}^{\infty} v^{k+1}\,{}_kp_x\,q_{x+k}\int_0^1 v^{s-1}\mathrm{d}s = \frac{i}{\delta}\sum_{k=0}^{\infty} v^{k+1}\,{}_kp_x\,q_{x+k}$$

$$= \frac{i}{\delta}A_x \qquad (6.20)$$

例 6.7 某人 30 歲,向一家壽險公司購買 30 年定期死亡保險,在死亡發生的t時立刻給付額為$e^{0.05t}$元。假定該 30 歲的被保險人死亡服從$l_x = 100 - x, 0 \leqslant x \leqslant 100$,且已知息力$\delta = 0.05$,要求計算投保人在 30 歲簽單時應繳納的躉繳純保險費。

解:設 30 歲的被保險人在$30 + T$歲死亡時所給付的保險金現值為Z_T,則:

$$\because\ \delta = \ln(1+i) = 0.05,\ \therefore v = \frac{1}{1+i} = e^{-0.05},$$

$$\therefore\ Z_T = e^{0.05T}\cdot v^T = e^{0.05T}\cdot e^{-0.05T} = 1\ (0 < T \leqslant 30)$$

而T的概率密度函數為

$$f_T(t) = {}_tp_{30}\,\mu_{30+t} = \frac{l_{30+t}}{l_{30}}\left(-\frac{l'_{30+t}}{l_{30+t}}\right) = -\frac{l'_{30+t}}{l_{30}} = \frac{1}{70}$$

因此,所求的躉繳純保險費為

$$E(Z_T) = \int_0^{30} 1 \times \frac{1}{70}\mathrm{d}t = \frac{3}{7} \approx 0.428,6(\text{元})$$

例 6.8 已知 X 的分佈函數為 $F(x)=\dfrac{x}{100}, 0 \leqslant x \leqslant 100, \delta = 0.6$，求：

(1) $\bar{A}^{\,1}_{30:\overline{20|}}$；

(2) $\operatorname{var}(Z)$。

解：由 $F(x)=\dfrac{x}{100}$ 得

$$ {}_tq_x = \frac{F(x+t)-F(x)}{1-F(x)} = \frac{t}{100-x} $$

$$ f_x(t) = ({}_tq_x)' = \frac{1}{100-x} $$

當 $x=30$ 時

$$ f_x(t) = \frac{1}{70} $$

因此

$$ \bar{A}^{\,1}_{30:\overline{20|}} = \int_0^{20} e^{-\delta t} f_x(t)\,dt = \frac{1}{70}\int_0^{20} e^{-\delta t}\,dt = -\frac{1}{70\delta} e^{-\delta t}\Big|_0^{20} = \frac{1}{42}(1-e^{-12}) \approx 0.023,8 $$

$$ {}^2\bar{A}^{\,1}_{30:\overline{20|}} = \int_0^{20} e^{-2\delta t} f_x(t)\,dt = \frac{1}{70}\int_0^{20} e^{-2\delta t}\,dt $$

$$ = -\frac{1}{140\delta} e^{-2\delta t}\Big|_0^{20} = \frac{1}{84}(1-e^{-24}) \approx 0.011,9 $$

$$ \therefore \operatorname{var}(Z) = {}^2\bar{A}^{\,1}_{30:\overline{20|}} - (\bar{A}^{\,1}_{30:\overline{20|}})^2 = 0.011,9 - 0.023,8^2 \approx 0.011,3 $$

例 6.9 某人 45 歲時向一家保險公司購買了 15 年期兩全保險，保險金額為 100,000 元，在死亡或期滿時立刻支付。以 CL1（2010—2013）2.5% 為基礎，死亡服從均勻分佈假設，計算其躉繳純保險費。

解：據題意，所求的躉繳純保險費為 $100,000\bar{A}_{45:\overline{15|}}$。

$$ i = 2.5\%, \delta = \ln(1+i) = \ln(1+2.5\%) $$

$$ 100,000\bar{A}_{45:\overline{15|}} = 100,000\left(\frac{i}{\delta}A^{\,1}_{45:\overline{15|}} + A_{45:\overline{15|}}^{\;\;\,1}\right) = 100,000\left(\frac{i}{\delta}\cdot\frac{M_{45}-M_{60}}{D_{45}} + \frac{D_{60}}{D_{45}}\right) $$

$$ = 100,000\left(\frac{2.5\%}{\ln(1+2.5\%)}\cdot\frac{14,422.20-12,517.38}{31,791.45} + \frac{20,301.97}{31,791.45}\right) $$

$$ \approx 69,926.04(\text{元}) $$

6.5 人壽保險與生存年金的關係

這裡，人壽保險與生存年金的關係，是指人壽保險的躉繳純保險費與生存年金的精算現值之間的相互關係。

(1) 在死亡年度末提供保險金額的壽險與以生存為條件年給付一次的生存年金之間有如下關係：

$$ A_x = v\ddot{a}_x - a_x \tag{6.21} $$

或

$$A_x = 1 - d\ddot{a}_x \tag{6.22}$$

因為

$$C_x = v^{x+1}d_x = v^{x+1}(l_x - l_{x+1}) = vD_x - D_{x+1}$$

$$C_{x+1} = vD_{x+1} - D_{x+2}$$

……

$$C_{x+t} = vD_{x+t} - D_{x+t+1}$$

……

將等式兩邊分別相加,得

$$M_x = vN_x - N_{x+1}$$

再在兩邊同除以 D_x,即

$$A_x = v\ddot{a}_x - a_x$$

進一步,有

$$A_x = v\ddot{a}_x - a_x = v\ddot{a}_x - (\ddot{a}_x - 1)$$
$$= 1 - (1 - v)\ddot{a}_x = 1 - d\ddot{a}_x$$

下面對 $A_x = v\ddot{a}_x - a_x$ 給予文字解釋:考慮 x 歲的人所進入的每年年初給付 v 的生存年金和 x 歲的人已度過的每年年末給付 1 的生存年金。顯然,第一種年金比第二種年金多一次給付,就是在 x 歲的人發生死亡那年的年初給付 v。因為在任何一年年初給付 v,等價於在那年年末給付 1,所以上述兩種年金之差表示在 x 歲的人發生死亡那年的年初給付 v。這種給付 v 累積到 x 歲的人死亡那年的年末的值就為 1,從而兩種年金的精算現值之差就是 x 歲的人在死亡年末給付 1 的精算現值,也就是 A_x。

類似地,對 $A_x = 1 - d\ddot{a}_x$ 做如下的解釋:假設為 x 歲的人的餘命投資 1 元,利息率為 i。在任何一年的年末給付的利息 i,等價於在那年年初給付 iv 或 d。這樣,原始投資的 1 元便產生了以 x 歲的人的餘命為條件的給付 d 元的期初生存年金,而且在 x 歲的人死亡那年的年末返還 1 元本金。於是有關係式:

$$1 = d\ddot{a}_x + A_x \tag{6.23}$$

(2) 死亡年末提供給付的定期死亡保險或兩全保險與定期生存年金有類似的關係和相似的解釋,即:

$$A_{x:\overline{n}|} = v\ddot{a}_{x:\overline{n}|} - a_{x:\overline{n-1}|} \tag{6.24}$$

事實上,

$$C_x = vD_x - D_{x+1}$$

$$C_{x+1} = vD_{x+1} - D_{x+2}$$

……

$$C_{x+n-1} = vD_{x+n-1} - D_{x+n}$$

等式兩邊分別相加得:

$$M_x - M_{x+n} = v(N_x - N_{x+n}) - (N_{x+1} - N_{x+n+1})$$

兩邊同除以 D_x,即

$$A^1_{x:\overline{n|}} = v\ddot{a}_{x:\overline{n|}} - a_{x:\overline{n|}} \tag{6.25}$$

進一步有

$$\begin{aligned} A^1_{x:\overline{n|}} &= v\ddot{a}_{x:\overline{n|}} - a_{x:\overline{n|}} \\ &= v\ddot{a}_{x:\overline{n|}} - (\ddot{a}_{x:\overline{n|}} + {}_nE_x - 1) \\ &= 1 - d\ddot{a}_{x:\overline{n|}} - {}_nE_x \end{aligned}$$

結合關係 $A_{x:\overline{n|}} = A^1_{x:\overline{n|}} + {}_nE_x$ 有

$$A_{x:\overline{n|}} = 1 - d\ddot{a}_{x:\overline{n|}} \tag{6.26}$$

或者將關係 ${}_nE_x = a_{x:\overline{n|}} - a_{x:\overline{n-1|}}$ 代入關係式(6.25)中,還可得到:

$$A_{x:\overline{n|}} = v\ddot{a}_{x:\overline{n|}} - a_{x:\overline{n-1|}}$$

例 6.10 試證:$1 = ia_x + (1+i)A_x$。

證明: 在等式 $A_x = 1 - d\ddot{a}_x$ 的兩邊同乘以 $(1+i)$,得

$$\begin{aligned} (1+i)A_x &= (1+i) - d(1+i)\ddot{a}_x \\ &= (1+i) - i\ddot{a}_x \\ &= (1+i) - i(a_x + 1) \\ &= 1 - ia_x \end{aligned}$$

所以 $1 = ia_x + (1+i)A_x$

例 6.11 某年齡 x 歲的人,購買了一種 n 年期($n > t$)年給付額為1的期末確定年金。試證這種確定年金在提供了第 t 次給付后的即刻年金的值可表示為如下形式:

$$Pa_{x+t} + QA_{x+t} + R\frac{1}{v^{x+t}}$$

並決定 P、Q 和 R 的值,且它們均與 t 和生命表無關。

證明: t 年后即刻的確定年金值,就是所剩給付在 t 年末的現值 $a_{\overline{n-t|}}$,且

$$a_{\overline{n-t|}} = \frac{1 - v^{n-t}}{i}$$

根據上例的結論,有 $1 = ia_{x+t} + (1+i)A_{x+t}$,從而

$$1 - v^{n-t} = ia_{x+t} + (1+i)A_{x+t} - v^{n-t}$$

$$\begin{aligned} a_{\overline{n-t|}} &= a_{x+t} + \frac{1+i}{i}\cdot A_{x+t} - \frac{v^{n-t}}{i} \\ &= a_{x+t} + \frac{1+i}{i}\cdot A_{x+t} + \left(-\frac{v^{x+n}}{i}\right)\cdot\frac{1}{v^{x+t}} \end{aligned}$$

也就是年金值可以表示為:

$$a_{x+t} + \frac{1+i}{i}\cdot A_{x+t} + \left(-\frac{v^{x+n}}{i}\right)\cdot\frac{1}{v^{x+t}}$$

由此得

$$P = 1, Q = \frac{1+i}{i} = \frac{1}{d}, R = -\frac{v^{x+n}}{i}。$$

它們均與 t 和生命表無關。

(3) 考察在死亡發生所在$\frac{1}{m}$年的年末提供給付的壽險與以生存為條件年給付 m 次的生存年金的關係。

$A_x^{(m)}$ 和 $\ddot{a}_x^{(m)}$ 具有如下關係:

$$A_x^{(m)} = 1 - d^{(m)}\ddot{a}_x^{(m)} \tag{6.27}$$

或

$$1 = d^{(m)}\ddot{a}_x^{(m)} + A_x^{(m)} \tag{6.28}$$

事實上,

$$\begin{aligned} d^{(m)}\ddot{a}_x^{(m)}[WB] &= d^{(m)} \cdot \frac{1}{m}\sum_{t=0}^{\infty} v^{\frac{t}{m}} \cdot \frac{l_{x+\frac{t}{m}}}{l_x} \\ &= (1 - v^{\frac{1}{m}}) \cdot \sum_{t=0}^{\infty} v^{\frac{t}{m}} \cdot \frac{l_{x+\frac{t}{m}}}{l_x} \\ &= \sum_{t=0}^{\infty} v^{\frac{t}{m}} \cdot \frac{l_{x+\frac{t}{m}}}{l_x} - \sum_{t=0}^{\infty} v^{\frac{t+1}{m}} \cdot \frac{l_{x+\frac{t}{m}}}{l_x} \end{aligned}$$

然而

$$A_x^{(m)} = \sum_{t=0}^{\infty} v^{\frac{t+1}{m}} \cdot \frac{l_{x+\frac{t}{m}}}{l_x} - \sum_{t=0}^{\infty} v^{\frac{t+1}{m}} \cdot \frac{l_{x+\frac{t+1}{m}}}{l_x}$$

所以

$$A^{(m)} + d^{(m)} \cdot \ddot{a}_x^{(m)} = \sum_{t=0}^{\infty} v^{\frac{t}{m}} \cdot \frac{l_{x+\frac{t}{m}}}{l_x} - \sum_{t=0}^{\infty} v^{\frac{t+1}{m}} \cdot \frac{l_{x+\frac{t+1}{m}}}{l_x} = 1$$

同理,可以得到 $A_{x:\overline{n}|}^{(m)}$ 和 $\ddot{a}_{x:\overline{n}|}^{(m)}$ 有如下關係:

$$1 = d^{(m)}\ddot{a}_{x:\overline{n}|}^{(m)} + A_{x:\overline{n}|}^{(m)} \tag{6.29}$$

然而

$$\begin{aligned} {}_{n|}\ddot{a}_x^{(m)} &= \ddot{a}_x^{(m)} - \ddot{a}_{x:\overline{n}|}^{(m)} \\ &= \frac{1 - A_x^{(m)}}{d^{(m)}} - \frac{1 - A_{x:\overline{n}|}^{(m)}}{d^{(m)}} \end{aligned}$$

所以

$$d^{(m)}\,{}_{n|}\ddot{a}_x^{(m)} = -(A_x^{(m)} - A_{x:\overline{n}|}^{(m)})$$

$${}_nE_x = d^{(m)}\,{}_{n|}\ddot{a}_x^{(m)} + {}_{n|}A_x^{(m)} \tag{6.30}$$

(4) 在死亡發生即刻提供給付的壽險與以生存為條件連續地提供給付的生存年金,同樣存在著與前述相似的關係。不僅如此,這些關係還得借助於前述關係獲得。具體地,在關係式(6.28)及(6.29)中,令 $m \to \infty$,便得:

$$1 = \delta\bar{a}_x + \bar{A}_x \tag{6.31}$$

$$1 = \delta\bar{a}_{x:\overline{n}|} + \bar{A}_{x:\overline{n}|} \tag{6.32}$$

6.6　變動保險金額的壽險

前幾節討論的保險有一個明顯的特點：不論死亡發生於何年何月，保險的給付額都是一個固定的水平金額。鑒於此，通常將這類保險統稱為水平保險金額保險。但是，研究壽險僅限於水平保險金額壽險，還不能滿足實際的需要。接下來將討論死亡發生於不同年度，其給付額有所不同的保險。像這樣的一類保險，稱為變動保險金額保險。

6.6.1　在死亡發生年度末提供保險金額的變動壽險

(1) 遞增終身壽險

假設保單簽發年齡為 x 歲，被保險人在第一個保險年度發生死亡，在該年年末提供保險金額 1 元；被保險人在第二個保險年度發生死亡，在該年年末提供保險金額 2 元；往后的每一年，死亡保險金額按公差 1 遞增，直至被保險人的終極年齡。這種保險在 x 歲的躉繳純保險費記作 $(IA)_x$，它可按如下方式決定：

$$\begin{aligned}(IA)_x &= \mathrm{E}(b_{K+1}v^{K+1}) = \mathrm{E}[(K+1)v^{K+1}] \\ &= \sum_{k=0}^{\infty}(k+1)v^{k+1}{}_kp_x q_{x+k} \\ &= \frac{1}{l_x}\sum_{k=0}^{\infty}(k+1)v^{k+1}d_{x+k} \qquad (6.33)\end{aligned}$$

定義替換函數：

$$R_x = M_x + M_{x+1} + \cdots = \sum_{k=0}^{\infty}(k+1)C_{x+k} \qquad (6.34)$$

從而

$$(IA)_x = \frac{1}{v^x l_x}\sum_{k=0}^{\infty}(k+1)v^{x+k+1}d_{x+k} = \frac{R_x}{D_x} \qquad (6.35)$$

(2) 遞增定期壽險

其餘條件與上述遞增終身保險的條件相同，只是死亡發生在第 n 年以后，此時，保單概不作任何保險金額支出。這樣的保險稱為 n 年遞增定期保險。其在 x 歲的躉繳純保險費記作 $(IA)^1_{x:\overline{n|}}$。

$$\begin{aligned}(IA)^1_{x:\overline{n|}} &= E(b_{K+1}v^{K+1}) = \sum_{k=0}^{n-1}(k+1)v^{k+1}{}_kp_x q_{x+k} \\ &= \frac{1}{D_x}\sum_{k=0}^{n-1}(k+1)C_{x+k} = \frac{R_x - R_{x+n} - nM_{x+n}}{D_x} \qquad (6.36)\end{aligned}$$

(3) 遞增水平終身壽險

在 x 歲簽發的某種保單規定：若被保險人在第一個保險年度死亡，則在該年年末給付保險金額 1 元；在第二個保險年度死亡，在該年年末給付保險金額 2 元 …… 在第 n 個保險年度死亡，在該年年末給付保險金額 n 元；以后年度被保險人死亡，其給付額均於死亡發生年度的年末提供保險金額 n 元。這種保險稱為 n 年遞增水平終身壽險。其在 x 歲的躉繳純保險費，用

特定的符號$(I_{\overline{n}|}A)_x$表示。

$$(I_{\overline{n}|}A)_x = \mathrm{E}(b_{K+1}v^{K+1}) = \mathrm{E}((K+1)v^{K+1}) + \mathrm{E}(nv^{K+1})$$
$$= \sum_{k=0}^{n-1}(k+1)v^{k+1}{}_kp_xq_{x+k} + \sum_{k=n}^{\infty}nv^{k+1}{}_kp_xq_{x+k}$$
$$= \frac{R_x - R_{x+n} - nM_{x+n}}{D_x} + \frac{nM_{x+n}}{D_x} = \frac{R_x - R_{x+n}}{D_x} \qquad (6.37)$$

(4) 遞減定期壽險

假定某種保單在 x 歲簽發,保險期限為 n 年,被保險人在第一個保險年度發生死亡,在該年年末的保險金額為 n 元;被保險人在第二個保險年度發生死亡,在第二年年末的保險金額為 $n-1$ 元……被保險人在第 n 個保險年度發生死亡,在第 n 年年末的保險金額為1元。被保險人在以后任何一年發生死亡,保險金額均為0元。像這樣的壽險被稱為遞減定期壽險。其在 x 歲的躉繳純保險費記作$(DA)^{1}_{x:\overline{n}|}$,而且它決定於:

$$(DA)^{1}_{x:\overline{n}|} = \mathrm{E}(b_{K+1}v^{K+1}) = \sum_{k=0}^{n-1}(n-k)v^{k+1}{}_kp_xq_{x+k}$$
$$= \frac{1}{D_x}\sum_{k=0}^{n-1}(n-k)C_{x+k} = \frac{nM_x - (R_{x+1} - R_{x+n+1})}{D_x} \qquad (6.38)$$

例 6.12　某被保險人在35歲時投保了終身死亡保險。該保單規定,如果被保險人在第 n 年死亡,則在死亡的年末給付$(1.02)^n$ $(n = 1,2,\cdots)$。已知保單預定利息率為2.5%,求這些條件下投保人在35歲的躉繳純保險費(用替換函數表示結果)。

解:設所求躉繳純保險費為 NSP 元,則

$$NSP = \mathrm{E}(b_{K+1}v^{K+1}) = \sum_{k=0}^{\infty}(1.02)^{k+1}v_i^{k+1}{}_kp_{35}q_{35+k}$$
$$= \sum_{k=0}^{\infty}\left(\frac{1.02}{1.025}\right)^{k+1}{}_kp_{35}q_{35+k} = \sum_{k=0}^{\infty}\left(\frac{1}{1+j}\right)^{k+1}{}_kp_{35}q_{35+k} \quad (\text{式中}\frac{1}{1+j} = \frac{1.02}{1.025})$$
$$= \sum_{k=0}^{\infty}v_j^{k+1}{}_kp_{35}q_{35+k} = A'_{35} = \frac{M'_{35}}{D'_{35}}$$

這裡,M'_{35}和D'_{35}是在利息率 j 條件下的替換函數,亦即

$$D'_{35} = v_j^{35}l_{35}$$
$$M'_{35} = \sum_{k=0}^{\infty}C'_{35+k} = \sum_{k=0}^{\infty}v_j^{36+k+1}d_{35+k}$$

例 6.13　如果某種壽險約定,被保險人在第一年的死亡保險金額為 h,以后死亡保險金額每年遞增 k,死亡保險金額在死亡的年末兌現,那麼 x 歲的被保險人簽發的遞增壽險的躉繳純保險費是$\frac{hM_x + kR_{x+1}}{D_x}$。

解:依題意,躉繳純保險費為

$$hA_x + k_{1|}A_x + k_{2|}A_x + \cdots = h\cdot\frac{M_x}{D_x} + k\cdot\frac{M_{x+1} + M_{x+2} + \cdots}{D_x}$$
$$= (hM_x + kR_{x+1})/D_x$$

例6.14 在45歲簽發的某種保單,提供下列死亡保險金額,死亡保險金額在死亡的年末兌現。

年份	1	2	3	4	5	6	7	8	9	10	—
金額	1,000	1,200	1,400	1,600	1,800	2,000	1,500	1,000	500	0	—

試求這種保單的躉繳純保險費。以 CL1(2010—2013)2.5% 為計算基礎。

解:上述死亡給付額可以修正如下:

年份	1	2	3	4	5	6	7	8	9	10	—
金額	1,000	1,200	1,400	1,600	1,800	2,000	2,200 -700	2,400 -1,400	2,600 -2,100	2,800 -2,800	—

設所求躉繳純保險費為 NSP 元,那麼

$$NSP = 1,000A^{1}_{45:\overline{10|}} + 200\ {}_{1}E_{45}(IA)^{1}_{46:\overline{9|}} - 700\ {}_{6}E_{45}(IA)^{1}_{51:\overline{4|}}$$

$$= \frac{1,000M_{45} + 200R_{46} + 500R_{55} - 700R_{51}}{D_{45}} \approx 40.31(\text{元})$$

6.6.2 在死亡后立刻提供保險金額的變動壽險

以下的討論順序完全平行於6.6.1的順序,而且關於保險的約定等其他條件均相同,只是死亡給付於死亡后才立刻兌現。

(1) 遞增終身壽險

躉繳純保險費記作$(I\bar{A})_x$,於是

$$(I\bar{A})_x = \mathrm{E}(([T]+1)v^T)$$

$$= \int_0^{\infty}([t]+1)v^t\,{}_tp_x\,\mu_{x+t}\mathrm{d}t = \sum_{k=0}^{+\infty}\int_k^{k+1}(k+1)v^t\,{}_tp_x\,\mu_{x+t}\mathrm{d}t$$

因為

$$\bar{C}_x = \int_0^1 v^{x+t}l_{x+t}\mu_{x+t}\mathrm{d}t = \int_0^1 D_{x+t}\mu_{x+t}\mathrm{d}t \tag{6.39}$$

$$\bar{M}_x = \sum_{y=x}^{\infty}\bar{C}_y = \int_x^{\infty}D_y\mu_y\mathrm{d}y \tag{6.40}$$

定義

$$\bar{R}_x = \sum_{y=x}^{\infty}\bar{M}_y \tag{6.41}$$

所以

$$(I\bar{A})_x = \frac{\bar{R}_x}{D_x} \tag{6.42}$$

$(I\bar{A})_x$ 也可以按下列方式得到:

$$(I\bar{A})_x = \bar{A}_x + {}_{1|}\bar{A}_x + {}_{2|}\bar{A}_x + \cdots$$

$$= \frac{\bar{M}_x}{D_x} + \frac{\bar{M}_{x+1}}{D_x} + \frac{\bar{M}_{x+2}}{D_x} + \cdots = \frac{\bar{R}_x}{D_x}$$

(2) 遞增定期壽險

n 年遞增定期保險躉繳純保險費記作 $(I\bar{A})^{1}_{x:\overline{n}|}$,有:

$$(I\bar{A})^{1}_{x:\overline{n}|} = \int_{0}^{n}([t]+1)v^{t}{}_{t}p_{x}\mu_{x+t}\mathrm{d}t = \frac{\bar{R}_{x} - \bar{R}_{x+n} - n\bar{M}_{x+n}}{D_{x}} \quad (6.43)$$

或者

$$\begin{aligned}(I\bar{A})^{1}_{x:\overline{n}|} &= \bar{A}^{1}_{x:\overline{n}|} + {}_{1|}\bar{A}^{1}_{x:\overline{n-1}|} + \cdots + {}_{n-1|}\bar{A}^{1}_{x:\overline{1}|} \\ &= \frac{\bar{M}_{x} - \bar{M}_{x+n}}{D_{x}} + \frac{\bar{M}_{x+1} - \bar{M}_{x+n}}{D_{x}} + \cdots + \frac{\bar{M}_{x+n-1} - \bar{M}_{x+n}}{D_{x}} \\ &= \frac{\bar{R}_{x} - \bar{R}_{x+n} - n\bar{M}_{x+n}}{D_{x}}\end{aligned}$$

(3) 遞增水平終身壽險

n 年遞增水平終身壽險的躉繳純保險費記作 $(I_{\overline{n}|}\bar{A})_{x}$,有:

$$\begin{aligned}(I_{\overline{n}|}\bar{A})_{x} &= \int_{0}^{n}([t]+1)v^{t}{}_{t}p_{x}\mu_{x+t}\mathrm{d}t + \int_{n}^{\infty} nv^{t}{}_{t}p_{x}\mu_{x+t}\mathrm{d}t \\ &= \frac{\bar{R}_{x} - \bar{R}_{x+n}}{D_{x}}\end{aligned} \quad (6.44)$$

或者

$$\begin{aligned}(I_{\overline{n}|}\bar{A})_{x}[WB] &= \bar{A}_{x} + {}_{1|}\bar{A}_{x} + \cdots + {}_{n-1|}\bar{A}_{x} \\ &= \frac{\bar{M}_{x}}{D_{x}} + \frac{\bar{M}_{x+1}}{D_{x}} + \cdots + \frac{\bar{M}_{x+n-1}}{D_{x}} = \frac{\bar{R}_{x} - \bar{R}_{x+n}}{D_{x}}\end{aligned}$$

(4) 遞減定期壽險

n 年遞減定期保險的躉繳純保險費記作 $(D\bar{A})^{1}_{x:\overline{n}|}$,有:

$$\begin{aligned}(D\bar{A})^{1}_{x:\overline{n}|} &= \int_{0}^{n}(n-[t])v^{t}{}_{t}p_{x}\mu_{x+t}\mathrm{d}t \\ &= \frac{n\bar{M}_{x} - (\bar{R}_{x+1} - \bar{R}_{x+n+1})}{D_{x}}\end{aligned} \quad (6.45)$$

或者

$$\begin{aligned}(D\bar{A})^{1}_{x:\overline{n}|} &= \bar{A}^{1}_{x:\overline{n}|} + \bar{A}^{1}_{x:\overline{n-1}|} + \cdots + \bar{A}^{1}_{x:\overline{1}|} \\ &= \frac{n\bar{M}_{x} - (\bar{R}_{x+1} - \bar{R}_{x+n+1})}{D_{x}}\end{aligned}$$

例 6.15 某種在 0 歲簽發的保單,在死亡后立刻提供下列保險金額:

年齡	死亡保險金額
0	100
1	200
2	400
3	600
4	800
5~20	1,000
21 以上	5,000

試寫出用替換函數表達的這種保單在 0 歲的躉繳純保險費。

解：設所求躉繳純保險費為 NSP 元，則

$$NSP = 100[(I\bar{A})^{\,1}_{0:\overline{6}|} + {}_{2|}(I\bar{A})^{\,1}_{0:\overline{4}|} + 10\ {}_{6|}\bar{A}_0 + 40\ {}_{21|}\bar{A}_0]$$

$$= 100[\frac{\bar{R}_0 - \bar{R}_6 - 6\bar{M}_6}{D_0} + \frac{\bar{R}_2 - \bar{R}_6 - 4\bar{R}_6}{D_0} + 10 \cdot \frac{\bar{M}_6}{D_0} + 40 \cdot \frac{\bar{M}_{21}}{D_0}]$$

$$= \frac{100}{D_0}(\bar{R}_0 + \bar{R}_2 - 2\bar{R}_6 + 40\bar{M}_{21})$$

第五章、第六章中出現了很多的換算函數，為便於記憶，總結如下：

與死亡相關的有：

$$C_x = v^{x+1}d_x$$

$$M_x = C_x + C_{x+1} + C_{x+2} + \cdots\cdots$$

$$R_x = M_x + M_{x+1} + M_{x+2} + \cdots\cdots$$

與生存相關的有：

$$D_x = v^x l_x$$

$$N_x = D_x + D_{x+1} + D_{x+2} + \cdots\cdots$$

$$S_x = N_x + N_{x+1} + N_{x+2} + \cdots\cdots$$

習題 6

6－1　判斷下列式子的正誤，並改正錯誤。

(1) $A_{x:\overline{n}|} = v\ddot{a}_{x:\overline{n}|} - a_{x:\overline{n}|}$；

(2) $A_x = v + v(a_x - 1)$；

(3) $A^{\,1}_{x:\overline{n}|} = 1 - d\ddot{a}_x$；

(4) $(IA)_x = v(Ia)_x - (I\ddot{a})_x$；

(5) $d(I\ddot{a})_x = \ddot{a}_x - (IA)_x$。

6－2　假設 $a_x = 15.5$，$A_x = 0.25$，求利息率 i 的值。

6－3　50 歲的人投保保險金額 10,000 元的終身死亡保險，設年利息力為常數 0.06，死亡服從 $\mu_x = \frac{1}{\omega - x}(\omega = 100)$，假設保險金於死亡的年末支付。求保險金額在保單生效時的精算現值。

6－4　現年 30 歲的人，躉繳純保險費 10,000 元，購買一張 10 年定期壽險保單，保險金於被保險人死亡時所處保單年度末支付，試求該保單的保險金額。

6－5　年齡為 30 歲的人，以現金 10,000 元購買一張壽險保單。保單規定：被保險人如果在 5 年內死亡，則在其死亡的年末給付金額 30,000 元；如在 5 年后死亡，則在其死亡的年末給付金額 R 元。試求 R 值。

6－6　已知 $vp_{76} = 0.9$，$A_{76} = 0.8$，$i = 0.05$，求 A_{77}。

6－7　已知 $A_{30} = 0.35$，$A_{45} = 0.5$，$A_{30:\overline{15}|} = 0.65$，求 $A^{\,1}_{30:\overline{15}|}$、$A_{30:\overline{15}|}^{\ \ \ \ 1}$。

6－8　設某30歲的人購買一份壽險保單,該保單規定:若被保險人在第一個保單年度內死亡,則在其死亡的保單年度末給付5,000元,此后死亡則保險金額每年增加1,000元。求此遞增終身壽險的躉繳純保險費。

6－9　某被保險人50歲時投保了終身壽險,保單規定:被保險人在第一年死亡,則第一年末給付10,000元,以后每多活一年后死亡,給付額增加30,000元,達到160,000元時,又以每多活一年給付額減少40,000元的方式遞減,當給付額降至40,000元時則保持不變。用替換函數寫出這一保單的躉繳純保險費。

6－10　設 $A_{30}=0.25$,$A_{50}=0.40$,$A_{30:\overline{20|}}=0.55$,求 $A^{1}_{30:\overline{20|}}$ 和 $A_{30:\overline{20|}}^{\;\;\;\;1}$。

6－11　證明:$A_x = vq_x + vp_xA_{x+1}$,並說明其意義。

6－12　試比較 A_x、$A_x^{(m)}$ 和 $\bar{A}_x$ 的大小。

6－13　如果 x 歲的人的剩餘壽命 T 的概率密度函數為:

$$g(t)=\begin{cases}\dfrac{1}{80} & (0<t<80)\\ 0 & (\text{其他})\end{cases}$$

且已知常數息力 $\delta=0.06$,求 x 歲時購買1單位終身死亡保險的躉繳純保險費和1單位給付額現值函數的三階矩。

6－14　證明:$p_x=\dfrac{1-(1+i)A_x}{1-A_{x+1}}$。

6－15　證明:$\dfrac{\mathrm{d}}{\mathrm{d}x}\bar{A}_x=-\mu_x+(\delta+\mu_x)\bar{A}_x$。

7 年繳純保險費

本書第五章和第六章重點介紹了生存年金和死亡保險各基本險別的精算現值和躉繳純保險費的計算原理和方法。然而,在實際中,要求投保人都採取一次繳清保險費,即用躉繳保險費方式購買人壽保險,往往會因保險費的數額較大而使一般的投保人難以負擔。考慮到這種情況,在繳費方式上,保險人更多地要求投保人由躉繳保險費改為分期繳費,且使每期所繳的保險費相同。研究這樣的分期繳納的保險費的計算,便是本章的主要內容。由於分期繳費的每期保險費形成了一種從保單簽單之日起生效的生存年金,所以分期繳納純保險費的計算,必然要聯繫到生存年金的精算現值和人壽保險尤其是死亡保險的躉繳純保險費。

本章將要討論的年繳純保險費,類似於對年金的討論,並且不局限於只按一年繳付一次的方式。它可以按季度一次、按月一次等方式繳付。此外,年繳純保險費可以在保險期限內按年、按季或按月等方式繳付,也可以限定在保險期限內的若干年、若干季或若干月內繳清。特別地,對於后一種情形,即繳費年限比保險期限短的保險,稱作限期繳費保險。

7.1 年繳純保險費計算的一般原理

在壽險中,當不考慮費用及其他因素時,保險人的損益可以表示為:

$$L = Z - X \tag{7.1}$$

上式中:L 表示保險人在簽單生效之日的損益;Z 表示保險人未來給付額的現值;X 表示投保人或被保險人繳納的純保險費的現值。

L 有三種可能結果:$L > 0$ 時,$Z > X$;$L < 0$ 時,$Z < X$;$L = 0$ 時,$Z = X$。相應地,$L > 0$ 表示保險人發生損失,保險費不足以抵補未來的給付額;$L < 0$ 表示保險人有結餘,可能以加重投保人或被保險人的負擔為代價;$L = 0$ 表示保險人收取的純保險費恰好可以滿足保險金的給付。但是,在基本關係 $L = Z - X$ 中,Z 和 X 都是隨機變量,從而 L 也是一個隨機變量。$L = 0$ 時的情形,是偶然的或相對的。大多數情況下,$L \neq 0$。究竟是 $L > 0$ 還是 $L < 0$,保險人很難在簽單之時確切地判定。因此,在同時考慮到保險雙方各自的利益之后,保險人只能使預期的損失為零,用數學關係表達即為:

$$E(L) = 0 \tag{7.2}$$

代入(7.1)式可得:

$$E(Z) = E(X) \tag{7.3}$$

下面對 E(Z) 和 E(X) 作進一步的分析。

當保險人未來的給付額以死亡或生存為條件,並且一次性繳付時,E(Z) 表示死亡保險或純生存保險的躉繳純保險費;當這種給付額以生存為條件,每隔一定時期支付一次時,E(Z) 表示年金保險的精算現值。當投保人或被保險人一次繳清保險費時,E(X) 即為躉繳純保險費;以分期方式繳費時,E(X) 代表以繳納的純保險費為金額的生存年金的精算現值。此時,令 P 代表分期繳付的純保險費,Y 代表投保人或被保險人繳付的單位純保險費的現值,那麼,

$$E(Z) = E(X) = E(PY) = PE(Y)$$

$$P = \frac{E(Z)}{E(Y)} \tag{7.4}$$

通過這些分析,年繳純保險費的計算,就轉化為分別計算E(Z) 和 E(Y) 的值,然后再求兩者的比值。

7.2 年繳費一次的純保險費的計算

7.2.1 年繳費一次的人壽保險的純保險費

為便於論述,約定將討論的壽險:簽單年齡是 x 歲,保險金額為 1 元,年繳純保險費為均衡純保險費,且預定利息率已知。

1. 每年年初繳費、於死亡年底提供保險金額的人壽保險

(1) 終身繳費的終身保險

終身繳費的終身保險通常又稱為普通保險,其年繳純保險費記作 P_x。根據 $P = \frac{E(Z)}{E(Y)}$ 不難獲得

$$P_x = \frac{A_x}{\ddot{a}_x} = \frac{M_x}{N_x} \tag{7.5}$$

(2) n 年繳費的 n 年定期保險

像這種繳費期間與保險期間一致的保險,可以用保險期間簡稱這種保險。n 年繳費的 n 年定期保險,簡稱為 n 年定期保險。其年繳純保險費記作 $P^{1}_{x:\overline{n|}}$,有:

$$P^{1}_{x:\overline{n|}} = \frac{E(Z)}{E(Y)} = \frac{A^{1}_{x:\overline{n|}}}{\ddot{a}_{x:\overline{n|}}} = \frac{M_x - M_{x+n}}{N_x - N_{x+n}} \tag{7.6}$$

(3) n 年繳費的 n 年兩全保險

這種保險簡稱 n 年兩全保險。其年繳純保險費記作 $P_{x:\overline{n|}}$,有:

$$P_{x:\overline{n|}} = \frac{E(Z)}{E(Y)} = \frac{A_{x:\overline{n|}}}{\ddot{a}_{x:\overline{n|}}} = \frac{M_x - M_{x+n} + D_{x+n}}{N_x - N_{x+n}} \tag{7.7}$$

(4) h 年限期繳費的終身保險

這種保險的年繳純保險費記作 ${}_hP_x$，有：

$$ {}_hP_x = \frac{\mathrm{E}(Z)}{\mathrm{E}(Y)} = \frac{A_x}{\ddot{a}_{x:\overline{h}|}} = \frac{M_x}{N_x - N_{x+h}} \tag{7.8} $$

(5) h 年限期繳費的兩全保險 ($h \leqslant n$)

這種保險的年繳純保險費記作 ${}_hP_{x:\overline{n}|}$，有：

$$ {}_hP_{x:\overline{n}|} = \frac{\mathrm{E}(Z)}{\mathrm{E}(Y)} = \frac{A_{x:\overline{n}|}}{\ddot{a}_{x:\overline{h}|}} = \frac{M_x - M_{x+n} + D_{x+n}}{N_x - N_{x+h}} \tag{7.9} $$

例 7.1　證明：$P_x = \dfrac{vq_x + P_{x+1}a_x}{\ddot{a}_x}$。

證明： 因為 $P_x\ddot{a}_x = A_x$，所以只需要證明 $vq_x + P_{x+1}a_x$ 等於 A_x 即可。事實上，

$$ vq_x + P_{x+1}a_x = v \cdot \frac{d_x}{l_x} + \frac{M_{x+1}}{N_{x+1}} \cdot \frac{N_{x+1}}{D_x} = v \cdot \frac{d_x}{l_x} + \frac{M_{x+1}}{D_x} $$

$$ = \frac{v^{x+1}d_x}{v^x l_x} + \frac{M_{x+1}}{D_x} = \frac{C_x + M_{x+1}}{D_x} = \frac{M_x}{D_x} $$

例 7.2　如果 ${}_{k|}q_x = (\frac{1}{19}) \cdot (0.95)^{K+1} (K = 0,1,2,\cdots)$，且 $i = 0.06$，那麼 P_x 為多少？

解： 由於 $P_x = A_x/\ddot{a}_x$，所以首先分別求 A_x 和 $\ddot{a}_x$。

$$ A_x = \mathrm{E}(Z) = \sum_{k=0}^{\infty} v^{k+1}\mathrm{P}(K = k) = \sum_{k=0}^{\infty} v^{k+1}{}_{k|}q_x $$

$$ = \sum_{k=0}^{\infty} (\frac{1}{19}) \cdot (1.06)^{-(k+1)} \cdot (0.95)^{k+1} = \frac{5}{11} $$

根據關係 $A_x = 1 - d\ddot{a}_x$，可得：

$$ \ddot{a}_x = \frac{1 - A_x}{d} = \frac{1 - \frac{5}{11}}{\frac{0.06}{1.06}} = \frac{106}{11} $$

故

$$ P_x = \frac{A_x}{\ddot{a}_x} = \frac{5}{106} \approx 0.047,2 $$

例 7.3　某 x 歲的人購買一種特別的三年期定期壽險，如果死亡發生在前兩年，則能獲得 100,000 元的保險金，如果第三年死亡，則能獲得 500,000 元的保險金。死亡保險金在死亡所在年末給付。每年初繳納均衡保險費。某終極表中有 $q_x = 0.1, q_{x+1} = 0.2, q_{x+2} = 0.3$。選擇期為兩年，$q_{[x]+k} = 0.9^{2-k}q_{x+k}, k = 0,1$。$i = 5\%$，計算均衡純保險費。

解： 先計算出所需死亡概率。

$q_{[x]} = 0.9^2(0.1) = 0.081, q_{[x]+1} = 0.9(0.2) = 0.18, q_{x+2} = 0.3, p_{[x]} = 0.919,$

${}_2p_{[x]} = 0.919(0.82) = 0.753,58$

該特殊定期壽險的精算現值為

$$\frac{100,000(0.081)}{1.05}+\frac{100,000(0.919)(0.18)}{1.05^2}+\frac{500,000(0.753,58)(0.3)}{1.05^3}$$

$$\approx 7,714.29+15,004.08+97,645.61=120,363.98(\text{元})$$

單位年繳保險費的精算現值為

$$1+\frac{0.919}{1.05}+\frac{0.753,58}{1.05^2}=2.558,76(\text{元})$$

則年繳純保險費為$\frac{120,363.98}{2.558,76}=47,039.96(\text{元})$

例 7.4　已知 $A_x=0.6$，${}_{n|}A_x=0.4$，$P_x=0.1$，$P_{x+n}=0.2$，計算 $P^{\,1}_{x:\overline{n}|}$。

解：$\because P^{\,1}_{x:\overline{n}|}=\frac{A^{\,1}_{x:\overline{n}|}}{\ddot{a}_{x:\overline{n}|}}$，

$$A^{\,1}_{x:\overline{n}|}=A_x-{}_{n|}A_x=0.6-0.4=0.2$$

$$P_{x+n}=\frac{A_{x+n}}{\ddot{a}_{x+n}}=\frac{{}_{n|}A_x/{}_nE_x}{{}_{n|}\ddot{a}_x/{}_nE_x}=\frac{{}_{n|}A_x}{{}_{n|}\ddot{a}_x}$$

$$\therefore \ddot{a}_{x:\overline{n}|}=\ddot{a}_x-{}_{n|}\ddot{a}_x=\frac{A_x}{P_x}-\frac{{}_{n|}A_x}{P_{x+n}}=4$$

$$P^{\,1}_{x:\overline{n}|}=\frac{A^{\,1}_{x:\overline{n}|}}{\ddot{a}_{x:\overline{n}|}}=\frac{0.2}{4}=0.05$$

例 7.5　對於一個標準的年齡為50歲的被保險人，其購買保險金額為1元的終身壽險所需的躉繳純保險費為0.4元，$q_{50}=0.01$。現在有一名50歲的保險需求者，你認為他在第一年的死亡風險會更高，即 $q_x=0.05$，他在其他年齡段的死亡率與標準被保險人相同。已知 $i=0.05$，保險費在年初繳納，求這名需求者購買此終身壽險的年繳純保險費是多少？

解：使用遞推公式可得

$$0.4=\frac{0.01}{1.05}+\frac{0.99A_{51}}{1.05}$$

$$A_{51}=\frac{1.05(0.4)-0.01}{0.99}=\frac{0.41}{0.99}$$

令 $\tilde{A}_{50}$ 表示此需求者的躉繳純保險費，則

$$\tilde{A}_{50}=\frac{0.05+0.95A_{51}}{1.05}=0.422,318(\text{元})$$

於是，所求的年繳純保險費為

$$\tilde{P}_{50}=\frac{d\tilde{A}_{50}}{1-\tilde{A}_{50}}=0.034,812(\text{元})$$

2. 每年年初繳費，於死亡后立即提供保險金額的人壽保險

(1) 終身繳費的終身保險。其年繳純保險費記作 $P(\bar{A}_x)$，且

$$P(\bar{A}_x)=\frac{\bar{A}_x}{\ddot{a}_x}=\frac{\bar{M}_x}{N_x}\tag{7.10}$$

(2) n 年繳費的 n 年定期保險。其年繳純保險費記作$P(\bar{A}^1_{x:\overline{n}|})$,且

$$P(\bar{A}^1_{x:\overline{n}|}) = \frac{\bar{A}^1_{x:\overline{n}|}}{\ddot{a}_{x:\overline{n}|}} = \frac{\bar{M}_x - \bar{M}_{x+n}}{N_x - N_{x+n}} \tag{7.11}$$

(3) n 年繳費的 n 年兩全保險。其年繳純保險費記作$\bar{P}(A_{x:\overline{n}|})$, 且

$$\bar{P}(A_{x:\overline{n}|}) = \frac{\bar{A}_{x:\overline{n}|}}{\ddot{a}_{x:\overline{n}|}} = \frac{\bar{M}_x - \bar{M}_{x+n} + D_{x+n}}{N_x - N_{x+n}} \tag{7.12}$$

(4) h 年限期繳費的終身保險。其年繳純保險費記作${}_hP(\bar{A}_x)$,且

$${}_hP(\bar{A}_x) = \frac{\bar{A}_x}{\ddot{a}_{x:\overline{h}|}} = \frac{\bar{M}_x}{N_x - N_{x+h}} \tag{7.13}$$

(5) h 年限期繳費的兩全保險。其年繳純保險費記作${}_hP(\bar{A}_{x:\overline{n}|})$, 且

$${}_hP(\bar{A}_{x:\overline{n}|}) = \frac{\bar{A}_{x:\overline{n}|}}{\ddot{a}_{x:\overline{h}|}} = \frac{\bar{M}_x - \bar{M}_{x+n} + D_{x+n}}{N_x - N_{x+h}} \tag{7.14}$$

例 7.6 已知 $P(\bar{A}_{40:\overline{20}|}) = 0.040$, ${}_{20}P(\bar{A}_{40}) = 0.030$ 及 $\bar{A}_{60} = 0.600$,求 $P(\bar{A}^1_{40:\overline{20}|})$ 的值。

解:聯立下列關係式

$$\begin{cases} \bar{A}_{40} = \bar{A}^1_{40:\overline{20}|} + {}_{20}E_{40} \cdot \bar{A}_{60} \\ \bar{A}_{40:\overline{20}|} = \bar{A}^1_{40:\overline{20}|} + {}_{20}E_{40} \end{cases}$$

由此得

$$\bar{A}^1_{40:\overline{20}|} = \frac{\bar{A}_{40} - \bar{A}_{40:\overline{20}|} \cdot \bar{A}_{60}}{1 - \bar{A}_{60}}$$

從而

$$\begin{aligned} P(\bar{A}^1_{40:\overline{20}|}) &= \bar{A}^1_{40:\overline{20}|}/\ddot{a}_{40:\overline{20}|} \\ &= \frac{{}_{20}P(\bar{A}_{40}) - P(\bar{A}_{40:\overline{20}|}) \cdot \bar{A}_{60}}{1 - \bar{A}_{60}} \\ &= \frac{0.030 - 0.040 \times 0.600}{1 - 0.600} = 0.015 \end{aligned}$$

3. 每年連續繳費,於死亡年末提供保險金額的人壽保險

(1) 終身繳費的終身保險。其年繳純保險費記作 $\bar{P}(A_x)$,且

$$\bar{P}(A_x) = \frac{A_x}{\bar{a}_x} = \frac{M_x}{\bar{N}_x} \tag{7.15}$$

(2) n 年繳費的 n 年定期保險。其年繳純保險費記作$\bar{P}(A^1_{x:\overline{n}|})$, 且

$$\bar{P}(A^1_{x:\overline{n}|}) = \frac{A^1_{x:\overline{n}|}}{\bar{a}_{x:\overline{n}|}} = \frac{M_x - M_{x+n}}{\bar{N}_x - \bar{N}_{x+n}} \tag{7.16}$$

(3) n 年繳費的 n 年兩全保險。其年繳純保險費記作 $\bar{P}(A_{x:\overline{n}|})$, 且

$$\bar{P}(A_{x:\overline{n}|}) = \frac{A_{x:\overline{n}|}}{\bar{a}_{x:\overline{n}|}} = \frac{M_x - M_{x+n} + D_{x+n}}{\bar{N}_x - \bar{N}_{x+n}} \tag{7.17}$$

(4) h 年限期繳費的 n 年兩全保險。其年繳純保險費記作${}_h\bar{P}(A_{x:\overline{n}|})$, 且

$${}_h\bar{P}(A_{x:\overline{n}|}) = \frac{A_{x:\overline{n}|}}{\bar{a}_{x:\overline{h}|}} = \frac{M_x - M_{x+n} + D_{x+n}}{\bar{N}_x - \bar{N}_{x+h}} \tag{7.18}$$

4. 每年連續繳費,於死亡后立即提供保險金額的人壽保險

(1) 終身繳費的終身保險。其年繳純保險費記作 $\bar{P}(\bar{A}_x)$,且

$$\bar{P}(\bar{A}_x) = \frac{\bar{A}_x}{\bar{a}_x} = \frac{\bar{M}_x}{\bar{N}_x} \tag{7.19}$$

(2) n 年繳費的 n 年定期保險。其年繳純保險費記作 $\bar{P}(\bar{A}^1_{x:\overline{n}|})$,且

$$\bar{P}(\bar{A}^1_{x:\overline{n}|}) = \frac{\bar{A}^1_{x:\overline{n}|}}{\bar{a}_{x:\overline{n}|}} = \frac{\bar{M}_x - \bar{M}_{x+n}}{\bar{N}_x - \bar{N}_{x+n}} \tag{7.20}$$

(3) n 年繳費的 n 年兩全保險。其年繳純保險費記作 $\bar{P}(\bar{A}_{x:\overline{n}|})$,且

$$\bar{P}(\bar{A}_{x:\overline{n}|}) = \frac{\bar{A}_{x:\overline{n}|}}{\bar{a}_{x:\overline{n}|}} = \frac{\bar{M}_x - \bar{M}_{x+n} + D_{x+n}}{\bar{N}_x - \bar{N}_{x+n}} \tag{7.21}$$

(4) h 年限期繳費的 n 年兩全保險。其年繳純保險費記作 ${}_h\bar{P}(\bar{A}_{x:\overline{n}|})$,且

$${}_h\bar{P}(\bar{A}_{x:\overline{n}|}) = \frac{\bar{A}_{x:\overline{n}|}}{\bar{a}_{x:\overline{h}|}} = \frac{\bar{M}_x - \bar{M}_{x+n} + D_{x+n}}{\bar{N}_x - \bar{N}_{x+h}} \tag{7.22}$$

例 7.7 年齡 30 歲的某人用五年限期繳費的方式,購買十年延期保險金額為 50,000 元的 20 年定期死亡保險。問這個人的年繳一次均衡純保險費是多少?假定保險金額於死亡年末支付。計算以 CL1(2010—2013)2.5% 為基礎。

解:設所求的年繳純保險費為 P 元,那麼

$$P\ddot{a}_{30:\overline{5}|} = 50,000\ {}_{10|}A^1_{30:\overline{20}|}$$

$$\therefore P = \frac{50,000\ {}_{10|}A^1_{30:\overline{20}|}}{\ddot{a}_{30:\overline{5}|}} = \frac{50,000(M_{40} - M_{60})}{N_{30} - N_{35}} \approx 500.89(\text{元})$$

這個例題揭示了一般延期保險年繳純保險費的計算原理。假設在 x 歲簽發的 r 年延期 n 年定期保險,保險金額為 1,保險費限期 h 年繳付($h < r$),則年繳一次均衡純保險費記作 ${}_hP({}_{r|}A^1_{x:\overline{n}|})$,且

$${}_hP({}_{r|}A^1_{x:\overline{n}|}) = \frac{{}_{r|}A^1_{x:\overline{n}|}}{\ddot{a}_{x:\overline{h}|}} = \frac{M_{x+r} - M_{x+r+n}}{N_x - N_{x+h}}$$

類似地,h 年限期繳費的 r 年延期 n 年兩全保險的年繳純保險費記作 ${}_hP({}_{r|}A_{x:\overline{n}|})$,且

$${}_hP({}_{r|}A_{x:\overline{n}|}) = \frac{M_{x+r} - M_{x+r+n} + D_{x+r+n}}{N_x - N_{x+h}}$$

例 7.8 在 30 歲簽發的某種人壽保單,一方面要求投保人限期 20 年均衡繳納純保險費,另一方面保單承諾:若被保險人在 30 ~ 40 歲間發生死亡,則立即提供保險金額 1,000 元;在 40 ~ 50 歲間發生死亡,立即提供保險金額 2,000 元;在 50 歲以后發生死亡,立即提供保險金額 3,000 元。試用替換函數表達年繳均衡純保險費的計算式並以 CL1(2010—2013)2.5% 為基礎計算出結果。

解:運用年繳純保險費計算的一般原理:

$$E(Z) = E(X)$$

即保險人提供保險金額的現值的期望值等於被保險人繳納純保險費現值的期望值。

令所求年繳純保險費為 P 元,則

$$P\ddot{a}_{30:\overline{20}|} = 1,000\bar{A}^{1}_{30:\overline{10}|} + 2,000\ {}_{10|}\bar{A}^{1}_{30:\overline{10}|} + 3,000\ {}_{20|}\bar{A}_{30}$$

$$P = \frac{1,000(\bar{M}_{30} - \bar{M}_{40}) + 2,000(\bar{M}_{40} - \bar{M}_{50}) + 3,000\bar{M}_{50}}{N_{30} - N_{50}}$$

$$= 1,000\frac{\bar{M}_{30} + \bar{M}_{40} + \bar{M}_{50}}{N_{30} - N_{50}} \approx 59.83(\text{元})$$

更一般的變動保險金額保險的年繳純保險費,其計算並無統一的公式,而是依據收支平衡原則 $E(Z) = E(X)$ 建立等式進行求解。但是,當保險金額有規律可循尤其是呈等差變動時,年繳純保險費表達式容易獲得。如躉繳純保險費是 $(IA)_x$ 或 $(DA)^{1}_{x:\overline{n}|}$ 的一類保險,對應的年繳一次均衡純保險費為:

$$P((IA)_x) = \frac{(IA)_x}{\ddot{a}_x} = \frac{R_x}{N_x}$$

$${}_hP((DA)^{1}_{x:\overline{n}|}) = \frac{(DA)^{1}_{x:\overline{n}|}}{\ddot{a}_{x:\overline{h}|}} = \frac{nM_x - (R_{x+1} - R_{x+n+1})}{N_x - N_{x+h}}$$

例 7.9 求證:$P((IA)_x) = 1 - \frac{d(I\ddot{a})_x}{\ddot{a}_x}$。

證明:結合上面的有關結論和關係:

$$1 - \frac{d(I\ddot{a})x}{\ddot{a}_x} = \frac{\ddot{a}_x - d(I\ddot{a})_x}{\ddot{a}_x} = \frac{N_x - dS_x}{N_x}$$

$$= \frac{N_x - d(N_x + N_{x+1} + \cdots)}{N_x}$$

$$= \frac{(D_x - dN_x) + (D_{x+1} - dN_{x+1}) + \cdots}{N_x}$$

$$= \frac{M_x + M_{x+1} + \cdots}{N_x}$$

$$= \frac{R_x}{N_x} = \frac{(IA)_x}{\ddot{a}_x} = P((IA)_x)$$

因此,原式得證。

7.2.2 年繳費一次的年金保險的純保險費

假定本部分將要討論的年金保險滿足條件:在 x 歲簽單,純保險費採用均衡制,年金保險給付額為 1,預定利息率已知。

1. 每年年初繳費、於每年年初提供保險金額的年金保險

(1) h 年限期繳費的終身年金保險。其年繳純保險費記作 ${}_hP(\ddot{a}_x)$,且

$${}_hP(\ddot{a}_x) = \frac{\ddot{a}_x}{\ddot{a}_{x:\overline{h}|}} = \frac{N_x}{N_x - N_{x+h}} \tag{7.23}$$

(2) h 年限期繳費的 n 年定期年金保險。其年繳純保險費記作 ${}_hP(\ddot{a}_{x:\overline{n}|})$ $(h < n)$,且

$${}_hP(\ddot{a}_{x:\overline{n}|}) = \frac{\ddot{a}_{x:\overline{n}|}}{\ddot{a}_{x:\overline{h}|}} = \frac{N_x - N_{x+n}}{N_x - N_{x+h}} \tag{7.24}$$

(3) h 年限期繳費的 n 年延期終身年金保險。其年繳純保險費記作 ${}_hP({}_{n|}\ddot{a}_x)$ $(h \leqslant n)$，且

$$ {}_hP({}_{n|}\ddot{a}_x) = \frac{{}_{n|}\ddot{a}_x}{\ddot{a}_{x:\overline{h}|}} = \frac{N_{x+n}}{N_x - N_{x+h}} \tag{7.25}$$

2. 每年年初繳費、於每年連續地提供保險金額的年金保險

其繳費方式和保險形式等假定與上述討論相同，與此相應的年繳純保險費為：

$$ {}_hP(\bar{a}_x) = \frac{\bar{a}_x}{\ddot{a}_{x:\overline{h}|}} = \frac{\bar{N}_x}{N_x - N_{x+h}} \tag{7.26}$$

$$ {}_hP(\bar{a}_{x:\overline{n}|}) = \frac{\bar{a}_{x:\overline{n}|}}{\ddot{a}_{x:\overline{h}|}} = \frac{\bar{N}_x - \bar{N}_{x+n}}{N_x - N_{x+h}} \tag{7.27}$$

$$ {}_hP({}_{n|}\bar{a}_x) = \frac{{}_{n|}\bar{a}_x}{\ddot{a}_{x:\overline{h}|}} = \frac{\bar{N}_{x+n}}{N_x - N_{x+h}} \tag{7.28}$$

3. 每年連續地繳費、於每年年初提供保險金額的年金保險

其與上述討論順序平行，相應保險的年繳純保險費是：

$$ {}_h\bar{P}(\ddot{a}_x) = \frac{\ddot{a}_x}{\bar{a}_{x:\overline{h}|}} = \frac{N_x}{\bar{N}_x - \bar{N}_{x+h}} \tag{7.29}$$

$$ {}_h\bar{P}(\ddot{a}_{x:\overline{n}|}) = \frac{\ddot{a}_{x:\overline{n}|}}{\bar{a}_{x:\overline{h}|}} = \frac{N_x - N_{x+n}}{\bar{N}_x - \bar{N}_{x+h}} \tag{7.30}$$

$$ {}_h\bar{P}({}_{n|}\ddot{a}_x) = \frac{{}_{n|}\ddot{a}_x}{\bar{a}_{x:\overline{h}|}} = \frac{N_{x+n}}{\bar{N}_x - \bar{N}_{x+h}} \tag{7.31}$$

4. 每年連續地繳費、於每年連續地提供保險金額的年金保險

其與上述討論順序平行，相應保險的年繳純保險費是：

$$ {}_h\bar{P}(\bar{a}_x) = \frac{\bar{a}_x}{\bar{a}_{x:\overline{h}|}} = \frac{\bar{N}_x}{\bar{N}_x - \bar{N}_{x+h}} \tag{7.32}$$

$$ {}_h\bar{P}(\bar{a}_{x:\overline{n}|}) = \frac{\bar{a}_{x:\overline{n}|}}{\bar{a}_{x:\overline{h}|}} = \frac{\bar{N}_x - \bar{N}_{x+n}}{\bar{N}_x - \bar{N}_{x+h}} \tag{7.33}$$

$$ {}_h\bar{P}({}_{n|}\bar{a}_x) = \frac{{}_{n|}\bar{a}_x}{\bar{a}_{x:\overline{h}|}} = \frac{\bar{N}_{x+n}}{\bar{N}_x - \bar{N}_{x+h}} \tag{7.34}$$

例 7.10　某人現年 45 歲，為自己投保每年 2,000 元的期末付終身年金保險。保單約定在最初的 20 年內，不論他是生存還是死亡，都必須支取年金。問他應支付多少年繳純保險費？假定年繳純保險費採用均衡制，且限期 10 年內繳清。計算採用 CL1(2010—2013)2.5% 生命表和預定利息率。

解：設限期十年繳付的均衡純保險費為 P 元，那麼

$$P\ddot{a}_{45:\overline{10}|} = 2,000(a_{\overline{20}|} + {}_{20|}a_{45})$$

$$P = \frac{2,000(a_{\overline{20}|} + {}_{20|}a_{45})}{\ddot{a}_{45:\overline{10}|}} = \frac{2,000(a_{\overline{20}|}D_{45} + N_{66})}{N_{45} - N_{55}} \approx 5,003.79\text{(元)}$$

例 7.11　現年 30 歲的人，採用限期五年繳費，於每年年初支付 500 元純保險費，去購買 30 年延期 20 年定期期末年金保險，以維持退休以后的正常生活。問在這種安排之下這個人每年可獲多少年金給付額？以 CL1(2010—2013)2.5% 為計算基礎。

解：設每年可獲年金給付額為 R 元,依題意,R 取決於

$$R\ {}_{30|}a_{30:\overline{20|}} = 500\ddot{a}_{30:\overline{5|}}$$

$$R = \frac{500\ddot{a}_{30:\overline{5|}}}{{}_{30|}a_{30:\overline{20|}}} = \frac{500(N_{30} - N_{35})}{N_{61} - N_{81}} \approx 425.41\ (\text{元})$$

7.3 年繳費數次的純保險費的計算

這裡的年繳費數次的純保險費,統指年繳付兩次(半年繳一次)、年繳付四次(每個季度繳付一次)、年繳付十二次(每個月繳付一次)等的年純保險費。年繳費數次的純保險費一般分為兩大類:一類是死亡給付有變化或考慮了調整值的純保險費;另一類是死亡給付無變化或未考慮調整值的純保險費。以下的內容將以這樣兩類純保險費為出發點,具體討論真實純保險費、年賦純保險費以及比例純保險費的計算。

7.3.1 真實純保險費

年繳 m 次的真實純保險費,是指純保險費在一年內分 m 次繳付,並且不補收被保險人死亡所在保險年度未繳付的保險費。

下面討論幾種常見險別真實純保險費的計算公式。為論述的方便,特做如下約定:保單在 x 歲簽發,保險金額為 1 元,年繳真實純保險費在一年內分 m 次繳付,且每次繳付相等的金額。

1. 當保險金額於死亡發生的年末給付時

(1) 終身人壽保險。其年繳 m 次真實純保險費記作 $P_x^{(m)}$,且

$$P_x^{(m)} = \frac{A_x}{\ddot{a}_x^{(m)}} \tag{7.35}$$

(2) n 年定期人壽保險。其年繳 m 次真實純保險費記作 $P_{x:\overline{n|}}^{1\,(m)}$,且

$$P_{x:\overline{n|}}^{1\,(m)} = \frac{A_{x:\overline{n|}}^{1}}{\ddot{a}_{x:\overline{n|}}^{(m)}} \tag{7.36}$$

(3) n 年兩全保險。其年繳 m 次真實純保險費記作 $P_{x:\overline{n|}}^{(m)}$,且

$$P_{x:\overline{n|}}^{(m)} = \frac{A_{x:\overline{n|}}}{\ddot{a}_{x:\overline{n|}}^{(m)}} \tag{7.37}$$

(4) 限期 h 年繳費的保險。終身壽險、n 年定期壽險和 n 年兩全保險的年繳 m 次真實純保險費分別記作 ${}_hP_x^{(m)}$、${}_hP_{x:\overline{n|}}^{1\,(m)}$ 和 ${}_hP_{x:\overline{n|}}^{(m)}$,且

$${}_hP_x^{(m)} = \frac{A_x}{\ddot{a}_{x:\overline{h|}}^{(m)}} \tag{7.38}$$

$${}_hP_{x:\overline{n|}}^{1\,(m)} = \frac{A_{x:\overline{n|}}^{1}}{\ddot{a}_{x:\overline{h|}}^{(m)}} \tag{7.39}$$

$${}_hP_{x:\overline{n|}}^{(m)} = \frac{A_{x:\overline{n|}}}{\ddot{a}_{x:\overline{h|}}^{(m)}}$$

在實際中,年繳 m 次真實純保險費常採用近似法來計算。其基本方法是將近似關係:$\ddot{a}_x^{(m)} \approx \ddot{a}_x - \frac{m-1}{2m}$ 和 $\ddot{a}_{x:\overline{n}|}^{(m)} \approx \ddot{a}_{x:\overline{n}|} - \frac{m-1}{2m}(1 - {}_nE_x)$ 代入相應的年繳 m 次真實純保險費計算式中,即可得真實純保險費的近似計算值。例如:

$$P_x^{(m)} \approx \frac{A_x}{\ddot{a}_x - \frac{m-1}{2m}} \tag{7.40}$$

$$_hP_{x:\overline{n}|}^{(m)} \approx \frac{A_{x:\overline{n}|}}{\ddot{a}_{x:\overline{h}|} - \frac{m-1}{2m}(1 - {}_hE_x)} \tag{7.41}$$

此外,在實際應用中,有時需要將年繳 m 次的真實純保險費表示成年繳一次的純保險費形式,以便於進行近似計算。例如:

$$P_x^{(m)} = \frac{A_x}{\ddot{a}_x^{(m)}} \doteq \frac{P_x\ddot{a}_x}{\ddot{a}_x - \frac{m-1}{2m}}$$

$$= \frac{P_x}{1 - \frac{m-1}{2m} \cdot \frac{1}{\ddot{a}_x}} = \frac{P_x}{1 - \frac{m-1}{2m}(P_x + d)}$$

$$P_{x:\overline{n}|}^{(m)} = \frac{A_{x:\overline{n}|}}{\ddot{a}_{x:\overline{n}|}^{(m)}} = \frac{P_{x:\overline{n}|}\ddot{a}_{x:\overline{n}|}}{\ddot{a}_{x:\overline{n}|}^{(m)}} = \frac{P_{x:\overline{n}|}\ddot{a}_{x:\overline{n}|}}{\ddot{a}_{x:\overline{n}|} - \frac{m-1}{2m}(1 - {}_nE_x)}$$

$$= \frac{P_{x:\overline{n}|}}{1 - \frac{m-1}{2m}(P_{x:\overline{n}|}^{1} + d)}$$

據此,可以對一年繳費數次真實純保險費 $P^{(m)}$ 與年繳付一次真實純保險費 P(如 $P_x^{(m)}$ 和 P_x、$P_{x:\overline{n}|}^{(m)}$ 和 $P_{x:\overline{n}|}$) 做出分析和比較。

首先,對 $P^{(m)}$ 和 P 做一般的分析。

$P^{(m)}$ 和 P 有兩個最基本的區別:① 保險人以 $P^{(m)}$ 方式實際收取保險費的平均日期,將遲於保險人以 P 方式收取保險費的日期,這使得以 $P^{(m)}$ 方式收取保險費的保險人,較之於以 P 方式收取保險費的保險人,將獲得更少的利息。② 當保險人以 $P^{(m)}$ 方式收取保險費時,在死亡發生當年所餘的分期內,保險人不再獲得這些分期內的保險費;而當保險人以 P 方式收取保險費時,包括死亡發生年度在內的每年年初,保險人預先收取了全年的保險費。這表明在死亡發生所在年度,以 $P^{(m)}$ 方式收取保險費的保險人所獲得的平均保險費,少於以 P 方式收取保險費的保險人所獲得的保險費。綜合上述分析,年繳 m 次的真實純保險費應大於年繳一次的純保險費。

其次,考慮具體保險形式下真實純保險費與年繳純保險費之差的補償形式。

例如,結合對 $P^{(m)}$ 與 P 的分析,有 $P_x^{(m)}$ 大於 P_x,而且其差額具有如下形式:

$$P_x^{(m)} \approx \frac{P_x}{1 - \frac{m-1}{2m}(P_x + d)}$$

經整理：

$$P_x^{(m)} = P_x + \frac{m-1}{2m}P_x^{(m)}d + \frac{m-1}{2m}P_x^{(m)}P_x \tag{7.42}$$

亦即 $P_x^{(m)}$ 與 P_x 的差額由 $\frac{m-1}{2m}P_x^{(m)}d$ 和 $\frac{m-1}{2m}P_x^{(m)}P_x$ 兩項來彌補。其中，第一項 $\frac{m-1}{2m}P_x^{(m)}d$ 可進一步寫成 $\frac{1}{m}P_x^{(m)}\sum_{t=0}^{m-1}t\frac{d}{m}$，它表明按 $P_x^{(m)}$ 方式推遲繳付的純保險費所損失的年利息額的近似值。第二項 $\frac{m-1}{2m}P_x^{(m)}P_x$ 可以視作保險金額等於 $\frac{m-1}{2m}P_x^{(m)}$ 的年繳一次的純保險費。由於 $\frac{m-1}{2m}P_x^{(m)}$ 等於 $\frac{1}{m}P_x^{(m)}\sum_{t=0}^{m-1}\frac{t}{m}$，所以在死亡均勻分佈條件下，它表示以 $P_x^{(m)}$ 方式收取保險費的保險人，在死亡發生年度內平均損失的分期純保險費，從而 $\frac{m-1}{2m}P_x^{(m)}P_x$ 就是保險人要求補償這種損失的分期保險費平均額的調整值。

類似地，可以比較 $P_{x:\overline{n}|}^{1\,(m)}$ 和 $P_{x:\overline{n}|}^{1}$、$P_{x:\overline{n}|}^{(m)}$ 和 $P_{x:\overline{n}|}$ 的大小以及分析它們的差額和補償項。但是，在兩全保險中，保險費的損失僅依賴於死亡事故，與被保險人生存至滿期無關。這就是說，保險費的損失由定期保險來彌補。

2. 當保險金額於死亡發生后立即給付時

(1) 終身人壽保險。其年繳 m 次真實純保險費記作 $P^{(m)}(\bar{A}_x)$，且

$$P^{(m)}(\bar{A}_x) = \frac{\bar{A}_x}{\ddot{a}_x^{(m)}} \doteq \frac{\bar{A}_x}{\ddot{a}_x - \frac{m-1}{2m}} \tag{7.43}$$

(2) n 年定期人壽保險。其年繳 m 次真實純保險費記作 $P^{(m)}(\bar{A}_{x:\overline{n}|}^{1})$，且

$$P^{(m)}(\bar{A}_{x:\overline{n}|}^{1}) = \frac{\bar{A}_{x:\overline{n}|}^{1}}{\ddot{a}_{x:\overline{n}|}^{(m)}} \doteq \frac{\bar{A}_{x:\overline{n}|}^{1}}{\ddot{a}_{x:\overline{n}|} - \frac{m-1}{2m}(1 - {}_nE_x)} \tag{7.44}$$

(3) n 年兩全保險。其年繳 m 次真實純保險費記作 $P^{(m)}(\bar{A}_{x:\overline{n}|})$，且

$$P^{(m)}(\bar{A}_{x:\overline{n}|})[WB] = \frac{\bar{A}_{x:\overline{n}|}}{\ddot{a}_{x:\overline{n}|}^{(m)}} \doteq \frac{\bar{A}_{x:\overline{n}|}}{\ddot{a}_{x:\overline{n}|} - \frac{m-1}{2m}(1 - {}_nE_x)} \tag{7.45}$$

(4) 限期 h 年繳費的上述保險 $(h < n)$。其相應的年繳 m 次真實純保險費分別記作 ${}_hP^{(m)}(\bar{A}_x)$、${}_hP^{(m)}(\bar{A}_{x:\overline{n}|}^{1})$ 及 ${}_hP^{(m)}(\bar{A}_{x:\overline{n}|})$，它們的表達式分別是：

$${}_hP^{(m)}(\bar{A}_x) = \frac{\bar{A}_x}{\ddot{a}_{x:\overline{h}|}^{(m)}} \tag{7.46}$$

$${}_hP^{(m)}(\bar{A}_{x:\overline{n}|}^{1}) = \frac{\bar{A}_{x:\overline{n}|}^{1}}{\ddot{a}_{x:\overline{h}|}^{(m)}} \tag{7.47}$$

$${}_hP^{(m)}(\bar{A}_{x:\overline{n}|}) = \frac{\bar{A}_{x:\overline{n}|}}{\ddot{a}_{x:\overline{h}|}^{(m)}} \tag{7.48}$$

除上述形式外，年繳 m 次的真實純保險費還有其他的表達形式。例如：

① $P^{(m)}(\bar{A}_x) \doteq \dfrac{\bar{A}_x}{\ddot{a}_x^{(m)}} \doteq \dfrac{\dfrac{i}{\delta}A_x}{\ddot{a}_x^{(m)}}$

$$= \frac{i}{\delta}P_x^{(m)} = \frac{i}{\delta} \cdot \frac{P_x}{1 - \dfrac{m-1}{2m}(P_x + d)}$$

② $P^{(m)}(\bar{A}^{1}_{x:\overline{n}|}) = \dfrac{\bar{A}^{1}_{x:\overline{n}|}}{\ddot{a}^{(m)}_{x:\overline{n}|}} \doteq \dfrac{\dfrac{i}{\delta} \cdot A^{1}_{x:\overline{n}|}}{\ddot{a}^{(m)}_{x:\overline{n}|}}$

$$= \frac{i}{\delta} \cdot P^{(m)1}_{x:\overline{n}|} = \frac{i}{\delta} \cdot \frac{P^{1}_{x:\overline{n}|}}{1 - \dfrac{m-1}{2m}(P^{1}_{x:\overline{n}|} + d)}$$

③ ${}_hP^{(m)}(\bar{A}_{x:\overline{n}|}) = \dfrac{\bar{A}_{x:\overline{n}|}}{\ddot{a}^{(m)}_{x:\overline{h}|}} \doteq \dfrac{\dfrac{i}{\delta}A^{1}_{x:\overline{n}|} + A_{x:\overline{n}|}^{\ \ 1}}{\ddot{a}^{(m)}_{x:\overline{h}|}}$

$$= \frac{\dfrac{i}{\delta}A^{1}_{x:\overline{n}|} + A_{x:\overline{n}|}^{\ \ 1}}{\ddot{a}_{x:\overline{h}|} - \dfrac{m-1}{2m}(1 - {}_hE_x)} = \frac{\dfrac{i}{\delta}P^{1}_{x:\overline{n}|} + P_{x:\overline{n}|}^{\ \ 1}}{1 - \dfrac{m-1}{2m}(P^{1}_{x:\overline{h}|} + d)}$$

例 7.12　已知$\dfrac{P^{(6)\,1}_{20:\overline{20}|}}{P^{1}_{20:\overline{20}|}} = 1.032$,$P_{20:\overline{20}|} = 0.040$,求 $P^{(6)}_{20:\overline{20}|}$ 的值。

解:$P^{(6)}_{20:\overline{20}|} = \dfrac{A_{20:\overline{20}|}}{\ddot{a}^{(6)}_{20:\overline{20}|}} = \dfrac{P_{20:\overline{20}|}\ddot{a}_{20:\overline{20}|}}{\ddot{a}^{(6)}_{20:\overline{20}|}}$

$$= P_{20:\overline{20}|} \cdot \frac{P^{(6)\,1}_{20:\overline{20}|}}{P^{1}_{20:\overline{20}|}}$$

$$= 0.040 \times 1.032 \approx 0.041$$

例 7.13　求滿足如下條件的保單的季繳真實純保險費。保單在 30 歲簽單,保險金額為 10,000 元,保險形式為終身人壽保險,保險金額於死亡后立即提供。死亡服從均勻分佈假設。計算以 CL1(2010—2013)2.5% 為基礎。

解:令所求每季應繳真實純保險費為 P 元,那麼

$$P = \frac{10,000}{4}P^{(4)}(\bar{A}_{30}) = \frac{2,500\bar{A}_{30}}{\ddot{a}^{(4)}_{30}}$$

$$= \frac{2500 \cdot \dfrac{i}{\delta}A_{30}}{\ddot{a}_{30} - \dfrac{4-1}{2 \times 4}} = \frac{2500 \cdot \dfrac{i}{\delta} \cdot \dfrac{M_{30}}{D_{30}}}{\dfrac{N_{30}}{D_{30}} - \dfrac{3}{8}}$$

$$\approx 29.90(\text{元})$$

例 7.14　試用替換函數表達 ${}_{20}P^{(12)}({}_{40|}\ddot{a}_{25})$,必要時可以近似計算。

解:${}_{20}P^{(12)}({}_{40|}\ddot{a}_{25})$ 表示在 25 歲簽發的限期 20 年繳費,40 年延期期初年金保險的每月繳付一次的年真實純保險費。

$$_{20}P^{(12)}({}_{40|}\ddot{a}_{25}) = \frac{{}_{40|}\ddot{a}_{25}}{\ddot{a}^{(12)}_{25:\overline{20|}}} = \frac{{}_{40}E_{25} \cdot \ddot{a}_{65}}{\ddot{a}^{(12)}_{25:\overline{20|}}}$$

$$\doteq \frac{{}_{40}E_{25} \cdot \ddot{a}_{65}}{\ddot{a}_{25:\overline{20|}} - \frac{11}{24}(1 - {}_{20}E_{25})}$$

$$= \frac{N_{65}}{N_{25} - N_{45} - \frac{11}{24}(D_{25} - D_{45})}$$

例 7.15　某 70 歲的人購買了 3 年期的保險金額為 10,000 元的兩全保險,保險金在死亡的年末給付。保險費只在前兩年每季度繳納一次。已知 $q_{70} = 0.023$, $_{1|}q_{70} = 0.027$, $_{2|}q_{70} = 0.033$, $i = 0.06$,求每季度所繳的純保險費。

解: 根據題意,保險金的精算現值為

$$10,000\left(\frac{0.023}{1.06} + \frac{0.027}{1.06^2} + \frac{1 - 0.023 - 0.027}{1.06^3}\right) = 8,433.663 \text{ (元)}$$

由於

$$\ddot{a}_{70:\overline{2|}} = 1 + \frac{0.977}{1.06} = 1.921,698$$

$$_{2}E_{70} = \frac{1 - 0.023 - 0.027}{1.06^2} = 0.845,497$$

$$\ddot{a}^{(4)}_{2:\overline{70|}} = \ddot{a}_{70:\overline{2|}} - \frac{4-1}{2 \times 4}(1 - {}_{2}E_{70}) \approx 1.863,759$$

因此,每季度所繳純保險費為

$$\frac{1}{4} \times \frac{8,433.663}{1.863,759} \approx 1,131.27\text{(元)}$$

7.5.3　年賦純保險費

年繳 m 次的年賦純保險費,意指被保險人在保險年度中途發生死亡事故時,仍徵收該保險年度從死亡之時刻到該年年末的殘餘保險費的一種分期付 m 次的純保險費。

計算年賦純保險費的一般方法是:被保險人發生死亡后並不要求他補繳殘餘保險費,而是在保險人所提供的保險金額中扣除被保險人應繳付的殘餘保險費。例如,某個被保險人按每季繳費一次支付了第一次保險費以后,尚未繳付第二次保險費便發生了死亡,那麼這個被保險人本應繳納的其餘三次純保險費,將於保單規定提供的保險金額中予以扣除,以其餘額提供給受益人。

以下分情況討論主要險別(簽單年齡 x 歲,保險金額為 1)的年賦純保險費的計算。

1. 在死亡發生的年末提供保險金額的保險

(1) 終身人壽保險。其年繳 m 次的年賦純保險費記作 $P_x^{[m]}$。關於 $P_x^{[m]}$ 的計算,有下列兩種具體方法:

一種方法是:根據年賦純保險費的定義,由於年賦純保險費在死亡發生年度都必須徵收,所以每年年初年賦純保險費的現值應等於年繳一次的純保險費,亦即

$$P_x = \frac{1}{m}P_x^{[m]}\sum_{t=0}^{m-1}v^{\frac{t}{m}}$$

$$\doteq \frac{1}{m}P_x^{[m]}\sum_{t=0}^{m-1}(1-\frac{t}{m}d)$$

$$= P_x^{[m]}(1-\frac{m-1}{2m}d)$$

於是

$$P_x^{[m]} \doteq \frac{P_x}{1-\frac{m-1}{2m}d} \tag{7.49}$$

另一種方法是：根據年賦純保險費的計算原理，保險人應從保險金額中扣除的平均保險費為$\frac{m-1}{2m}P_x^{[m]}$。這就是說，保險人在死亡年度給付淨額為 $1-\frac{m-1}{2m}P_x^{[m]}$。於是

$$P_x^{[m]} = \frac{(1-\frac{m-1}{2m}P_x^{[m]})A_x}{\ddot{a}_x^{(m)}}$$

$$\doteq \frac{P_x}{1-\frac{m-1}{2m}d}$$

可見，無論第一種方法還是第二種方法，年賦純保險費近似為：

$$P_x^{[m]} \doteq \frac{P_x}{1-\frac{m-1}{2m}d}$$

稍加整理有：

$$P_x^{[m]} \doteq P_x + \frac{m-1}{2m}P_x^{[m]}d \tag{7.50}$$

現對此進行分析：與年繳一次純保險費相比，由於年賦純保險費在死亡年度不存在保險費的損失，所以僅有必要去調整年繳純保險費，以彌補年賦純保險費採用分期繳時延遲繳納所喪失的利息。$\frac{m-1}{2m}P_x^{[m]}d$ 正是利息的損失的補償或修正項。

（2）兩全保險。其年繳 m 次的年賦純保險費記作 $P_{x:\overline{n|}}^{[m]}$。用類似於推導 $P_x^{[m]}$ 的方法，可以獲得：

$$P_{x:\overline{n|}}^{[m]} \doteq \frac{P_{x:\overline{n|}}}{1-\frac{m-1}{2m}d} \tag{7.51}$$

變形可得

$$P_{x:\overline{n|}}^{[m]} \doteq P_{x:\overline{n|}} + \frac{m-1}{2m}P_{x:\overline{n|}}^{[m]}d \tag{7.52}$$

上式中：$\frac{m-1}{2m}P_{x:\overline{n|}}^{[m]}d$ 是分期繳方式所致保險費延遲繳納的利息損失的部分。

其他保險類型的年賦純保險費,完全可以類似地獲得,在此不再一一敘述。

2. 在死亡后立即提供保險金額的保險

(1) 終身人壽保險。其年繳 m 次的年賦純保險費記作 $P^{[m]}(\bar{A}_x)$,且

$$P^{[m]}(\bar{A}_x) \doteq \frac{P(\bar{A}_x)}{1-\frac{m-1}{2m}d}$$

(2) 兩全保險。其年繳 m 次的年賦純保險費記作 $P^{[m]}(\bar{A}_{x:\overline{n}|})$,且

$$P^{[m]}(\bar{A}_{x:\overline{n}|}) \doteq \frac{P(\bar{A}_{x:\overline{n}|})}{1-\frac{m-1}{2m}d}$$

7.3.3 比例純保險費

比例純保險費也屬於分期保險費的一種形式。比例純保險費是按下列方式決定的一種分期保險費:被保險人在保險年度中途發生死亡事故,保險人將返還被保險人每次繳納保險費的一定比例。確定這一比例,須考慮死亡發生之日到下一次保險費繳納之日的那段時期。年繳 m 次的比例純保險費,一般記作 $P^{\{m\}}$。

以下分兩種情形討論年繳 m 次的比例純保險費的計算。

1. 在死亡發生年底提供保險金額的保險

(1) 終身人壽保險。其年繳 m 次的比例純保險費記作 $P_x^{\{m\}}$,結合第五章比例生存年金的有關計算,可得

$$P_x^{\{m\}} = \frac{A_x}{\ddot{a}_x^{\{m\}}} = \frac{d^{(m)}}{\delta} \cdot \frac{A_x}{\bar{a}_x} = \frac{d^{(m)}}{\delta} \cdot \bar{P}(A_x) \tag{7.53}$$

(2) 限期 h 年繳費的 n 年定期保險。其年繳 m 次的比例純保險費記作 ${}_hP_{x:\overline{n}|}^{1\{m\}}(h \leqslant n)$,且

$${}_hP_{x:\overline{n}|}^{1\{m\}} = \frac{A_{x:\overline{n}|}^{1}}{\ddot{a}_{x:\overline{h}|}^{\{m\}}} = \frac{d^{(m)}}{\delta} \cdot \frac{A_{x:\overline{n}|}^{1}}{\bar{a}_{x:\overline{h}|}} = \frac{d^{(m)}}{\delta} \cdot {}_h\bar{P}(A_{x:\overline{n}|}^{1}) \tag{7.54}$$

在實務中,上述比例純保險費通常由近似公式來計算。根據比例純保險費的定義,保險人返還被保險人的保險費的平均值可近似為$\frac{1}{2m}P^{\{m\}}$。當保險金額為 1 時,保險人的總給付額近似為$(1+\frac{1}{2m}P^{\{m\}})$。所以容易得出:

① $$P_x^{\{m\}} \doteq \frac{(1+\frac{1}{2m}P_x^{\{m\}})A_x}{\ddot{a}_x^{(m)}} = P_x^{(m)}(1+\frac{1}{2m}P_x^{\{m\}})$$

整理得

$$P_x^{\{m\}} = \frac{P_x}{1-\frac{m-1}{2m}d-\frac{1}{2}P_x} \tag{7.55}$$

類似地,n 年定期保險比例保險費可計算如下:

② $$ {}_hP^{\{m\}1}_{x:\overline{n}|} \doteq \frac{\left(1+\frac{1}{2m}\,{}_hP^{\{m\}1}_{x:\overline{n}|}\right)A^{1}_{x:\overline{n}|}}{\ddot{a}^{(m)}_{x:\overline{h}|}} \qquad (h \leqslant n) $$

$$ = \left(1+\frac{1}{2m}\,{}_hP^{\{m\}1}_{x:\overline{n}|}\right)\ {}_hP^{(m)1}_{x:\overline{n}|} $$

整理得：

$$ {}_hP^{\{m\}1}_{x:\overline{n}|} = \frac{{}_hP^{1}_{x:\overline{n}|}}{1-\frac{m-1}{2m}d-\frac{1}{2}\,{}_hP^{1}_{x:\overline{n}|}} \tag{7.56} $$

進一步，還可得到兩年保險的比例純保險費：

③ $$ {}_hP^{\{m\}}_{x:\overline{n}|} \doteq \frac{{}_hP_{x:\overline{n}|}}{1-\frac{m-1}{2m}d-\frac{1}{2}\,{}_hP_{x:\overline{n}|}} \qquad (h \leqslant n) \tag{7.57} $$

2. 在死亡后立即提供保險金額的保險

終身人壽保險、限期 h 年繳費的 n 年定期保險和限期 h 年繳費的 n 年兩全保險的年繳 m 次的比例純保險費，分別記作$P^{\{m\}}(\bar{A}_x)$、${}_hP^{\{m\}}(\bar{A}^{1}_{x:\overline{n}|})$ 和${}_hP^{\{m\}}(\bar{A}_{x:\overline{n}|})$。類似於上述分析，可以得到如下表達式：

$$ P^{\{m\}}(\bar{A}_x) = \frac{\bar{A}_x}{\ddot{a}^{\{m\}}_x} = \frac{d^{(m)}}{\delta}\bar{P}(\bar{A}_x) \tag{7.58} $$

$$ {}_hP^{\{m\}}(\bar{A}^{1}_{x:\overline{n}|}) = \frac{\bar{A}^{1}_{x:\overline{n}|}}{\ddot{a}^{\{m\}}_{x:\overline{h}|}} = \frac{d^{(m)}}{\delta}\,{}_h\bar{P}(\bar{A}^{1}_{x:\overline{n}|}) \tag{7.59} $$

$$ {}_hP^{\{m\}}(\bar{A}_{x:\overline{n}|}) = \frac{\bar{A}_{x:\overline{n}|}}{\ddot{a}^{\{m\}}_{x:\overline{h}|}} = \frac{d^{(m)}}{\delta}\,{}_h\bar{P}(\bar{A}_{x:\overline{n}|}) \tag{7.60} $$

這些比例純保險費也可由下列公式近似地計算：

$$ P^{\{m\}}(\bar{A}_x) \doteq \frac{P(\bar{A}_x)}{1-\frac{m-1}{2m}d-\frac{1}{2}P(\bar{A}_x)} \tag{7.61} $$

$$ {}_hP^{\{m\}}(\bar{A}^{1}_{x:\overline{n}|}) \doteq \frac{{}_hP(\bar{A}^{1}_{x:\overline{n}|})}{1-\frac{m-1}{2m}d-\frac{1}{2}\,{}_hP(\bar{A}^{1}_{x:\overline{n}|})} \tag{7.62} $$

$$ {}_hP^{\{m\}}(\bar{A}_{x:\overline{n}|}) \doteq \frac{{}_hP(\bar{A}_{x:\overline{n}|})}{1-\frac{m-1}{2m}d-\frac{1}{2}\,{}_hP(\bar{A}_{x:\overline{n}|})} \tag{7.63} $$

例 7.16　試證$\lim\limits_{m\to\infty}P^{\{m\}}_x = \lim\limits_{m\to\infty}P^{(m)}_x$，但是它們的極限值不等於$\lim\limits_{m\to\infty}P^{[m]}_x$。

證明： $$ \lim_{m\to\infty}P^{\{m\}}_x = \lim_{m\to\infty}\frac{A_x}{\ddot{a}^{\{m\}}_x} = \lim_{m\to\infty}\frac{d^{(m)}A_x}{\delta\bar{a}_x} = \lim_{m\to\infty}\frac{A_x}{\bar{a}_x} = \lim_{m\to\infty}P^{(m)}_x $$

上式中，

$$ d^{(m)} = m(1-e^{-\frac{\delta}{m}}) = -m\left[\left(-\frac{\delta}{m}\right)-\frac{1}{2!}\left(-\frac{\delta}{m}\right)^2+\cdots\right] $$

$$= \delta + \frac{\delta^2}{2!m} + \cdots$$

因此

$$\lim_{m\to\infty} d^{(m)} = \delta$$

但是，根據 $P_x^{[m]}$ 的定義

$$P_x = \frac{1}{m} P_x^{[m]} \sum_{t=0}^{m-1} v^{\frac{t}{m}} = P_x^{[m]} \left(\frac{1}{m} \sum_{t=0}^{m-1} v^{\frac{t}{m}} \right)$$

$$\lim_{m\to\infty} P_x^{[m]} = \lim_{m\to\infty} \frac{P_x}{\frac{1}{m}\sum_{t=0}^{m-1} v^{\frac{t}{m}}} = \frac{P_x}{\bar{a}_{\overline{1}|}} = \frac{\delta}{d} \cdot \frac{A_x}{\ddot{a}_x} = \frac{\delta A_x}{1 - A_x}$$

一般情況下，$A_x \neq \bar{A}_x$，從而

$$\lim_{m\to\infty} P_x^{(m)} = \frac{A_x}{\bar{a}_x} = \frac{\delta A_x}{1 - \bar{A}_x} \neq \frac{\delta A_x}{1 - A_x} = \lim_{m\to\infty} P_x^{[m]}$$

例 7.17　在 45 歲簽發的某種延期年金保單，要求投保人在簽單后的 15 年內，每隔一個季度繳納一次保險費。同時保單承諾，從 60 歲開始，每月月初提供年金受領人 10,000 元給付。求以比例保險費為基礎的季繳年純保險費。選擇 CL1(2010—2013)2.5% 為計算基礎。

解：所求以比例保險費為基礎的季繳年純保險費為：

$$_{15}P^{\{4\}}(120,000 \cdot {}_{15|}\ddot{a}_{45}^{(12)}) = \frac{120,000\ {}_{15|}\ddot{a}_{45}^{(12)}}{\ddot{a}_{45:\overline{15}|}^{\{4\}}} = \frac{120,000\ {}_{15|}\ddot{a}_{45}^{(12)}}{\frac{\delta}{d^{(4)}} \bar{a}_{45:\overline{15}|}}$$

$$= \frac{d^{(4)}}{\delta} \cdot \frac{120,000 N_{60}^{(12)}}{\bar{N}_{45} - \bar{N}_{60}}$$

$$\approx \frac{0.024,617}{0.024,693} \times \frac{120,000 \times 309,863.51}{387,226.29} \approx 95,729.99(\text{元})$$

上式中，

$$e^{\delta} = \left(1 - \frac{d^{(4)}}{4}\right)^{-4} = 1 + 2.5\%$$

$$\bar{N}_x \approx N_x - \frac{1}{2} D_x$$

$$N_x^{(m)} \approx N_x - \frac{m-1}{2m} D_x$$

7.4　兩全保險保險費的分析

前面關於兩全保險的分析，是將兩全保險視為水平定期死亡保險與純生存保險的一種結合。並且兩全保險的躉繳純保險費，與水平定期死亡保險躉繳純保險費和純生存保險的躉繳純保險費具有如下關係：

$$A_{x:\overline{n}|} = A^{1}_{x:\overline{n}|} + {}_nE_x$$

進一步，在等式兩邊同除以 $\ddot{a}_{x:\overline{n}|}$，兩全保險的年繳純保險費也是水平定期死亡保險年繳

純保險費與純生存保險年繳純保險費之和,那麼

$$P_{x:\overline{n}|} = P^{1}_{x:\overline{n}|} + P_{x:\overline{n}|}^{\ \ 1}$$

在本部分,將從另一個角度剖析兩全保險,亦即視兩全保險為儲金保險與遞減定期死亡保險的一種結合。相應地,兩全保險的年繳純保險費,也就可以看成儲金保險保險費與遞減定期死亡保險年繳純保險費的一種結合。

事實上,用這種儲金方法,保險人同樣可以實現兩全保單的承諾。具體原理分析如下:每隔一定相等的期間,由投保人提供一筆儲金,目的是使每次所提供的儲金在保單屆滿時的終值等於保單屆滿時應提供給被保險人或受益人的約定保險金額。而且,在保險期限內的任一時刻,保單提供的保險金額與儲金累積值之差,由遞減定期死亡保險彌補。這樣,若被保險人在兩全保單屆滿時仍生存,所得保險金額完全由其儲金的累積額提供,此時定期死亡保險滿期;若被保險人在保險期限內死亡,因其儲金累積值較小,不足以支付保險金額,從而保險金額與死亡時的儲金累積值之差,就由定期死亡保險來提供。

下面用定量方法證明儲金保險與遞減定期死亡保險保險費的結合等價於定期死亡保險保險費與純生存保險保險費的結合。

假定:保單的保險金額為 1 元,它可能在 n 年內且只能在 n 年內的任一年年底支付。每年年初的儲金是$\frac{1}{\ddot{s}_{\overline{n}|}}$。

那麼,在第一年年底的儲金量為$\frac{1+i}{\ddot{s}_{\overline{n}|}}$或$\frac{\ddot{s}_{\overline{1}|}}{\ddot{s}_{\overline{n}|}}$,此年底遞減定期死亡保險提供的死亡保險金額為$1-\frac{\ddot{s}_{\overline{1}|}}{\ddot{s}_{\overline{n}|}}$;在第二年年底的儲金量為$\frac{\ddot{s}_{\overline{2}|}}{\ddot{s}_{\overline{n}|}}$,對應年底遞減定期死亡保險提供的死亡保險金額為$1-\frac{\ddot{s}_{\overline{2}|}}{\ddot{s}_{\overline{n}|}}$;類似地,在第 m 年年底的儲金量為$\frac{\ddot{s}_{\overline{m}|}}{\ddot{s}_{\overline{n}|}}$,遞減定期死亡保險提供的死亡保險金額為$1-\frac{\ddot{s}_{\overline{m}|}}{\ddot{s}_{\overline{n}|}}$…… 從而在 x 歲簽單的兩全保單,其中的遞減定期死亡保險的年繳純保險費便可以決定了。

令遞減定期死亡保險的年繳純保險費為 P,則

$$P = \frac{\mathrm{E}(Z)}{\mathrm{E}(Y)} = \frac{\mathrm{E}\left[\left(1-\frac{\ddot{s}_{\overline{K+1}|}}{\ddot{s}_{\overline{n}|}}\right)v^{K+1}\right]}{\ddot{a}_{x:\overline{n}|}}$$

所以

$$P\ddot{a}_{x:\overline{n}|} = \sum_{k=0}^{n-1}\left(1-\frac{\ddot{s}_{\overline{k+1}|}}{\ddot{s}_{\overline{n}|}}\right)v^{k+1}{}_{k}p_{x}q_{x+k}$$

$$P = \frac{\sum_{t=0}^{n-1}\left(1-\frac{\ddot{s}_{\overline{t+1}|}}{\ddot{s}_{\overline{n}|}}\right)C_{x+t}}{N_x - N_{x+n}}$$

$$= \frac{1}{N_x - N_{x+n}} \cdot \sum_{t=1}^{n}\left(1-\frac{\ddot{s}_{\overline{t}|}}{\ddot{s}_{\overline{n}|}}\right)C_{x+t-1}$$

$$= \frac{1}{N_x - N_{x+n}}\left\{\sum_{t=1}^{n} C_{x+t-1} - \frac{1}{d\ddot{s}_{\overline{n|}}}\sum_{t=1}^{n}[(1+i)^t - 1]C_{x+t-1}\right\}$$

$$= \frac{M_x - M_{x+n}}{N_x - N_{x+n}} - \frac{D_x - (1+i)^n D_{x+n} - (M_x - M_{x+n})}{d\ddot{s}_{\overline{n|}}(N_x - N_{x+n})}$$

$$= P^1_{x:\overline{n|}} - \frac{d(N_x - N_{x+n}) - D_{x+n}[(1+i)^n - 1]}{d\ddot{s}_{\overline{n|}}(N_x - N_{x+n})}$$

$$= P^1_{x:\overline{n|}} - \frac{1}{\ddot{s}_{\overline{n|}}} + P_{x:\overset{1}{\overline{n|}}}$$

亦即：

$$P + \frac{1}{\ddot{s}_{\overline{n|}}} = P^1_{x:\overline{n|}} + P_{x:\overset{1}{\overline{n|}}}$$

特別地，普通保險可以視為期間到終極年齡 ω 歲的兩全保險。這樣，普通保險的保險費便可以分解為兩個部分：一部分是投資部分 $\frac{1}{\ddot{s}_{\overline{\omega - x|}}}$，該部分在死亡表的終極年齡，所有投資的終值等於保險金額；另一部分為遞減保險部分，在保險期限內任一時刻，該保險提供的金額等於事先約定保險金額與這一時刻已累積的儲金總額之差。因此，從根本上講，普通保險與兩全保險是相同的。要說兩者的區別，便是兩全保險的儲金在較早時期就可以累積到保險金額，而普通保險只有在終極年齡上才能累積到保險金額。

例 7.18　某 40 歲的人參加了保險金額為 100,000 元的 20 年期兩全保險，保險金於死亡年末或期滿生存時給付，將兩全保險視為儲金保險與保險金額遞減的定期壽險的組合。以 CL1(2010—2013)2.5% 為基礎，試求此遞減定期死亡保險的年繳純保險費。

解：根據題意，兩全保險的年繳純保險費為：

$$\tilde{P}_{40:\overline{20|}} = 100,000P_{40:\overline{20|}} = 100,000\frac{M_{40} - M_{60} + D_{60}}{N_{40} - N_{60}} \approx 3,987.05(\text{元})$$

$$\tilde{P}_{\overline{20|}} = 100,000\frac{1}{\ddot{s}_{\overline{20|}}} \approx 3,819.23(\text{元})$$

$$\tilde{P} = \tilde{P}_{40:\overline{20|}} - \tilde{P}_{\overline{20|}} = 3,987.05 - 3,819.23 = 167.82(\text{元})$$

7.5　保險費返還的保單

一些人壽保險保單，常常規定著各式各樣的保單選擇條款，以吸引保戶，滿足保戶的不同需要。在保單各種選擇權中，不免存在這樣的保單：在被保險人死亡時，返還所有已繳納的純保險費。特別地，這種附返還保險費規定的保單，就稱為保險費返還保單。以下就來分析和計算這種保單的年繳純保險費。為論述之便，不妨假定保單簽發年齡為 x 歲，保險金額 1 元，保險費採取年繳一次的均衡純保險費，死亡保險金額於死亡發生的年末兌現。

首先，考慮不計利息的保險費返還的保單。

先以普通保單為例。設 P 是該種保單的年繳純保險費。如果被保險人在第一個保險年度死亡，那麼保單將提供保險金額 1 元，並且還將返還第一次繳付的純保險費。由於純保險費不計息，所以被保險人在第一個保險年度發生死亡時，保險提供的給付總額為$(1+P)$元。如果被保險人在第二個保險年度發生死亡，那麼保險人將提供保險金額1元，並返還被保險人已繳納的兩次純保險費。由於被保險人在第一個保險年度之初和第二個保險年度之初均繳納了純保險費P，且它們不計利息，所以保險人提供的給付總額為$(1+2P)$元。繼續類似上述的分析，不難得到在第k個保險年度末，保險人提供的給付總額為$(1+kP)$元。顯然，純保險費返還額自身形成了一個遞增終身死亡保險。根據純保險費籌集的收支相等原則，令年繳純保險費的精算現值等於給付額的精算現值，即可獲得：

$$P\ddot{a}_x = A_x + P(IA)_x \tag{7.64}$$

$$P = \frac{A_x}{\ddot{a}_x - (IA)_x} = \frac{M_x}{N_x - R_x} \tag{7.65}$$

再看n年定期保險費返還保單。令P為其年繳純保險費。類似於普通保險的分析，P取決於如下公式：

$$\begin{aligned} P &= \frac{\mathrm{E}(Z_1 + Z_2)}{\mathrm{E}(Y)} \\ &= \frac{\sum_{k=0}^{n-1} v^{k+1}{}_kp_x q_{x+k} + \sum_{k=0}^{n-1}(k+1)v^{k+1}{}_kp_x q_{x+k}}{\ddot{a}_{x:\overline{n}|}} \\ &= \frac{A^{1}_{x:\overline{n}|} + P(IA)^{1}_{x:\overline{n}|}}{\ddot{a}_{x:\overline{n}|}} \end{aligned}$$

整理得：

$$P = \frac{A^{1}_{x:\overline{n}|}}{\ddot{a}_{x:\overline{n}|} - (IA)^{1}_{x:\overline{n}|}} \tag{7.66}$$

$$= \frac{M_x - M_{x+n}}{(N_x - N_{x+n}) - (R_x - R_{x+n} - nM_{x+n})} \tag{7.67}$$

上式中：Z_1為水平保險金額給付現值，Z_2為遞增保險金額給付現值，Y為單位保險費的現值。

例7.19 (1) 現年30歲的人，採用限期五年繳費的方式，購買年給付額為10,000元的10年延期20年定期期末年金保險，試寫出計算這種年金保險年繳純保險費的替換函數表達式，並計算出結果。計算以CL1(2010—2013)2.5%為基礎。

(2) 如果對於(1)的年金保險同時規定：若被保險人在10年延期內死亡，則保險人返還不計利息的已繳純保險費。試問該年金保險的純保險費的替換函數表達式又該是什麼形式？並以CL1(2010—2013)2.5%為基礎計算出結果。

解：(1) 設年繳純保險費為P_1元，則

$$\begin{aligned} P_1 &= {}_5P(10{,}000 \cdot {}_{10|}a_{30:\overline{20}|}) = 10{,}000 \cdot \frac{{}_{10|}a_{30:\overline{20}|}}{\ddot{a}_{30:\overline{5}|}} \\ &= 10{,}000 \cdot \frac{N_{41} - N_{61}}{N_{30} - N_{35}} \approx 24{,}572.73(\text{元}) \end{aligned}$$

(2) 設年繳純保險費為P_2元，則

$$P_2\ddot{a}_{30:\overline{5}|} = 10{,}000\,{}_{10|}a_{30:\overline{20}|} + P_2(IA)^{1}_{30:\overline{5}|} + 5P_2 \cdot {}_{5|}A^{1}_{30:\overline{5}|}$$

$$P_2=\frac{10,000\ {}_{10|}a_{30:\overline{20|}}}{\ddot{a}_{30:\overline{5|}}-(IA)^{1}_{30:\overline{5|}}-5\ {}_{5|}A^{1}_{30:\overline{5|}}}$$

$$=\frac{10,000(N_{41}-N_{61})}{N_{30}-N_{35}-(R_{30}-R_{35}-5M_{35})-5(M_{35}-M_{40})}$$

$$=\frac{10,000(N_{41}-N_{61})}{N_{30}-N_{35}-(R_{30}-R_{35}-5M_{40})}\approx 24,777.97(\text{元})$$

其次,考慮計息的保險費返還的保單。

假定計算純保險費的利息率為 i,而返還年繳純保險費的年利息率為 j。$i\neq j$。以下討論普通壽險保單年繳純保險費的計算。

設 P 表示在上述假定下的年繳純保險費。如果投保人在第一個保險年度內死亡,那麼保單除提供保險金額 1 元外,還將返還投保人第一次已繳納的純保險費以及產生的利息,即 $P(1+j)$。於是,保險人在第一個保險年度末總的給付額為 $1+P(1+j)=1+P\ddot{s}_{\overline{1|}j}$。如果被保險人在第二個保險年度內死亡,那麼除提供保險金額 1 元外,還要返還被保險人在第一個保險年度之初和第二個保險年度之初已繳納的純保險費及它們產生的利息,即 $1+P(1+j)^2+P(1+j)$。於是保險人在第二個保險年度末總的給付額為 $1+P(1+j)^2+P(1+j)=1+P\ddot{s}_{\overline{2|}j}$;繼續類似上述的分析,保險人在第 t 個保險年度末總的給付額為 $1+P(1+j)^t+\cdots+P(1+j)=1+P\ddot{s}_{\overline{t|}j}$。

根據純保險費收支相等原則:

$$P\mathrm{E}(Y)=\mathrm{E}(Z_1+Z_2)$$

上式中:Z_1 為水平保險金額保險;Z_2 為返還保險金額保險。

P 由下式決定:

$$P\ddot{a}_x=\sum_{k=0}^{\infty}v^{k+1}\ {}_kp_x q_{x+k}+\sum_{k=0}^{\infty}P\ddot{s}_{\overline{k+1|}j}v^{k+1}\ {}_kp_x q_{x+k} \tag{7.68}$$

再看 n 年定期死亡保險。為使問題簡化,不妨假定計算純保險費的利息率 i 等於返還純保險費的利息率 i,年繳純保險費為 P。

類似於普通保單的分析。在 n 年定期死亡保單中,保險人在第一個保險年度末提供的給付總額為 $1+P(1+i)=1+P\ddot{s}_{\overline{1|}}$;在第二個保險年度末提供的給付總額為 $1+P(1+i)^2+P(1+i)=1+P\ddot{s}_{\overline{2|}}$…… 在第 n 個保險年度末提供的給付總額為 $1+P(1+i)^n+P(1+i)^{n-1}+\cdots+P(1+i)=1+P\ddot{s}_{\overline{n|}}$。從而

$$P\ddot{a}_{x:\overline{n|}}=A^{1}_{x:\overline{n|}}+\sum_{k=0}^{n-1}P\ddot{s}_{\overline{k+1|}}v^{k+1}\ {}_kp_x q_{x+k}$$

$$=A^{1}_{x:\overline{n|}}+\frac{P}{d}\sum_{k=0}^{n-1}(1-v^{k+1})\ {}_kp_x q_{x+k}$$

$$=A^{1}_{x:\overline{n|}}+\frac{P}{d}({}_nq_x-A^{1}_{x:\overline{n|}})$$

$$=A^{1}_{x:\overline{n|}}+P(\ddot{a}_{x:\overline{n|}}-{}_nE_x\ddot{s}_{\overline{n|}}) \tag{7.69}$$

$$P=\frac{A^{1}_{x:\overline{n|}}}{{}_nE_x\ddot{s}_{\overline{n|}}} \tag{7.70}$$

例 7.20　現有一種在30歲簽單、年給付額為1,200元的延期期初付生存年金。年金第一次給付從60歲開始,要求投保人在延長期內每年繳費一次,限期30年繳清保險費。保單同時附有條款:若被保險人在保險費繳納期內死亡,則保單在死亡發生的年末返還已繳納的純保險費以及按計算年繳純保險費所定利息率產生的利息。問投保人在保險費繳付期內年繳純保險費為多少?計算以 CL1(2010—2013)2.5% 為基礎。

解:設所求年繳純保險費為 P 元,則:

$$P\ddot{a}_{30:\overline{30|}} = 1,200\ {}_{30|}\ddot{a}_{30} + P(\ddot{a}_{30:\overline{30|}} - {}_{30}E_{30}\ddot{s}_{\overline{30|}})$$

$$P = \frac{1,200\ {}_{30|}\ddot{a}_{30}}{{}_{30}E_{30}\ddot{s}_{\overline{30|}}} = \frac{1,200\ {}_{30}E_{30}\ddot{a}_{60}}{{}_{30}E_{30}\ddot{s}_{\overline{30|}}} = \frac{1,200\ddot{a}_{60}}{\ddot{s}_{\overline{30|}}} \approx 419.23(\text{元})$$

習題 7

7 - 1　證明:${}_hP^1_{x:\overline{n|}} - P^1_{x:\overline{h|}} = {}_hP({}_{h|}A^1_{x:\overline{n-h|}})\quad (n > h)$。

7 - 2　證明如下關係式是相互等價的:

(1) $\dfrac{A_x}{\ddot{a}_x}$;

(2) $\dfrac{1}{\ddot{a}_x} - d$;

(3) $\dfrac{dA_x}{1 - A_x}$;

(4) $\dfrac{1 - d\ddot{a}_x}{\ddot{a}_x}$。

7 - 3　將 $A_{30}P_{30:\overline{20|}} + (1 - A_{30})P_{30}$ 表示為年繳純保險費,並解釋所得結果。

7 - 4　已知 $P_{40:\overline{20|}} = 0.04$,$\ddot{a}_{40} = 24.72$,$\ddot{a}_{40:\overline{20|}} = 15.60$,求 P_{40}。

7 - 5　100個70歲的人每人拿出 P 元來共同成立一個基金,這個基金將給在72歲前死亡的人每人10萬元,在死亡所在年末給付;對於活過72歲的人,每人將得到 P 元。計算以 CL1(2010—2013)2.5% 為基礎,求 P。

7 - 6　對一個20歲的人,有一種特殊的全離散式終身壽險,保險金額為10,000元,前20年的均衡年繳純保險費為 π 元,以后每年純保險費為 2π 元。計算以 CL1(2010—2013)2.5% 為基礎,求 π。

7 - 7　兩位同學使用同一個生命表來給一個全離散式的兩年期兩全保險定價,甲同學計算出非均衡純保險費第一年為608元,第二年為350元。乙同學計算出年均衡純保險費為 π 元。已知 $d = 0.05$,求 π。

7 - 8　某60歲的人購買了一份保險金額為100,000元的四年延期終身壽險,保險金在死亡時立即給付。被保險人共需要繳納五次相同年保險費,從購買保險之日開始第一次繳費。已知 $S_0(x) = 1 - \dfrac{x}{100}$,$0 \leqslant x \leqslant 100$,$\delta = 0.05$,試問年繳純保險費是多少。

7 - 9　某人30歲投保了20年的定期壽險,保險金為50,000元,保險金於死亡年末給付。假設

保險費按月均衡繳付,以 CL1(2010—2013)2.5% 為基礎,試計算:

(1) 每月真實純保險費;

(2) 比例保險費下每月純保險費。

7-10 王五30歲投保了30年定期壽險,若投保生效后前10年死亡給付20,000元,從40歲起死亡給付逐年增加5,000元,假設 $i=6\%$,死亡年末給付保險金,試求限期20年繳費的年繳均衡純保險費。

7-11 某40歲的人購買了一份初始保險金額為1元的終身壽險。每年保險費和保險金額都以5%的複利息率增長。保險金在死亡所在年末給付。已知 $e_{40}=35, i=5\%$。求此人在第一年年初所繳的純保險費。

7-12 某25歲的人參加保險金額為1元的20年繳費的終身壽險的年繳純保險費為0.046元,參加保險金額為1元的20年定期兩全保險的年繳純保險費為0.064元。已知 $A_{45}=0.640$,求此人購買保險金額為1元的20年定期壽險每年應繳納的純保險費。

7-13 某40歲的男子投保了20年繳費20年期保險金額為50,000元的純生存保險,並約定在保險期內死亡,返還已繳的純保險費;若返還的保險費:① 不計利息;② 按年利息率2.5%計算利息,以 CL1(2010—2013)2.5% 為例,計算該男子每年應分別繳納的純保險費。

7-14 某40歲的人購買了一份保險金額為100,000元的五年延期終身壽險,保險金於死亡所在年末給付。若在五年延期內死亡,則返還不計利息的已繳保險費。保險費限期在五年延期內繳清。以 CL1(2010—2013)2.5% 為基礎,計算此人年繳純保險費。

7-15 已知 $_{k|}q_x=\frac{1}{9}(0.90)^{k+1}, k=0,1,2,\cdots, i=0.08$,死亡力 μ 為常數。計算 $1,000(\bar{P}(\bar{A}_x)-P_x)$。

8　均衡純保險費準備金

8.1　均衡純保險費準備金及其性質

從第六章人壽保險費的計算原理中可以知道，當死亡率等於 q_x 時，被保險人投保保險金額為1元的一年定期死亡保險的純保險費為 vq_x 或者 $\int_0^1 v^t {}_tp_x \mu_{x+t} \mathrm{d}t$。$\int_0^1 v^t {}_tp_x \mu_{x+t} \mathrm{d}t$，通常用 $v^{\frac{1}{2}} q_x$ 近似地計算。這樣，以每年更新續保為條件，簽訂一年定期保險合同時，各年度的純保險費 vq_x 或者 $\int_0^1 v^t {}_tp_x \mu_{x+t} \mathrm{d}t (\approx v^{\frac{1}{2}} q_x)$，被稱為自然保險費。顯然，自然保險費與死亡率成比例，隨著被保險人年齡的增長，死亡率通常也增大，從而自然保險費也逐漸增大。對投保人或被保險人而言，當他們到達高齡時，保險費負擔變得過於沉重，使繳費發生困難。鑒於這一狀況，為克服自然保險費的這種不足，保險人將長期性人壽保險改用平衡或均衡保險費，這樣各年純保險費相等。像這種經平衡化的保險費稱為平衡保險費或均衡保險費。特別地，平衡化的純保險費稱為平衡純保險費或均衡純保險費。

最先採用均衡保險費制的公司是英國的「老公平」。目前，幾乎所有的人壽保險公司都採用均衡保險費制。均衡保險費可以緩解投保人保險費的負擔壓力。依據均衡純保險費收入與保險金支出，還導致了均衡保險費制下的責任準備金。均衡純保險費責任準備金，有時簡稱為均衡純保險費準備金，在不引起混淆的情況下，甚至直接稱為準備金。

在保單簽發生效之日，保險人未來提供保險金額的精算現值，等於未來期望收到的純保險費的精算現值。但是，隨著保險期限的流逝，在保單簽發之日以后的保險年度內的某個時刻，保險人提供保險金額的精算現值將發生一定的變化，表現在保險金額的精算現值並不完全等於未來純保險費的精算現值。對於年金保單，其提供的給付額的精算現值逐漸遞減；對於死亡保險保單，其提供的保險金額的精算現值逐漸增大。在保險費繳付期限內，保險人未來仍將收取的純保險費的精算現值，也將隨之逐漸變小。據此，在保險費繳付期限的一個時期內，可能出現保險人的保險金額支出小於投保人的純保險費收入額；而在保險費繳付期限的另一個時期內，保險人的保險金額支出將大於投保人的純保險費收入額。

對保險人而言，在假定投保人能夠如期繳納保險費的條件下，事前度量手中應當擁有的、確保未來責任實現的數額,便是一項十分重要的工作。而這個數額就是均衡純保險費下的責任準備金。因此,均衡保險費責任準備金,乃保險人對全體投保人的一種負責,而非自己的資產。

未特別申明,下文將討論的準備金均指均衡純保險費責任準備金。整個計算所用利息率和死亡表與計算純保險費所用利息率和死亡表相同。

8.2 預期法準備金

預期法,又稱將來法、前觀法以及未繳保險費推算法。預期法是計算責任準備金的一種方法。其含義是:於某一時刻,從將來預期的支出的精算現值中減去將來預期的收入的精算現值所得的金額。進一步,將來預期的支出的精算現值,即為躉繳純保險費,記作 A;設年繳純保險費為 P,將來預期的收入的現值,即為精算現值,記作 $P\ddot{a}$。其中,$\ddot{a}$ 為給付額 1 的生存年金的精算現值。所以,預期法計算的時刻 t 的責任準備金,可表示為:

$$ {}_tV = A - P\ddot{a} \tag{8.1}$$

不同保險形式及不同繳費方式等均產生不同的責任準備金。以下按此思路討論計算 ${}_tV$ 的不同表達式。

8.2.1 在死亡年度提供保險金額的保險

為統一起見,假定保單均在 x 歲簽單、保險金額為 1,保險費採用年繳一次的方式,以下考察不同保險在 t 年末的準備金。

(1) 終身保險。其在 t 年末的準備金記作 ${}_tV_x$,且

$$ {}_tV_x = A_{x+t} - P_x\ddot{a}_{x+t} \tag{8.2}$$

當終身壽險採用限期 h 年繳費時,其在 t 年末的準備金記作 ${}_t^hV_x$,且

$$ {}_t^hV_x = \begin{cases} A_{x+t} - {}_hP_x\ddot{a}_{x+t:\overline{h-t}|} & (t < h) \\ A_{x+t} & (t \geqslant h) \end{cases} \tag{8.3}$$

兩點註釋:① 當 $t \geqslant h$ 時,因為不再有保險費的繳付,所以準備金可以簡單地表述為到達年齡時購買的終身壽險的躉繳純保險費。② 符號 V 之前的左上標 h,表示保險費限期繳付的年數。

(2) n 年定期保險。其在 t 年末的準備金記作 ${}_tV^1_{x:\overline{n}|}$,且

$$ {}_tV^1_{x:\overline{n}|} = \begin{cases} A^{\ 1}_{x+t:\overline{n-t}|} - P^1_{x:\overline{n}|}\ddot{a}_{x+t:\overline{n-t}|} & (t < n) \\ 0 & (t = n) \end{cases} \tag{8.4}$$

(3) n 年兩全保險。其在 t 年末的準備金記作 ${}_tV_{x:\overline{n}|}$,且

$$ {}_tV_{x:\overline{n}|} = \begin{cases} A_{x+t:\overline{n-t}|} - P_{x:\overline{n}|}\ddot{a}_{x+t:\overline{n-t}|} & (t < n) \\ 1 & (t = n) \end{cases} \tag{8.5}$$

限期 h 年繳費的 n 年兩全保險,在 t 年末的準備金記作 ${}_t^hV_{x:\overline{n}|}$,且

$$ {}_t^hV_{x:\overline{n}|} = \begin{cases} A_{x+t:\overline{n-t}|} - {}_hP_{x:\overline{n}|}\ddot{a}_{x+t:\overline{h-t}|} & (t < h) \\ A_{x+t:\overline{n-t}|} & (h \leqslant t < n) \\ 1 & (t = n) \end{cases} \tag{8.6} $$

例 8.1　某人 30 歲購買如下兩全保險:保險期限 20 年,被保險人在此期限內死亡,在死亡年末給付 10,000 元;在期限屆滿時存活,給付 5,000 元。投保人在 15 年內限期年繳保險費。求該保單在①第 10 年末的責任準備金;②第 15 年末的責任準備金;③第 20 年末的責任準備金。以 CL1(2010—2013)2.5% 為計算基礎。

解: 依題意,假定保單的 15 年限期年繳純保險費為 P 元,那麼

$$ P\ddot{a}_{30:\overline{15}|} = 10,000A^{\ 1}_{30:\overline{20}|} + 5,000\,{}_{20}E_{30} $$

$$ P = \frac{10,000A^{\ 1}_{30:\overline{20}|} + 5,000\,{}_{20}E_{30}}{\ddot{a}_{30:\overline{15}|}} $$

$$ = \frac{10,000(M_{30} - M_{50}) + 5\ 000D_{50}}{N_{30} - N_{45}} \approx 254.47(\text{元}) $$

據此,保單的責任準備金分別為:

① $ {}_{10}V = 10,000A^{\ 1}_{40:\overline{10}|} + 5\ 000\,{}_{10}E_{40} - P\ddot{a}_{40:\overline{5}|} $

$$ = 10\ 000\,\frac{M_{40} - M_{50}}{D_{40}} + 5\ 000\,\frac{D_{50}}{D_{40}} - P\,\frac{N_{40} - N_{45}}{D_{40}} \approx 2,819.70(\text{元}) $$

② $ {}_{15}V = 10\ 000A^{\ 1}_{45:\overline{5}|} + 5\ 000\,{}_{5}E_{45} $

$$ = 10,000\,\frac{M_{45} - M_{50}}{D_{45}} + 5\ 000\,\frac{D_{50}}{D_{45}} \approx 4,496.95(\text{元}) $$

③ $ {}_{20}V = 5\ 000(\text{元}) $

8.2.2　在死亡后立即提供保險金額的保險

以下將討論的保險形式,完全平行於上述在死亡年末提供保險金額的保險。除保險金額於死亡后立即提供外,其餘假定完全相同。像這類保險的責任準備金,通常用符號 V 和躉繳純保險費相結合來表示。

(1) 終身保險:

$$ {}_tV(\bar{A}_x) = \bar{A}_{x+t} - P(\bar{A}_x)\ddot{a}_{x+t} \tag{8.7} $$

限期 h 年繳費的終身保險:

$$ {}_t^hV(\bar{A}_x) = \begin{cases} \bar{A}_{x+t} - {}_hP(\bar{A}_x)\ddot{a}_{x+t:\overline{h-t}|} & (t < h) \\ \bar{A}_{x+t} & (t \geqslant h) \end{cases} \tag{8.8} $$

(2) n 年定期保險:

$$ {}_tV(\bar{A}^{\ 1}_{x:\overline{n}|}) = \begin{cases} \bar{A}^{\ 1}_{x+t:\overline{n-t}|} - P(\bar{A}^{\ 1}_{x:\overline{n}|})\ddot{a}_{x+t:\overline{n-t}|} & (t < n) \\ 0 & (t = n) \end{cases} \tag{8.9} $$

(3) n 年兩全保險:

$$ {}_tV(\bar{A}_{x:\overline{n}|}) = \begin{cases} \bar{A}_{x+t:\overline{n-t}|} - P(\bar{A}_{x:\overline{n}|})\ddot{a}_{x+t:\overline{n-t}|} & (t < n) \\ 1 & (t = n) \end{cases} \tag{8.10} $$

限期 h 年繳費的兩全保險：

$$
{}_{t}^{h}V(\bar{A}_{x:\overline{n}|}) = \begin{cases} \bar{A}_{x+t:\overline{n-t}|} - P(\bar{A}_{x:\overline{n}|})\ddot{a}_{x+t:\overline{h-t}|} & (t < h) \\ \bar{A}_{x+t:\overline{n-t}|} & (h \leqslant t < n) \\ 1 & (t = n) \end{cases} \tag{8.11}
$$

8.2.3 年金保險

假定所討論年金保險簽單年齡為 x 歲，年給付額為 1 元，考慮在 t 年末的準備金。其準備金的記法用符號 V 與年金精算現值相結合來表示。

以 n 年延期期初終身生存年金為例，其在 t 年末的準備金，記作 ${}_{t}V({}_{n|}\ddot{a}_{x})$，且

$$
{}_{t}V({}_{n|}\ddot{a}_{x}) = \begin{cases} {}_{n-t|}\ddot{a}_{x+t} - P({}_{n|}\ddot{a}_{x})\ddot{a}_{x+t:\overline{n-t}|} & (t < n) \\ \ddot{a}_{x+t} & (t \geqslant n) \end{cases} \tag{8.12}
$$

這裡，年繳純保險費限期於延長期內繳付。

限期 h 年繳費的 n 年延付期初終身生存年金，在 t 年末的準備金，記作 ${}_{t}^{h}V({}_{n|}\ddot{a}_{x})$，且

$$
{}_{t}^{h}V({}_{n|}\ddot{a}_{x}) = \begin{cases} {}_{n-t|}\ddot{a}_{x+t} - {}_{h}P({}_{n|}\ddot{a}_{x})\ddot{a}_{x+t:\overline{n-t}|} & (t < h) \\ {}_{n-t|}\ddot{a}_{x+t} & (h \leqslant t < n) \\ \ddot{a}_{x+t} & (t \geqslant n) \end{cases} \tag{8.13}
$$

嚴格說來，在討論預期法準備金公式時，t 並不只限於整數，但是為與第六章和第七章的內容銜接，討論 t 為正整數，即簽單后的第 t 個保單年末的準備金。

例 8.2　已知 ${}_{10}V_{30} = 0.15$，${}_{20}V_{30} = 0.20$，求 ${}_{10}V_{40}$。

解：因為

$$
{}_{10}V_{30} = 1 - \frac{\ddot{a}_{40}}{\ddot{a}_{30}} = 0.15，\quad {}_{20}V_{30} = 1 - \frac{\ddot{a}_{50}}{\ddot{a}_{30}} = 0.20；
$$

由此可得

$$
\frac{\ddot{a}_{50}}{\ddot{a}_{40}} = 0.68；
$$

所以

$$
{}_{10}V_{40} = 1 - \frac{\ddot{a}_{50}}{\ddot{a}_{40}} = 1 - 0.68 = 0.32
$$

8.3 追溯法準備金

追溯法，又稱過去法、后觀法或已繳保險費推算法。追溯法也是計算責任準備金的一種方法。追溯法準備金，就是將被保險人過去繳付的純保險費收入的精算終值，減去過去給付各死亡被保險人的保險金的精算終值所得的金額。

令 A 表示保險人過去給付各死亡被保險人的保險金的精算現值或躉繳純保險費，S 表示被保險人過去繳付的純保險費的精算終值，P 代表均衡純保險費，E 代表純生存保險的躉繳純保險費或精算現值，那麼追溯法準備金的一般計算公式可表示為：

$$ {}_tV = Ps - \frac{A}{E} \text{ 或 } Ps - k \tag{8.14} $$

上式中:k 為躉繳純保險費或精算現值的精算終值。

下面就主要保險形式的 ${}_tV$ 計算公式做進一步的討論。其中有關保險的約定與本書 8.2 相同。

8.3.1　在死亡年末提供保險金額的保險

(1) 終身保險:

$$ {}_tV_x = P_x \ddot{s}_{x:\overline{t}|} - \frac{A^{1}_{x:\overline{t}|}}{{}_tE_x} \tag{8.15} $$

$$ = P_x \ddot{s}_{x:\overline{t}|} - {}_tk_x \tag{8.16} $$

上式中:${}_tk_x = \dfrac{A^{1}_{x:\overline{t}|}}{{}_tE_x}$ 表示在最初的 t 年內,保險金額為1元的 t 年期定期壽險的躉繳純保險費累積到第 t 年末的精算終值。${}_tk_x$ 有時又稱作保險累積成本或死亡給付的積存值。

限期 h 年繳費的終身保險:

$$ {}^{h}_{t}V_x = \begin{cases} {}_hP_x \ddot{s}_{x:\overline{t}|} - {}_tk_x & (t < h) \\ {}_hP_x \ddot{s}_{x:\overline{h}|} \cdot \dfrac{1}{{}_{t-h}E_{x+h}} - {}_tk_x & (t \geq h) \end{cases} \tag{8.17} $$

(2) n 年定期保險:

$$ {}_tV^{1}_{x:\overline{n}|} = \begin{cases} P^{1}_{x:\overline{n}|}\ddot{s}_{x:\overline{t}|} - {}_tk_x & (t < n) \\ P^{1}_{x:\overline{n}|}\ddot{s}_{x:\overline{n}|} - \dfrac{A^{1}_{x:\overline{n}|}}{{}_nE_x} = 0 & (t = n) \end{cases} \tag{8.18} $$

(3) n 年兩全保險:

$$ {}^{h}_{t}V_{x:\overline{n}|} = \begin{cases} P_{x:\overline{n}|}\ddot{s}_{x:\overline{t}|} - {}_tk_x & (t < n) \\ 1 & (t = n) \end{cases} \tag{8.19} $$

限期 h 年繳費的 n 年兩全保險:

$$ {}_hV_{x:\overline{n}|} = \begin{cases} {}_hP_{x:\overline{n}|}\ddot{s}_{x:\overline{t}|} - \dfrac{A^{1}_{x:\overline{t}|}}{{}_tE_x} & (t < h) \\ {}_hP_{x:\overline{n}|}\ddot{s}_{x:\overline{h}|} \cdot \dfrac{1}{{}_{t-h}E_{x+h}} - \dfrac{A^{1}_{x:\overline{t}|}}{{}_tE_x} & (h \leq t < n) \\ 1 & (t = n) \end{cases} \tag{8.20} $$

8.3.2　在死亡后立即提供保險金額的保險

(1) 終身保險:

$$ {}_tV(\bar{A}_x) = P(\bar{A}_x)\ddot{s}_{x:\overline{t}|} - \frac{\bar{A}^{1}_{x:\overline{t}|}}{{}_tE_x} \tag{8.21} $$

$$ = P(\bar{A}_x)\ddot{s}_{x:\overline{t}|} - {}_t\bar{k}_x $$

上式中：$_t\bar{k}_x = \dfrac{\bar{A}^{1}_{x:\overline{t}|}}{_tE_x}$

限期 h 年繳費的終身保險：

$$ {}^h_tV(\bar{A}_x) = \begin{cases} {}_hP(\bar{A}_x)\ddot{s}_{x:\overline{t}|} - {}_t\bar{k}_x & (t < h) \\ {}_hP(\bar{A}_x)\ddot{s}_{x:\overline{h}|} \cdot \dfrac{1}{_{t-h}E_{x+h}} - {}_t\bar{k}_x & (t \geqslant h) \end{cases} \quad (8.22) $$

(2) n 年定期保險：

$$ {}_tV(\bar{A}^{1}_{x:\overline{n}|}) = P(\bar{A}^{1}_{x:\overline{n}|})\ddot{s}_{x:\overline{t}|} - {}_t\bar{k}_x \qquad (t \leqslant n) \quad (8.23) $$

(3) n 年兩全保險：

$$ {}_tV(\bar{A}_{x:\overline{n}|}) = \begin{cases} P(\bar{A}_{x:\overline{n}|})\ddot{s}_{x:\overline{t}|} - {}_t\bar{k}_x & (t < n) \\ 1 & (t = n) \end{cases} \quad (8.24) $$

限期 h 年繳費的 n 年兩全保險：

$$ {}^h_tV(\bar{A}_{x:\overline{n}|}) = \begin{cases} {}_hP(\bar{A}_{x:\overline{n}|})\ddot{s}_{x:\overline{t}|} - {}_t\bar{k}_x & (t < h) \\ {}_hP(\bar{A}_{x:\overline{n}|})\ddot{s}_{x:\overline{h}|} \cdot \dfrac{1}{_{t-h}E_{x+h}} - {}_t\bar{k}_x & (h \leqslant t < n) \\ 1 & (t = n) \end{cases} \quad (8.25) $$

8.3.3 年金保險

n 年延付期初終身生存年金：

$$ {}^n_tV({}_{n|}\ddot{a}_x) = \begin{cases} {}_nP({}_{n|}\ddot{a}_x)\ddot{s}_{x:\overline{t}|} & (t < n) \\ {}_nP({}_{n|}\ddot{a}_x)\ddot{s}_{x:\overline{n}|} \cdot \dfrac{1}{_{t-n}E_{x+n}} - \dfrac{\ddot{a}_{x+n:\overline{t-n}|}}{_{t-n}E_{x+n}} & (t \geqslant n) \end{cases} \quad (8.26) $$

限期 h 年繳費 n 年延付期初終身生存年金：

$$ {}^h_tV({}_{n|}\ddot{a}_x) = \begin{cases} {}_hP({}_{n|}\ddot{a}_x)\ddot{s}_{x:\overline{t}|} & (t < h) \\ {}_hP({}_{n|}\ddot{a}_x)\ddot{s}_{x:\overline{h}|} \cdot \dfrac{1}{_{t-h}E_{x+h}} & (h \leqslant t < n) \\ {}_hP({}_{n|}\ddot{a}_x)\ddot{s}_{x:\overline{h}|} \dfrac{1}{_{t-h}E_{x+h}} - \dfrac{\ddot{a}_{x+n:\overline{t-n}|}}{_{t-n}E_{x+n}} & (t \geqslant n) \end{cases} \quad (8.27) $$

例 8.3　在例 8.1 的條件下，用追溯法寫出保單在 10 年末的責任準備金的替換函數表達式。以 CL1(2010—2013)2.5% 為計算基礎。

解：設所求時點的責任準備金為 $_{10}V$ 元，則

$$ {}_{10}V = P\ddot{s}_{30:\overline{10}|} - 10,000 \cdot \frac{A^{1}_{30:\overline{10}|}}{_{10}E_{30}} $$

$$ = P \cdot \frac{N_{30} - N_{40}}{D_{40}} - 10,000 \cdot \frac{M_{30} - M_{40}}{D_{40}} \approx 2,819.70(\text{元}) $$

8.4 預期法與追溯法的等價性及其運用規則

8.4.1 預期法與追溯法準備金的等價性

可以證明：當選用相同的生命表和預定利息率，以均衡純保險費作為評估準備金的基礎，在相同時刻的準備金，用預期法計算所得的值總是等於用追溯法計算所得的值。

事實上，在保單規定的繳費期間的任一時刻，過去已繳納的和未來將繳納的所有保險費的值必須等於該保單已提供的和承諾將在未來保險期限內提供的保險金額的值。當然，這種等式的成立，乃基於所在時刻的現值或終值而言。

約定：$P\ddot{s}_t + P\ddot{a}_t$ 表示過去和未來保險費在時刻 t 的值。${}_tk + A_t$ 表示過去和未來給付額在時刻 t 的值。因此，

$$P\ddot{s}_t + P\ddot{a}_t = {}_tk + A_t$$

移項得：

$$P\ddot{s}_t - {}_tk = A_t - P\ddot{a}_t$$

可見，等式左邊正是追溯法準備金公式，而等式右邊正是預期法準備金公式。

同理，在保單規定的繳費期限以外的任一時刻，追溯法也等價於預期法。

預期法和追溯法的等價性揭示：在相同時刻的準備金，無論用預期法計算，還是用追溯法計算，均可以得到相同的值。但是，恰當地選擇預期法或者追溯法，卻可使計算得到極大的簡化。以下是選用追溯法或者預期法的兩個基本規則：

(1) 在保險費繳付期以外的時刻 t 計算準備金，宜選擇預期法，此時的準備金簡單地等於在到達年齡時的未來給付的躉繳純保險費或精算現值。例如，當 $t \geq n$ 時，${}^n_tV_x = A_{x+t}$，${}^n_tV({}_{n|}\ddot{a}_x) = \ddot{a}_{x+t}$。

(2) 在無須提供保險金額的期間內的時刻 t 計算準備金，宜選擇追溯法。此時刻的準備金簡單地等於過去已繳純保險費的精算終值。例如，當 $t < n$ 時，${}^n_tV({}_{n|}\ddot{a}_x) = {}_nP({}_{n|}\ddot{a}_x)\ddot{s}_{x:\overline{t|}}$。

例 8.4 現有兩種保單：n 年期兩全保險和限期 n 年繳費的終身壽險，均在 x 歲時簽單，保險金額均為 1，試求兩種保單在簽單后的 h 年末準備金的差額。其中，兩保單按年均衡制繳費，h 小於或等於兩種保單規定的繳費期限的較短者，並假設在開始的 h 年內死亡保險金都為 1。在此基礎上，證明關係式 $P_{x:\overline{n|}} = {}_nP_x + P_{x:\overline{n|}}^{\ \ 1}(1 - A_{x+n})$ 成立。

解： 假設兩種保單的年繳均衡純保險費和在第 h 年末的責任準備金分別為 P_1、P_2 和 ${}_1V$、${}_2V$，那麼根據追溯法有：

$${}_1V = P_1\ddot{s}_{x:\overline{h|}} - {}_hk_x$$

$${}_2V = P_2\ddot{s}_{x:\overline{h|}} - {}_hk_x$$

兩式相減得

$${}_1V - {}_2V = (P_1 - P_2)\ddot{s}_{x:\overline{h|}}$$

這表明：準備金之差等於純保險費之差作為給付額所構成的生存年金的精算終值或純

保險費之差在利息和遺族利益下的累計值。

進一步,對上式變形整理得

$$P_1 - P_2 = \frac{1}{\ddot{s}_{x:\overline{h}|}}({}_1V - {}_2V) = \frac{{}_hE_x}{\ddot{a}_{x:\overline{h}|}}({}_1V - {}_2V) = P_{x:\overline{h}|}^{\ \ 1}({}_1V - {}_2V)$$

特別地,對於 n 年期兩全保險與限期 n 年繳費的終身壽險而言,這裡 $h = n$。

$$\because {}_nV_{x:\overline{n}|} = 1, {}_n^nV_x = A_{x+n}$$

$$\therefore P_{x:\overline{n}|} = {}_nP_x + P_{x:\overline{n}|}^{\ \ 1}(1 - A_{x+n})$$

8.4.2 負準備金產生的可能性及處理對策

本小節運用預期法或追溯法,對兩全保單進行分析,以解釋負準備金產生的可能性,進而分析對此的處理對策。

準備金之所以存在,是因為保險人採用了均衡純保險費。為彌補隨年齡不斷增長的風險,可能出現不足以給付的情況。對於大多數常見的保單,若採用均衡保險費制,則在早些年份的保險費收入能夠抵補這些年份的風險責任。然而,實際中並非所有保單均如此。例如,遞減保險金額的某些保單,在保險期限內的早些年份,所收取的純保險費可能不足以補償約定的保險金額,以至於在這些年份產生負的準備金。

回顧前面對兩全保單的分析。兩全保單可以分解為兩種成分的結合:一種是儲蓄成分,其累積總額等於保單滿期給付額;另一種是遞減定期死亡保險成分,它在任一時刻的給付額等於兩全保單約定保險金額與已累積到這一時刻的儲金之差額。下面以 35 歲簽單的限期 10 年繳費 15 年保險金額為 1 的兩全保單的遞減定期死亡保險成分為例,以 CL1(2010—2013)2.5% 為計算基礎,說明負準備金產生的可能性。

因為限期 10 年的儲金成分的保險費為:

$$\frac{1}{(1.025)^5\ddot{s}_{\overline{10}|}} = 0.076,968$$

而兩全保單的限期 10 年繳一次純保險費為 0.077,796,所以遞減定期死亡保險成分的純保險費為 0.077,796 − 0.076,968 = 0.000,828。

根據上述分析,就容易分析遞減定期死亡保險成分在一年末的準備金了。在第一年末,保險人的給付額等於 1 扣除已累積的儲金,其給付額即為 1 − 0.073,054 × 1.03 = 0.924,754。用追溯法計算的一年末的準備金為:

$$P \cdot \ddot{s}_{35:\overline{1}|} - {}_1k_{35} = 0.000828 \cdot \frac{D_{35}}{D_{36}} - 0.9211078 \cdot \frac{C_{35}}{D_{36}} = -0.000,175$$

上式表明遞減定期保險的純保險費在第一年不足以支付給付額。如果保險人單獨發行此種保單,那麼保險人無疑會承擔一定的風險。然而,在實務中,保險人一般並不單獨發行這樣的保單,而是往往只作為兩全保單的一種成分。這樣,保險人在根本上並未承擔風險,因為遞減定期保險成分的準備金為 −0.000,175,但是儲金累積額為 0.078,892,所以在第一年末兩全保單的準備金為 0.078,717。

從上述分析還可以總結出如下的一般結論,這些結論同時也為處理負準備金提供了基本措施:簽發遞減保單,限期繳費期限越短,負準備金出現的可能性越小;反之,限期繳費期限越長,負準備金產生的可能性越大。

8.5 期末準備金的不同表達式

期末準備金是相對於期初準備金而言的。一般情況下,第 t 個保險年度末的準備金記作 $_tV$,即 t 年期末準備金。而 t 年期初準備金,系指剛收取保險費以后的責任準備金,即 $(_{t-1}V + P)$。

以預期法和追溯法所得的基本公式為基礎,可以推導出期末準備金的一系列有用的轉換形式。

8.5.1 年繳費一次,於死亡年底提供保險金額的保險

1. 終身保險

預期法基本公式:

$$_tV_x = A_{x+t} - P_x\ddot{a}_{x+t}$$

年金精算現值公式:

$$_tV_x = 1 - \frac{\ddot{a}_{x+t}}{\ddot{a}_x} \tag{8.28}$$

躉繳純保險費公式:

$$_tV_x = \frac{A_{x+t} - A_x}{1 - A_x} \tag{8.29}$$

年繳純保險費公式:

$$_tV_x = \frac{P_{x+t} - P_x}{P_{x+t} + d} \tag{8.30}$$

2. 兩全保險

預期法基本公式:

$$_tV_{x:\overline{n}|} = A_{x+t:\overline{n-t}|} - P_{x:\overline{n}|}\ddot{a}_{x+t:\overline{n-t}|}$$

年金精算現值公式:

$$_tV_{x:\overline{n}|} = 1 - \frac{\ddot{a}_{x+t:\overline{n-t}|}}{\ddot{a}_{x:\overline{n}|}} \tag{8.31}$$

躉繳純保險費公式:

$$_tV_{x:\overline{n}|} = \frac{A_{x+t:\overline{n-t}|} - A_{x:\overline{n}|}}{1 - A_{x:\overline{n}|}} \tag{8.32}$$

年繳純保險費公式:

$$_tV_{x:\overline{n}|} = \frac{P_{x+t:\overline{n-t}|} - P_{x:\overline{n}|}}{P_{x+t:\overline{n-t}|} + d} \tag{8.33}$$

8.5.2 年繳連續純保險費、於死亡后立即提供保險金額的保險

1. 終身保險

$$
{}_t\bar{V}(\bar{A}_x) = \bar{A}_{x+t} - \bar{P}(\bar{A}_x)\bar{a}_{x+t} \quad \text{(預期法公式)}
$$

$$
= 1 - \frac{\bar{a}_{x+t}}{\bar{a}_x} \quad \text{(年金精算現值公式)} \quad (8.34)
$$

$$
= \frac{\bar{A}_{x+t} - \bar{A}_x}{1 - \bar{A}_x} \quad \text{(躉繳純保險費公式)} \quad (8.35)
$$

$$
= \frac{\bar{P}(\bar{A}_{x+t}) - \bar{P}(\bar{A}_x)}{\bar{P}(\bar{A}_{x+t}) + \delta} \quad \text{(年繳純保險費公式)} \quad (8.36)
$$

2. 兩全保險

$$
{}_t\bar{V}(\bar{A}_{x:\overline{n}|}) = \bar{A}_{x+t:\overline{n-t}|} - \bar{P}(\bar{A}_{x:\overline{n}|}) \cdot \bar{a}_{x+t:\overline{n-t}|} \quad \text{(預期法公式)}
$$

$$
= 1 - \frac{\bar{a}_{x+t:\overline{n-t}|}}{\bar{a}_{x:\overline{n}|}} \quad \text{(年金精算現值公式)} \quad (8.37)
$$

$$
= \frac{\bar{A}_{x+t:\overline{n-t}|} - \bar{A}_{x:\overline{n}|}}{1 - \bar{A}_{x:\overline{n}|}} \quad \text{(躉繳純保險費公式)} \quad (8.38)
$$

$$
= \frac{\bar{P}(\bar{A}_{x+t:\overline{n-t}|}) - \bar{P}(\bar{A}_{x:\overline{n}|})}{\bar{P}(\bar{A}_{x+t:\overline{n-t}|}) + \delta} \quad \text{(年繳純保險費公式)} \quad (8.39)
$$

其餘保險形式,如定期保險、延期保險等準備金的轉換形式,均可用類似的方法獲得。只是這些保險的準備金的表達形式並不像終身保險和兩全保險那樣規範。

例 8.5 證明:$\bar{P}(\bar{A}_{x:\overline{m+n}|}) = \bar{P}(\bar{A}^{1}_{x:\overline{m}|}) + \bar{P}_{x:\overline{m}|}^{\ 1}\ {}_m\bar{V}(\bar{A}_{x:\overline{m+n}|})$。

證明: 根據追溯法公式

$$
{}_m\bar{V}(\bar{A}_{x:\overline{m+n}|}) = \bar{P}(\bar{A}_{x:\overline{m+n}|})\bar{s}_{x:\overline{m}|} - \frac{\bar{A}^{1}_{x:\overline{m}|}}{{}_mE_x}
$$

$$
= \bar{P}(\bar{A}_{x:\overline{m+n}|}) \cdot \frac{\bar{a}_{x:\overline{m}|}}{{}_mE_x} - \frac{\bar{A}^{1}_{x:\overline{m}|}}{{}_mE_x}
$$

$$
{}_mE_x\ {}_m\bar{V}(\bar{A}_{x:\overline{m+n}|}) = \bar{P}(\bar{A}_{x:\overline{m+n}|})\bar{a}_{x:\overline{m}|} - \bar{A}^{1}_{x:\overline{m}|}
$$

兩邊同除以 $\bar{a}_{x:\overline{m}|}$,得

$$
\bar{P}_{x:\overline{m}|}^{\ 1}\ {}_m\bar{V}(\bar{A}_{x:\overline{m+n}|}) = \bar{P}(\bar{A}_{x:\overline{m+n}|}) - \bar{P}(\bar{A}^{1}_{x:\overline{m}|})
$$

亦即

$$
\bar{P}(\bar{A}_{x:\overline{m+n}|}) = \bar{P}(\bar{A}^{1}_{x:\overline{m}|}) + \bar{P}_{x:\overline{m}|}^{\ 1} \cdot {}_m\bar{V}(\bar{A}_{x:\overline{m+n}|})
$$

從本例中還可推出,期末準備金的表達式依採用方法不同而有多種表達式。從本例中還可得到準備金的另一種形式:

根據等式

$$
{}_m\bar{V}(\bar{A}_{x:\overline{m+n}|}) = \bar{P}(\bar{A}_{x:\overline{m+n}|}) \cdot \frac{\bar{a}_{x:\overline{m}|}}{{}_mE_x} - \frac{\bar{A}^{1}_{x:\overline{m}|}}{{}_mE_x}
$$

$$
= \left[\bar{P}(\bar{A}_{x:\overline{m+n}|}) - \frac{\bar{A}^{1}_{x:\overline{m}|}}{\bar{a}_{x:\overline{m}|}}\right] \cdot \frac{\bar{a}_{x:\overline{m}|}}{{}_mE_x}
$$

$$= [\bar{P}(\bar{A}_{x:\overline{m+n}|}) - \bar{P}(\bar{A}^{1}_{x:\overline{m}|})] \cdot \frac{1}{\bar{P}(A_{x:\overline{m}|}^{\ \ 1})}$$

$$= \frac{\bar{P}(\bar{A}_{x:\overline{m+n}|}) - \bar{P}(\bar{A}^{1}_{x:\overline{m}|})}{\bar{P}(A_{x:\overline{m}|}^{\ \ 1})}$$

例 8.6　某30歲的人投保全連續終身壽險,已知$\mu_x = \begin{cases} 0.05, & 30 < x < 40 \\ 0.06, & x \geqslant 40 \end{cases}$, $\delta = 0.1$,求${}_{10}\bar{V}(\bar{A}_{30})$。

解: $\bar{a}_{30} = \int_0^\infty v^t {}_tp_{30}\mathrm{d}t = \int_0^{10} \mathrm{e}^{-0.1t}\mathrm{e}^{-0.05t}\mathrm{d}t + {}_{10}E_{30}\int_0^\infty \mathrm{e}^{-0.1t}\mathrm{e}^{-0.06t}\mathrm{d}t$

$$= \int_0^{10} \mathrm{e}^{-0.15t}\mathrm{d}t + \mathrm{e}^{-1.5}\int_0^\infty \mathrm{e}^{-0.16t}\mathrm{d}t \approx 6.57$$

$$\bar{a}_{40} = \frac{1}{\mu+\delta} = \frac{1}{0.06+0.1} = \frac{1}{0.16}$$

$${}_{10}\bar{V}(\bar{A}_{30}) = 1 - \frac{\bar{a}_{40}}{\bar{a}_{30}} \approx 0.05$$

8.6　相鄰年度期末準備金之間的關係及法克勒公式

8.6.1　相鄰年度期末準備金之間的關係

根據預期法準備金公式,終身死亡保險的準備金公式如下:

$${}_tV_x = A_{x+t} - P_x\ddot{a}_{x+t} = A_{x+t} - P_x(1 + a_{x+t})$$

在兩邊同加上P_x,得

$${}_tV_x + P_x = A_{x+t} - P_x a_{x+t}$$

再代入變換式:

$$A_{x+t} = vq_{x+t} + vp_{x+t}A_{x+t+1}$$

$$a_{x+t} = vp_{x+t}\ddot{a}_{x+t+1}$$

從而

$${}_tV_x + P_x = (vq_{x+t} + vp_{x+t}A_{x+t+1}) - P_x(vp_{x+t}\ddot{a}_{x+t+1})$$

$$= vq_{x+t} + vp_{x+t}(A_{x+t+1} - P_x\ddot{a}_{x+t+1})$$

$$= vq_{x+t} + vp_{x+t}\ {}_{t+1}V_x$$

即

$${}_tV_x + P_x = vq_{x+t} + vp_{x+t}\ {}_{t+1}V_x \tag{8.40}$$

該式說明:第t年末的準備金${}_tV_x$與第$t+1$年初應付的純保險費之和,亦即第$t+1$年初的期初準備金$({}_tV_x + P_x)$,能夠提供次年保險金額為1的定期保險的給付和次年保險金額為${}_{t+1}V_x$的純生存保險的給付。

在等式${}_tV_x + P_x = vq_{x+t} + vp_{x+t}\ {}_{t+1}V_x$的兩邊同乘以$(1+i)l_{x+t}$,適當整理即可得:

$$l_{x+t}({}_tV_x + P_x)(1+i) = d_{x+t} + l_{x+t+1}\cdot {}_{t+1}V_x \quad (8.41)$$

這個等式的含義是：第 t 年末的 l_{x+t} 人的準備金總額 $l_{x+t\,t}V_x$ 與那時應繳付的所有純保險費 $l_{x+t}P_x$ 之和，累積一年的終值能夠提供①當年死亡者每人 1 元的保險金額，共計 d_{x+t} 元；②當年存活者每人 ${}_{t+1}V_x$ 元的給付，共計 $(l_{x+t+1}\cdot {}_{t+1}V_x)$ 元。

進一步，在等式(8.40)中，用 $1-q_{x+t}$ 代替 p_{x+t} 又可得如下等式：

$$P_x = (v\cdot {}_{t+1}V_x - {}_tV_x) + (1-{}_{t+1}V_x)vq_{x+t} \quad (8.42)$$

在該等式中，第一項 $(v_{t+1}V_x - {}_tV_x)$ 是這樣一個量：年初 ${}_tV_x$ 在利息且僅在利息的作用下，在當年底可以累積到 ${}_{t+1}V_x$，需要開支 $(v_{t+1}V_x - {}_tV_x)$，因此稱 $(v_{t+1}V_x - {}_tV_x)$ 為儲蓄保險費；第二項 $(1-{}_{t+1}V_x)vq_{x+t}$ 代表保險給付額為 $(1-{}_{t+1}V_x)$ 的一年定期死亡保險的純保險費。式中 $(1-{}_{t+1}V_x)$ 亦即保險金額減去保單在第 $t+1$ 年所累積的責任準備金的差額，稱為第 $t+1$ 年的危險保險金額。而保險人提供危險保險金額的期望值即 $(1-{}_{t+1}V_x)q_{x+t}$ 稱為第 $t+1$ 年以危險保險金額為基礎的保險成本。進一步，以危險保險金額為基礎的自然保險費 $(1-{}_{t+1}V_x)vq_{x+t}$ 稱為危險保險費。所以，年繳純保險費可以分解為儲蓄保險費和危險保險費之和。

例 8.7　試證：終身死亡保險期末準備金可以用保險成本表達如下：

$${}_nV_x = P_x\ddot{s}_{\overline{n}|} - \sum_{t=0}^{n-1}(1+i)^{n-t-1}K_{x+t}$$

這裡：$K_{x+t} = q_{x+t}(1-{}_{t+1}V_x)$ 為保險成本；P_x 為終身死亡保險均衡純保險費。

證明：將 $({}_tV_x + P_x)(1+i) = {}_{t+1}V_x + q_{x+t}(1-{}_{t+1}V_x)$ 變形得：

$${}_{t+1}V_x - (1+i)\,{}_tV_x = P_x(1+i) - q_{x+t}(1-{}_{t+1}V_x)$$

在等式兩邊同乘以 $(1+i)^{n-t-1}$，再求和：

$$\sum_{t=0}^{n-1}\left[(1+i)^{n-t-1}{}_{t+1}V_x - (1+i)^{n-t}{}_tV_x\right] = \sum_{t=0}^{n-1}P_x(1+i)^{n-t} - \sum_{t=0}^{n-1}(1+i)^{n-t-1}K_{x+t}$$

經簡化得：

$${}_nV_x = P_x\ddot{s}_{\overline{n}|} - \sum_{t=0}^{n-1}(1+i)^{n-t-1}K_{x+t}$$

該等式表明：第 n 年末的準備金等於純保險費在一定利息率下的終值，扣減以各年危險保險金額為基礎的保險成本的終值后的餘額。

終身保險在相鄰年度的期末準備金之間的關係，完全可以推廣到其他保險類型。相鄰年度的期末準備金之間的一般關係可概括如下：

$$({}_tV + P)(1+i) = b_{t+1}q_{x+t} + p_{x+t\,t+1}V \quad (8.43)$$

或者

$$({}_tV + P)(1+i) = {}_{t+1}V + q_{x+t}(b_{t+1} - {}_{t+1}V) \quad (8.44)$$

整理可得

$$P = (v_{t+1}V - {}_tV) + (b_{t+1} - {}_{t+1}V)vq_{x+t} \quad (8.45)$$

上式中：b_{t+1} 代表第 $t+1$ 年的保險金額。

例 8.8　在 x 歲簽發的某種保險，其保險的滿期值為 1。若被保險人在 n 年內死亡，則保單提供的給付額為 1 與死亡年末的均衡純保險費準備金之和。試給出計算這種保險的年繳均衡純保險費公式。

解：設年繳均衡化保險費為 P,則

$$P = (v_{t+1}V_x - {}_tV_x) + (b_{t+1} - {}_{t+1}V_x)vq_{x+t}$$
$$= v_{t+1}V_x - {}_tV_x + vq_{x+t}$$

整理得：

$$v_{t+1}V_x - {}_tV_x = P - vq_{x+t}$$

兩邊同乘以 v^t,然后再求和,即：

$$\sum_{t=0}^{n-1}(v^{t+1}{}_{t+1}V_x - v^t{}_tV_x) = \sum_{t=0}^{n-1}(v^tP - v^{t+1}q_{x+t})$$

$$v^n{}_nV_x = P\ddot{a}_{\overline{n|}} - \sum_{t=0}^{n-1}v^{t+1}q_{x+t}$$

因為

$${}_nV_x = 1,$$

所以

$$P = \frac{v^n + \sum_{t=0}^{n-1}v^{t+1}q_{x+t}}{\ddot{a}_{\overline{n|}}}$$

8.6.2 法克勒(Fackler)準備金累積公式

相鄰年度的期末準備金之間的關係的一種重要形式,就是法克勒準備金累積公式。

對以下相鄰年度的期末準備金的一般關係進行整理：

$$({}_tV + P)(1 + i) = b_{t+1}q_{x+t} + p_{x+t\,t+1}V$$

得到如下法克勒準備金累積公式：

$${}_{t+1}V = ({}_tV + P)\cdot\frac{1+i}{p_{x+t}} - b_{t+1}\cdot\frac{q_{x+t}}{p_{x+t}} \quad (8.46)$$

上式中的$\frac{1+i}{p_{x+t}}$和$\frac{q_{x+t}}{p_{x+t}}$均被稱為法克勒函數。

法克勒準備金累積公式的意義在於,它形成了比較準備金的基礎。當可以運用所有年齡對應的$\frac{1+i}{p_{x+t}}$和$\frac{q_{x+t}}{p_{x+t}}$的值時,從${}_0V = 0$出發,在已知保單純保險費的條件下,便可以產生在整個期間相鄰年度的準備金的值。

例 8.9 運用法克勒準備金累積公式計算保險金額為1,000元、在25歲簽發的十年期兩全保單在前五年各年的期末準備金,並用預期法驗證第五年末的準備金。計算以CL1(2010—2013)2.5%為基礎。

解：先計算年繳保險費：

$$P = \frac{100,000A_{25:\overline{10|}}}{\ddot{a}_{25:\overline{10|}}} = \frac{100,000(M_{25} - M_{35} + D_{35})}{N_{25} - N_{35}} \approx 8,742.079(\text{元})$$

再計算前五年各年末準備金：

$$_1V_{25:\overline{10}|} = P\cdot\frac{1+i}{p_{25}} - 100,000\frac{q_{25}}{p_{25}} \approx 8,904.61(\text{元})$$

$$_2V_{25:\overline{10}|} = ({}_1V_{25:\overline{10}|} + P)\cdot\frac{1+i}{p_{26}} - 100,000\frac{q_{26}}{p_{26}} \approx 18,035.07(\text{元})$$

類似地

$$_3V_{25:\overline{10}|} \approx 27,397.57(\text{元})$$

$$_4V_{25:\overline{10}|} \approx 36,998.34(\text{元})$$

$$_5V_{25:\overline{10}|} \approx 46,844.01(\text{元})$$

以預期法驗證的第五年末的準備金為:

$$_5V_{25:\overline{10}|} \approx 10,000A_{30:\overline{5}|} - P\ddot{a}_{30:\overline{5}|} \approx 46,844.02(\text{元})$$

8.7 年繳費數次純保險費準備金

8.7.1 年繳數次真實純保險費準備金

年繳 m 次的真實純保險費 $P^{(m)}$ 的保單,在 t 年末的準備金,記作 $_tV^{(m)}$ 或 $_tV^{(m)}(\bar{A})$。前者對應於在死亡年末提供保險金額的保險,后者對應於在死亡后立即提供保險金額的保險。

1. 有關保險的 $_tV^{(m)}$ 的表達式

(1) 終身保險,其 t 年末的準備金記作 $_tV_x^{(m)}$,且

$$_tV_x^{(m)} = A_{x+t} - P_x^{(m)}\ddot{a}_{x+t}^{(m)} \tag{8.47}$$

代入近似公式

$$P_x^{(m)} \doteq P_x + \frac{m-1}{2m}P_x^{(m)}(P_x + d)$$

以及

$$\ddot{a}_{x+t}^{(m)} \doteq \ddot{a}_{x+t} - \frac{m-1}{2m}$$

可得

$$\begin{aligned} _tV_x^{(m)} &= A_{x+t} - P_x^{(m)}\ddot{a}_{x+t}^{(m)} \\ &\doteq A_{x+t} - P_x^{(m)}(\ddot{a}_{x+t} - \frac{m-1}{2m}) \\ &= (A_{x+t} - P_x\ddot{a}_{x+t}) + \frac{m-1}{2m}P_x^{(m)}[1-(P_x+d)\ddot{a}_{x+t}] \\ &= (1+\frac{m-1}{2m}P_x^{(m)})\,{}_tV_x \qquad (8.48) \\ &= {}_tV_x + \frac{m-1}{2m}\cdot{}_tV_xP_x^{(m)} \qquad (8.49) \end{aligned}$$

顯然,$_tV_x^{(m)}$ 大於 $_tV_x$。這是因為當死亡發生在所有應付分期純保險費繳納完畢之前時,在死亡發生年度將損失一定的純保險費,其平均值近似為 $\frac{m-1}{2m}P_x^{(m)}$,所以 $_tV_x^{(m)}$ 近似地等於保

險金額為 1 與$\frac{m-1}{2m}P_x^{(m)}$之和的相同保險在相同年末的準備金，亦即$\left(1+\frac{m-1}{2m}P_x^{(m)}\right){}_tV_x$。

(2) n 年兩全保險。其在 t 年末的準備金記作${}_tV_{x:\overline{n}|}^{(m)}$，且

$${}_tV_{x:\overline{n}|}^{(m)} = A_{x+t:\overline{n-t}|} - P_{x:\overline{n}|}^{(m)} \cdot \ddot{a}_{x+t:\overline{n-t}|}^{(m)}$$

代入近似公式

$$P_{x:\overline{n}|}^{(m)} \doteq P_{x:\overline{n}|} + \frac{m-1}{2m}P_{x:\overline{n}|}^{(m)}(P_{x:\overline{n}|}^{1} + d)$$

及

$$\ddot{a}_{x:\overline{n}|}^{(m)} \doteq \ddot{a}_{x:\overline{n}|} - \frac{m-1}{2m}(1 - {}_nE_x)$$

於是

$$\begin{aligned}
{}_tV_{x:\overline{n}|}^{(m)} &= A_{x+t:\overline{n-t}|} - P_{x:\overline{n}|}^{(m)}\ddot{a}_{x+t:\overline{n-t}|}^{(m)} \\
&\doteq (A_{x+t:\overline{n-t}|} - P_{x:\overline{n}|}\ddot{a}_{x+t:\overline{n-t}|}) + \frac{m-1}{2m}P_{x:\overline{n}|}^{(m)}[1 - {}_{n-t}E_{x+t} - (P_{x:\overline{n}|}^{1} + d)\ddot{a}_{x+t:\overline{n-t}|}] \\
&\doteq {}_tV_{x:\overline{n}|} + \frac{m-1}{2m}P_{x:\overline{n}|}^{(m)}\,{}_tV_{x:\overline{n}|}^{1} \qquad (8.50)
\end{aligned}$$

其他保險在 t 年末的準備金可類似地獲得。

2. 有關保險的${}_tV^{(m)}(\bar{A})$的表達式

(1) 終身保險。其在 t 年末的準備金記作${}_tV^{(m)}(\bar{A}_x)$，且

$${}_tV^{(m)}(\bar{A}_x) = \bar{A}_{x+t} - P^{(m)}(\bar{A}_x)\ddot{a}_{x+t}^{(m)}$$

代入近似公式

$$P^{(m)}(\bar{A}_x) = P(\bar{A}_x) + \frac{m-1}{2m}(P_x + d)P^{(m)}(\bar{A}_x)$$

以及

$$\ddot{a}_x^{(m)} \doteq \ddot{a}_x - \frac{m-1}{2m}$$

從而

$$\begin{aligned}
{}_tV^{(m)}(\bar{A}_x) &\doteq \bar{A}_{x+t} - \left[P(\bar{A}_x) + \frac{m-1}{2m}(P_x + d)P^{(m)}(\bar{A}_x)\right]\ddot{a}_{x+t} + \frac{m-1}{2m}P^{(m)}(\bar{A}_x) \\
&= [(\bar{A}_{x+t} - P(\bar{A}_x)\ddot{a}_{x+t})] + \frac{m-1}{2m}P^{(m)}(\bar{A}_x)[1 - (P_x + d)\ddot{a}_{x+t}] \\
&= {}_tV(\bar{A}_x) + \frac{m-1}{2m}P^{(m)}(\bar{A}_x)\,{}_tV_x \qquad (8.51)
\end{aligned}$$

(2) n 年兩全保險。其在 t 年末的準備金記作${}_tV^{(m)}(\bar{A}_{x:\overline{n}|})$，類似於終身保險的準備金，且

$${}_tV^{(m)}(\bar{A}_{x:\overline{n}|}) \doteq {}_tV(\bar{A}_{x:\overline{n}|}) + \frac{m-1}{2m}P^{(m)}(\bar{A}_{x:\overline{n}|})\,{}_tV_{x:\overline{n}|}^{1} \qquad (8.52)$$

特別地，令 $m \to \infty$，上述年繳 m 次的真實純保險費準備金即為連續繳費準備金。

終身保險的連續繳費準備金：

$$ {}_t\bar{V}(\bar{A}_x) = {}_tV(\bar{A}_x) + \frac{1}{2}\bar{P}(\bar{A}_{x:\overline{n}|})\,{}_tV_x \tag{8.53} $$

n 年兩全保險的連續繳費準備金：

$$ {}_t\bar{V}(\bar{A}_{x:\overline{n}|}) \doteq {}_tV(\bar{A}_{x:\overline{n}|}) + \frac{1}{2}\bar{P}(\bar{A}_{x:\overline{n}|})\,{}_tV^1_{x:\overline{n}|} \tag{8.54} $$

8.7.2　年繳數次年賦純保險費準備金

在死亡后立即提供保險金額的保單，其年繳數次年賦純保險費準備金，與年繳一次年賦純保險費準備金或其他純保險費準備金之間，並不存在明顯的聯繫。因此，年繳數次年賦純保險費準備金，通常只討論於死亡年末提供保險金額的情形。一般地，年繳 m 次的年賦純保險費保單，在 t 年末的準備金記作 ${}_tV^{[m]}$。

(1) 終身保險。其在 t 年末的準備金具體表示為 ${}_tV_x^{[m]}$。因為保險費是年賦的，所以相應的保險金額近似為 $(1-\frac{m-1}{2m}P_x^{[m]})$，於是

$$ \begin{aligned} {}_tV_x^{[m]} &\doteq (1-\frac{m-1}{2m}P_x^{[m]})A_{x+t} - P_x^{[m]}\ddot{a}_{x+t}^{(m)} \\ &= A_{x+t} - \frac{m-1}{2m}P_x^{[m]}(1-d\ddot{a}_{x+t}) - P_x^{[m]}(\ddot{a}_{x+t} - \frac{m-1}{2m}) \\ &= A_{x+t} - \ddot{a}_{x+t}P_x^{[m]}(1-\frac{m-1}{2m}d) \\ &= A_{x+t} - P_x\ddot{a}_{x+t} \\ &= {}_tV_x \end{aligned} \tag{8.55} $$

在年賦純保險費方式下，在死亡發生的年末沒有純保險費的損失，從而也就不存在準備金的調整。具體表現為 ${}_tV_x^{[m]} = {}_tV_x$。

(2) n 年兩全保險。其在 t 年末的準備金記作 ${}_tV_{x:\overline{n}|}^{[m]}$。類似於終身保險的推導過程，有：

$$ \begin{aligned} {}_tV_{x:\overline{n}|}^{[m]} &\doteq (1-\frac{m-1}{2m}P_{x:\overline{n}|}^{[m]})A_{x+t:\overline{n-t}|} - P_{x:\overline{n}|}^{[m]}\ddot{a}_{x+t:\overline{n-t}|}^{(m)} \\ &= A_{x+t:\overline{n-t}|} - \frac{m-1}{2m}P_{x:\overline{n}|}^{[m]}(1-d\ddot{a}_{x+t:\overline{n-t}|}) - P_{x:\overline{n}|}^{[m]}[\ddot{a}_{x+t:\overline{n-t}|} - \frac{m-1}{2m}(1-{}_{n-t}E_{x+t})] \\ &= A_{x+t:\overline{n-t}|} - P_{x:\overline{n}|}^{[m]}\ddot{a}_{x+t:\overline{n-t}|}(1-\frac{m-1}{2m}d) - \frac{m-1}{2m}P_{x:\overline{n}|}^{(m)}\,{}_{n-t}E_{x+t} \\ &= (A_{x+t:\overline{n-t}|} - P_{x:\overline{n}|}\cdot\ddot{a}_{x+t:\overline{n-t}|}) - \frac{m-1}{2m}P_{x:\overline{n}|}^{[m]}\,{}_{n-t}E_{x+t} \\ &= {}_tV_{x:\overline{n}|} - \frac{m-1}{2m}P_{x:\overline{n}|}^{[m]}\,{}_{n-t}E_{x+t} \end{aligned} \tag{8.56} $$

8.7.3　年繳數次比例純保險費準備金

(1) 在死亡年末提供保險金額的年繳 m 次的比例純保險費保單，在 t 年末的準備金記作 ${}_tV^{\{m\}}$。

① 終身保險,其 t 年末的準備金具體記作 ${}_tV_x^{\{m\}}$。由於在死亡年度的平均保險費損失為 $\frac{1}{2m}P_x^{\{m\}}$,而保險金額的估計值為 $1+\frac{1}{2m}P_x^{\{m\}}$,於是

$${}_tV_x^{\{m\}} \doteq \left(1+\frac{1}{2m}P_x^{\{m\}}\right)A_{x+t} - P_x^{\{m\}}\ddot{a}_{x+t}^{(m)}$$

將 $P_x^{\{m\}} = \dfrac{P_x}{1-\frac{m-1}{2m}d-\frac{1}{2}P_x}$, $\ddot{a}_{x+t}^{(m)} \doteq \ddot{a}_{x+t} - \dfrac{m-1}{2m}$ 代入上式可得:

$${}_tV_x^{\{m\}} = A_{x+t}\left(1+\frac{1}{2}P_x^{\{m\}}\right) - P_x\left(1+\frac{1}{2}P_x^{\{m\}}\right)\ddot{a}_{x+t} = {}_tV_x\left(1+\frac{1}{2}P_x^{\{m\}}\right) \tag{8.57}$$

除終身保險外,也可以獲得其他保險形式的準備金公式。應注意的是,只有在保險費繳付期內才可能出現保險費的損失,從而附加的調整準備金是相應的定期保險準備金。

②n 年兩全保險:

$${}_tV_{x:\overline{n}|}^{\{m\}} \doteq {}_tV_{x:\overline{n}|} + \frac{m-1}{2m}\cdot P_{x:\overline{n}|}^{\{m\}}\,{}_tV_{x:\overline{n}|}^{1} \tag{8.58}$$

③ 限期 h 年繳費的終身保險:

$${}_t^hV_x^{\{m\}} \doteq \begin{cases} {}_t^hV_x + \dfrac{m-1}{2m}\,{}_hP_x^{\{m\}}\,{}_tV_{x:\overline{n}|}^{1} & (t<h) \\ {}_t^hV_x & (t\geqslant h) \end{cases} \tag{8.59}$$

(2) 在死亡后立即提供保險金額的年繳 m 次的比例純保險費保單,在 t 年末的準備金記作 ${}_tV^{\{m\}}(\bar{A})$。

① 終身保險:

$$\begin{aligned} {}_tV^{\{m\}}(\bar{A}_x) &= \bar{A}_{x+t} - P^{\{m\}}(\bar{A}_x)\ddot{a}_{x+t}^{\{m\}} \\ &= \bar{A}_{x+t} - \frac{d^{\{m\}}}{\delta}\cdot\bar{P}(\bar{A}_x)\cdot\bar{a}_{x+t}\frac{\delta}{d^{(m)}} = {}_t\bar{V}(\bar{A}_x) \end{aligned} \tag{8.60}$$

② 限期 h 年繳費的 n 年兩全保險:

$$\begin{aligned} {}_t^hV^{\{m\}}(\bar{A}_{x:\overline{n}|}) &= \bar{A}_{x+t:\overline{n-t}|} - {}_hP^{\{m\}}(\bar{A}_{x:\overline{n}|})\ddot{a}_{x+t:\overline{n-t}|}^{\{m\}} \qquad (t<h) \\ &= \bar{A}_{x+t:\overline{n-t}|} - \frac{d^{\{m\}}}{\delta}\cdot{}_h\bar{P}(\bar{A}_{x:\overline{n}|})\cdot\frac{\delta}{d^{(m)}}\bar{a}_{x+t:\overline{n-t}|} \\ &= \bar{A}_{x+t:\overline{n-t}|} - {}_h\bar{P}(\bar{A}_{x:\overline{n}|})\bar{a}_{x+t:\overline{n-t}|} = {}_t^h\bar{V}(\bar{A}_{x:\overline{n}|}) \end{aligned} \tag{8.61}$$

例8.10 某 x 歲的人購買了保險金額為 b_k 全離散型終身壽險,限期 n 年內支付均衡純保險費,保險金額滿足 $b_k = \begin{cases} {}_kV & (0<k<n) \\ 1 & (k\geqslant n)\end{cases}$,當 $k<n$,求 ${}_kV_x$。

解:對於 $h\leqslant n-1$, $b_{h+1} = {}_{h+1}V$

$${}_{h+1}V_x = ({}_hV_x+\pi)(1+i) - (b_{h+1} - {}_{h+1}V_x)q_{x+h}$$

$$\therefore \pi = v_{h+1}V_x - {}_hV_x$$

等式兩邊同乘 v^h 得:

$$v^h\pi = v^{h+1}{}_{h+1}V_x - v^h{}_hV_x$$

兩邊關於 $h=0,1,2,\cdots,n-1$ 求和得：

$$\pi\ddot{a}_{\overline{n}|}=v^{n}{}_{n}V_{x}-v^{0}{}_{0}V_{x},$$

又因為 ${}_{0}V_{x}=0$，${}_{n}V_{x}=A_{x+n}$，因此

$$\pi=\frac{v^{n}A_{x+n}}{\ddot{a}_{\overline{n}|}}=\frac{A_{x+n}}{\ddot{s}_{\overline{n}|}}$$

兩邊關於 $h=0,1,2,\cdots,k-1$ 求和得：

$$\pi\ddot{a}_{\overline{n}|}=v^{k}{}_{k}V_{x}-v^{0}{}_{0}V_{x},$$

所以

$${}_{k}V_{x}=\frac{\pi\ddot{a}_{\overline{k}|}}{v^{k}}=\frac{A_{x+n}\ddot{s}_{\overline{k}|}}{\ddot{s}_{\overline{n}|}}.$$

8.8 非整數年齡準備金

至此所討論的準備金 ${}_{t}V$、${}_{t}V(\bar{A})$、${}_{t}V^{(m)}(\bar{A})$ 等，均意指第 t 年末的準備金。確切地說，它們都是第 t 個保險年度末的準備金。但是，為配合會計核算的需要，有時少不了要對非整數年齡或零頭期間的準備金進行匡算。例如，保險人要對保單責任做總體的評估，可以視在第 t 年與第 $t+1$ 年末中間任何一天簽發的所有保單為集中於 $(t+\frac{1}{2})$ 年處簽發，這樣，所要評估的責任便轉化為計算 ${}_{t+\frac{1}{2}}V$ 的值。在 ${}_{t+\frac{1}{2}}V$ 中，$(t+\frac{1}{2})$ 為非整數，計算 ${}_{t+\frac{1}{2}}V$ 就屬於非整數年時點的準備金的計算。

8.8.1 年繳純保險費的非整數年齡準備金

首先看終身保險在非整數年齡的準備金。假定終身保險在 x 歲時簽單，保險金額為 1 元，於死亡發生的年末提供，那麼該終身保險在第 $t+h$ 年末的準備金記作 ${}_{t+h}V_{x}$，其中 t 為正整數，$0<h<1$。

根據預期法，${}_{t+h}V_{x}$ 的表達式為：

$${}_{t+h}V_{x}=v^{1-h}({}_{1-h}q_{x+t+h}+{}_{1-h}p_{x+t+h}A_{x+t+1})-P_{x\,\overline{1-h}|}\ddot{a}_{x+t+h}\qquad(8.62)$$

右端第一項的括號內，不能簡單地寫作 A_{x+t+h}，而應寫作 $({}_{1-h}q_{x+t+h}+{}_{1-h}p_{x+t+h}A_{x+t+1})$。這是因為 A_{x+t+h} 總是為獲取死亡保險金額而繳納的躉繳純保險費，且這一保險金額是 $t+h$ 年開始以年為單位度量的，而非從簽單開始的以保險年度為單位進行度量的。

對上述 ${}_{t+h}V_{x}$ 進行化簡，不難得到：

$${}_{t+h}V_{x}=v^{1-h}{}_{t+1}V_{x}+v^{1-h}{}_{1-h}q_{x+t+h}(1-{}_{t+1}V_{x})。\qquad(8.63)$$

在這個等式中，考慮到死亡概率 ${}_{1-h}q_{x+t+h}$ 不能直接從生命表中查到，所以它的值往往是在一定死亡假定條件下的近似值。

但是，在實際中，關於 ${}_{t+h}V_{x}$ 的計算並不完全按上述方法進行。相反，更多的情形是採用線性插值法計算 ${}_{t+h}V_{x}$。亦即

$$ {}_{t+h}V_x \doteq (1-h)({}_tV_x + P_x) + h_{t+1}V_x \tag{8.64} $$

$$ = [(1-h)\ {}_tV_x + h_{t+1}V_x] + (1-h)P_x \tag{8.65} $$

關於計算${}_{t+h}V_x$的原理和方法，完全適用於一般的保險類型，亦即對於年繳純保險費為P、保險金額為1的保險，在$t+h$年的準備金${}_{t+h}V$為：

$$ {}_{t+h}V \doteq (1-h)({}_tV + P) + h\ {}_{t+1}V \tag{8.66} $$

$$ = [(1-h){}_tV] + h_{t+1}V + (1-h)P \tag{8.67} $$

作為該公式的一個應用，看年繳純保險費為$P(\bar{A}_x)$，保險金額為1，於死亡后立即提供保險金額的保險，在$t+h$年的準備金是：

$$ {}_{t+h}V(\bar{A}_x) = (1-h){}_tV(\bar{A}_x) + h_{t+1}V(\bar{A}_x) + (1-h)P(\bar{A}_x) $$

事實上，

$$ \begin{aligned} {}_{t+h}V(\bar{A}_x) &= \bar{A}_{x+t+h} - P(\bar{A}_x)\ {}_{\overline{1-h|}}\ddot{a}_{x+t+h} \\ &\doteq [(1-h)\bar{A}_{x+t} + h\bar{A}_{x+t+1}] - P(\bar{A}_x)[\ddot{a}_{x+t+h} - (1-h)] \\ &= [(1-h)\bar{A}_{x+t} + h\bar{A}_{x+t+1}] - P(\bar{A}_x)[(1-h)\ddot{a}_{x+t} + h\ddot{a}_{x+t+1} - (1-h)] \\ &= [(1-h)\ {}_tV(\bar{A}_x) + h\ {}_{t+1}V(\bar{A}_x)] + (1-h)P(\bar{A}_x) \end{aligned} \tag{8.68} $$

可見，這個表達式與上述一般公式是吻合的。

最后，在限期繳費期間以外的某個分數年齡上的準備金，因為無須調整純保險費，所以準備金即為在期末準備金之間所做插值得到的值。

8.8.2 分期繳純保險費的非整數年齡準備金

1. 年繳m次真實純保險費的保險，在$t+h$年的準備金

當h是$\frac{1}{m}$的倍數時，令$h=\frac{k}{m}$，k為整數。由於期末準備金${}_tV^{(m)}$以繳費確定t年為基礎，${}_{t+1}V^{(m)}$以假定繳費確定$t+1$年為基礎，所以在${}_tV^{(m)}$和${}_{t+1}V^{(m)}$之間做插值時，其值與假定已繳費$t+\frac{k}{m}$年對應的準備金一致，即

$$ {}_{t+\frac{k}{m}}V^{(m)} \doteq \left(1-\frac{k}{m}\right){}_tV^{(m)} + \frac{k}{m}\cdot\ {}_{t+1}V^{(m)} \tag{8.69} $$

當h不是$\frac{1}{m}$的倍數時，令$h=\frac{k}{m}+r, r<\frac{1}{m}$。如果直接在${}_tV^{(m)}$與${}_{t+1}V^{(m)}$之間做插值，那麼所產生的值與假定繳費$t+\frac{k}{m}+r$年對應的準備金一致。然而，保險費實際繳納了$t+\frac{k}{m}+\frac{1}{m}$年，這就有必要調整由插值法而得的值，其方法是在插值法所得值之上附加上評估或計算之日以外的純保險費$\left(\frac{1}{m}-r\right)\cdot P^{(m)}$。於是，在$t+\frac{k}{m}+r$年的準備金為：

$$ {}_{t+\frac{k}{m}+r}V^{(m)} \doteq \left(1-\frac{k}{m}-r\right){}_tV^{(m)} + \left(\frac{k}{m}+r\right){}_{t+1}V^{(m)} + \left(\frac{1}{m}-r\right)P^{(m)} \tag{8.70} $$

例 8.11 試寫出計算半年繳費一次,在分數年齡的準備金的公式。

解:從上述一般公式中不難得到:

當 $0 < r < \frac{1}{2}$ 時,

$$_{t+r}V^{(2)} = (1-r)\ _{t}V^{(2)} + r\ _{t+1}V^{(2)} + (\frac{1}{2} - r)P^{(2)}$$

當 $\frac{1}{2} < r < 1$ 時,令 $r = \frac{1}{2} + s$,

$$\begin{aligned} _{t+r}V^{(2)} &= {}_{t+\frac{1}{2}+s}V^{(2)} \\ &\doteq (1 - \frac{1}{2} - S)\ _{t}V^{(2)} + (\frac{1}{2} + S)\ _{t+1}V^{(2)} + (\frac{1}{2} - S)P^{(2)} \\ &= (1-r)\ _{t}V^{(2)} + r\ _{t+1}V^{(2)} + (1-r)P^{(2)} \end{aligned}$$

2. 年繳 m 次比例純保險費的保險,在 $t+h$ 年的準備金

類似於真實純保險費準備金,年繳 m 次的比例純保險費準備金為:

$$_{t+\frac{k}{m}+r}V^{\{m\}} = (1 - \frac{k}{m} - r)\ _{t}V^{\{m\}} + (\frac{k}{m} + r)\ _{t+1}V^{\{m\}} + (\frac{1}{m} - r)P^{\{m\}} \quad (8.71)$$

且:$0 < r < \frac{1}{m}$。

例 8.12 運用準備金一般公式,寫出 $_{20\frac{2}{3}}V^{\{2\}}$ 的近似表達式。

解:

$$\begin{aligned} _{20\frac{2}{3}}V^{\{2\}} &= {}_{20+\frac{1}{2}+\frac{1}{6}}V^{\{2\}} \\ &\doteq (1 - \frac{1}{2} - \frac{1}{6})\ _{20}V^{\{2\}} + (\frac{1}{2} + \frac{1}{6})\ _{21}V^{\{2\}} + \frac{1}{3}P^{\{2\}} \\ &= \frac{1}{3}\ _{20}V^{\{2\}} + \frac{2}{3}\ _{21}V^{\{2\}} + \frac{1}{3}P^{\{2\}} \end{aligned}$$

習題 8

8－1 某 40 歲的被保險人投保了 20 年兩全保險,保險金額 200,000 元,要求按年繳一次均衡方式純保險費,在 10 年內限期繳清。試用替換函數分別表示:① 投保第五年末的責任準備金;② 投保第 15 年末的責任準備金;③ 投保第 20 年末的責任準備金,以 CL1(2010—2013)2.5% 為計算基礎。

8－2 被保險人李某在 25 歲投保了保險金額 15,000 元的終身死亡保險。選用一定生命表,計算下列不同繳費方式下的第 15 年末的責任準備金,並比較它們的大小,以 CL1(2010—2013)2.5% 為計算基礎。

(1) 保險費每年繳付一次的均衡保險費。

(2) 保險費每年均衡繳付一次,20 年內繳清。

(3) 保險費每月均衡繳付一次,20 年內繳清。

(4) 在比例保險費下,保險費每月均衡繳付一次,20 年繳清。

8－3　將均衡純保險費制下的終身死亡均衡純保險費分解為危險保險費與儲蓄保險費之和。

8－4　運用準備金的一般公式,寫出 ${}_{10\frac{1}{3}}V^{\{2\}}$ 的近似計算公式。

8－5　分別用未來法和過去法求 ${}^{20}_{10}V(A_{35:\overline{30|}})$ 的計算公式。

8－6　假設死亡均勻分佈,證明:

$$\frac{{}_tV^{(m)}_{x:\overline{n|}} - {}_tV_{x:\overline{n|}}}{{}^n_tV^{(m)}_x - {}^n_tV_x} = \frac{A_{x:\overline{n|}}}{A_x}$$

8－7　已知保險金額為3、死亡年末給付的三年期兩全保險。其年均衡純保險費為0.94,$i = 0.20$。第一、二、三個保單年度末的純保險費制責任準備金分別為0.66、1.56和3.00,求 q_x 和 q_{x+1}。

8－8　已知 ${}_hV_{x:\overline{n|}} = \frac{1}{5}, h < \frac{n}{2}; \ddot{a}_{x:\overline{n|}} + \ddot{a}_{x+2h:\overline{n-2h|}} = 2\ddot{a}_{x+h:\overline{n-h|}}$,求 ${}_hV_{x+h:\overline{n-h|}}$。

8－9　年齡為20歲的人購買保險金額為10萬元的完全離散型終身壽險,已知 $P_{20} = 0.025, A_{31} = 0.44, q_{30} = 0.02, i = 0.06$,求第10年末責任準備金。

8－10　已知 ${}_{10}V_{20} = 0.05, P_{20} = 0.03, P_{20:\overline{10|}}^{\ \ 1} = 0.2$,求 $P^{1}_{20:\overline{10|}}$。

8－11　某30歲的人投保完全離散型2年期兩全保險,${}_2\tilde{V}_{30:\overline{2|}} = 2{,}000, b_k = 1{,}000k + {}_k\tilde{V}_{30:\overline{2|}} (k = 1,2), p_{30} = p_{31} = 0.9, \pi$ 為每年所繳納保險費,求 π。

8－12　已知40歲的人投保20年期兩全保險,保險金額為1萬元,採用年初均衡方式繳納保險費,已知 $A_{40:\overline{20|}} = 0.3, d = 0.05$,求 ${}_{19}V_{40:\overline{20|}}$。

8－13　已知 $P_{40} = 0.02, P_{40:\overline{20|}} = 0.04, P_{40:\overline{20|}}^{\ \ 1} = 0.03$,求 ${}_{20}V_{40}$。

8－14　已知 $\bar{a}_{x+t} = 12, \bar{P}(\bar{A}_x) = 0.012, \delta = 0.05$,求 ${}_t\bar{V}(\bar{A}_x)$。

8－15　某30歲的人投保全連續終身壽險,已知 $l_x = 100 - x (0 \leqslant x \leqslant 100), \delta = 0.1$,求 ${}_{10}\bar{V}(\bar{A}_{30})$。

9 毛保險費及其責任準備金

第五章～第八章側重分析討論了年金保險和人壽保險的躉繳純保險費、年繳純保險費以及均衡純保險費責任準備金等項目的計算原理和方法。由於純保險費用於抵補保險人或保險公司所承擔的保險責任,所以其計算具有如下特徵:以預定死亡率和預定利息率為主要因素;按照收支平衡原則,使保險人或保險公司所承擔的保險責任的精算現值,等於投保人或被保險人為此而支出的代價——純保險費的精算現值;計算模式中不含經營保險業務的支出;計算依年齡分別進行等。但是,保險人或保險公司作為經營風險的經濟實體,其自身的經營不僅具有一定的風險,而且對經營的各項業務也需要支出費用。這些費用常見的如原始費用、代理手續費、行政管理費以及死亡調查費等。因此,保險人或保險公司既應適度地安全加成,以防止不利偏差風險,又需收取附加保險費,以彌補業務費用支出。此外,保險人或保險公司經營保險業務,還得講究經濟效益。也就是說,恰當的利潤考慮也是必需的。所有這些成分,應當由投保人或被保險人來承擔。這樣,投保人或被保險人參加保險所繳付的保險費就是純保險費附加上各項費用及利潤因子等項目的總和。換言之,保險人或保險公司的這種營業中向投保人或被保險人收取的保險費稱為營業保險費或毛保險費,也可以稱為總保險費。在本章,首先對費用進行分析,然后介紹安全加成的一般方法,最后討論毛保險費的計算。

9.1 壽險費用分析與附加保險費計算

壽險費用指壽險經營中所發生的,除保險責任(給付額)之外的一切支出。壽險經營對象是風險,確切地說,主要是與生和死相關的風險。被保險人究竟能活多久,何時發生死亡,是一個不確定事件。這決定了壽險經營費用成本發生在未來。因此對於這種發生於未來的費用必須事前進行預估。對其預估準確與否,將直接決定和影響用於補償實際發生費用的附加保險費的計算。可見,費用分析不僅是必要的,而且是附加保險費乃至毛保險費計算的前提或基礎。

9.1.1 壽險費用的分類

壽險經營費用項目繁多,對其進行劃分並無統一標準,即便遵循一定標準,其費用成分

也未必相同。現在介紹兩種常見的分類標準:

(1)按經營過程中各環節的費用發生依據分類。承保費用:為促成保單出售而發生的費用,主要包括外勤人員的薪水與津貼、代辦費或代理人佣金、廣告費、保單印刷費以及危險選擇、驗體費等。維持費用:維持保單有效而發生的費用,主要包括日常保險費收取費用、會計費用、保單管理費用、保單內容變更費用、保險人與保戶溝通所耗費用等。一般費用:一般指科研費、稅金、營業執照稅、精算費用等。理賠費用:理賠過程中發生的費用,如死亡調查費、法律糾紛費、給付手續費等。投資費用:壽險資金投資所耗費用,主要有投資評估費、投資調查費等。

(2)按費用是否與保險金額、保險費相關分類。與保險費相關的費用:泛指費用的大小隨保險費變化而變化,如稅金、代理人佣金等。這類費用一般表現為保險費的一定百分比。與保險金額相關的費用:指費用隨保險金額變化而變化,如風險分類費、保單維持費等。這類費用通常以保險金額的一定百分比計提。固定不變費用:指與保險費、保險金額均無關的費用,如保單設計費用。當然,並不排除有的費用同時與保險費、保險金額均有關,如保單內容變更費用。也不排除有的費用既含固定費用成分,但又隨保險金額變化而變化,如有的理賠費用。

9.1.2 壽險費用預估及其分攤

壽險費用預估是對未來費用發生的一種推斷、預測,其依據是同類業務過去長期實際發生的費用,是在假定未來承保業務各方面情形與過去業務非常接近的前提下進行的。

費用預估遵循的兩個基本原則:一是適度性原則,即預估費用能足以補償實際費用支出。二是公平性原則,即預估費用要兼顧保險人和投保人雙方利益以及不同業務之間的差異。兩個原則相互聯繫:公平性原則是基礎,只有當保險人或保險公司遵循了公平性原則,適度性原則才能實現;若只強調適度性原則,則終將有失公平和適度。

費用預估往往側重於費用總量分析,但是在實際經營業務中,壽險費用大小各年有別。一般說來,承保費用於承保初年發生並且金額較大,維持費用和一般費用各年變化不大,相對平穩。從而,有必要對費用進行分攤,目的是使各年實際發生費用與預估費用的偏差縮小,避免費用「虧損」現象。

在進行費用分配或分攤時,應考慮的主要因素是:

(1)過去年度分配與實際發生費用的情況,失效率(保險單失效的比率)對費用的影響;確定分攤比例的因素及變化原因等。

(2)合理費用分攤應考慮到每年預期費差益大小。一般地,保險人經營的每年度應有一定的費差益,因為根據如下關係:

$$ {}_hp_x u(h) = \sum_{j=1}^{h} (1+i)^{h-j+1} {}_{j-1}p_x (C_{j-1} - e_{j-1}) \tag{9.1} $$

上式中:$u(h)$ 為第 h 年度預期費差益;C_{j-1} 為第 j 年的附加保險費;e_{j-1} 為第 j 年費用支出;${}_hp_x$ 為 x 歲的人在 h 年內生存的概率;i 為利息率。

不難看出,預期費差益實為各年附加保險費與各年預估分攤費用之差的累積值。預估費用及分攤不同,影響附加保險費的確定,進而決定了不同的差額,最終影響費差益。

(3) 合理的費用分配還必須顧及實際責任準備金的提存與累積。

9.1.3 壽險費用補償

壽險經營所發生的一切費用,必須採用一定方式進行補償。在一般情況下,有如下補償方式:

投資費用應由投資收益來補償。壽險經營多屬長期性業務,這決定了保險費收入中必須預先考慮利息因素。所以,壽險資金僅從業務角度就可知其必須投資生息,以彌補預定利息率應付的利息;不僅如此,投資所花去費用及投資所冒風險,均應由投資收益補償。

理賠費用應由純保險費來補償。壽險經營得以存在和發展,其根本的一點理由是:它作為處理人之生與死等人身風險的重要手段,具有轉移風險、分攤損失的基本職能。理賠由此而必然存在,隨之就得支出費用。然而,理賠費用開支伴隨生死保險事故而生,無保險事故發生,也就沒有對應的理賠費用。理賠費用的這種隨機性特點決定了其必須由事前預估費用補償,而這一預估費用最終由投保人或被保險人繳納純保險費補償。

除投資費用、理賠費用以外,其他的一般壽險費用通常用附加保險費來補償。

附加保險費計算的基本原則:費用的精算現值等於附加保險費的精算現值。用數學符號表示為:

$$E(\text{費用}) = E(\text{附加保險費})$$

上式中的 $E(\cdot)$ 為數學期望值。

在實務中,一些費用總是以毛保險費的一定比例表示的,因而要先將這種毛保險費分解為純保險費與附加保險費之和,然后從等式兩端求出附加保險費。為清楚起見,下面用一個例題來說明。

例9.1 現有一種10年期兩全保單,保單在30歲簽發,保險金額為10,000元,於死亡年末給付。保險期限內每年繳付相同的保險費,費用在每一保險年度之初發生,其大小如表9.1所示。

表9.1

費用類型	時間			
	第一年		續年	
	占保險費百分比(%)	常數(/千元)	占保險費百分比(%)	常數(/千元)
佣金	12	—	3	—
一般費用	4	2	—	1
保單維持費	1.5	1	1.5	1.5
簽單及分類費	1.5	3	—	—
稅金與其他費	2	—	2	—
總　計	21	6	6.5	2.5

試分別求該保險的年繳純保險費和附加保險費,以 CL1(2010—2013)2.5% 為計算基礎。

解：選定某種生命表,按題意,結合年繳純保險費計算原理,可得年繳純保險費 P 元為：

$$P = 10\,000P_{30:\overline{10|}} = \frac{10,000A_{30:\overline{10|}}}{\ddot{a}_{30:\overline{10|}}}$$

$$= 10,000 \cdot \frac{M_{30} - M_{40} + D_{40}}{N_{30} - N_{40}} \approx 875.41(\text{元})$$

由於純保險費是均衡的並且要求每年繳納相同的保險費,所以附加保險費也是均衡的。不妨設均衡附加保險費為 e 元,按照費用精算現值等於附加保險費精算現值的原則,有：

$$e\ddot{a}_{30:\overline{10|}} = 21\%(P+e) + 60 + 6.5\%(P+e)a_{30:\overline{9|}} + 25a_{30:\overline{9|}}$$

$$e = \frac{(6.5\%a_{30:\overline{9|}} + 21\%)P + 25a_{30:\overline{9|}} + 60}{\ddot{a}_{30:\overline{10|}} - 6.5\%a_{30:\overline{9|}} - 21\%} \approx 108.87(\text{元})$$

這裡,P 是按上述第一步所求得的年繳純保險費。

但是,大多數保單保險費計算,並不是像此例那樣,分別去求純保險費和附加保險費,而是運用收支平衡原則,將純保險費和附加保險費、給付額和費用同時考慮進入收支平衡關係中,直接求得保險費。

9.2 安全加成的基本方法

9.2.1 安全加成的必要性

第一,保險費風險的客觀性,決定了安全加成的必要性。壽險保險費的計算,主要受三大因素的影響。這三大因素是:死亡率、利息率和費用率。建立在過去同類人群的死亡經驗數據基礎上的死亡率,匯集在死亡表或生命表之中。它是針對群體而言的,並且反映未來同類型人群的預期死亡狀況,與實際死亡率有一定出入。第二,保險費存在貨幣時間價值,在籌集保險費時,必須考慮到這一點。就是說,保險費也應獲得必要的資金報酬,其尺度由利息率度量。考慮到未來經濟狀況的不確定性以及市場波動不完全規則,保險費中的利息率就只有採用預定利息率。顯然,預定利息率與實際的收益率也總會存在一定差異。第三,至於費用率,根據本章費用分析可知,費用預估與實際發生的費用支出,也不免有偏差。綜上所述,由於保險費計算中,所考慮的主要因素與實際狀況有偏差,所以由此而計算的保險費,與實際發生的成本也就難免有偏差。

如果上述偏差是正偏差,亦即所收保險費足以補償實際發生的成本,這種情形是保險人或保險公司所期望的。但是,期望並不等同於現實。上述偏差也可能出現負偏差,亦即所收保險費不足以補償實際發生的成本。此時,保險人或保險公司就會遭遇保險費不足的風險。鑒於這種情況有時不可避免,為防止意想不到的死亡率、利息率及費用率的變動,安全加成就大有必要了。安全加成就是為預防上述因素變動而加收的保險費。

9.2.2 安全加成的方式和方法

安全加成通常有兩種方式:一種方式是在純保險費基礎上附加計算安全加成,另一種方式是在附加保險費基礎上附加計算安全加成。

對於第一種方式,具體方法如下:

假定某保單在 x 歲簽單,X 是保單給付額在簽單年齡 x 歲的現值,結合前述有關內容,$E(X)$ 便是保單的純保險費。由於 X 與 $E(X)$ 有偏差,所以現考慮在 $E(X)$ 基礎上安全加成,以使給付額現值不超過給付額精算現值與安全加成之和的概率幾乎成為必然事件。這便是安全加成第一種方式的基本思路。

設 Q 為安全加成系數或因子,α 為概率。安全加成 Q 可以通過下列關係決定:

$$P(X \leqslant (1+Q)E(X)) = \alpha$$

$$P\left(\frac{X-E(X)}{\sqrt{\mathrm{var}(X)}} \leqslant \frac{QE(X)}{\sqrt{\mathrm{var}(X)}}\right) = \alpha \tag{9.2}$$

根據 α 的不同,查標準正態表,可以得到 Q,從而 $QE(X)$ 便為安全加成量。

例 9.2 現年 25 歲的被保險人,購買在死亡時立即提供給付 100 萬元的終身死亡保險。被保險人的死力 $\mu = 0.04$,純保險費形成的基金利息力 $\delta = 0.06$。如果保險公司希望在簽單時,有 95% 的把握使未來死亡給付額的現值不超過初始基金,那麼初始基金中應含多少安全加成?

解: 設 X、Q 分別表示未來死亡給付隨機變量和安全加成系數,那麼

$$E(X) = 100\bar{A}_{25} = 100\int_0^{\infty} e^{-\delta t}e^{-\mu t}\mu dt = \frac{100\mu}{\mu+\delta} = 40$$

$$E(X^2) = 10\,000\int_0^{\infty} e^{-2\delta t}e^{-\mu t}\mu dt = 10\,000\frac{\mu}{\mu+2\delta} = 2\,500$$

$$\mathrm{var}(X) = E(X^2) - E^2(X) = 2\,500 - 1\,600 = 900$$

所以

$$P(X \leqslant (1+Q)E(X)) = 95\%$$

$$P\left(\frac{X-E(X)}{\sqrt{\mathrm{var}(X)}} \leqslant \frac{QE(X)}{\sqrt{\mathrm{var}(X)}}\right) = 95\%$$

$$\frac{QE(X)}{\sqrt{\mathrm{var}(X)}} = 1.645$$

$$Q = \frac{1.645\sqrt{\mathrm{var}(X)}}{E(X)} = \frac{1.645 \times 30}{40} \approx 1.234$$

安全加成量 $QE(X) \approx 49.35$(萬元)

按上述方法獲得的該保單的安全加成量為 49.35 萬元。從單個保單來看,安全加成量較大,投保人的負擔增大。實際中,考慮集合保單,每個保單的安全加成量將變小,如在例 9.2 中考慮 100 個那樣的被保險人。

至於第二種方式,一般是在死亡率、利息率與實際經驗數據十分接近的情形下,才予以採用。其做法可按毛保險費的一定比例附加於保險費中,也可視具體情況酌情加成。

最后,安全加成還受公司經營策略的影響,有時只需慎選預定死亡率、預定利息率及預定費用率,而不一定使用安全加成;或能夠準確地預測投資收益率較高,或加強承保工作等,同樣可以減少安全加成量。

9.3 毛保險費的計算

毛保險費指保險人或保險公司向保戶收取的保險費，是投保人或被保險人向保險人或保險公司支付的保險費。毛保險費由純保險費和附加保險費構成。純保險費用於支付保險金，附加保險費則負擔經營上的費用。

9.3.1 毛保險費計算原則

計算壽險毛保險費需要考慮的主要因素是：預定死亡率、預定利息率、預定費用率及安全加成或利潤因素等。其遵循的計算原則是收支平衡原則。收支平衡原則的具體內容：毛保險費的精算現值 = 純保險費的精算現值 + 附加保險費的精算現值。換言之，保險人或保險公司向保戶收取的保險費總額，應當足以提供未來的保戶給付額，同時足以抵補經營中發生的費用支出和可能出現的風險偏差，以及作為風險承擔者應獲取的必要利潤。

9.3.2 不同保單毛保險費計算的差異

保險按其是否參與紅利分配，可分為分紅保險與無分紅保險。人壽保險的保險費計算基於預定率：死亡率、利息率及費用率等，而預定率與實際率之間總會有程度不同的出入，因而產生差益或差損。將差益按保單約定返還投保人或被保險人時，這種保險稱作分紅保險或分紅保單。相反，不將實際率與預定率的差數作為紅利分給投保人或被保險人的保險，便叫做無分紅保險或無分紅保單。

無分紅保單毛保險費的確定，比分紅保單毛保險費的確定更困難。這是因為：無分紅保單以后實繳金額不再視為紅利來調整，加之出於競爭方面的考慮，其毛保險費必須公平、充足且富有競爭性。然而，分紅保單毛保險費的確定，並不要求十分精確，只需毛保險費充分足額，其結餘在紅利上調整即可。

鑒於無分紅保單與分紅保單毛保險費確定的差異，兩類保單毛保險費計算上對待預定率的考慮也有差別。

(1) 對於無分紅保單，死亡表傾向於選用選擇表。選擇表作為生命表的一種形式，它是既考慮年齡，又考慮經過年數的死亡表。運用選擇表的死亡率，因通常的驗體使投保時的逆選擇往往能得到避免而較其餘生命表死亡率為低。選擇表中的生命函數，在符號規律上，只需在選擇年齡上加上方括號。如 $q_{[x]+t}$，指 x 歲加入，經過 t 年后的人，在一年內死亡的概率，又如精算值 $a_{[x]}$ 表示在選擇表基礎上計算的期末終身生存年金的現值。此外，選擇期以后，選擇效果幾乎消失。如果選擇期為三年，則 $q_{[x]+4} = q_{x+4}$。

(2) 預定利息率應當是一個較為保守的利息率。如果所選擇的利息率與過去類似業務投資所得收益率接近，那麼在一定時期以后可以考慮適度降低預定利息率。然而，在預定利息率的考慮上，應考慮實際利息率與預定利息率之間的合理邊際，以便產生一定的利差益，並作為不利偶然因素的后盾。

(3) 費用率的確定，應充分補償實際發生的費用。但是問題的關鍵就是在不同保險及各個年齡上如何分配總費用。儘管這個問題在本章 9.1 中已做簡述,但是,因各個保險人或公司費用及其分配方法不同,故前述費用分配以及下面毛保險費計算中涉及的費用,都只是為說明原理和方法所做的假設。

9.3.3 毛保險費計算的應用

1. 無分紅保單毛保險費的計算

為了簡要說明這個問題,其中利潤成分、安全加成以及其他因素均假定也包括在費用之中,費用主要表達為三類:毛保險費的一定百分比、保險金額的一定百分比以及每一保單的水平量。

例 9.3 現有一種在 x 歲簽發的普通壽險保單,要求投保人每年繳納一次保險費。如果被保險人發生死亡,那麼保單立即提供保險金 2,000 元。假定該保單費用是:第一年年初為毛保險費的 75%,第二年年初是毛保險費的 20%,第三年年初至第六年年初各年均為毛保險費的 10%。第七年年初以及以后每年年初為毛保險費的 5%。此外,每 1,000 元保險金額,第一年年初加收 10 元,以后每年年初加收 2 元。在 1,000 元保險金額中,要花費 5 元理賠費。根據這些條件,問該保單毛保險費為多少?寫出計算表達式,並計算 25 歲投保時的毛保險費,以 CL1(2010—2013)
2.5% 為基礎。

解: 令 G 表示所述保單毛保險費,那麼根據收支平衡原則:

$$G\ddot{a}_x = 2,010\bar{A}_x + 0.75G + 0.2G(\ddot{a}_{x:\overline{2}|} - \ddot{a}_{x:\overline{1}|}) + 0.1G(\ddot{a}_{x:\overline{6}|} - \ddot{a}_{x:\overline{2}|}) + 0.05G(\ddot{a}_x - \ddot{a}_{x:\overline{6}|}) + 20 + 4a_x$$

$$G = \frac{2,010\bar{A}_x + 4a_x + 20}{0.95\ddot{a}_x - 0.05\ddot{a}_{x:\overline{6}|} - 0.1\ddot{a}_{x:\overline{2}|} - 0.55}$$

一旦 x 確定,代入替換函數,查表可求其值。例如,取 $x = 25$,那麼 $\bar{A}_{25} = \frac{i}{\delta}A_{25} = 0.291,52$,$a_{25} = 28.194,84$,$\ddot{a}_{25} = 29.194,84$,$\ddot{a}_{25:\overline{6}|} = 5.636,84$,$\ddot{a}_{25:\overline{2}|} = 1.975,01$,從而算得:$G = 26.91$ 元。

例 9.4 某保險公司對於在 35 歲簽發的,保險金額為 1,000 元的 30 年兩全保單,估計需要如下的費用:① 代理人佣金:第一年年初為毛保險費的 55%,第二年年初為毛保險費的 10%,第三年年初到第十年年初為毛保險費的 5%。以后的每年年初需要毛保險費的 2% 作為服務費。每年年初發生的保險費稅為毛保險費的 3%。② 管理費:第一年年初為 12 元,第二年乃至以后每年年初均為 5 元。死亡時立即提供給付或滿期理賠成本為 5 元。假定毛保險費採用均衡 30 年期年繳方式。試寫出計算年繳毛保險費的表達式。

解: 選定一種選擇生命表作為計算基礎。令 G 是所求兩全保單的年繳毛保險費,按照收支平衡原則,可建立如下等式:

$$G\ddot{a}_{[35]:\overline{30}|} = 1,005\bar{A}_{[35]:\overline{30}|} + 0.55G + 0.1G(\ddot{a}_{[35]:\overline{2}|} - \ddot{a}_{[35]:\overline{1}|}) + 0.05G(\ddot{a}_{[35]:\overline{10}|} - \ddot{a}_{[35]:\overline{2}|}) + 0.02G(\ddot{a}_{[35]:\overline{30}|} - \ddot{a}_{[35]:\overline{10}|}) + 0.03G\ddot{a}_{[35]:\overline{30}|} + 12 + 5a_{[35]:\overline{29}|}$$

經整理,G 由下式決定:

$$G = \frac{1,005\bar{A}^{1}_{[35]:\overline{30}|} + 1,005A_{[35]:\overline{30}|}^{\ \ \ \ 1} + 12 + 5a_{[35]:\overline{29}|}}{0.95\ddot{a}_{[35]:\overline{30}|} - 0.03\ddot{a}_{[35]:\overline{10}|} - 0.05\ddot{a}_{[35]:\overline{2}|} + 0.10\ddot{a}_{[35]:\overline{1}|} - 0.55}$$

2. 分紅保單毛保險費的計算

在分紅保單中,由於保險費的一部分將以紅利形式返還保單持有人,所以壽險精算對於分紅保單毛保險費的計算並不要求十分精確。毛保險費假定的基本原則是:使毛保險費能夠充分應付死亡率、利息率的可能偏差和可能發生的費用。一般來說,不同保險公司確定分紅保單毛保險費的方式有所不同。常見的方式一般有如下幾種:

(1) 對於某種已知保單,在純保險費之上附加一個常數,再乘以 1 與一定的百分比之和。

假定毛保險費用 G 表示;均衡純保險費或躉繳純保險費用 P 表示;C 和 K 均為常數,它們隨不同保險計劃而變化,分紅保單毛保險費的計算式為:

$$G = (P + C)(1 + K) \qquad (9.3)$$

例9.5 在25歲出售的某種躉繳保險費保單,附如下條款:在被保險人發生死亡的年底,除保險金額1,000元外,還將返還不計息的毛保險費。假定毛保險費按方式 $G = (P + C)(1 + K)$ 獲得,且 C 為每1,000元保險金額5元,$K = 0.1$。試計算這種保單的躉繳純保險費和躉繳毛保險費。以 CL1(2010—2013)2.5% 為計算基礎。

解:令 P 表示純保險費,G 表示毛保險費。因為純保險費 P 必須充分提供給付額為 $(1,000 + G)$ 的終身壽險給付,因此,

$$P = (1\ 000 + G)A_{25}$$

然而

$$G = (P + 5)(1 + 0.1)$$

聯立兩式求解得:

$$P = \frac{1,005.5A_{25}}{1 - 1.1A_{25}} = \frac{1,005.5 \times 0.287,930,69}{1 - 1.1 \times 0.287,930,69} = 423.71(\text{元})$$

因此

$$G = \frac{1,100A_{25} + 5.5}{1 - 1.1A_{25}} = (P + 5) \times 1.1 = 471.59(\text{元})$$

例9.6 用20年限期繳費方式在30歲時購買的終身死亡保險保單,在被保險人發生死亡的年底,除了提供1,000元的保險金額外,還返還不計息的已繳毛保險費。毛保險費按 $G = (P + C)(1 + K)$ 方式求解,且 $C = 5$ 元,$K = 0.09$,試證明:

① 這種保單的純保險費為:

$$\frac{1,000M_{30} + 5.45(R_{30} - R_{50})}{N_{30} - N_{50} - 1.09(R_{30} - R_{50})}$$

② 這種保單的毛保險費為:

$$1.09 \times \frac{1,000M_{30} + 5(N_{30} - N_{50})}{N_{30} - N_{50} - 1.09(R_{30} - R_{50})}$$

證明:按題意,可建立如下兩個關係式:

$$\begin{cases} P\ddot{a}_{30:\overline{20|}} = 1,000A_{30} + G(I_{\overline{20|}}A)_{30} \\ G = (P+5) \times 1.09 \end{cases}$$

求解得：

$$P = \frac{1,000A_{30} + 5.45(I_{\overline{20|}}A)_{30}}{\ddot{a}_{30:\overline{20|}} - 1.09(I_{\overline{20|}}A)_{30}} = \frac{1,000M_{30} + 5.45(R_{30} - R_{50})}{N_{30} - N_{50} - 1.09(R_{30} - R_{50})}$$

$$G = \frac{1.09(1,000A_{30} + 5\ddot{a}_{30:\overline{20|}})}{\ddot{a}_{30:\overline{20|}} - 1.09(I_{\overline{20|}}A)_{30}} = 1.09 \times \frac{1,000M_{30} + 5(N_{30} - N_{50})}{N_{30} - N_{50} - 1.09(R_{30} - R_{50})}$$

(2) 有時用簡單的比例法求毛保險費。比例法即依毛保險費的一定比例確定附加保險費，進而求得毛保險費。用符號表示為：$G = P + fG$，f 為比例系數。求解此式有：

$$G = \frac{P}{1-f} \tag{9.4}$$

顯然，此方式忽略了保險金額的高低、年限的長短，較為粗糙，不夠精細。

(3) 三元素法。該方法考慮到各年所需附加費差異大，故以新契約費、維持費以及收費費用等分別計算附加費。

① 新契約費：承保新業務在第一年所必需的一切費用，其大小按單位保險金額的一定百分比計算，用 α 表示。

② 維持費用：維持保單效力的一切費用。其大小按單位保險金額的一定比例計提，用 β 表示。

③ 收費費用：第一年及續年收費及手續費用。它們一般按毛保險費的一定比例計提，第一年用 r_1 表示，第二年及以后續年用 r_2 表示。

綜合上述分析，單位保險金額的某種保險的年繳毛保險費按下式決定：

$$G\ddot{a} = A + (\alpha + r_1\ddot{a} + r_2\ddot{a} + \beta\ddot{a}) \tag{9.5}$$

注意：等式兩邊 $\ddot{a}$ 表示的年金現值，可以有不同的具體表達式。

當然，分紅保單毛保險費的計算，也可像計算無分紅保單毛保險費那樣，對死亡率、利息率及費用率等做更現實的假設，運用收支平衡原則計算。

例 9.7 年齡為 40 歲的人購買一份保險金額為 5 萬元的終身壽險保單，保險金於死亡年末給付。設按年均衡繳費一次的方式購買，其費用在每個保險年度之初發生，其大小如表 9.2 所示。以 CL1(2010—2013)2.5% 為計算基礎，試根據收支平衡原則求該保單的均衡純保險費和均衡毛保險費。

表 9.2 **附加費用分配表** 單位：元

費用類型	初年度			續年度			
	每張保單	每1,000 元保險金額	占保險費百分比(%)	每張保單	每1,000 元保險金額	各年度的費用百分比(%)	
						2 ~ 9 年	10 年以上
1. 獲得費用	34.5	4.5	85	—	—	9.5	5.0
2. 維持費用	2.0	0.25	—	2.0	0.25	—	—
3. 一般費用	4.0	0.25	2.0	4.0	0.25	2.0	2.0

總計(1+2+3項)	40.5	5.0	87	6.0	0.5	11.5	7.0
4. 理賠費用	每張保單20.0元加上每1,000元保險金額0.10元						

解：設均衡純保險費，均衡毛保險費分別為P元和G元，則由$P\ddot{a}_{40} = 50,000A_{40}$可計算得到：$P = 834.159,8$(元)

由於年繳均衡毛保險費G及各年度的費用在年初發生，因而初年度費用的精算現值為：

$$40.5 + 50 \times 5 + 0.87G$$

續年度費用的精算現值為：

$$6a_{40} + 25a_{40} + (0.115Ga_{40:\overline{8|}} + 0.07G\,{}_{8|}a_{40})$$

根據收支平衡原則，可得：

$$G\ddot{a}_x = 50,025\bar{A}_x + (290.5 + 0.87G) + 31a_{40} + (0.115Ga_{40:\overline{8|}} + 0.07G\,{}_{8|}a_{40})$$

求解G，得到：

$$G = \frac{50,025A_{40} + 290.5 + 31a_{40}}{0.13 + 0.93a_{40} - 0.045a_{40:\overline{8|}}}$$

$$= \frac{50,025M_{40} + 290.5D_{40} + 31N_{41}}{0.13D_{40} + 0.93N_{41} - 0.045(N_{41} - N_{49})}$$

$$= \frac{50,025 \times 14,756.89 + 290.5 \times 36,330.94 + 31 \times 848,205.19}{0.13 \times 36,330.94 + 0.93 \times 848,205.19 - 0.045(848,205.19 - 590,058.65)}$$

$$\approx 991.21(\text{元})$$

9.4 毛保險費率

在實際保險費計算中，保險費通常被描述為單位保險金額的一定比率。對於壽險，這種比率最常見的是被表示為每千元保險金額的百分比；對於生存年金或年金保險，這種比率常被表示為每單位月收入的百分比。像這種以每單位保險金額除保險費所得的比率，就是保險費率。

下面，討論保險費率的一般公式。

假定：$G(b)$表示保險金額為b的毛保險費；$R(b)$代表保險金額為b的毛保險費率。$G(b)$和$R(b)$的關係是：$R(b) = \frac{G(b)}{b}$。進一步，常數a代表覆蓋或彌補直接與保險金額變動有關的那些保險成本，其中單位保險金額純保險費是最大的因素；常數c代表每份保單的費用；常數f表示用於彌補或補償與保險費變化相關的費用的保險費的比例系數。a、c、f均為非負數，且$f < 1$。

在上述假設下，讓

$$G(b) = ab + fG(b) + c$$

從而

$$G(b) = b \cdot \frac{a + \frac{c}{b}}{1 - f} = bR(b)$$

$$R(b) = \frac{a + \dfrac{c}{b}}{1 - f} = \frac{a}{1 - f} + \frac{\dfrac{c}{b}}{1 - f} \tag{9.6}$$

令

$$a' = \frac{a}{1 - f}, \ c' = \frac{c}{1 - f}$$

那麼

$$R(b) = a' + \frac{c'}{b} \tag{9.7}$$

從這個等式中，不難看出：在 $R(b)$ 中包含兩個部分，一部分 a' 不隨保險金額變化而變化，另一部分 $\frac{c'}{b}$ 隨保險金額變化而變化。但是，問題的關鍵就是對不同保險金額保單合理分配每保單費用以及確定比例系數 f。

有了上述基本費率公式，實際中的保險費計算採用如下三種常用的方法：

第一種方法：確切法。亦即將保單費用 $c' = \frac{c}{1 - f}$ 加到 $b[a/(1 - f)] = ba'$ 之中，便得到 $G(b)$。

第二種方法：帶條法。就是將保險金額進行分檔，在一定保險金額範圍內，保險費率不變。如取這一定保險金額的平均值，作為計算保險費率的保險金額，就可運用公式 $G(b) = bR(b)$ 了。

第三種方法：近似法。就是不論保險金額高低，都採用同一保險費率。如取討論保單保險金額平均值作為計算費率的基礎，就可得毛保險費率。

例 9.8 某種在 30 歲簽發的躉繳保險費終身保單，其費用成分是：佣金為保險費的 7.5%，稅金等費用為保險費的 3.5%。每保單費用：每年年初為 3 元，每保單理賠費 12 元，保險金額在死亡年底給付，保險金額為 10,000 元。試用 CL1(2010—2013)2.5% 求這種保單的毛保險費率。

解：運用公式 $(1 - f)G(b) = ab + c$ 可得：

$$(1 - 11\%)G(10,000) = (10,000 + 12)A_{30} + 3\ddot{a}_{30}$$

$$R(10\ 000) = \frac{G(10,000)}{10,000} = \frac{10,012A_{30} + 3\ddot{a}_{30}}{8,900}$$

$$\approx \frac{3,320.183,9}{8,900} = 37.31\%$$

9.5 毛保險費準備金

第八章討論了均衡純保險費準備金，也說明了為什麼純保險費採取均衡方式收取。同樣，毛保險費的收取也採用均衡方式。我們知道，保險金及附加費用的支出並不是均衡的，因此，前期收取的毛保險費在完成相應的保險責任支付后，其餘額會累積起來為后期保險人履行對投保人或被保險人的保險責任做準備。由於毛保險費準備金是由毛保險費計算而得的，毛保險費則是包含了費用的保險費，所以，我們將包含費用的準備金稱為毛保險費準備金。

毛保險費準備金的計算原理與均衡純保險費準備金相同，有兩種基本的方法，可表示如下：

(1) 過去法：毛保險費準備金 = 過去毛保險費收入的精算終值 − 過去保險給付與費用支出的精算終值。

(2) 未來法：毛保險費準備金 = 未來保險給付與費用支出的精算現值 − 未來毛保險費收入的精算現值。

例 9.9　一份保險金額為 10,000 元的 30 歲簽訂的兩全保險，保險期限為 20 年，繳費期限為 20 年。設年繳保險費為 G，續年度費用為 e，求第 10 個保險年度末的毛保險費準備金表達式。

解：由於初年度費用未知，所以採取未來法計算。未來保險給付與費用支出的精算現值為：

$$10,000A_{50:\overline{10}|} + e\ddot{a}_{50:\overline{10}|}$$

未來保險費收入的精算現值為：

$$G\ddot{a}_{50:\overline{10}|}$$

因此，第 10 年的毛保險費準備金為：

$$10,000A_{50:\overline{10}|} + e\ddot{a}_{50:\overline{10}|} - G\ddot{a}_{50:\overline{10}|}$$

例 9.10　某 20 年期兩全保險，被保險人簽單年齡為 40 歲，保險金額為 10,000 元，於死亡年末給付。設按年均衡繳費一次的方式購買，其費用在每個保險年度之初發生，其大小如表 9.3 所示。以 CL1(2010—2013)2.5% 為計算基礎，試求該保單的均衡毛保險費及在第 10 年末的均衡毛保險費責任準備金。

表 9.3

費用類型	第一年		續年	
	占保險費比例(%)	常數(/千元)	占保險費比例(%)	常數(/千元)
佣金	20	—	6	—
一般費用	4	8	—	2
保單維持費	3	4	2	2
其他費用	3	—	2	—
合計	30	12	10	4

解：設均衡毛保險費為 G 元，在第 10 年末的均衡毛保險費責任準備金為 ${}_{10}V_{40}^{*}$ 元，由收支平衡原則有：

$$G\ddot{a}_{40:\overline{20}|} = 10,000A_{40:\overline{20}|} + 30\%G + 12\times 10 + 10\%G(\ddot{a}_{40:\overline{20}|} - 1) + 4\times 10(\ddot{a}_{40:\overline{20}|} - 1)$$

$$G = \frac{10,000A_{40:\overline{20}|} + 80 + 40\ddot{a}_{40:\overline{20}|}}{90\%\ddot{a}_{40:\overline{20}|} - 20\%}$$

$$= \frac{10,000(M_{40} - M_{60} + D_{60}) + 80D_{40} + 40(N_{40} - N_{60})}{90\%(N_{40} - N_{60}) - 20\% D_{40}}$$

$= 500.31$(元)

$${}_{10}V_{40}^{*} = 10,000A_{50:\overline{10|}} + 10\% G\ddot{a}_{50:\overline{10|}} + 40\ddot{a}_{50:\overline{10|}} - G\ddot{a}_{50:\overline{10|}}$$

$$= 10,000A_{50:\overline{10|}} + (40 - 0.9G)\ddot{a}_{50:\overline{10|}}$$

$= 4,263.42$(元)

習題 9

9-1 有單位保險金額,於死亡年末給付的終身死亡保險,其費用發生情況如下:① 初始費用為100元;② 每年費用(包括第一年)為$(200 + 150P_x)$元;③ 理賠時發生費用為每單位保險金額50元。設年均衡毛保險費 G 可以寫成 $aP_x + C$ 的形式,試根據如上條件求 a 和 c。

9-2 某種10年期兩全保單,被保險人的簽單年齡為35歲,保險金額15,000元,於死亡年末給付。設按年均繳費一次的方式購買,其費用在每保單年初發生,其大小如表9.4所示。

表 9.4

費用類型	時間			
	第一年		續年	
	占保險費百分比(%)	常數(/千元)	占保險費百分比(%)	常數(/千元)
佣金	15	—	5	—
一般費用	4	20	—	15
保單維持費	2	10	2	20
其他費用	5	—	3	—

試求保單的均衡毛保險費(用保險和年金精算現值函數表示)。

9-3 某壽險公司向30歲的被保險人發行一種保險金額10,000元到60歲為止的兩全保險,保險費按年均衡繳付。假定:佣金為第1年附加保險費的30%;第2~10個保單年度續保險費佣金為附加保險費的5%;第1年維持費用為每1,000元保險金額15元,以后年度每1,000元保險金額5元。保險金額於死亡后立刻提供。試用精算符號表示附加保險費的計算公式。

9-4 用10年限期繳費方式在40歲購買終身死亡保險,保險金額於死亡的年末給付。除提供50,000元保險金額外,還將返還不計息的毛保險費。毛保險費按 $G = (P + C)(1 + K)$ 方式求解,其中 $C = 3, K = 0.05$。試用替換函數表達計算保單毛保險費的公式。

9-5 關於(x)的保險金額為50,000元的年繳保險費終身壽險,死亡給付為立即給付,保險費繳納方式為每年年初繳納一次。假定費用發生如下：初年度的稅金與佣金等費用占總保險費的25%，保單費用：每1,000元保險金額發生2元的費用，每份保單有15元的理賠費用。續年度的稅金與佣金等費用占總保險費的5%，保單費用：每1,000元保險金額發生0.5元的費用，每份保單有3元的理賠費用。已知 $\bar{A}_x = 0.427$，$\ddot{a}_x = 8.196$，求年繳保險費為多少。

9－6 已知某種繳費期限為20年的壽險保單，在死亡發生的情況下返還10,000元加上所有已繳的不計利息毛保險費。返還保險費條款既適用於繳費期也適用於繳費期后。保險費按年繳，受益在死亡的年末支付，如果年繳毛保險費是淨保險費的110%加上25，$A_x = 0.25$，$\ddot{a}_{x:\overline{20}|} = 7.45$，$(IA)^{1}_{x:\overline{20}|} = 4.95$，則保單的年繳毛保險費為多少？

9－7 現年40歲的人想為自己買一份終身壽險，希望繳費期限為20年。保險公司為其提供了這樣的壽險產品：保險金額為200,000元，每年年初投保人繳納保險費，保險公司在死亡年末給付保險金。若該壽險產品的費用分佈如表9.5所示，問：投保人年繳毛保險費的金額為多少？以CL1(2010—2013)2.5%為計算基礎。

表 9.5 **保費結構**

年度	第一年	第2～10年	第11年及以后年度
每張保單	50元	20元	20元
占保險費百分比	110%	10%	5%

9－8 對於保險金額為1的全離散型終身壽險保單，附加費用為：初始費用 e_0；每年(包括第一年)的費用 $e_1 + e_2 P_x$；與保險金同時支付的理賠成本為 e_3。已知年繳毛保險費為 $G = aP_x + c$，求 a 與 c？

9－9 現年 x 歲的人簽訂了年繳保險費3年期的兩全保險。保險費與保險金額的支付方式都是離散型的，保險金額在死亡的年末支付，保險費在每年初繳納。已知未來三年內的死亡率分別為：$q_x = \frac{1}{10}$，$q_{x+1} = \frac{1}{9}$，$q_{x+2} = \frac{1}{8}$，預定年實際利息率 $i = 0.15$，保險金額為1,000元，費用分佈如表9.6所示。

表 9.6 **保險費結構**

年度	初年度	續年度
占保險費的百分比	20%	6%
固定數(元)	8(／千元)	2(／千元)

根據以上條件，計算年繳保險費和各期末的責任準備金。

9－10 假設某險種每份保單金額的概率密度函數為 $f(b) = 200b^{-3}(b > 10)$，其中 b 的單位是千元，若 $a = 35$，$f = 0.25$，$c = 12$。求保單費率 $R(\sqrt{200})$ 為多少。

10 實際責任準備金

10.1 中國責任準備金的相關規定

保險責任準備金是保險公司為了承擔未到期責任和處理未決賠款而提存的一種資金準備。這種準備金來自於保險費收入,但它並不是保險公司的營業收入,而是作為保險公司的一項負債。保險公司在提取保險責任準備金時必須遵從兩個基本準則:保障被保險人利益原則和保證償付能力原則。被保險人是保險活動當事人的一方,保險法以保護保險活動當事人的利益為宗旨,因此保障被保險人的利益是保險公司在提取準備金時應當考慮的。保證償付能力從根本上也是為了保障被保險人的利益,因為,保險公司必須有一定的償付能力,才能不失信於被保險人。所以,保險公司必須提取一定的準備金以備不時之需。

就中國保險業來說,可將責任準備金分為財產保險責任準備金和人身保險責任準備金兩大類。財產責任準備金按其用途主要分為:未到期責任準備金、未決賠款責任準備金和總準備金;人身保險責任準備金也可稱為人壽保險責任準備金,主要分為理論責任準備金與實際責任準備金。

在人壽保險責任準備金的分類中,按照財務報告使用目的的不同,又分為法定責任準備金、盈餘準備金和稅收準備金。法定責任準備金是保險公司按照保險監管機構制定的規則計算而來的,它是保險監管機構為確保保險公司償付能力而確定的準備金數額的最小值。盈餘準備金則是按一般會計準則的規定計算得到的,使用對象是一些投資者。盈餘準備金側重於盈餘的真實性和與其他行業的可比性。稅收準備金是按稅務監管部門計算規則計算出來的準備金。為了避免逃稅,稅收準備金一般不允許過高。

10.2 實際責任準備金及其計算原理

10.2.1 實際責任準備金的概念

第七章和第八章關於均衡純保險費和均衡純保險費責任準備金的計算,包含兩個不言自明的假定:①每個保險年度的純保險費的全體是可以動用的,而且要求它們被用於死亡或生存的給付,並維持一定額度的準備金;②每個保險年度的附加保險費,當需要動用時,將能充分應付所發生的一切費用。然而,這些假定在實際的保險業務經營中並不總是有效的。因此,以兩個假定為基礎求得的均衡純保險費責任準備金,就只能是一種理論上的責任準備金。

一個壽險公司在出售和簽發保單中發生的主要費用,必須在第一個保險年度中予以補償。而壽險公司在第一個保險年度以后的保險年度,統稱為續年,所發生的費用相對較小。在大多數情況下,第一個保險年度需要付的費用,將超過均衡純保險費制下可動用的附加保險費。這就是說,在均衡純保險費制下,壽險公司不能完全用第一個保險年度的附加保險費支付每一個保險年度的費用,而必須動用其盈餘金以彌補這一不足。這種因動用盈餘金而欠之款,應當在費用開支小於附加保險費的續年中逐年返還。

對於一個新開業不久或規模較小的壽險公司而言,因其可運用的盈餘金有限,試圖以此為后盾補償費用的不足,將遇到一定的困難,甚至當簽發業務較多時,盈餘金可能耗盡,從而在技術上變得無償付能力。這樣,為維持均衡純保險費準備金,一種對策便是限制公司承保的業務量。採取這種對策,對於一個長期經營、資格較老、業務龐大、盈餘充分的壽險公司而言,並不會產生較大的不利影響,然而,它對一個新公司的業務發展和生存而言,顯然是不利的。

為避免出現壽險公司可能遇到的上述困境,同時考慮其他的一些因素,在法律上,往往採取對保險費繳付的全部期限或部分期限內的責任準備金做出最低規定,以使其額度小於相應的均衡純保險費準備金。實現這個目的的基本方法,就是讓第一個保險年度(有時選擇前幾個保險年度)的純保險費小於當年的均衡純保險費,其差額由續年的純保險費大於均衡純保險費加以調整。在通過這種調整后的純保險費的基礎上計算的準備金,稱為修正準備金或者實際責任準備金。

10.2.2 均衡純保險費的修正

在第九章毛保險費的計算中,各保險年度所發生的費用分攤於各保險年度的保險費之中,且毛保險費是均衡的。這樣,在均衡純保險費制下,附加保險費在整個保險費繳納期限內也是一個常數。現在情況發生了變化,實際費用各年有別,從而附加保險費並不完全為均一量,相應的純保險費也就非均一量。以下考察在均衡毛保險費假定下,常見的均衡純保險費修正法。

約定:在 x 歲簽單的保險類型,保險期限為 n 年,保險繳費期限為 m 年,保險費修正期限為 g 年。其中:$0 < n < \infty$,$m \leqslant n$,$g \leqslant m$。在保險費繳付期限內,均衡毛保險費用 G 表示,均衡純保險費用 P 表示。在修正期限 g 年內,α 代表經修正后的第一個保險年度的純保險費,β 代表經修正后的第二個保險年度及以后各個修正年度的純保險費。一般情況下,$\alpha < P < \beta$。

於是,在上述約定下,整個 m 年繳費期內的年繳純保險費為:

$$\underbrace{P,P,\cdots P}_{g},\underbrace{P,\cdots,P}_{m-g}。$$

變成

$\underbrace{\alpha,\beta,\cdots\beta}_{g},\underbrace{P,\cdots P}_{m-g}$。

用圖 10.1 表示如下：

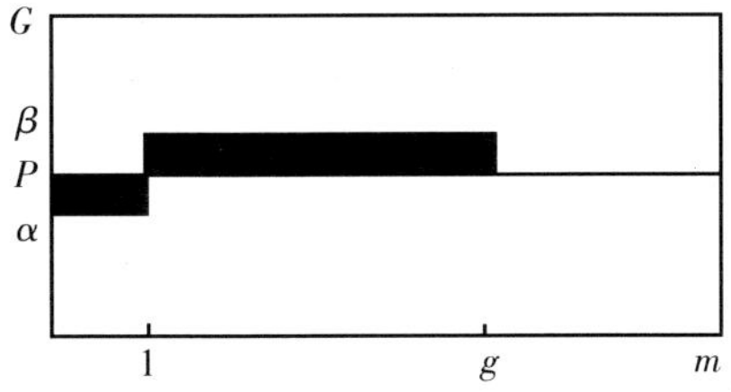

圖 10.1

容易得出修正純保險費 α 和 β 與均衡純保險費 P 之間有下列關係：

$$\alpha+\beta a_{x:\overline{g-1}|}+P\ _{g|}\ddot{a}_{x:\overline{m-g}|}=P\ddot{a}_{x:\overline{m}|}$$

簡化得：

$$\alpha+\beta a_{x:\overline{g-1}|}=P\ddot{a}_{x:\overline{g}|}$$

進一步

$$\alpha+\beta(\ddot{a}_{x:\overline{g}|}-1)=P\ddot{a}_{x:\overline{g}|}$$

$$\beta-P=\frac{\beta-\alpha}{\ddot{a}_{x:\overline{g}|}} \tag{10.1}$$

或者

$$\alpha+\beta a_{x:\overline{g-1}|}=P(1+a_{x:\overline{g-1}|})$$

$$\beta-P=\frac{P-\alpha}{a_{x:\overline{g-1}|}} \tag{10.2}$$

10.2.3 實際責任準備金的計算

計算實際責任準備金與計算理論責任準備金的方法完全相同,亦即預期法和追溯法。只是在計算實際責任準備金時,純保險費為修正后的純保險費,而不是原有的均衡純保險費。

考察:限期 m 年繳費,保險金額為1元的 n 年兩全保險。純保險費修正期是 g 年,修正后的第一個保險年度和續年的純保險費分別為 α 和 β,那麼該保險在 t 年末的實際責任準備金公式,分情況討論如下：

記該保險在 t 年末的實際責任準備金為 ${}_t^m V_{x:\overline{n}|}^{\text{mod}}$,那麼,

① 當 $t\leqslant g\leqslant m$ 時,如圖 10.2 所示：

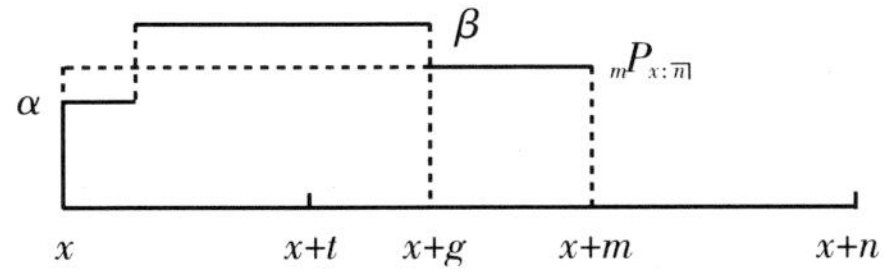

圖 10.2

預期法準備金為:

$$ {}_{t}^{m}V_{x:\overline{n}|}^{\text{mod}} = A_{x+t:\overline{n-t}|} - {}_{m}P_{x:\overline{n}|}\ddot{a}_{x+t:\overline{m-t}|} - (\beta - {}_{m}P_{x:\overline{n}|})\ddot{a}_{x+t:\overline{g-t}|} \tag{10.3} $$

追溯法準備金為:

$$ {}_{t}^{m}V_{x:\overline{n}|}^{\text{mod}} = \alpha \cdot \frac{1}{{}_{t}E_{x}} + \beta\ddot{s}_{x+t:\overline{t-1}|} - \frac{A_{x:\overline{t}|}^{1}}{{}_{t}E_{x}} \tag{10.4} $$

② 當 $g \leqslant t \leqslant m$ 或 $g \leqslant t \leqslant n$ 時,

$$ {}_{t}^{m}V_{x:\overline{n}|}^{\text{mod}} = {}_{t}^{m}V_{x:\overline{n}|} $$

根據前面內容可知,均衡純保險費在 t 年末的理論責任準備金為:

$$ {}_{t}^{m}V_{x:\overline{n}|} = A_{x+t:\overline{n-t}|} - {}_{m}P_{x:\overline{n}|}\ddot{a}_{x+t:\overline{n-t}|} \quad (t \leqslant g \leqslant m) $$

所以

$$ {}_{t}^{m}V_{x:\overline{n}|} - {}_{t}^{m}V_{x:\overline{n}|}^{\text{mod}} = (\beta - {}_{m}P_{x:\overline{n}|})\ddot{a}_{x+t:\overline{g-t}|} $$

這表明,在修正期內各年末的均衡純保險費準備金超過修正純保險費準備金的額度,由將來繳納的修正純保險費與均衡純保險費之差來補足。簡言之,修正準備金或實際準備金小於均衡純保險費準備金,是因為在修正制下,續年較大的純保險費在未來年度才對準備金有所貢獻。純保險費之差的現值,就由準備金之差來度量。

明顯地,$(\beta - {}_{m}P_{x:\overline{n}|})$ 越大,相應的準備金之差$({}_{t}^{m}V_{x:\overline{n}|} - {}_{t}^{m}V_{x:\overline{n}|}^{\text{mod}})$ 也越大。但是,隨著 t 的增加,年金值$(\beta - {}_{m}P_{x:\overline{n}|})\ddot{a}_{x+t:\overline{g-t}|}$逐漸變小,從而準備金之差隨之變小,直至最后,即修正期限屆滿時,兩種準備金相等。

例 10.1 證明:${}_{t}V - {}_{t}V' = (\frac{\beta - \alpha}{\ddot{a}_{x:\overline{g}|}})\ddot{a}_{x+t:\overline{g-t}|}$。其中:$g$ 為保險費修正期,V' 為修正準備金,$t < g$。

證明:假設對應於${}_{t}V$的均衡純保險費為P;對應於${}_{t}V'$的純保險費分別為$\alpha,\beta\cdots\beta$。A 為 x 歲簽單后 t 年末的未來保險金額的精算現值,

$$ {}_{t}V = A - P\ddot{a}_{x+t:\overline{g-t}|} $$

$$ {}_{t}V' = A - \beta\ddot{a}_{x+t:\overline{g-t}|} $$

所以

$$ {}_{t}V - {}_{t}V' = (\beta - P)\ddot{a}_{x+t:\overline{g-t}|} $$

$$ = (\frac{\beta - \alpha}{\ddot{a}_{x:\overline{g}|}})\ddot{a}_{x+t:\overline{g-t}|} $$

例 10.2 30 歲的人簽訂了一份保險金額 100,000 元,35 年限期繳費的 50 年期離散型兩全保險。責任準備金計算方法採取修正責任準備金的方法,修正期限為 20 年,且第 2 年至第 20 年的修正純保險費為 956 元。已知:$100,000\,{}_{8}^{35}V_{30:\overline{50}|} = 7,442$,${}_{35}P_{30:\overline{50}|} = 0.006,34$,$\ddot{a}_{38:\overline{12}|} = 8.805$。求第 8 年末的修正責任準備金為多少。

解: $100,000\,{}_{8}^{35}V_{30:\overline{50}|}^{\text{mod}} = 100,000\,{}_{8}^{35}V_{30:\overline{50}|} - \ddot{a}_{38:\overline{20-8}|}(\beta - 100,000\,{}_{35}P_{30:\overline{50}|})$

$= 7,442 - 8.805 \times (956 - 634)$

$= 4,606.79$(元)

10.3　法定準備金標準介紹

計算修正準備金或實際準備金,涉及三個基本參數:第一個保險年度的修正純保險費 α、續年修正純保險費 β 以及修正期限 g。在具體的實際準備金計算中,需要附加有關這些參數的兩個條件,以便決定第三個參數,進而決定出實際準備金的值。以下通過介紹美國和加拿大過去的一些修正準備金的法定標準,來理解法定準備金標準的基本原理。

10.3.1　初年定期法

初年定期法,常簡記為 FPT 法。此法由瑞士精算師 Zillmer(澤爾默)創立,故為紀念這位精算師,初年定期法又稱為 Zillmer 法。

FPT 法的基本思路是:在第一個保險年度有最大的附加保險費,以應付第一年較大的費用支出;或者在第一個保險年度只有危險保險費,而無儲蓄保險費。其最終目的是使第一個保險年度末的責任準備金不為負值。右上標標註「F」或「FPT」。

為實現上述目的,特假定如下兩個限制條件:

$\alpha = \alpha^{F} = A^{1}_{x:\overline{1}|} = c_x$;$g = m$,即修正期等於整個保險繳費期限。

根據

$$\beta - P = \frac{P - \alpha}{a_{x:\overline{g-1}|}}$$

或

$$\beta = \frac{P\ddot{a}_{x:\overline{g}|} - \alpha}{a_{x:\overline{g-1}|}}$$

從而

$$\beta = \beta^{F} = \frac{P\ddot{a}_{x:\overline{m}|} - c_x}{a_{x:\overline{m-1}|}}$$

顯然

$${}_1V^{F} = \alpha^{F}\ddot{s}_{x:\overline{1}|} - \frac{A^{1}_{x:\overline{1}|}}{{}_1E_x} = 0$$

以下應用 FPT 法對兩全保險進行分析。

對於保險金額為 1 的 n 年兩全保險,其續年純保險費 β^{F} 的具體形式如下:

$$\beta^{F} = \frac{P\ddot{a}_{x:\overline{m}|} - c_x}{a_{x:\overline{m-1}|}} = \frac{A_{x:\overline{n}|} - c_x}{a_{x:\overline{m-1}|}}$$

$$= \frac{A_{x+1:\overline{n-1}|}}{\ddot{a}_{x+1:\overline{m-1}|}} = {}_{m-1}P_{x+1:\overline{n-1}|} \tag{10.5}$$

對該等式的解釋:已知保單初年定期制的續年純保險費,等於相同保險類型保單的純保險費,且該保單在原保單簽單年齡長一歲的年齡上簽單,但兩種保單有相同的滿期日。這種情形並不奇怪,也容易理解。事實上,在修正制下,初年純保險費僅支付初年死亡索賠,這使保單持有人在一年以后的年齡上,續保一種在該年齡上簽單且為均衡純保險費的保單。

與上述兩種保險相對應,續年期末修正準備金$_{t}V^{F}$為:

$${}_{t}^{m}V_{x:\overline{n}|}^{F} = A_{x+t:\overline{n-t}|} - \beta^{F}\ddot{a}_{x+t:\overline{m-t}|} \qquad (1 \leqslant t \leqslant n)$$

$$= A_{x+t:\overline{n-t}|} - {}_{m-1}P_{x+1:\overline{n-1}|}\ddot{a}_{x+t:\overline{m-t}|} = {}_{t-1}^{m-1}V_{x+1:\overline{n-1}|} \tag{10.6}$$

該式表明:在初年定期制下,第t年末的準備金$(1 < t \leqslant n)$,等於這樣的相同保險形式的保單在第$(t-1)$年末的均衡純保險費準備金。這種保單較原保單簽單年齡大一歲,但保單滿期日與原保單相同,保險費繳付期限較原保單保險費繳付期限少一年。

綜上所述,一般保單的初年定期制下的修正純保險費為:

$$\alpha^{F} = A_{x:\overline{1}|}^{1} = c_{x}$$

$$\beta^{F} = \frac{A(1)}{\ddot{a}_{x+1:\overline{m-1}|}} \tag{10.7}$$

上式中:$A(1)$代表在$x+1$歲簽單,但保險形式、保險期限和保險金額等均與原保單相同的保單,在$x+1$歲的躉繳純保險費。

從而

$${}_{1}V^{F} = 0$$

$${}_{t}V^{F} = A(t) - \beta^{F}\ddot{a}(t) \qquad (1 < t \leqslant m)$$

因此,當同時考慮純保險費和準備金后,初年定期法意味著每一種保單都可以被看成是兩種保單的結合,這兩種保單是:在原保單簽發年齡x歲簽發的,第一年純保險費為C_{x},第一年末準備金為0的一年定期保單,以及在原保單簽發年齡x歲大一歲$(x+1)$的年齡上簽發的,限期在原保單保險費繳納期的剩餘期限內繳費,提供原保單的保險期剩餘的均衡純保險費保單。

例 10.3　對於某一種30歲簽單的終身壽險、修正后的首年和續年純保險費分別為$\alpha = A_{30:\overline{1}|}^{1}$和$\beta$。假定$d = 0.03$,$\ddot{a}_{30} = 17$,$\ddot{a}_{30:\overline{12}|} = 9$,$A_{30:\overline{12}|}^{\ \ \ 1} = 2/3$以及$A_{30:\overline{1}|}^{1} = 0.01$,試用FPT法求$\beta$和${}_{12}V_{30}^{F}$。

解:用FPT法:

$$\beta = \frac{A_{31}}{\ddot{a}_{31}} = \frac{1 - d\ddot{a}_{31}}{\ddot{a}_{31}} = \frac{1}{\ddot{a}_{31}} - d$$

聯立:

$$\begin{cases} \ddot{a}_{30} = 1 + vp_{30}\ddot{a}_{31} \\ vq_{30} = 0.01 \end{cases}$$

得到:

$$\frac{1}{\ddot{a}_{31}} = 0.06$$

從而

$$\beta = 0.06 - 0.03 = 0.03$$

所求

$${}_{12}V_{30}^{F} = \beta\ddot{s}_{30:\overline{12}|} - (\beta - \alpha)\frac{1}{{}_{12}E_{30}} - \frac{A_{30:\overline{12}|}^{1}}{{}_{12}E_{30}}$$

$$= \frac{\beta \cdot \ddot{a}_{30:\overline{12}|} - (\beta - \alpha) - (1 - d\ddot{a}_{30:\overline{12}|} - A_{30:\overline{12}|}^{\ 1})}{A_{30:\overline{12}|}^{\ 1}}$$

$$= 0.28$$

例 10.4 已知：$a_{80:\overline{19}|} = 6.158$，$a_{70:\overline{30}|} = 9.339$，$a_{70:\overline{29}|} = 9.326$，$a_{71:\overline{29}|} = 9.02$。求：$10,000\ {}_{10}V_{70:\overline{30}|}^{FPT}$。

解：$a_{70:\overline{30}|} = vp_{70} + vp_{70}a_{71:\overline{29}|}$

$$vp_{70} = \frac{a_{70:\overline{30}|}}{1 + a_{71:\overline{29}|}} = 0.932,036$$

$$\ddot{a}_{71:\overline{29}|} = \frac{1}{vp_{70}} a_{70:\overline{29}|} = \frac{9.326}{0.932,036} = 10.006$$

$$\ddot{a}_{80:\overline{20}|} = 1 + a_{80:\overline{19}|} = 7.158$$

$$10,000\ {}_{10}V_{70:\overline{30}|}^{FPT} = 10,000\ {}_{9}V_{71:\overline{29}|} = 10,000(1 - \frac{\ddot{a}_{80:\overline{20}|}}{\ddot{a}_{71:\overline{29}|}}) = 2,850$$

10.3.2 初年定期法的修正

在初年定期法下，假定第一年毛保險費全體用於支付費用和死亡索賠，該年底無須建立準備金。也就是說，不論何種保險類型，在已知年齡上的第一年保險費都是相同的，而附加保險費卻不盡相同。對於在較大年齡以后的任何年齡上簽發的普通壽險保單，附加保險費較為接近壽險公司第一年實際發生的費用，而在續年，該保單的附加保險費減少額並不大，並未從根本上減少續年的費用津貼。這說明該保單的附加保險費是合理的。

但是，進一步深入考察其他簽單年齡對應的保單，可以發現初年定期法在一些情況下使用並不總是令人滿意的。對於保險費相對較高的保單，如短期兩全保單，第一年的附加保險費將遠遠超過該年實際發生的費用。顯然，倘若對此保單使用初年定期法，那麼可能給保險公司造成一定的損失，而且這種保單在續年所要求增加的純保險費相對較大，結果難免減少可用於應付續年費用的附加保險費。

鑒於上述種種原因，有一些國家在有關保險的法律中明文規定：對於低保險費的保單，採用初年定期法；對於高保險費的保單，採用其他修正法。以下是美國和加拿大過去曾經採用的修正準備金標準。

1. 美國保險監察官準備金修正法

保險監察官修正法，簡記作 CRVM 法，用於定義新保單的法定準備金。嚴格說來，與其說它是一種方法，倒不如說它是一種標準或制度。CRVM 法不僅定義了修正準備金的方法，而且規定了應用的保單形式。當某種保單在初年定期法下的續年純保險費，超過了在同一年齡上簽發的，限期 20 年繳費的終身壽險在初年定期法下的續年純保險費，這種保單便被稱為高保險費保單；反之，則被稱為低保險費保單。

這樣，對於在 x 歲簽單，且滿足 $\beta^F > {}_{19}P_{x+1}$ 的保單，準備金須採用保險監察官修正法。而對於在 x 歲簽單，且滿足 $\beta^F \leqslant {}_{19}P_{x+1}$ 的保單，仍採用初年定期法。

保險監察官修正法的內容是：純保險費修正期等於保險費繳付期。保險監察官修正法下的第一年附加保險費超過續年附加保險費的數量,等於初年定期法下限期 20 年繳費的終身壽險的第一年附加保險費超過續年附加保險費的數量。用公式表示如下:

$$\begin{cases} g = m \\ \beta^{com} - \alpha^{com} = {}_{19}P_{x+1} - c_x \quad (c_x = A^{1}_{x:\overline{1}|}) \end{cases}$$

結合修正準備金的一般原理,

$$\beta^{com} = P + \frac{{}_{19}P_{x+1} - c_x}{\ddot{a}_{x:\overline{m}|}} \tag{10.8}$$

$$\alpha^{com} = P + \frac{{}_{19}P_{x+1} - c_x}{\ddot{a}_{x:\overline{m}|}} - ({}_{19}P_{x+1} - c_x) \tag{10.9}$$

上式中:x 為簽單年齡,P 為均衡純保險費,m 為保險費繳付期。

一旦求出 α^{com} 和 β^{com} 且已知 m,CRVM 法準備金就可以按一般的預期法或追溯法進行計算而得。

2. 加拿大準備金修正法

加拿大準備金修正法也是修正初年定期法的一種方法,因其在加拿大實施,故此得名。早期的加拿大準備金修正法將壽險保單分成兩類:凡保單的均衡純保險費較同年齡的普通終身壽險的均衡純保險費大者,屬於加拿大準備金修正法適用的對象;而其他的保單統由初年定期法計算準備金。

早期加拿大準備金修正法的具體內容是:修正期等於保險費繳付期。均衡純保險費超過加拿大修正法第一年純保險費之差,等於普通終身壽險均衡純保險費與初年定期法第一年純保險費之差。用公式表示如下:

當 $P > P_x$ 時,

$$P - \alpha^{can} = P_x - c_x \qquad (c_x = A^{1}_{x:\overline{1}|})$$

從而

$$\alpha^{can} = P - (P_x - c_x) \tag{10.10}$$

$$\beta^{can} = P + \frac{P_x - c_x}{a_{x:\overline{m-1}|}} \tag{10.11}$$

上式中:P 為均衡純保險費,P_x 為終身壽險的均衡純保險費,m 為保險費繳付期限。

隨著加拿大修正法的不斷完善,現允許選擇具有更大的任意性,由此出現了現代加拿大修正法。其內容是:

$$\alpha^{can} = P - E^{can}$$

E^{can} 代表由均衡純保險費度量的第一年允許的額外費用。它的大小取決於 $E^{can} = \min[(a)、(b)、(c)]$,$(a)$ = 均衡純保險費的 150%;(b) = 實際所需費用;(c) = 第二年及以后年可恢復的費用在簽單時的精算現值。於是,

$$\beta^{can} = P + \frac{E^{can}}{a_{x:\overline{m-1}|}} \tag{10.12}$$

如前所述,不同國家有不同的修正準備金標準,隨著保險業的發展,修正標準也在不斷地完善和發展。以上介紹了美國和加拿大的修正標準,可使學習者初步瞭解和掌握修正準備

金的思路和基本方法。

例 10.5　對 35 歲男性簽訂的保險金額為 80,000 元的 30 年期全離散型兩全保險,根據 CL1(2010—2013)2.5% 計算第三年末的實際責任準備金。

解:若在一年定期修正制下有

$$\beta^{FPT} = P_{35:\overline{30|}} + \frac{P_{35:\overline{30|}} - A^{1}_{35:\overline{1|}}}{a_{35:\overline{29|}}}$$

由換算表數值,得到:

$$P_{35:\overline{30|}} = \frac{M_{35} - M_{65} + D_{65}}{N_{35} - N_{65}} = \frac{15,005.45 - 11,480.20 + 16,952.93}{1,081,095.92 - 224,382.01} = 0.023,90$$

$$a_{35:\overline{29|}} = \frac{N_{36} - N_{65}}{D_{35}} = \frac{1,039,722.28 - 224,382.01}{41,373.64} = 19.706,76$$

$$A^{1}_{35:\overline{1|}} = \frac{M_{35} - M_{36}}{D_{35}} = \frac{15,005.45 - 14,960.61}{41,373.64} = 0.001,08$$

解得

$$\beta^{FPT} = 0.023,90 + \frac{0.023,90 - 0.001,08}{19.706,76} = 0.025,06$$

所求準備金為:

$$\begin{aligned} {}_3V^{FPT}_{35:\overline{30|}} &= 80,000A_{38:\overline{27|}} - 80,000\beta^{FPT}\ddot{a}_{38:\overline{27|}} \\ &= 80,000\left[\frac{M_{38} - M_{65} + D_{65}}{D_{38}} - \beta^{FPT}\frac{N_{38} - N_{65}}{D_{38}}\right] \\ &= 80,000(0.531,24 - 0.025,06 \times 19.218,97) = 3,968.80(\text{元}) \end{aligned}$$

由於

$$\beta^{FPT} = 0.025,06 > {}_{19}P_{36} = \frac{M_{36}}{N_{36} - N_{55}} = \frac{14,960.61}{1,039,722.28 - 431,139.89} = 0.024,58$$

因此,該保單屬於高保險費保單,其續年保險費由 β^{com} 來確定

$$\begin{aligned} \beta^{com} &= P_{35:\overline{30|}} + \frac{{}_{19}P_{36} - A^{1}_{35:\overline{1|}}}{\ddot{a}_{35:\overline{30|}}} \\ &= 0.023,90 + \frac{0.024,58 - 0.001,08}{(1 + 19.706,76)} = 0.025,03 \end{aligned}$$

因此,所求實際責任準備金為:

$$\begin{aligned} {}_3V^{com}_{35:\overline{30|}} &= 80,000A_{38:\overline{27|}} - 80,000\beta^{com}\ddot{a}_{38:\overline{27|}} \\ &= 80,000 \times (0.531,24 - 0.025,03 \times 19.218,97) \approx 4,015.13(\text{元}) \end{aligned}$$

10.3.3　中國個人分紅保險法定責任準備金的精算規定

作為一個具體應用,下面介紹中國個人分紅保險有關責任準備金的計算和修正的有關規定。會計年度末保單法定未到期責任準備金應當用未來法逐單計算。

1. 法定未到期責任準備金的計算基礎

(1) 評估利息不得高於下面兩項規定的最低值:

① 保監會每年公布的未到期責任準備評估利息率。

② 該險種厘定保險費所使用的預定利息。

(2) 評估死亡率:

① 終身年金以外的人壽保險採用險種報備時厘定保險費所使用的經驗生命表。

② 終身年金保險採用按下面規定調整后的中國壽險業經驗生命表中的年金保險經驗生命表,分別計算未到期責任準備金。

● 80% × 年金保險經驗生命表;

● 120% × 年金保險經驗生命表。

2. 法定未到期責任準備金的計算方法

(1) 法定未到期責任準備金的計算採用修正法:

① 修正淨保險費的確定。

第一,修正后首年淨保險費 α 按下列公式計算:

$$\alpha = P^{NL} - EA$$

上式中:P^{NL} 為根據評估基礎確定的繳費期間均衡淨保險費,EA 為費用扣除額。

如果 α 的計算結果小於根據評估基礎計算的首年自然淨保險費,則 α 取自然淨保險費。

第二,修正后續年淨保險費 β 按下列公式和法定未到期責任準備金計算基礎計算:

$\alpha + \beta$ 在繳費期初的精算現值 $= P^{NL}$ 在繳費期初的精算現值

② 費用扣除額不得高於基本死亡保險金額的 3.5%。

③ 根據上述法定未到期責任準備金計算基礎(即評估基礎)和修正方法計算修正準備金。

(2) 如果按修正方法計算的續年評估均衡淨保險費高於毛保險費,還應計提保險費不足準備金。

保險費不足準備金為保單在未來的繳費期間,評估淨保險費與毛保險費之差在保單年度末按評估基礎計算的精算現值。

(3) 保險公司採用增額紅利分配方式的,計算法定未到期責任準備金時,保險責任應包括已公布的增額紅利部分,但不包括未來增額紅利和終了紅利。

(4) 保單年度末保單法定未到期責任準備金為上述修正準備金與保險費不足準備金之和,並且不低於年度末保單現金價值。

(5) 會計年度末法定未到期責任準備金的計算,應當根據所對應的上一保單年度末的保單法定未到期責任準備金,扣除保單在上一保單年度末的生存給付金額后和該保單年度末保單法定未到期責任準備金進行插值計算,並加上未到期評估淨保險費(如果評估淨保險費大於評估毛保險費,則為未到期毛保險費)。

(6) 會計年度末保單法定未到期責任準備金數額是會計年度末保單責任準備金計提的最低標準。保險公司可採用其他合理的計算基礎和評估方法計算會計年度末保單責任準備金,但要保證所提取的保單未到期責任準備金不低於會計年度末法定未到期責任準備金。

10.4 現金價值

現金價值,又稱解約退還金、退保價值、解約金等。它是指投保人在繳納了一定年數的保險費后終止合同時,保險人或保險公司應支付給保單持有人的金額。保單持有人的這一權利受有關保險法律或法規的保護,在保單中一般由「不喪失價值」條款體現出來。現金價值的處置有多種方式,既可以一次性提取現金,也可以用現金價值作為保險費去購買其他保險。在此首先討論決定公平、合理的現金價值的決定方法。

確定現金價值並不是一件容易的事情。從一般意義上講,解約的保單持有人有資格獲得的值取決於他對保險基金的貢獻的大小,扣除保險費和費用成本之后的餘額,亦即對期末準備金扣減一定的額度。但是,這個扣減的額度隨保險類型和保險期限的不同而變化,而且它的設計還須考慮到現金價值與保險人對已知保單實際累積的基金的關係。因此,長期以來採用的這種決定現金價值的方法,不免具有一定的人為性,甚至稱這種扣減額為解約費,也易引起保單持有人的誤解。隨著現代保險的發展和需要,現金價值的確定幾乎均採用調整保險費法,尤其在保險業發達的國家更是如此。

10.4.1 調整保險費及調整保險費法

所謂調整保險費,是指在初年度經費的超過額可由整個繳費期間的每年附加保險費中依年繳方式獲得攤還的假定下計算出來的保險費。這種保險費是純保險費與每年攤還額之和。

調整保險費法是美國標準下不沒收法或不喪失價值法所規定的決定最低現金價值的一種方法。在調整保險費法下,保單費用被分成兩類:一類是在整個繳費期限內每年發生的單位保險金額的均一量 E;另一類是第一年所需的附加費 E_1。這樣,第一年費用總額為$(E+E_1)$。進一步,假定毛保險費為 G,由調整保險費 P^a 和均衡年繳附加費 E 之和構成,即 $G=P^a+E$。於是

$$G\ddot{a}=(P^a+E)\ddot{a}=A+E\cdot\ddot{a}+E_1 \qquad (10.13)$$

從而調整保險費為:

$$P^a=\frac{A+E_1}{\ddot{a}}=\frac{A}{\ddot{a}}+\frac{E_1}{\ddot{a}} \qquad (10.14)$$

由於 A 代表簽單時保險金額對應的躉繳純保險費,$\ddot{a}$ 代表以保險費繳付期為保險期限的定期生存年金在簽單時的精算現值,所以$\frac{A}{\ddot{a}}$代表年繳純保險費,$\frac{E_1}{\ddot{a}}$代表每年的攤還額。

進一步,有

$$A=(P^a-E_1)+P^a a \qquad (10.15)$$

這表明:在修正準備金法中,可以選用 P^a-E_1 為第一年純保險費 α;P^a 用於續年純保險費 β。可見,確定調整保險費以后,現金價值也就可以決定了。

10.4.2 現金價值的決定

用調整保險費法決定現金價值,實質上是一種以 $P^a-E_1=\alpha$ 為第一年純保險費,$P^a=\beta$

為續年純保險費的初年定期法準備金。

最低現金價值 = 將來的保險金的精算現值 - 將來的調整保險費的精算現值

用公式表示如下：

$$ {}_{t}CV = A(k) - P^{a}\ddot{a}(k) \quad (10.16)$$

$$ = {}_{t}V - (P^{a} - P)\ddot{a}(k) \quad (10.17)$$

上式中：${}_{t}CV$ 為 t 年末的現金價值或解約價值；P 為原保險的均衡純保險費。

例如在 x 歲簽單，保險金額為 1 的普通壽險保單，在 t 年末的現金價值可表示為：

$$ {}_{t}CV_{x} = A_{x+t} - P_{x}^{a}\ddot{a}_{x+t} \quad (t \geqslant 1) \quad (10.18)$$

決定 P^{a} 的關鍵是確定 E_{1}，而 E_{1} 的確定和管理不是隨心所欲的，相反，一般在不喪失價值法中有明確的規定。規定 E_{1} 總的原則是有利於解約價值或現金價值的公平性和邏輯性。

以下是 1941 年和 1980 年美國保險監察官協會(NAIC) 標準不喪失價值法關於單位保險金額允許的第一年費用 E_{1} 的定義：

1941 年	$0.4\min(P^{a},0.04) + 0.25\min(P^{a},P_{x}^{a},0.04) + 0.02$
1980 年	$1.25\min(P,0.04) + 0.01$

以上定義中：P^{a} 為該保單的調整保險費，P 為該保單的純保險費，P_{x}^{a} 為在 x 歲簽單的普通壽險的調整保險費。

例 10.6　以 1941 年和 1980 年美國 NAIC 不喪失價值法為基礎，決定在 x 歲簽單的普通保單的 E_{1}。

解：運用 1941 年 NAIC 法：

$$E_{1} = \begin{cases} 0.4P_{x}^{a} + 0.25P_{x}^{a} + 0.02 = 0.65P_{x}^{a} + 0.02 & (P_{x}^{a} < 0.04) \\ 0.016 + 0.010 + 0.020 = 0.046 & (P_{x}^{a} \geqslant 0.04) \end{cases}$$

運用 1980 年 NAIC 法：

$$E_{1} = 1.25\min(P,0.04) + 0.01$$

現金價值之所以重要，是因為它是保單貸款的基礎。保單質押貸款，亦即由保險人貸給保單持有人的借款，以保單現金價值為貸款的保證。保單質押貸款實為不喪失價值選擇權之一種權利。保單質押貸款需按時收取利息，還債期限的長短視投保人的意思而定，但當貸款本息超過責任準備金或現金價值時，合同效力即行停止。保單持有人領取保險金或解約金時，如有保單質押貸款，保險人則先扣除貸款本息。

例 10.7　決定某種 30 歲簽單，保險金額為 1,000 元的普通壽險保單，在第三個保險年度末發生解約的最低不喪失價值。分別用方法 ① 傳統現金價值決定法(假定公司解約費為 25 元) 和 ② 調整保險費法(假定調整保險費為 14.73 元)。

解：① 傳統現金價值決定法

原保單在第三年末的準備金為

$$1\ 000\,{}_{3}V_{30} = 1\ 000A_{33} - 1\ 000P_{30}\ddot{a}_{33} = 36.27$$

現金價值 $= 1,000\,{}_{3}V_{30} - 25 = 11.27$(元)

② 調整保險費法

現金價值 = $1,000A_{33} - 1\,000P_{30}^{a}\ddot{a}_{33} = 340.99 - 14.73 \times 22.63 = 7.65$(元)

10.4.3 中國個人分紅保險最低現金價值的規定

1. 保單年度末保單價值準備金

保單年度末保單價值準備金指為計算保單年度末保單最低現金價值,按照本條所述計算基礎和計算方法算得的準備金數值。

(1) 計算基礎:

① 死亡率和費用率採用險種報備時厘定保險費所使用的預定死亡率和預定附加費用率。

② 對於保險期限小於 10 年的保險產品,利息率採用險種報備時厘定保險費所使用的預定利息率加 1%;對於保險期限等於或大於 10 年的保險產品,利息率採用險種報備時厘定保險費所使用的預定利息率加 2%。

(2) 計算方法:

① 根據該保單的保險責任和各保單年度淨保險費按上述計算基礎採用「未來法」計算。

② 保單各保單年度淨保險費為該保單年度的毛保險費扣除附加費用。其中:毛保險費是指按保單年度末保單價值準備金的計算基礎重新計算的保險費;附加費用為毛保險費乘以險種報備時厘定保險費所採用的該保單年度的預定附加費用率。

(3) 保單年度末保單價值準備金不包括該保單在保單年度末的生存給付金額。

2. 保單年度末保單最低現金價值

保單年度末保單最低現金價值是保險公司確定人壽保險保單現金價值的最低標準,其計算公式為:

$$MCV = r \times \max(PVR, 0) \tag{10.19}$$

上式中的係數 r 按下列公式計算:

$$r = k + \frac{t \times (1 - k)}{\min(20, n)}, t < \min(20, n)$$

$$r = 1, t \geqslant \min(20, n)$$

上式中:MCV 為保單年度末保單最低現金價值;PVR 為保單年度末保單價值準備金;n 為保單繳費期間(躉繳保險費時,$n = 1$);t 為已經過的保單年度,$t = 1, 2, \cdots$。

參數 k 的取值按如下標準確定:對於躉繳業務,$k = 1$;對於期繳兩全保險和年金保險,$k = 0.9$;對於期繳終身保險,$k = 0.8$。

保險公司可以本規定所確定的保單年度末保單最低現金價值作為保單年度末保單現金價值,也可以按其他合理的計算基礎和方法確定保單現金價值,但要保證其數值不低於保單年度末保單最低現金價值。

保單年度中保單現金價值根據保單年度末保單現金價值按合理的方法確定。

10.5 保單選擇權

隨著保險經營靈活性的增大，一種保單解約的解約金往往有很多選擇權。以下主要討論兩種最常見的保單選擇權：以現金價值購買繳清保險和展期保險。為說明問題的原理，保險類型限於保險金額為 1 元且於死亡的年末提供的情形。

10.5.1 繳清保險

繳清保險就是被保險人以現金價值作為躉繳純保險費，去購買的保險金額小於原保險的保險金額、保險期限不變的一種保險。而且整個計算服從原保單計算所用利息率和死亡表。

繳清保險的保險金額取決於下式：

$$b = \frac{{}_tCV}{A(t)} \tag{10.20}$$

上式中：$A(t)$ 表示在時間 t 的單位保險金額的躉繳純保險費；b 為繳清保險的保險金額；${}_tCV$ 為第 t 年末的現金價值。

據此，以第 t 年末普通壽險保單現金價值 ${}_tCV_x$ 為躉繳純保險費，所購買的繳清保險的保險金額為：

$$b = \frac{{}_tCV_x}{A_{x+t}} \tag{10.21}$$

當被保險人選擇繳清保險時，若保單有質押貸款，則在保單現金價值作為保險費購買的保險生效之前，必須扣除保單所欠的款，以使繳清保險不再受負債的約束。

例 10.8　某人 35 歲購買 25 年保險金額 100,000 元的兩全保險。在第五個保單年度末，投保人解約保單，解約時保單有保單質押貸款 10,000 元。如果解約費為 500 元，那麼投保人選擇購買繳清保險的保險金額為多少？用替換函數表示，然后以 CL1(2010—2013)2.5% 為基礎計算出具體結果。

解：首先求第五個保單年度末的責任準備金 ${}_5V$：

$$\begin{aligned}{}_5V &= 100,000A_{40:\overline{20|}} - 100,000\frac{A_{35:\overline{25|}}}{\ddot{a}_{35:\overline{25|}}}\cdot\ddot{a}_{40:\overline{20|}} \\ &= 100,000\left[\frac{M_{40}-M_{60}+D_{60}}{D_{40}} - \frac{M_{35}-M_{60}+D_{60}}{N_{35}-N_{60}}\cdot\frac{N_{40}-N_{60}}{D_{40}}\right] \\ &\approx 52,951.125,4(\text{元})\end{aligned}$$

其次，求第五年末的現金價值 ${}_5CV$：

$$\begin{aligned}{}_5CV &= {}_5V - {}_5SC \\ &= 100,000\left[\frac{(M_{40}-M_{60}+D_{60})(N_{35}-N_{60})}{D_{40}(N_{35}-N_{60})} \right.\\ &\quad \left. - \frac{(M_{35}-M_{60}+D_{60})(N_{40}-N_{60})}{D_{40}(N_{35}-N_{60})}\right] - 500 \approx 52,451.125,4(\text{元})\end{aligned}$$

最后,求繳清保險的保險金額 b:

$$ {}_5CV - 10\ 000 = bA_{40:\overline{20|}} $$

$$ b = \frac{{}_5CV - 10\ 000}{A_{40:\overline{20|}}} $$

$$ = \frac{100,000[(M_{40} - M_{60} + D_{60})(N_{35} - N_{60})}{(N_{35} - N_{60})(M_{40} - M_{60} + D_{60})} - \frac{(M_{35} - M_{60} + D_{60})(N_{40} - N_{60})]}{(N_{35} - N_{60})(M_{40} - M_{60} + D_{60})} $$

$$ - 10,500 \times \frac{D_{40}}{M_{40} - M_{60} + D_{60}} \approx 68,420.02(\text{元}) $$

當用第 t 年末的均衡純保險費準備金作為第 t 年末的現金價值去購買繳清保險時,則減少的保險金額特別記作 ${}_tW$,且

$$ {}_tW = \frac{{}_tV}{A(t)} \tag{10.22} $$

對於普通壽險保單,

$$ {}_tW_x = \frac{{}_tV_x}{A_{x+t}} \tag{10.23} $$

$$ = \frac{A_{x+t} - P_x\ddot{a}_{x+t}}{A_{x+t}} = 1 - \frac{P_x}{P_{x+t}} \tag{10.24} $$

類似地,n 年兩全保單

$$ {}_tW_{x:\overline{n|}} = \frac{{}_tV_{x:\overline{n|}}}{A_{x+t:\overline{n-t|}}} \tag{10.25} $$

$$ = 1 - \frac{P_{x:\overline{n|}}}{P_{x+t:\overline{n-t|}}} \tag{10.26} $$

限期 n 年繳費的終身保單

$$ {}_t^nW_x = \frac{{}_t^nV_x}{A_{x+t}} = 1 - \frac{{}_nP_x}{{}_{n-t}P_{x+t}} \tag{10.27} $$

10.5.2 展期保險

展期保險指在保單解約時不領取現金價值,而是運用現金價值去購買保險金額不變僅保險期限變化的定期保險。

當保險金額為 1 元時,展期保險的保險期間 n 由下式決定:

$$ {}_tCV = A^1_{x+t:\overline{n|}} \tag{10.28} $$

運用插值法,n 通常可以具體到天數。

展期保險有兩種特殊情況需要注意:

(1) 對於兩全保單,在保險期限后期所具有的現金價值,可能足以購買保險金額不變、從解約時刻到兩全期滿這段時期為保險期限的定期保險。此時,現金價值超過購買此種定期保險所需保險費的餘額便可以用於購買在滿期提供給付的純生存保險,且這種純生存保險的保險金額取決於:

$$\frac{{}_tCV - A^{\ 1}_{x+t:\overline{n}|}}{A_{x+t:\overline{n}|}^{\quad\ 1}}$$

上式中 n 為兩全期所剩餘的年數。

(2) 如果保單具有一筆價值為 L 的負債或欠款,那麼這種保單通常提供的展期保險的保險金額將是 $1-L$,這裡1為原保單的保險金額。否則保單持有人選擇這種展期保險,有可能增加保險人的風險。此時展期保險的 n 值由下式決定:

$$(1-L)A^{\ 1}_{x+t:\overline{n}|} = {}_tCV - L \tag{10.29}$$

進一步,這種方法在較長時期內提供了較小的展期保險金額,它有助於保護保險人免遭被保險人運用此條款的逆選擇造成的損失。

例10.9 某種在45歲簽單、保險金額為1,000元的十年兩全保單,在第五年末的現金價值為452元。試計算與此等價的繳清和展期保險的保險金額,以CL1(2010—2013)2.5%為計算基礎。

解: (1) 設繳清保險的保險金額為 b 元,那麼

$$b = \frac{{}_5CV_{45:\overline{10}|}}{A_{50:\overline{5}|}} = \frac{452.00}{0.884,899} = 510.79(\text{元})$$

(2) 顯然,現金價值452元足以購買5年定期保險,所以 $452 - 1,000A^{\ 1}_{50:\overline{5}|} = 428.88$(元)用於購買到兩全保險期滿為限的五年純生存保險,且這種純生存保險金額為:

$$\frac{{}_5CV_{45:\overline{10}|} - 1,000A^{\ 1}_{50:\overline{5}|}}{A_{50:\overline{5}|}^{\quad\ 1}} = \frac{428.88}{{}_5E_{50}} = 497.67(\text{元})$$

這表明:第二種保單選擇權提供了保險金額1,000元的五年展期定期保險,同時如果被保險人在兩全保險期屆滿時仍生存,那麼還提供保險金額為497.67元的純生存保險。

習題10

10-1 證明:初年定期修正法下,${}^n_tV^{\mathrm{F}}_{x:\overline{m}|} = {}^{n-1}_{t-1}V_{x+1:\overline{m-1}|}$。

10-2 張某30歲時投保了20年限期繳費,保險金額10,000元30年期兩全保險。試用保險監察官修正法,計算該保險在第5年末的責任準備金(用替換函數表示所求結果)。

10-3 證明:${}_{10}V^{\mathrm{F}}_{30:\overline{20}|} = 1 - \dfrac{\ddot{a}_{40:\overline{10}|}}{\ddot{a}_{31:\overline{19}|}}$。

(V^{F} 表示一年定期修正法責任準備金)

10-4 35歲的人購買保險金額10,000元的10年期死亡保險。他決定在第5個保險年度退保。試用傳統現金價值決定法(設退保費用為100元),求退保時的最低現金價值,設年有效利息率為6%,死亡率可選用附錄中的一種生命表。

10-5 30歲的人購買保險金額為1,000元,於死亡年末給付的30年期兩全保險,繳費期30年。調整保險費法下 t 年末的現金價值 ${}_tCV$ 按 $A_{x+t:\overline{n-k}|} - P^{\alpha}_{x:\overline{n}|}\ddot{a}_{x+k:\overline{n-k}|}$ 計算。已知

調整純保險費為均衡純保險費的 110%,用 t 年末的均衡純保險費責任準備金作為 t 年末現金價值,購買繳清保險時可購買的保險金額用 ${}_tW$ 表示。進一步還已知 ${}_{10}W_{30:\overline{30|}} = 0.5$, ${}_{5}W_{40:\overline{20|}} = 0.3$,求第 15 年末調整保險費法下的最低的現金價值可購買的繳清保險的保險金額。

10－6　已知 ${}_5V_{x:\overline{10|}}^{\text{FPT}} = 0.25$, $\beta^{\text{FPT}} = 0.05$, $d = 0.06$, $q_{x+4} = 0.01$。求 $100,000\,{}_3V_{x+1:\overline{9|}}$。

10－7　老王為其現年 15 歲的孫子投了全離散型的保險金額為 100,000 元的 30 年期兩全保險。已知:$100,000A_{17:\overline{28|}} = 26,507$, $100,000A_{35:\overline{1|}}^{1} = 86.7$, $\ddot{a}_{15:\overline{30|}} = 15.924$, $\ddot{a}_{17:\overline{28|}} = 15.434$, $100,000P_{15:\overline{30|}} = 1,517.8$, $100,000P_{16:\overline{29|}} = 1,613.7$。若採用修正年限為 $g = 30$ 年,$\alpha^{\text{mod}} = 5\alpha^{\text{FPT}}$,試用一年定期修正法計算第二年末的責任準備金。

10－8　35 歲男性簽訂的保險金額為 20,000 元的 30 年定期離散型生死兩全保險,已知替換函數:$\dfrac{M_{35} - M_{65} + D_{65}}{N_{35} - N_{65}} = 0.013,65$, $\dfrac{M_{38} - M_{65} + D_{65}}{D_{38}} = 0.228,23$, $\dfrac{N_{36} - N_{65}}{D_{35}} = 13.234,13$, $\dfrac{N_{38} - N_{65}}{D_{38}} = 13.634,65$, $\dfrac{M_{35} - M_{36}}{D_{35}} = 0.001,13$。在 FPT 法下,求第三年末的準備金。

10－9　對 30 歲的投保人發行的 1 單位保險金額,連續型 20 年期兩全保險,在第 10 年末中止,並且那時還有一筆以 ${}_{10}CV$ 為抵押的貸款額 L 尚未清償,用躉繳淨保險費表示:① 在保險金額為 $1-L$ 的展期保險可展延到原期滿時的情況下,期滿時生存給付額為 E。② 轉為第 ① 小題中展期保險與生存保險后 5 年時的責任準備金。

10－10　簡述保單現金價值的含義。在現金價值設計中,現金價值為何小於或等於準備金?簡要說明這樣設計的主要理由。

11 多元風險模型

在本章之前所研究的內容屬於一元風險模型的範疇,即同時進入觀察的一批人只在死亡因素的影響下逐漸減少。但在實際中,影響未來存續時間的因素往往不止死亡一個。例如保險公司在做長期保險的時候,除了要考慮死亡率之外,還要考慮退保因素的影響。還有在制訂企業養老金計劃時,需要綜合考慮企業員工受死亡、殘疾、離職、退休等因素的影響。因此,為研究同時進入觀察的一批人在受兩個或兩個以上風險影響下逐漸減少的規律而建立的數學模型稱為多元風險模型,也可稱為多減因模型。

與一元風險模型的表現形式一樣,多元風險模型也是以表格形式來表示的,這個表格我們稱之為多元風險生命表,簡稱多元風險表,即通過一張統計表反映出同一年齡參加同一事件的一批人受兩個及兩個以上因素影響而陸續減少的規律。

此外,多元風險表還具有更廣泛的含義。我們把一批人屬於某個集合或者具有某些特徵時,稱之為「生存」;而當其離開這一個集合時,稱之為「死亡」。如企業所有單身在職員工構成一個集合,該集合的特徵是「單身」和「在職」,具備這兩個特徵的個體稱為狀態「生存」,否則就稱為狀態「死亡」。該集合中的人數會因為以下原因而減少,即狀態「死亡」:①結婚;②離職;③死亡。當然這裡的狀態之間可以轉換,比如「已婚」向「單身」變換,就造成「死亡」變成「生存」。為了方便起見,我們假定所研究的多元風險表中的狀態「死亡」不可以轉換為狀態「生存」。

11.1 多元風險函數與多元生命表

11.1.1 多元風險函數

多元風險函數指的是隨時間變化而變化,反映單個風險或全部風險作用下「生存」與「死亡」規律的函數關係。這些函數關係反映的是多元風險表中數字之間的內在聯繫,是多元風險表編制和多元風險情形下壽險精算的基礎。表 11.1 就是某三元風險表的部分示例,表示退休、死亡和離職三個風險的作用狀況。

表 11.1　　某三元風險表的一部分

x	$q_x^{(1)}$	$q_x^{(2)}$	$q_x^{(3)}$	$q_x^{(\tau)}$	$l_x^{(\tau)}$	$d_x^{(1)}$	$d_x^{(2)}$	$d_x^{(3)}$	$d_x^{(\tau)}$
30	0.002,2	0.005,5	0.004,2	0.011,9	85,432	188	470	359	1,017
31	0.002,5	0.006,4	0.005,4	0.014,3	84,415	211	540	456	1,207
32	0.003,1	0.007,1	0.006,1	0.016,3	83,208	258	591	508	1,356
33	0.003,5	0.008,2	0.006,6	0.018,3	81,852	286	671	540	1,498
34	0.003,7	0.008,3	0.007,0	0.019,0	80,354	297	667	562	1,527
35	0.004,3	0.008,7	0.007,4	0.020,4	78,827	339	686	583	1,608

1. 基本風險函數

(1)$l_x^{(\tau)}$ 表示同時參加同一事件的一批個體,暴露在全部風險條件下,在 x 歲時仍然「存活」的人數。

(2)$d_x^{(j)}$ 表示同時參加同一事件的一批個體,由於風險 $j(j=1,2,\cdots,m)$ 的作用,該群體在 x 到 $x+1$ 歲間減少或「死亡」的個體數量;${}_nd_x^{(j)}$ 表示由於風險 j 的作用,在 x 到 $x+n$ 歲間減少或「死亡」的個體數量。$d_x^{(\tau)}$ 表示同時參加同一事件的一批個體,在全部風險的作用下,該群體在 x 到 $x+1$ 歲間減少或「死亡」的個體數量;${}_nd_x^{(\tau)}$ 表示由於全部風險的作用,在 x 到 $x+n$ 歲間減少或「死亡」的個體數量。顯然有

$$d_x^{(\tau)} = \sum_{j=1}^{m} d_x^{(j)} \tag{11.1}$$

$${}_nd_x^{(\tau)} = \sum_{j=1}^{m} {}_nd_x^{(j)} \tag{11.2}$$

$$l_x^{(\tau)} - d_x^{(\tau)} = l_{x+1}^{(\tau)} \tag{11.3}$$

$$l_x^{(\tau)} - {}_nd_x^{(\tau)} = l_{x+n}^{(\tau)} \tag{11.4}$$

$$l_x^{(\tau)} = \sum_{y=x}^{+\infty} d_y^{(\tau)} \tag{11.5}$$

嚴格來講,這裡的 $+\infty$ 指的是 $\omega - x - 1$,其中 ω 為終極年齡,即 $l_\omega^{(\tau)} = 0$。

(3)$q_x^{(j)}$ 表示 x 歲的人在未來一年內由於風險 j 作用而減少或「死亡」的概率,${}_nq_x^{(j)}$ 表示 x 歲的人在未來 n 年內由於風險 j 作用而減少或「死亡」的概率。

$$q_x^{(j)} = \frac{d_x^{(j)}}{l_x^{(\tau)}} \tag{11.6}$$

$${}_nq_x^{(j)} = \frac{{}_nd_x^{(j)}}{l_x^{(\tau)}} \tag{11.7}$$

(4)$q_x^{(\tau)}$ 表示 x 歲的人在未來一年內由於全部風險作用而減少或「死亡」的概率,${}_nq_x^{(\tau)}$ 表示 x 歲的人在未來 n 年內由於全部風險作用而減少或「死亡」的概率。

$$q_x^{(\tau)} = \frac{d_x^{(\tau)}}{l_x^{(\tau)}} = \frac{\sum_{j=1}^{m} d_x^{(j)}}{l_x^{(\tau)}} = \sum_{j=1}^{m} q_x^{(j)} \tag{11.8}$$

$$ {}_nq_x^{(\tau)} = \frac{{}_nd_x^{(\tau)}}{l_x^{(\tau)}} = \frac{\sum_{j=1}^{m} {}_nd_x^{(j)}}{l_x^{(\tau)}} = \sum_{j=1}^{m} {}_nq_x^{(j)} \tag{11.9} $$

(5) $p_x^{(\tau)}$ 表示 x 歲的人在未來一年內在全部風險作用下仍然存活的概率，${}_np_x^{(\tau)}$ 表示 x 歲的人在未來 n 年內在全部風險作用下仍然存活的概率。

$$ p_x^{(\tau)} = \frac{l_{x+1}^{(\tau)}}{l_x^{(\tau)}} = 1 - q_x^{(\tau)} \tag{11.10} $$

$$ {}_np_x^{(\tau)} = \frac{l_{x+n}^{(\tau)}}{l_x^{(\tau)}} = 1 - {}_nq_x^{(\tau)} \tag{11.11} $$

(6) ${}_{s|t}q_x^{(j)}$ 表示 x 歲的人在活過 s 年后的 t 年時間裡由於風險 j 作用而減少或「死亡」的概率。顯然有

$$ {}_{s|t}q_x^{(j)} = {}_sp_x^{(\tau)}\ {}_tq_{x+s}^{(j)} = \frac{{}_td_{x+s}^{(j)}}{l_x^{(\tau)}} \tag{11.12} $$

例 11.1　利用表 11.1 的數據計算 ${}_4p_{30}^{(\tau)}$、${}_3q_{32}^{(3)}$、${}_{2|}q_{32}^{(2)}$、${}_{2|2}q_{32}^{(2)}$。

解： $ {}_4p_{30}^{(\tau)} = \dfrac{l_{34}^{(\tau)}}{l_{30}^{(\tau)}} \approx 0.940,561 $

$$ {}_3q_{32}^{(3)} = \frac{{}_3d_{32}^{(3)}}{l_{32}^{(\tau)}} = \frac{d_{32}^{(3)} + d_{33}^{(3)} + d_{34}^{(3)}}{l_{32}^{(\tau)}} = \frac{1,610}{83,208} \approx 0.019,352 $$

$$ {}_{2|}q_{32}^{(2)} = \frac{d_{34}^{(2)}}{l_{32}^{(\tau)}} = \frac{667}{83,208} \approx 0.008,015 $$

$$ {}_{2|2}q_{32}^{(2)} = {}_2p_{32}^{(\tau)}\ {}_2q_{34}^{(2)} = \frac{d_{34}^{(2)} + d_{35}^{(2)}}{l_{32}^{(\tau)}} = \frac{1,353}{83,208} \approx 0.016,257 $$

2. 隨機變量 T 與 J

我們把 x 歲的人在未來存續的時間記作 $T(x)$ 或簡記為 T，即表示 (x) 從開始直到因某種風險而終止所經歷的時間，是一個連續型隨機變量，取值為 $[0,+\infty)$。導致 x 歲的人終止的風險記作 $J(x)$ 或簡記為 J，顯然，$J = 1,2,\cdots,m$，J 是一個離散型隨機變量。

構造存續時間隨機變量 T 與風險隨機變量 J 的聯合密度函數為 $f(t,j)$，那麼可以獲得如下概率表示形式：

由於風險 j 導致 x 歲的人在時間 $[0,n]$ 內「死亡」的概率即 ${}_nq_x^{(j)}$ 可表示為：

$$ {}_nq_x^{(j)} = P(0 < T \leqslant n, J = j) = \int_0^n f(t,j)\,dt \tag{11.13} $$

x 歲的人在時間 $[0,n]$ 內不論因何種風險而「死亡」的概率即 ${}_nq_x^{(\tau)}$ 可表示為：

$$ \begin{aligned} {}_nq_x^{(\tau)} &= P(0 < T \leqslant n) = \sum_{j=1}^{m} P(0 < T \leqslant n, J = j) \\ &= \sum_{j=1}^{m} \int_0^n f(t,j)\,dt \end{aligned} \tag{11.14} $$

x 歲的人在時刻 n 仍然「存活」的概率即 ${}_np_x^{(\tau)}$ 可表示為：

$$ {}_np_x^{(\tau)} = 1 - {}_nq_x^{(\tau)} \tag{11.15} $$

x 歲的人由於風險 j 導致終止的概率即 ${}_{\infty}q_x^{(j)}$ 可表示為：

$${}_{\infty}q_x^{(j)} = \mathrm{P}(T \leqslant \infty, J = j) = \int_0^{\infty} f(t,j)\,\mathrm{d}t \tag{11.16}$$

上式中，$j = 1,2,\cdots,m$。

根據聯合密度函數與邊際密度函數的關係，記風險隨機變量 J 的邊際密度函數為 $h(j)$，於是

$$h(j) = {}_{\infty}q_x^{(j)} = \int_0^{\infty} f(t,j)\,\mathrm{d}t, \quad j = 1,2,\cdots,m \tag{11.17}$$

顯然有

$$\sum_{j=1}^{m} h(j) = 1。$$

記隨機變量 T 的邊際密度函數為 $g(t)$，由於 J 是離散型隨機變量，於是有

$$g(t) = \sum_{j=1}^{m} f(t,j) \tag{11.18}$$

顯然

$$\int_0^{+\infty} g(t)\,\mathrm{d}t = 1 \tag{11.19}$$

記隨機變量 T 的邊際分佈函數為 $G(t)$，那麼

$$G(t) = \int_0^t g(s)\,\mathrm{d}s = \int_0^t \sum_{j=1}^{m} f(s,j)\,\mathrm{d}s$$
$$= \sum_{j=1}^{m} \int_0^t f(s,j)\,\mathrm{d}s = {}_tq_x^{(\tau)} \tag{11.20}$$

即 $G(t)$ 就是 x 歲的人在時刻 t 前終止的概率。

3. 終止力函數

在多元風險模型中，終止力反映了同一批人由於某個或全部風險導致的減少力度或「死亡」力度，描述了某一瞬間風險作用水平的高低。類似於一元風險模型中死亡力的定義，我們將受全部風險作用的 x 歲的人在 $x+t$ 歲的終止力定義為：

$$\mu_{x+t}^{(\tau)} = -\frac{1}{{}_tp_x^{(\tau)}} \cdot \frac{\mathrm{d}}{\mathrm{d}t}\,{}_tp_x^{(\tau)} = \frac{1}{{}_tp_x^{(\tau)}} \cdot \frac{\mathrm{d}}{\mathrm{d}t}\,{}_tq_x^{(\tau)} \tag{11.21}$$

由上式可得：

$${}_tp_x^{(\tau)} = \exp\left(-\int_0^t \mu_{x+s}^{(\tau)}\,\mathrm{d}s\right) \tag{11.22}$$

此外還可以表示為：

$$\mu_{x+t}^{(\tau)} = -\frac{\mathrm{d}}{\mathrm{d}t}\ln {}_tp_x^{(\tau)} \tag{11.23}$$

$$\mu_{x+t}^{(\tau)} = -\frac{(l_{x+t}^{(\tau)})'}{l_{x+t}^{(\tau)}} \tag{11.24}$$

$$\mu_{x+t}^{(\tau)} = \frac{G'(t)}{1 - G(t)} = \frac{g(t)}{1 - G(t)} \tag{11.25}$$

由風險 j 導致 x 歲的人在 $x+t$ 歲終止的終止力可以定義為：

$$\mu_{x+t}^{(j)} = \frac{1}{{}_tp_x^{(\tau)}} \cdot \frac{\mathrm{d}}{\mathrm{d}t} {}_tq_x^{(j)} \tag{11.26}$$

此外還可以表示為：

$$\mu_{x+t}^{(j)} = \frac{f(t,j)}{1 - G(t)} = \frac{f(t,j)}{{}_tp_x^{(\tau)}} \tag{11.27}$$

因此，聯合概率密度函數可以表示為：

$$f(t,j) = {}_tp_x^{(\tau)} \mu_{x+t}^{(j)} \tag{11.28}$$

由於

$${}_tq_x^{(\tau)} = \sum_{j=1}^{m} {}_tq_x^{(j)} \tag{11.29}$$

兩邊同時對 t 進行求導並除以 ${}_tp_x^{(\tau)}$，可得：

$$\mu_{x+t}^{(\tau)} = \sum_{j=1}^{m} \mu_{x+t}^{(j)} \tag{11.30}$$

因此，$h(j)$ 和 $g(t)$ 也可以表示為：

$$h(j) = \int_0^{\infty} f(t,j)\,\mathrm{d}t = \int_0^{\infty} {}_tp_x^{(\tau)} \mu_{x+t}^{(j)} \mathrm{d}t \tag{11.31}$$

$$\begin{aligned} g(t) &= \sum_{j=1}^{m} f(t,j) = \sum_{j=1}^{m} {}_tp_x^{(\tau)} \mu_{x+t}^{(j)} \\ &= {}_tp_x^{(\tau)} \sum_{j=1}^{m} \mu_{x+t}^{(j)} = {}_tp_x^{(\tau)} \mu_{x+t}^{(\tau)} \end{aligned} \tag{11.32}$$

例 11.2 三元風險模型中，已知 $\mu_x^{(j)} = 0.01j\ (j = 1,2,3)$，求 $q_x^{(1)}$、$q_x^{(2)}$ 和 $q_x^{(3)}$。

解：根據已知，有

$$\begin{aligned} \mu_{x+t}^{(\tau)} &= \mu_{x+t}^{(1)} + \mu_{x+t}^{(2)} + \mu_{x+t}^{(3)} \\ &= \mu_x^{(1)} + \mu_x^{(2)} + \mu_x^{(3)} = 0.01 + 0.02 + 0.03 = 0.06 \end{aligned}$$

$${}_tp_x^{(\tau)} = \exp(-\int_0^t 0.06\mathrm{d}t) = \mathrm{e}^{-0.06t}$$

$$\begin{aligned} q_x^{(1)} &= \int_0^1 f(t,1)\ \mathrm{d}t = \int_0^1 {}_tp_x^{(\tau)} \mu_{x+t}^{(1)} \mathrm{d}t = 0.01 \int_0^1 \mathrm{e}^{-0.06t} \mathrm{d}t \\ &= \frac{0.01}{0.06} \cdot (1 - \mathrm{e}^{-0.06}) \approx 0.009,706 \end{aligned}$$

同理可得：

$q_x^{(2)} \approx 0.019,412$，$q_x^{(3)} \approx 029,118$。

例 11.3 已知 $\mu_{x+t}^{(1)} = \frac{1}{100}$，$\mu_{x+t}^{(2)} = \frac{t}{100}$，其中 $t \geqslant 0$。求 $f(t,j)$、$g(t)$ 及 $h(j)$。

解：$\because \mu_{x+t}^{(\tau)} = \mu_{x+t}^{(1)} + \mu_{x+t}^{(2)} = \frac{1}{100} + \frac{t}{100} = \frac{t+1}{100}$

$$\therefore {}_tp_x^{(\tau)} = \exp(-\int_0^t \frac{s+1}{100}\mathrm{d}s) = \exp(-\frac{t^2+2t}{200})$$

$$f(t,j) = \begin{cases} \frac{1}{100}\exp(-\frac{t^2+2t}{200}) & (t \geqslant 0, j = 1) \\ \frac{t}{100}\exp(-\frac{t^2+2t}{200}) & (t \geqslant 0, j = 2) \end{cases}$$

$$g(t) = f(t,1) + f(t,2) = \frac{t+1}{1,000}\exp(-\frac{t^2+2t}{2,000})$$

$$h(1) = \int_0^{\infty} \frac{1}{100}\exp(-\frac{t^2+2t}{200})\,dt \approx 0.115,9$$

$$h(2) = 1 - h(1) \approx 0.884,1$$

4. 中心終止力

中心終止力,又稱中心「死亡」率,它是指一年內減少的人數與平均「存活」人數之比。全部風險的中心終止力為:

$$m_x^{(\tau)} = \frac{d_x^{(\tau)}}{L_x^{(\tau)}} = \frac{\int_0^1 l_{x+t}^{(\tau)}\mu_{x+t}^{(\tau)}\,dt}{\int_0^1 l_{x+t}^{(\tau)}\,dt} = \frac{\int_0^1 {}_tp_x^{(\tau)}\mu_{x+t}^{(\tau)}\,dt}{\int_0^1 {}_tp_x^{(\tau)}\,dt} \tag{11.33}$$

風險 j 的中心終止力為:

$$m_x^{(j)} = \frac{d_x^{(j)}}{L_x^{(\tau)}} = \frac{\int_0^1 l_{x+t}^{(\tau)}\mu_{x+t}^{(j)}\,dt}{\int_0^1 l_{x+t}^{(\tau)}\,dt} = \frac{\int_0^1 {}_tp_x^{(\tau)}\mu_{x+t}^{(j)}\,dt}{\int_0^1 {}_tp_x^{(\tau)}\,dt} \tag{11.34}$$

顯然有

$$m_x^{(\tau)} = \sum_{j=1}^{m} m_x^{(j)} \tag{11.35}$$

此外,當假設各年齡段總減少人數均勻分佈時,有

$$l_{x+t}^{(\tau)} = l_x^{(\tau)} - td_x^{(\tau)}\,(0 \leqslant t \leqslant 1) \tag{11.36}$$

$$L_x^{(\tau)} = \int_0^1 l_{x+t}^{(\tau)}\,dt = \int_0^1 (l_x^{(\tau)} - td_x^{(\tau)})\,dt$$

$$= l_x^{(\tau)} - \frac{1}{2}d_x^{(\tau)} = \frac{l_x^{(\tau)} + l_{x+1}^{(\tau)}}{2} \tag{11.37}$$

$$m_x^{(\tau)} = \frac{d_x^{(\tau)}}{L_x^{(\tau)}} = \frac{d_x^{(\tau)}}{l_x^{(\tau)} - \frac{1}{2}d_x^{(\tau)}} = \frac{2q_x^{(\tau)}}{2 - q_x^{(\tau)}} \tag{11.38}$$

$$m_x^{(j)} = \frac{d_x^{(j)}}{L_x^{(\tau)}} = \frac{d_x^{(j)}}{l_x^{(\tau)} - \frac{1}{2}d_x^{(\tau)}} = \frac{2q_x^{(j)}}{2 - q_x^{(\tau)}} \tag{11.39}$$

由上面兩式聯立,可解得:

$$q_x^{(\tau)} = \frac{2m_x^{(\tau)}}{2 + m_x^{(\tau)}} \tag{11.40}$$

$$q_x^{(j)} = \frac{2m_x^{(j)}}{2 + m_x^{(\tau)}} \tag{11.41}$$

例 11.4 考慮一個多元風險模型,已知:① ${}_tp_x^{(\tau)} = 1 - 0.03t, 0 \leqslant t \leqslant 1$;② $\mu_x^{(1)} = 0.02t, 0 \leqslant t \leqslant 1$。求 $m_x^{(1)}$。

解: 根據已知,有

$$m_x^{(1)} = \frac{\int_0^1 {}_tp_x^{(\tau)} \mu_{x+t}^{(1)} \mathrm{d}t}{\int_0^1 {}_tp_x^{(\tau)} \mathrm{d}t}$$

$$\int_0^1 {}_tp_x^{(\tau)} \mu_{x+t}^{(j)} \mathrm{d}t = \int_0^1 (1 - 0.03t)(0.02t)\mathrm{d}t = 0.009,8$$

$$\int_0^1 {}_tp_x^{(\tau)} \mathrm{d}t = \int_0^1 (1 - 0.03t)\mathrm{d}t = 0.985$$

$$m_x^{(1)} = \frac{0.009,8}{0.985} \approx 0.009,95$$

11.1.2 多元風險生命表的編制

多元風險生命表是一張反映同一年齡參加同一事件的一批人受兩個及兩個以上因素影響而陸續減少的統計表,是多元風險模型的精算基礎,它對於多元風險情形下的壽險精算具有重要意義。與簡單生命表的編制類似,下面將給出多元風險生命表的編制方法和基本步驟。

通過實際的人口調查統計,可以獲得以下資料:某時期受全部風險作用,在年齡別(x 歲時)「存活」的人數分別為 $\tilde{P}_x^{(\tau)}$,年齡別(x 歲時) 各風險減少的人數 $\tilde{D}_x^{(j)}$。那麼可以按照如下步驟編制生命表:

第一步,計算該時期各年齡段平均「存活」人數 $\bar{P}_x^{(\tau)}$:

$$\bar{P}_x^{(\tau)} = \frac{\tilde{P}_x^{(\tau)} + \tilde{P}_{x+1}^{(\tau)}}{2} \tag{11.42}$$

第二步,計算出年齡別實際中心終止力 $\widetilde{M}_x^{(j)}$、$\widetilde{M}_x^{(\tau)}$:

$$\widetilde{M}_x^{(j)} = \frac{\widetilde{D}_x^{(j)}}{\bar{P}_x^{(\tau)}} \tag{11.43}$$

$$\widetilde{M}_x^{(\tau)} = \frac{\widetilde{D}_x^{(\tau)}}{\bar{P}_x^{(\tau)}} \tag{11.44}$$

第三步,以實際中心終止力 $\widetilde{M}_x^{(j)}$、$\widetilde{M}_x^{(\tau)}$ 去分別估計多元風險表中的中心終止力 $m_x^{(j)}$、$m_x^{(\tau)}$,且各年齡段總減少人數服從均勻分佈假設,根據式(11.40) 和式(11.41) 計算出各風險概率 $q_x^{(j)}$、$q_x^{(\tau)}$:

$$q_x^{(j)} = \frac{2m_x^{(j)}}{2 + m_x^{(\tau)}} = \frac{2\widetilde{M}_x^{(j)}}{2 + \widetilde{M}_x^{(\tau)}} \tag{11.45}$$

$$q_x^{(\tau)} = \frac{2m_x^{(\tau)}}{2 + m_x^{(\tau)}} = \frac{2\widetilde{M}_x^{(\tau)}}{2 + \widetilde{M}_x^{(\tau)}} \tag{11.46}$$

第四步,假設多元風險表基數(例如為 $l_a^{(\tau)} = 100,000$),由下面的公式就可以編制出多元風險表:

$$d_x^{(\tau)} = l_x^{(\tau)} q_x^{(\tau)} \tag{11.47}$$

$$l_{x+1}^{(\tau)} = l_x^{(\tau)} - d_x^{(\tau)} \tag{11.48}$$

$$d_x^{(j)} = l_x^{(\tau)} q_x^{(j)} \tag{11.49}$$

11.2 聯合單風險模型

11.2.1 聯合單風險模型的概念及其特徵

在多元風險模型中,由於各種風險同時發生作用,因此某種風險導致狀態終止的可能性會因其他風險的存在而發生改變,我們稱這些影響狀態終止且相互作用的風險為競爭性風險。在競爭性風險環境中,我們只能看到這些風險對狀態終止產生的總作用,難以看到某個風險的單獨作用。例如員工保險計劃,由於退休、殘疾和自願解約的存在而不能直接知道死亡率對此有多大的影響。為了考慮各種風險的單獨作用對存續函數 ${}_tp_x^{(\tau)}$ 和終止概率 ${}_tq_x^{(\tau)}$ 所造成的影響,我們就某個特定的風險定義單風險模型,該模型只依賴於該特定的風險,多個單風險的總和稱為聯合單風險模型。

在考慮風險 j 的單獨作用時,以其終止力 $\mu_x^{(j)}$ 為基礎,對其他函數進行定義,並在函數的右上角加「 * 」號或者「 ′ 」號與多元風險函數進行區分。因此,

$$p_x^{*(j)} = \exp(-\int_0^1 \mu_{x+t}^{(j)} \mathrm{d}t) \tag{11.50}$$

$$q_x^{*(j)} = 1 - p_x^{*(j)} \tag{11.51}$$

更一般的情形下,對於任意正數 t,有

$${}_tp_x^{*(j)} = \exp(-\int_0^t \mu_{x+s}^{(j)} \mathrm{d}s) \tag{11.52}$$

$${}_tq_x^{*(j)} = 1 - {}_tp_x^{*(j)} \tag{11.53}$$

${}_tq_x^{*(j)}$ 稱為風險 j 的獨立終止率,它不同於風險 j 的終止概率 ${}_tq_x^{(j)}$。前者僅與風險 j 的終止力有關,與其他終止力無關,即僅考慮在風險 j 的作用下而減少的概率。后者則考慮在全部風險作用下由於風險 j 所導致的終止概率。

因為

$${}_tp_x^{(\tau)} = \exp(-\int_0^t \mu_{x+s}^{(\tau)} \mathrm{d}s) = \exp(-\int_0^t \sum_{j=1}^m \mu_{x+s}^{(j)} \mathrm{d}s) = \prod_{j=1}^m {}_tp_x^{*(j)} \tag{11.54}$$

可得

$${}_tp_x^{*(j)} \geqslant {}_tp_x^{(\tau)} \tag{11.55}$$

所以

$${}_tp_x^{*(j)} \mu_{x+t}^{(j)} \geqslant {}_tp_x^{(\tau)} \mu_{x+t}^{(j)} \tag{11.56}$$

上式兩端從 0 到 1 積分可得

$$q_x^{*(j)} = \int_0^1 {}_tp_x^{*(j)} \mu_{x+t}^{(j)} \mathrm{d}t \geqslant \int_0^1 {}_tp_x^{(\tau)} \mu_{x+t}^{(j)} \mathrm{d}t = q_x^{(j)} \tag{11.57}$$

即風險 j 導致的獨立終止率會因其他原因的作用(先於風險 j 發生)而變小。

此外,顯然

$$q_x^{*(j)} = 1 - p_x^{*(j)} \leqslant 1 - p_x^{(\tau)} = q_x^{(\tau)} \tag{11.58}$$

這說明風險 j 導致的獨立終止率會因該風險之外其他風險的作用而增大至 $q_x^{(\tau)}$。

在聯合單風險模型中,定義風險 j 的獨立中心終止力為:

$$m_x^{*(j)} = \frac{\int_0^1 {}_tp_x^{*(\tau)} \mu_{x+t}^{(j)} \mathrm{d}t}{\int_0^1 {}_tp_x^{*(\tau)} \mathrm{d}t} \tag{11.59}$$

例 11.5　假設 $m_{20}^{(\tau)} = 0.4$, $q_{20}^{*(1)} = 0.1$,在多元風險模型中的各風險導致的減少人數服從均勻分佈假設,計算 $q_{20}^{*(2)}$。

解:∵ 多元風險模型中的各風險導致的減少人數服從均勻分佈假設,且 $m_{20}^{(\tau)} = 0.4$

$$\therefore q_{20}^{(\tau)} = \frac{2m_{20}^{(\tau)}}{2 + m_{20}^{(\tau)}} = \frac{2 \times 0.4}{2 + 0.4} \approx 0.333,333$$

$$\therefore p_{20}^{(\tau)} = 1 - q_{20}^{(\tau)} = 0.666,667$$

$$\because p_{20}^{(\tau)} = p_{20}^{*(1)} p_{20}^{*(2)}$$

$$\therefore p_{20}^{*(2)} = \frac{p_{20}^{(\tau)}}{p_{20}^{*(1)}} \approx 0.740,741$$

$$q_{20}^{*(2)} = 1 - p_{20}^{*(2)} = 0.259,259$$

11.2.2　特殊假設下 $q_x^{(j)}$ 和 $q_x^{*(j)}$ 的相互轉換

1. 假設在多元風險模型中,各終止力在各年齡內均為常數

在該假設下,

$$\mu_{x+t}^{(j)} = \mu_x^{(j)} (0 \leqslant t < 1, j = 1,2,\cdots,m) \tag{11.60}$$

從而可得:

$$\mu_{x+t}^{(\tau)} = \mu_x^{(\tau)} \tag{11.61}$$

因此

$$q_x^{(j)} = \int_0^1 {}_tp_x^{(\tau)} \mu_{x+t}^{(j)} \mathrm{d}t = \int_0^1 {}_tp_x^{(\tau)} \mu_x^{(j)} \mathrm{d}t = \frac{\mu_x^{(j)}}{\mu_x^{(\tau)}} \int_0^1 {}_tp_x^{(\tau)} \mu_x^{(\tau)} \mathrm{d}t$$
$$= \frac{\mu_x^{(j)}}{\mu_x^{(\tau)}} \int_0^1 {}_tp_x^{(\tau)} \mu_{x+t}^{(\tau)} \mathrm{d}t = \frac{\mu_x^{(j)}}{\mu_x^{(\tau)}} q_x^{(\tau)} \tag{11.62}$$

$$p_x^{(\tau)} = \exp(-\int_0^1 \mu_{x+t}^{(\tau)} \mathrm{d}t) = \exp(-\mu_x^{(\tau)}) \tag{11.63}$$

$$\mu_x^{(\tau)} = -\ln p_x^{(\tau)} \tag{11.64}$$

同理可得:

$$\mu_x^{(j)} = -\ln p_x^{*(j)} \tag{11.65}$$

因此

$$q_x^{(j)} = \frac{\ln p_x^{*(j)}}{\ln p_x^{(\tau)}} q_x^{(\tau)} \tag{11.66}$$

$$q_x^{*(j)} = 1 - (1 - q_x^{(\tau)})^{(q_x^{(j)}/q_x^{(\tau)})} \tag{11.67}$$

2. 假設在多元風險模型中,各風險的終止概率所導致的減少人數在各年齡內服從均勻分佈

在該假設下,

$$ {}_tq_x^{(j)} = tq_x^{(j)}(0 \leqslant t \leqslant 1, j = 1,2,\cdots,m) \quad (11.68) $$

$$ {}_tq_x^{(\tau)} = tq_x^{(\tau)}(0 \leqslant t \leqslant 1) \quad (11.69) $$

由於

$$ \mu_{x+t}^{(j)} = \frac{1}{{}_tp_x^{(\tau)}} \cdot \frac{\mathrm{d}}{\mathrm{d}t} {}_tq_x^{(j)} = \frac{q_x^{(j)}}{1 - tq_x^{(\tau)}} \quad (11.70) $$

因此可得:

$$ q_x^{*(j)} = 1 - \exp(-\int_0^1 \mu_{x+t}^{(j)} \mathrm{d}t) = 1 - \exp(-\int_0^1 \frac{q_x^{(j)}}{1 - tq_x^{(\tau)}} \mathrm{d}t) $$

$$ = 1 - \exp\left[\frac{q_x^{(j)}}{q_x^{(\tau)}} \ln(1 - q_x^{(\tau)})\right] = 1 - (1 - q_x^{(\tau)})^{(q_x^{(j)}/q_x^{(\tau)})} \quad (11.71) $$

由此可見,在終止力為常數假設與減少人數均勻分佈的假設下有相等的 $q_x^{(j)}$ 或 $q_x^{*(j)}$。

3. 假設在聯合單風險模型中,各風險的獨立終止率導致的減少人數在各年齡內服從均勻分佈

在該假設下,

$$ {}_tq_x^{*(j)} = tq_x^{*(j)} \quad (11.72) $$

從而有

$$ {}_tp_x^{*(j)} = 1 - {}_tq_x^{*(j)} = 1 - tq_x^{*(j)}(0 \leqslant t \leqslant 1, j = 1,2,\cdots,m) \quad (11.73) $$

$$ \mu_{x+t}^{(j)} = -\frac{1}{{}_tp_x^{*(j)}} \cdot \frac{\mathrm{d}}{\mathrm{d}t} {}_tp_x^{*(j)} = \frac{q_x^{*(j)}}{1 - tq_x^{*(j)}} \quad (11.74) $$

$$ {}_tp_x^{*(j)} \mu_{x+t}^{(j)} = q_x^{*(j)} $$

$$ q_x^{(j)} = \int_0^1 {}_tp_x^{(\tau)} \mu_{x+t}^{(j)} \mathrm{d}t $$

$$ = \int_0^1 {}_tp_x^{*(1)} {}_tp_x^{*(2)} \cdots {}_tp_x^{*(m)} \mu_{x+t}^{(j)} \mathrm{d}t \quad (11.75) $$

特別地,當 $m = 2$ 時,

$$ q_x^{(1)} = \int_0^1 {}_tp_x^{*(1)} {}_tp_x^{*(2)} \mu_{x+t}^{(1)} \mathrm{d}t $$

$$ = q_x^{*(1)} \int_0^1 (1 - tq_x^{*(2)}) \mathrm{d}t $$

$$ = q_x^{*(1)} (1 - \frac{1}{2} q_x^{*(2)}) \quad (11.76) $$

同理可得:

$$ q_x^{(2)} = q_x^{*(2)} (1 - \frac{1}{2} q_x^{*(1)}) \quad (11.77) $$

當 $m = 3$ 時,

$$ q_x^{(1)} = \int_0^1 {}_tp_x^{*(1)} {}_tp_x^{*(2)} {}_tp_x^{*(3)} \mu_{x+t}^{(1)} \mathrm{d}t $$

$$ = q_x^{*(1)} \int_0^1 (1 - tq_x^{*(2)})(1 - tq_x^{*(3)}) \mathrm{d}t $$

$$= q_x^{*(1)} \left[1 - \frac{1}{2}(q_x^{*(2)} + q_x^{*(3)}) + \frac{1}{3} q_x^{*(2)} q_x^{*(3)}\right] \tag{11.78}$$

同理可得：

$$q_x^{(2)} = q_x^{*(2)} \left[1 - \frac{1}{2}(q_x^{*(1)} + q_x^{*(3)}) + \frac{1}{3} q_x^{*(1)} q_x^{*(3)}\right] \tag{11.79}$$

$$q_x^{(3)} = q_x^{*(3)} \left[1 - \frac{1}{2}(q_x^{*(1)} + q_x^{*(2)}) + \frac{1}{3} q_x^{*(1)} q_x^{*(2)}\right] \tag{11.80}$$

例 11.6　考慮一個二元風險模型，假設各年齡段上各風險所導致的減少人數均勻分佈，已知 $q_{21}^{(1)} = 0.04$，$q_{21}^{(2)} = 0.08$。求 $q_{21}^{*(2)}$。

解：$\because q_{21}^{(\tau)} = q_{21}^{(1)} + q_{21}^{(2)} = 0.04 + 0.08 = 0.12$

$\therefore q_{21}^{*(2)} = 1 - (1 - q_{21}^{(\tau)})^{(q_{21}^{(2)}/q_{21}^{(\tau)})}$

$= 1 - 0.88^{0.08/0.12} \approx 0.081,692$

例 11.7　在聯合單風險模型中，$q_{20}^{*(1)} = 0.25$，且風險 1 的獨立終止率在各年齡段上導致人數的減少均勻分佈；$q_{20}^{*(2)} = 0.3$，由風險 2 導致的事件終止發生在時刻 0.6，計算 $q_{20}^{(2)}$。

解：$\because q_{20}^{(1)} = \int_0^1 {}_tp_{20}^{(\tau)} \mu_{20+t}^{(1)} \mathrm{d}t = \int_0^1 {}_tp_{20}^{*(1)} {}_tp_{20}^{*(2)} \mu_{20+t}^{(1)} \mathrm{d}t$

${}_tp_{20}^{*(1)} \mu_{20+t}^{(1)} = q_{20}^{*(1)}$

$\therefore q_{20}^{(1)} = q_{20}^{*(1)} \int_0^1 {}_tp_{20}^{*(2)} \mathrm{d}t$

$\because {}_tp_{20}^{*(2)} = \begin{cases} 1 & (0 < t < 0.6) \\ 1 - q_{20}^{*(2)} & (0.6 \leqslant t \leqslant 1) \end{cases}$

$\therefore q_{20}^{(1)} = q_{20}^{*(1)} \int_0^{0.6} 1\mathrm{d}t + q_{20}^{*(1)} \int_{0.6}^1 (1 - q_{20}^{*(2)})\, \mathrm{d}t = 0.22$

$\because q_{20}^{(\tau)} = 1 - p_{20}^{(\tau)} = 1 - p_{20}^{*(1)} p_{20}^{*(2)} = 0.475$

$\therefore q_{20}^{(2)} = q_{20}^{(\tau)} - q_{20}^{(1)} = 0.255$

11.3　多元風險模型下的躉繳純保險費

在人身保險中，當保險金的給付需要根據被保險人終止保險的原因而確定時，就要用到多元風險模型對被保險人所繳納的保險費進行計算。比如，以殘疾和死亡作為保險終止的原因時，純保險費的計算就應以殘疾和死亡構成的二元風險生命表作為基礎。本節主要探討在多元風險模型條件下，應用多元風險生命表計算人身保險的躉繳純保險費。

11.3.1　立即給付保險金的躉繳純保險費

1. 終身壽險

x 歲的人參加一項終身壽險，假設在 $x+t$ 歲時因風險 j 的作用而終止保險時可立即獲得保險金 $B_{x+t}^{(j)}$，其中 $j = 1,2,\cdots,m$，則 (x) 歲的人因風險 J 所應繳納的躉繳純保險費為

$$\bar{A}_x^{(j)} = \int_0^{+\infty} B_{x+t}^{(j)} v^t {}_tp_x^{(\tau)} \mu_{x+t}^{(j)} \mathrm{d}t, \quad (j = 1,2,\cdots,m) \tag{11.81}$$

因全部風險作用而繳納的躉繳純保險費為

$$\bar{A}_x^{(\tau)} = \sum_{j=1}^{m} \bar{A}_x^{(j)} = \sum_{j=1}^{m} \int_0^{+\infty} B_{x+t}^{(j)} v^t {}_tp_x^{(\tau)} \mu_{x+t}^{(j)} \mathrm{d}t \tag{11.82}$$

2. 定期壽險

x 歲的人參加一項 n 年期定期壽險，若在 $x+t$ 歲時因風險 j 的作用而終止保險時可立即獲得保險金 $B_{x+t}^{(j)}$，其中 $j = 1,2,\cdots,m, 0 \leqslant t \leqslant n$，那麼因全部風險作用而繳納的躉繳純保險費為

$$\bar{A}_{x:\overline{n}|}^{1(\tau)} = \sum_{j=1}^{m} \bar{A}_{x:\overline{n}|}^{1(j)} = \sum_{j=1}^{m} \int_0^{n} B_{x+t}^{(j)} v^t {}_tp_x^{(\tau)} \mu_{x+t}^{(j)} \mathrm{d}t \tag{11.83}$$

11.3.2 年末給付保險金的躉繳純保險費

1. 終身壽險

x 歲的人參加一項終身壽險，規定被保險人因風險 j 的作用而終止保險時可在年末獲得 1 單位的保險金給付，那麼 x 歲的人應繳納的躉繳純保險費為：

$$\begin{aligned} A_x^{1(j)} &= vq_x^{(j)} + v^2 {}_{1|}q_x^{(j)} + v^3 {}_{2|}q_x^{(j)} + \cdots \\ &= v \frac{d_x^{(j)}}{l_x^{(\tau)}} + v^2 \frac{d_{x+1}^{(j)}}{l_x^{(\tau)}} + v^3 \frac{d_{x+2}^{(j)}}{l_x^{(\tau)}} + \cdots \end{aligned} \tag{11.84}$$

因全部風險作用而繳納的躉繳純保險費為：

$$A_x^{1(\tau)} = \sum_{j=1}^{m} A_x^{1(j)} \tag{11.85}$$

2. 定期壽險

x 歲的人參加一項 n 年期定期壽險，若被保險人因風險 j 的作用而終止保險時可在年末獲得 1 單位的保險金給付，那麼全部風險作用下的躉繳純保險費為

$$\begin{aligned} A_{x:\overline{n}|}^{1(\tau)} &= \sum_{j=1}^{m} A_{x:\overline{n}|}^{1(j)} \\ &= \sum_{j=1}^{m} (vq_x^{(j)} + v^2 {}_{1|}q_x^{(j)} + v^3 {}_{2|}q_x^{(j)} + \cdots + v^n {}_{n-1|}q_x^{(j)}) \end{aligned} \tag{11.86}$$

3. 兩全保險

x 歲的人參加一項 n 年期兩全保險，若被保險人因全部風險的作用而終止保險時可在年末獲得 1 單位的保險金給付，n 年期滿仍然「生存」則可獲得 1 單位的生存金給付，那麼 (x) 歲的人應繳納的躉繳純保險費為

$$\begin{aligned} A_{x:\overline{n}|}^{(\tau)} &= A_{x:\overline{n}|}^{1(\tau)} + v^n {}_np_x^{(\tau)} \\ &= (\sum_{j=1}^{m} A_{x:\overline{n}|}^{1(j)}) + v^n {}_np_x^{(\tau)} \\ &= [\sum_{j=1}^{m} (vq_x^{(j)} + \cdots + v^n {}_{n-1|}q_x^{(j)})] + v^n {}_np_x^{(\tau)} \end{aligned} \tag{11.87}$$

例 11.8 某 25 年期定期壽險產品對兩個風險支付保險金。風險 1 為意外傷害造成的死亡，風險 2 為其他原因造成的死亡。若被保險人因意外傷害死亡，保險人立即支付保險金

400,000 元;此外,無論被保險人何因何時死亡,保險人都須立即支付額外的 100,000 元。風險 1 和風險 2 的終止力均為常數,分別為 0.02 和 0.07。設利息力 $\delta = 0.1$,求該保險的躉繳純保險費。

解:$\because \delta = 0.1,\ \mu_{x+t}^{(1)} = 0.02,\ \mu_{x+t}^{(2)} = 0.07$

$\therefore v = e^{-0.1},\ \mu_{x+t}^{(\tau)} = 0.09$

$\therefore {}_tp_x^{(\tau)} = e^{-\int_0^t \mu_{x+s}^{(\tau)} ds} = e^{-0.09t}$

那麼,因意外傷害死亡而給付保險金的精算現值為:

$$\bar{A}_{x:\overline{25}|}^{1(1)} = 400,000 \int_0^{25} v^t\, {}_tp_x^{(\tau)}\, \mu_{x+t}^{(1)} dt$$

$$= 400,000 \int_0^{25} e^{-0.1t} e^{-0.09t} 0.02 dt \approx 41,740.982(\text{元})$$

不論何因何時死亡給付的保險金的精算現值為:

$$\bar{A}_{x:\overline{25}|}^{1(\tau)} = 100,000 \int_0^{25} v^t\, {}_tp_x^{(\tau)}\, \mu_{x+t}^{(\tau)} dt$$

$$= 100,000 \int_0^{25} e^{-0.1t} e^{-0.09t} 0.09 dt \approx 46,958.604(\text{元})$$

因此,該保險的躉繳純保險費為:

$$41,740.982 + 46,958.604 \approx 88,699.59(\text{元})$$

例 11.9 某保險公司推出一款 3 年期的定期壽險產品,規定若被保險人因風險 1 終止保險時,則可在年末獲得 10,000 元的保險金;若因風險 2 終止保險,則可在年末獲得 20,000 元的保險金;若因風險 3 終止保險,則可在年末獲得 30,000 元的保險金。現有一個 30 歲的人投保該產品,其面臨的三元風險生命表如表 11.2 所示,利息率為 2.5%,問其躉繳純保險費為多少?

表 11.2　　某三元風險生命表

x	$q_x^{(1)}$	$q_x^{(2)}$	$q_x^{(3)}$
30	0.028,691	0.038,136	0.107,051
31	0.029,463	0.040,755	0.113,571
32	0.034,573	0.047,642	0.127,103

解:根據題意,

$$A_{30:\overline{3}|}^{1(\tau)} = 10,000A_{30:\overline{3}|}^{1(1)} + 20,000A_{30:\overline{3}|}^{1(2)} + 30,000A_{30:\overline{3}|}^{1(3)}$$

$$= 10,000(vq_{30}^{(1)} + v^2{}_{1|}q_{30}^{(1)} + v^3{}_{2|}q_{30}^{(1)}) + 20,000(vq_{30}^{(2)} + v^2{}_{1|}q_{30}^{(2)} + v^3{}_{2|}q_{30}^{(2)})$$

$$+ 30,000(vq_{30}^{(3)} + v^2{}_{1|}q_{30}^{(3)} + v^3{}_{2|}q_{30}^{(3)})$$

根據表 11.2 給出的數據可以得到

$$p_{30}^{(\tau)} = 1 - (q_{30}^{(1)} + q_{30}^{(2)} + q_{30}^{(3)}) = 0.826,122$$

$$p_{31}^{(\tau)} = 1 - (q_{31}^{(1)} + q_{31}^{(2)} + q_{31}^{(3)}) = 0.816,211$$

$${}_2p_{30}^{(\tau)} = p_{30}^{(\tau)} p_{31}^{(\tau)} = 0.674,290$$

因此

$$\begin{aligned} A^{1(\tau)}_{30:\overline{3}|} &= 10,000(vq^{(1)}_{30} + v^2 p^{(\tau)}_{30} q^{(1)}_{31} + v^3 {}_2p^{(\tau)}_{30} q^{(1)}_{32}) + 20,000(vq^{(2)}_{30} + v^2 p^{(\tau)}_{30} q^{(2)}_{31} + v^3 {}_2p^{(\tau)}_{30} q^{(2)}_{32}) \\ &\quad + 30,000(vq^{(3)}_{30} + v^2 p^{(\tau)}_{30} q^{(3)}_{31} + v^3 {}_2p^{(\tau)}_{30} q^{(3)}_{32}) \\ &\approx 10,909.54(\text{元}) \end{aligned}$$

習題 11

11－1 對於某三元風險生命表，$\mu^{(1)}_{x+t} = 0.1$，$\mu^{(2)}_{x+t} = 0.2$，$\mu^{(3)}_{x+t} = 0.4$，其中 $t > 0$，求 $q^{(1)}_x$、$q^{(2)}_x$、$q^{(3)}_x$、$q^{(\tau)}_x$。

11－2 對於某三元風險生命表，$\mu^{(1)}_{x+t} = 0.1$，$\mu^{(2)}_{x+t} = 0.2$，$\mu^{(3)}_{x+t} = 0.4$，其中 $t > 0$，求 $q^{*(1)}_x$、$q^{*(2)}_x$、$q^{*(3)}_x$。

11－3 某二元風險模型，假設各年齡段上各終止力導致的終止人數均勻分佈，$m^{(\tau)}_x = 0.2$，$q^{*(1)}_x = 0.1$。求 $q^{*(2)}_x$。

11－4 某三元風險模型，假設各年齡段上各終止力為常數，$q^{(1)}_x = q^{(3)}_x$，$q^{(2)}_x = 2q^{(1)}_x$，$\mu^{(1)}_{x+t} = \ln 2$，其中 $0 < t < 1$。求 $10,000q^{*(2)}_x$。

11－5 在一個二元風險模型中，假設每個風險在各年齡段內的終止力為常數，$q^{*(1)}_x = 0.15$，$q^{*(2)}_{x+1} = 0.2$，$\mu^{(2)}_x = 0.15$，$\mu^{(1)}_{x+1} = 0.2$。求 ${}_{1|1}q^{(2)}_x$。

11－6 某二元風險模型，假設在聯合單風險模型中各年齡段上各獨立終止率導致的減少人數均勻分佈，$l^{(\tau)}_{30} = 100,000$，$q^{*(1)}_{30} = 0.2$，$q^{*(2)}_{30} = 0.25$，${}_{1|}q^{(1)}_{30} = 0.075$，$l^{(\tau)}_{32} = 47,895$，求 $q^{(2)}_{31}$。

11－7 已知 $q^{*(1)}_x = 0.025$，$q^{*(2)}_x = 0.04$。在聯合單風險模型中，風險 1 的獨立終止率導致的減少人數服從均勻分佈假設，風險 2 只在年中發生作用。試求 $p^{(\tau)}_x$ 和 $q^{(2)}_x$。

11－8 某 x 歲的人簽訂了一份終身壽險保單，規定在第一年死亡時立即給付 50,000 元，以后死亡為 100,000 元。保單還規定，如果被保險人死於意外事故則增加 20,000 元的保險金給付。已知：① 意外事故死亡的終止力為 $\mu^{(1)}_{x+t} = 0.005$，$t \geqslant 0$；② 全部風險的終止力為 $\mu^{(\tau)}_{x+t} = 0.04$，$t \geqslant 0$；③$\delta = 0.06$，求該保險的躉繳純保險費。

11－9 某二元風險模型，一個是意外死亡，另一個是其他原因死亡。已知：

(1) 考慮對(x) 因意外死亡支付 2，其他原因死亡支付 1 的完全連續型終身壽險；

(2) 意外死亡的終止力為 $\mu^{(1)}_{x+t} = \delta$，其他原因死亡的終止力為 $\mu^{(2)}_{x+t} = 3\delta$。

求該保險的躉繳純保險費。

11－10 有 A、B 兩份終身壽險，都規定在 x 歲的人死亡時立即支付 10。此外，A 保險還規定若 x 歲的人死於意外事故，則增加 10 單位給付，其躉繳純保險費為 S；B 保險則規定在 x 歲的人死於意外事故時增加 20 單位給付，其躉繳純保險費為 T。若意外事故死亡的終止力為 μ，其他原因死亡的終止力為 4μ，求 $T - S$。結果用含有 S 的式子表示。

12 簡單多生命函數

在前面業已討論過的壽險保單中,保險事故限於生存或死亡兩種狀態,保險事故發生的主體即被保險人,也只規定為單個人或個別人,與此相應的保單稱為單生命壽險保單。關於單生命壽險保單,我們已經建立和發展了保險費和責任準備金等項目的計算原理和方法。本章將以已經建立的原理和方法為基礎,討論涉及多個被保險人,於常見生死組配下,提供約定保險金額的壽險保單的保險費及其他有關項目的計算原理和方法。

壽險保單中,被保險人的人數除常見的限於一個人外,它可以有多個被保險人。當按被保險人的人數對壽險保單進行劃分時,一般可分為單生壽險保單和連生壽險保單兩類。本書前面幾章已討論的壽險保單,都屬於單生壽險保單。至於連生壽險保單,還可細分為連生年金保單和連生保險保單。連生年金保單通常是以兩個或兩個以上被保險人的生死為考察對象,只要被保險人中的某人生存,便提供給付;相反,只要被保險人中的某人發生死亡,便停止給付。有時也以所有被保險人共同生存作為給付條件,只要有一個被保險人死亡,則年金即行停止給付。連生保險保單是以兩個或兩個以上被保險人的生命為一個保險標的,約定在某種死亡組配之下給付保險金的保單。不難看出,無論連生年金保單,還是連生保險保單,生死的組配都紛繁多樣,視具體情形有相應的連生保單。特別地,在連生保險保單中,以被保險人當中發生第一件死亡時即予賠付的保單稱為連生死亡保險;被保險人中的最后生存者死亡時才賠付的保單稱為最后生存者連生死亡保單,常簡稱為最后生存者保單。

12.1 連生狀態的年金和保險函數

為以下分析和討論連生年金保單和連生保險保單的保險費及其他項目的計算的需要,我們有必要先弄清連生狀態的概念以及相應的連生概率的表達式。

12.1.1 連生狀態及對應的連生概率

所謂連生狀態,確切地說,是指生命群體或多個生命的一種連續生存狀態。這種狀態存在或生存,當且僅當群體中所有成員或每個生命均生存;反之,這種狀態不存在或消失,當且僅當群體或多生命中發生第一個生命死亡。連生狀態一般用 $(x_1x_2\cdots x_m)$ 表示,其中 m 表示群體中的成員數，x_i 代表群體中的成員 i 的年齡(其中 $i=1,2,\cdots,m$)。

在實際的保險和年金應用中，結合在保險和年金問題中的多個生命或生命群體，通常以一些共同的約定來維持，如他們之間具有血緣關係或姻緣關係，而且所有成員的活動，可能同時遭遇相同的風險。但是，在連生理論中，一般假定多個生命之間多成員的生存概率是相互獨立的。

下面在連生狀態概念及生存概率的相互獨立性的基礎上，就相應的連生概率進行討論。

(1) 連生狀態 $(x_1x_2\cdots x_m)$ 在 t 年內生存的概率。精算中，通常用符號 ${}_tp_{x_1x_2\cdots x_m}$ 表示這一概率，則

$$
\begin{aligned}
{}_tp_{x_1x_2\cdots x_m} &= 1-\mathrm{P}(T\leqslant t)\ (T\text{ 為連生狀態消失的時間})\\
&= 1-\mathrm{P}(\min(T(x_1),T(x_2),\cdots,T(x_m))\leqslant t)\\
&= 1-[1-\mathrm{P}(T(x_1)>t\text{ 且 }T(x_2)>t,\text{且 }\cdots,T(x_m)>t)]\\
&= \mathrm{P}(T(x_1)>t)\mathrm{P}(T(x_2)>t)\cdots\mathrm{P}(T(x_m)>t)\\
&= {}_tp_{x_1}\,{}_tp_{x_2}\cdots{}_tp_{x_m} \qquad (12.1)
\end{aligned}
$$

(2) 連生狀態 $(x_1x_2\cdots x_m)$ 在 t 年內消失的概率。當我們用 ${}_tq_{x_1x_2\cdots x_m}$ 表示它時，有如下表達式：

$$
\begin{aligned}
{}_tq_{x_1x_2\cdots x_m} &= 1-{}_tp_{x_1x_2\cdots x_m} \qquad (12.2)\\
&= 1-{}_tp_{x_1}\,{}_tp_{x_2}\cdots{}_tp_{x_m} \qquad (12.3)
\end{aligned}
$$

(3) 連生狀態 $(x_1x_2\cdots x_m)$ 在第 $t+1$ 年內消失的概率，記作 ${}_{t|}q_{x_1x_2\cdots x_m}$。結合上述概率關係，不難得到：

$$
\begin{aligned}
{}_{t|}q_{x_1x_2\cdots x_m} &= \mathrm{P}(t<T\leqslant t+1)=\mathrm{P}(T\leqslant t+1)-\mathrm{P}(T\leqslant t)\\
&= {}_{t+1}q_{x_1x_2\cdots x_m}-{}_tq_{x_1x_2\cdots x_m} \qquad (12.4)\\
&= {}_tp_{x_1x_2\cdots x_m}-{}_{t+1}p_{x_1x_2\cdots x_m} \qquad (12.5)\\
&= {}_tp_{x_1x_2\cdots x_m}\,q_{x_1+t:x_2+t:\cdots:x_m+t} \qquad (12.6)
\end{aligned}
$$

這裡，$q_{x_1+t:x_2+t:\cdots:x_m+t}$ 表示連生狀態 $(x_1+t,x_2+t,\cdots,x_m+t)$ 在次年內消失的概率，其值等於：

$$
\begin{aligned}
&1-p_{x_1+t}p_{x_2+t}\cdots p_{x_m+t}=1-(1-q_{x_1+t})(1-q_{x_2+t})\cdots(1-q_{x_m+t})\\
&=\sum_{s=1}^{m}q_{x_s+t}-\sum_{1\leqslant i<j\leqslant m}q_{x_i+t}q_{x_j+t}+\cdots+(-1)^{m+1}q_{x_1+t}q_{x_2+t}\cdots q_{x_m+t} \qquad (12.7)
\end{aligned}
$$

(4) 連生狀態 $(x_1x_2\cdots x_m)$ 在時刻 t 的死力或瞬時死亡率，記作 $\mu_{x_1+t:x_2+t:\cdots:x_m+t}$，且

$$
\begin{aligned}
\mu_{x_1+t:x_2+t:\cdots:x_m+t} &= \mathrm{P}(t<T\leqslant \triangle t\mid T>t)=\frac{\mathrm{P}(t<T\leqslant t+\triangle t)}{\mathrm{P}(T>t)}\\
&= \frac{\dfrac{d}{\mathrm{d}t}(1-{}_tp_{x_1}\,{}_tp_{x_2}\cdots{}_tp_{x_m})}{{}_tp_{x_1}\,{}_tp_{x_2}\cdots{}_tp_{x_m}}\quad(\triangle t\to 0) \qquad (12.8)\\
&= \mu_{x_1+t}+\mu_{x_2+t}+\cdots+\mu_{x_m+t} \qquad (12.9)
\end{aligned}
$$

例 12.1 試用單生命概率 ${}_tp_x$ 和 ${}_tp_y$ 表達如下狀態的概率：

(1) 生命 (x) 和生命 (y) 僅一人將在 t 年內存活的概率；

(2) 生命 (x) 和生命 (y) 至少有一人將在 t 年內死亡的概率。

解：結合連生狀態的含義及獨立性假定，有如下概率表達式：

(1) ${}_tp_x(1 - {}_tp_y) + {}_tp_y(1 - {}_tp_x) = {}_tp_x + {}_tp_y - 2\,{}_tp_x\,{}_tp_y$

(2) ${}_tp_x\,{}_tq_y + {}_tp_y\,{}_tq_x + {}_tq_x\,{}_tq_y = 1 - {}_tp_x\,{}_tp_y$

例 12.2　試分析 Makeham 死亡法則下連生狀態$(x_1x_2\cdots x_m)$的連生概率${}_tp_{x_1x_2\cdots x_m}$。

解：根據 Makeham 死亡法則，

$${}_tp_x = \frac{s(x+t)}{s(x)} = \frac{e^{-A(x+t)-m(C^{x+t}-1)}}{e^{-Ax-m(C^x-1)}} = e^{-At} \cdot e^{-mC^x(C^t-1)}$$

令　$e^{-A} = S$　　$e^{-m} = g$

$${}_tp_x = S^t \cdot g^{C^x(C^t-1)}$$

所以，在獨立假設下，連生狀態生存概率

$$\begin{aligned}{}_tp_{x_1x_2\cdots x_m} &= {}_tp_{x_1}\,{}_tp_{x_2}\cdots\,{}_tp_{x_m}\\ &= S^{mt}g^{(C^{x_1}+C^{x_2}+\cdots+C^{x_m})(C^t-1)}\end{aligned}$$

進一步，令 $C^{x_1} + C^{x_2} + \cdots + C^{x_m} = mC^w$，從而有

$${}_tp_{x_1x_2\cdots x_m} = S^{mt}g^{mC^w(C^t-1)} = {}_tp_{ww\cdots w}$$

所以，涉及 m 個不等年齡的連生狀態$(x_1x_2\cdots x_m)$的生存概率${}_tp_{x_1x_2\cdots x_m}$可以用 m 個相等年齡的連生狀態$(ww\cdots w)$的生存概率${}_tp_{ww\cdots w}$取代，其中 w 由 $C^{x_1} + \cdots + C^{x_m} = mC^w$ 決定。

12.1.2　連生年金和連生保險函數

按照連生狀態生存與消失的含義，計算與年金和保險相結合的連生函數的一般方法是：在相應的單生命函數中，用恰當的連生概率取代單生概率。

1. 連生年金函數

考慮連生狀態$(x_1x_2\cdots x_m)$的期末生存年金，亦即關於狀態$(x_1x_2\cdots x_m)$簽發的年金保單。如果狀態$(x_1x_2\cdots x_m)$在每年年底生存，那麼保單提供年給付金額 1。像這樣的保單在簽單時的精算現值或躉繳純保險費記作 $a_{x_1x_2\cdots x_m}$，且

$$a_{x_1x_2\cdots x_m} = \sum_{t=1}^{\infty} v^t\,{}_tp_{x_1x_2\cdots x_m} \tag{12.10}$$

又如連生狀態$(x\,y\,z)$的連續生存年金，年給付額為1，只要狀態$(x\,y\,z)$存在，便連續地提供給付。該年金在簽單之日的精算現值記作 $\bar{a}_{xyz}$，且

$$\bar{a}_{xyz} = \int_0^{\infty} v^t\,{}_tp_{xyz}\,dt \tag{12.11}$$

例 12.3　某一連生狀態(xy)的連續生存年金，年給付額為1萬元，且假設兩人的生存時間相互獨立，已知 $\delta = 0.05$，$\mu_x = 0.05$，$\mu_y = 0.1$，則躉繳純保險費是多少？

解：$P = 10,000\bar{a}_{xy} = 10,000\int_0^{\infty} v^t\,{}_tp_{xy}\,dt$

$$= 10,000\int_0^{\infty} e^{-0.05t}e^{-0.05t}e^{-0.1t}\,dt = 50,000(\text{元})$$

2. 連生保險函數

如連生狀態$(x_1x_2\cdots x_m)$的某種保險約定：在狀態$(x_1x_2\cdots x_m)$消失的年末，提供保險金額1。該保險在簽發時一次性應繳純保險費為$A_{x_1x_2\cdots x_m}$，且

$$A_{x_1x_2\cdots x_m} = \sum_{t=0}^{\infty} v^{t+1} {}_{t|}q_{x_1x_2\cdots x_m}$$

又如連生狀態$(wxyz)$的遞增保險，若狀態在第一年消失，則在該年末提供給付額1；若狀態在第二年消失，則在該年末提供給付額2…… 每年給付額遞增1。這樣的遞增保險的躉繳純保險費記作$(IA)_{wxyz}$，且

$$(IA)_{wxyz} = \sum_{t=0}^{\infty} (t+1) v^{t+1} {}_{t|}q_{wxyz}$$

3. Makeham死亡法則下的年金和保險函數

結合前述分析，Makeham死亡法則下的任何連生函數，不論其涉及怎樣的年齡，均可由相等年齡的連生函數來評價或計算。這樣，

$$a_{x_1x_2\cdots x_m} = a_{ww\cdots w}$$

$$A_{x_1x_2\cdots x_m} = A_{ww\cdots w}$$

上式中：w取決於$mC^w = C^{x_1} + C^{x_2} + \cdots + C^{x_m}$

進一步，有

$$a_{ww\cdots w} = \sum_{t=1}^{\infty} v^t {}_tp_{ww\cdots w}$$

$$A_{ww\cdots w} = \sum_{t=1}^{\infty} v^t {}_{t|}q_{ww\cdots w}$$

${}_tp_{ww\cdots w}$及${}_tq_{ww\cdots w}$均可轉化為整數年齡生命函數或在整數年齡生命函數中進行插值而得到。

例 12.4　在Makeham假設下有$C = 2^{0.2}$，且$\ddot{a}_{56:56} = 10.22$，$\ddot{a}_{57:57} = 9.97$，在線性插值方法下求$\ddot{a}_{50:60}$。

解：先根據Makeham假設求w。

由$C^{50} + C^{60} = 2C^w$可解得$w \approx 56.61$，

從而解得

$$\ddot{a}_{50:60} = \ddot{a}_{56.61:56.61} = (1-0.61)\ddot{a}_{56:56} + 0.61\ddot{a}_{57:57}$$
$$= 0.39 \times 10.22 + 0.61 \times 9.97 \approx 10.07$$

12.2　最后生存者狀態的年金和保險函數

12.2.1　最后生存者狀態及其有關概率

作為一般多生命狀態的另一種情形，就是最后生存者狀態。最后生存者狀態，系指這樣的一種狀態：只要狀態中至少有一個成員生存，該狀態就生存；而只有狀態中的最后一個生存者發生死亡，該狀態才消失。通常情況下，最后生存者狀態表示為$\overline{(x_1x_2\cdots x_m)}$，其中，$m$代表

狀態的成員數,x_i 表示狀態中成員 i 的年齡。據此,最后生存者狀態可另外描述為(x_1),(x_2),…,(x_m) 中至少有一個成員生存,狀態$\overline{(x_1x_2\cdots x_m)}$ 便生存;反之,(x_1),(x_2),…,(x_m) 中的最后生存者死亡,狀態$\overline{(x_1x_2\cdots x_m)}$ 就消失。

下面是最后生存者狀態的有關概率的表達式:

(1) 最后生存者狀態$\overline{(x_1x_2\cdots x_m)}$ 在 t 年內生存的概率,記作${}_tp_{\overline{(x_1x_2\cdots x_m)}}$,且

$$
\begin{aligned}
{}_tp_{\overline{(x_1x_2\cdots x_m)}} &= 1 - \mathrm{P}(T \leqslant t)\,(T\text{ 為最后生存者狀態消失的時間})\\
&= 1 - \mathrm{P}[\max(T(x_1), T(x_2)\cdots, T(x_m)) \leqslant t]\\
&= 1 - \mathrm{P}[T(x_1) \leqslant t \text{ 且 } T(x_2) \leqslant t \text{ 且 } \cdots T(x_m) \leqslant t]\\
&= 1 - \mathrm{P}(T(x_1) \leqslant t)\mathrm{P}(T(x_2) \leqslant t)\cdots\mathrm{P}(T(x_m) \leqslant t)\\
&= 1 - (1 - {}_tp_{x_1})(1 - {}_tp_{x_2})\cdots(1 - {}_tp_{x_m})\\
&= \sum_{i=1}^{m} {}_tp_{x_i} - \sum_{1\leqslant i<j\leqslant m} {}_tp_{x_ix_j} + \cdots + (-1)^{m+1}\,{}_tp_{x_1x_2\cdots x_m} \qquad (12.12)
\end{aligned}
$$

這個式子表明:最后生存者狀態的生存概率,可轉化為單生命狀態概率和連生狀態生存概率的混合運算。

(2) 最后生存者狀態$\overline{(x_1x_2\cdots x_m)}$ 在 t 年內消失的概率,記作${}_tq_{\overline{x_1x_2\cdots x_m}}$,顯然,

$$
{}_tq_{\overline{x_1x_2\cdots x_m}} = 1 - {}_tp_{\overline{x_1x_2\cdots x_m}}
$$

(3) 最后生存者狀態$\overline{(x_1x_2\cdots x_m)}$ 在第 $t+1$ 年消失的概率,記作${}_tq_{\overline{x_1x_2\cdots x_m}}$,且

$$
\begin{aligned}
{}_{t|}q_{\overline{x_1x_2\cdots x_m}} &= \mathrm{P}(t < T \leqslant t+1)\\
&= {}_tp_{\overline{x_1x_2\cdots x_m}} - {}_{t+1}p_{\overline{x_1x_2\cdots x_m}}\\
&= {}_{t+1}q_{\overline{x_1x_2\cdots x_m}} - {}_tq_{\overline{x_1x_2\cdots x_m}}\\
&= {}_tp_{\overline{x_1x_2\cdots x_m}}\,q_{\overline{x_1+t:x_2+t:\cdots:x_m+t}}
\end{aligned}
$$

例 12.5　寫出${}_np_{\overline{xy}}$、${}_np_{\overline{xyz}}$、${}_nq_{\overline{xy}}$ 及${}_nq_{\overline{xyx}}$ 的具體表達式。

解:

$$
{}_np_{\overline{xy}} = {}_np_x + {}_np_y - {}_np_{xy}
$$

$$
\begin{aligned}
{}_np_{\overline{xyx}} &= \sum_{t=1}^{\infty} {}_np_{x_t} - \sum {}_np_{x_ix_j} + (-1)^{3+1}\,{}_np_{xyz}\\
&= {}_np_x + {}_np_y + {}_np_z - {}_np_{xz} - {}_np_{yz} - {}_np_{xy} + {}_np_{xyz}
\end{aligned}
$$

$$
\begin{aligned}
{}_nq_{\overline{xy}} &= 1 - {}_np_{\overline{xy}}\\
&= 1 - ({}_np_x + {}_np_y - {}_np_{xy})\\
&= {}_nq_x + {}_nq_y - {}_nq_{xy}
\end{aligned}
$$

$$
\begin{aligned}
{}_{n|}q_{\overline{xyz}} &= {}_np_{\overline{xyz}} - {}_{n+1}p_{\overline{xyz}}\\
&= ({}_np_x + {}_np_y + {}_np_z - {}_np_{xy} - {}_np_{xz} - {}_np_{yz} + {}_np_{xyz})\\
&\quad - ({}_{n+1}p_x + {}_{n+1}p_y + {}_{n+1}p_z - {}_{n+1}p_{xy} - {}_{n+1}p_{xz} - {}_{n+1}p_{yz} + {}_{n+1}p_{xyz})\\
&= {}_{n|}q_x + {}_{n|}q_y + {}_{n|}q_z - {}_{n|}q_{xy} - {}_{n|}q_{yz} - {}_{n|}q_{xz} + {}_{n|}q_{xyz}
\end{aligned}
$$

12.2.2　最后生存者狀態的年金和保險函數

類似於連生狀態下的年金和保險函數的一般方法,最后生存者狀態下的年金和保險函

數的計算,只需將相應的單生命年金和保險函數中的概率函數變為最后生存者狀態下的概率函數即可。

1. 最后生存者年金函數

如最后生存者狀態($\overline{xyz}$)的期末生存年金,是指關於狀態($\overline{xyz}$)簽發的年金保單,若($\overline{xyz}$)中有一個人在每年年底生存,則保單提供保險金額 1,直至最后生存者死亡停止支付為止。這種年金保單在簽單時的精算現值,記作 $a_{\overline{xyz}}$,且

$$\begin{aligned} a_{\overline{xyz}} &= \sum_{t=1}^{\infty} v^t {}_tp_{\overline{xyz}} \\ &= \sum_{t=1}^{\infty} v^t ({}_tp_x + {}_tp_y + {}_tp_z - {}_tp_{xy} - {}_tp_{xz} - {}_tp_{yz} + {}_tp_{xyz}) \\ &= a_x + a_y + a_z - a_{xy} - a_{xz} - a_{yz} + a_{xyz} \end{aligned} \tag{12.13}$$

又如最后生存者狀態($\overline{xyz}$)連續生存年金,年給付額為 1,只要($\overline{xyz}$)存在,便連續地提供給付額,這樣的年金函數記作 $\bar{A}_{\overline{xyz}}$,且

$$\begin{aligned} \bar{a}_{\overline{xyz}} &= \int_0^{\infty} v^t {}_tp_{\overline{xyz}} \mathrm{d}t \\ &= \bar{a}_x + \bar{a}_y + \bar{a}_z - \bar{a}_{xy} - \bar{a}_{xz} - \bar{a}_{yz} + \bar{a}_{xyz} \end{aligned} \tag{12.14}$$

其餘的年金函數可按相同原理獲得。

2. 最后生存者狀態的保險函數

關於最后生存者狀態($\overline{xy}$)簽發的某種保險,在狀態($\overline{xy}$)消失的年末提供保險金額 1。這種保險的躉繳純保險費,一般記作 $A_{\overline{xy}}$,且

$$\begin{aligned} A_{\overline{xy}} &= \sum_{t=0}^{\infty} v^{t+1} {}_{t|}q_{\overline{xy}} \\ &= \sum_{t=0}^{\infty} v^{t+1} ({}_tp_x q_{x+t} + {}_tp_y q_{y+t} - {}_tp_{xy} q_{x+t:y+t}) \\ &= A_x + A_y - A_{xy} \end{aligned} \tag{12.15}$$

可見,$A_{\overline{xy}}$ 可以轉化為單生命保險函數和連生保險函數來計算,而且單生命保險函數與連生保險函數及最后生存者保險函數的關係是:

$$A_{\overline{xy}} + A_{xy} = A_x + A_y \tag{12.16}$$

再看關於($\overline{xyz}$)的遞增保險:若狀態($\overline{xyz}$)在第一年消失,則在該年末提供保險金額 1;狀態($\overline{xyz}$)在第二年消失,在該年末提供保險金額 2…… 以后每增加一年保險金額增加 1。其躉繳純保險費為 $(IA)_{\overline{xyz}}$,且

$$\begin{aligned} (IA)_{\overline{xyz}} &= \sum_{t=0}^{\infty} (t+1) v^{t+1} {}_{t|}q_{\overline{xyz}} \\ &= \sum_{t=0}^{\infty} (t+1) v^{t+1} ({}_tp_x q_{x+t} + {}_tp_y q_{y+t} + {}_tp_z q_{z+t} - {}_tp_{xy} q_{x+t:y+t} - {}_tp_{xz} q_{x+t:z+t} \\ &\quad - {}_tp_{yz} q_{y+t:z+t} + {}_tp_{xyz} q_{x+t:y+t:z+t}) \\ &= (IA)_x + (IA)_y + (IA)_z - (IA)_{xy} - (IA)_{xz} - (IA)_{yz} + (IA)_{xyz} \end{aligned} \tag{12.17}$$

例 12.6 年齡 25 歲和 30 歲的兩人共同作為被保險人,購買如下連生十年定期死亡保

險:在十年內,25 歲和 30 歲的被保險人的最后一個生存者發生死亡的年末,保單提供 50,000 元給付;在第十年末,只要有一個人存活,保單不進行任何給付。試計算保單簽單時躉繳純保險費(只要求寫出計算表達式)。

解:設所求躉繳純保險費為 NSP,結合例 12.5 的結論,得:

$$NSP = 50,000 A^{1}_{\overline{(25)(30)};\overline{n}|}$$

$$= 50,000 \sum_{t=0}^{9} v^{t} {}_{t|}q_{\overline{(25)(30)}}$$

$$= 50,000 \sum_{t=0}^{9} v^{t} ({}_{t|}q_{25} + {}_{t|}q_{30} - {}_{t|}q_{(25)(30)})$$

$$= 50,000 (A^{1}_{25:\overline{10}|} + A^{1}_{30:\overline{10}|} - A^{1}_{\overline{(25)(30)};\overline{n}|})$$

上式中:$A^{1}_{\overline{(25)(30)};\overline{n}|}$ 為連生狀態下的躉繳純保險費。

12.3 複合狀態的年金和保險函數

前面針對單個生命組成的團體,定義了連生狀態和最后生存者狀態。現在,進一步考察由個別狀態組成的團體的生存和消失的概念及其有關計算。這裡的個別狀態不僅指單生狀態,而且可以是多生命組成的狀態。像這種以單生命或多生命狀態為個別成員所組成的新的狀態,通常稱為複合狀態。

12.3.1 複合狀態的生存和消失

複合狀態的生存和消失,取決於該複合狀態的具體構成。

例如:複合狀態($\overline{wx}:\overline{yz}$)是一種其個別成員為最后生存者狀態組成的連生狀態。因此,($\overline{wx}:\overline{yz}$)生存,當且僅當最后生存者狀態($\overline{wx}$)和最后生存者狀態($\overline{yz}$)均生存;($\overline{wx}:\overline{yz}$)消失,只要最后生存者狀態($\overline{wx}$)和最后生存者狀態($\overline{yz}$)發生第一狀態消失。

又如複合狀態($\overline{wx:\overline{yz}}$)是一種其個別成員為連生狀態($wx$)和最后生存者狀態($\overline{yz}$)組成的最后生存者狀態。複合狀態($\overline{wx:\overline{yz}}$)生存,當且僅當連生狀態($wx$)和最后生存者狀態($\overline{yz}$)中有一個狀態生存;狀態($\overline{wx:\overline{yz}}$)消失,當且僅當連生狀態($wx$)和最后生存者狀態($\overline{yz}$)中最后生存的狀態發生消失。

12.3.2 複合狀態的年金和保險函數

1. 複合狀態的年金函數

關於複合狀態的年金函數的計算,一般有兩種方法:

方法一:從複合狀態的定義出發,將結果轉化為單生年金函數和簡單連生年金函數。

例 12.7 求在最后生存者(w)和(x)與最后生存者(y)和(z)共同生存的期間，提供年給付額為 1 的期末年金的精算現值。

解： 這種年金的精算現值可表示為 $a_{\overline{wx}:\overline{yz}}$，有

$$
\begin{aligned}
a_{\overline{wx}:\overline{yz}} &= \sum_{t=1}^{\infty} v^t\,{}_tp_{\overline{wx}:\overline{yz}} = \sum_{t=1}^{\infty} v^t\,{}_tp_{\overline{wx}}\,{}_tp_{\overline{yz}} \\
&= \sum_{t=1}^{\infty} v^t({}_tp_w + {}_tp_x - {}_tp_{wx})({}_tp_y + {}_tp_z - {}_tp_{yz}) \\
&= \sum_{t=1}^{\infty} v^t({}_tp_{wy} + {}_tp_{wz} + {}_tp_{xy} + {}_tp_{xz} - {}_tp_{wyz} - {}_tp_{xyz} - {}_tp_{wxy} - {}_tp_{wxz} + {}_tp_{wxyz}) \\
&= a_{wy} + a_{wz} + a_{xy} + a_{xz} - a_{wyz} - a_{xyz} - a_{wxy} - a_{wxz} + a_{wxyz}
\end{aligned}
$$

方法二：運用最后生存者狀態的年金函數與連生狀態的年金函數之間的確定關係式，簡化複合狀態。

常用的兩組確定關係式是：

$$a_{\overline{uv}} = a_u + a_v - a_{uv} \tag{12.18}$$

$$a_{u:\overline{vw}} = a_{uv} + a_{uw} - a_{uvw} \tag{12.19}$$

上式中：u、v和w可以代表任一類型的狀態：單生狀態、連生狀態、最后生存者狀態以及由這些狀態形成的複合狀態等。

關於上述兩組關係式的解釋：

(1) 關於 $a_{\overline{uv}} + a_{uv} = a_u + a_v$。一方面，$a_{\overline{uv}}$ 代表在生存較長狀態所決定的時期，提供年給付額1的期末年金的值；另一方面，a_{uv} 表示在生存較短狀態所存在的時期，提供年給付額1的期末年金的值。因此，$a_{\overline{uv}}$ 提供的年金給付，取決於狀態(u)和(v)有一個存在；而a_{uv} 提供的年金給付，依賴於狀態(u)和(v)有一個消失。這表明：$a_{\overline{uv}} + a_{uv} = a_u + a_v$。

(2) 關於 $a_{u:\overline{vw}} + a_{u:vw} = a_{uv} + a_{uw}$。一方面，$a_{u:\overline{vw}}$ 提供的年金給付，取決於(u)生存，同時(v)和(w)生存較長者仍生存；另一方面，a_{uvw} 提供的年金給付，取決於(u)生存，同時(v)和(w)生存較短者仍生存。據此，$a_{u:\overline{vw}}$ 代表在(uv)和(uw)之一的生存期間，提供給付額 1 的期末年金值；a_{uvw} 代表在(uv)和(uw)之一的消失期間，提供給付額 1 的期末年金值，從而 $a_{u:\overline{vw}} + a_{u:vw} = a_{uv} + a_{uw}$

例 12.8 運用基本關係式，化簡年金函數 $a_{\overline{wx}:\overline{yz}}$。

解：

$$
\begin{aligned}
a_{\overline{wx}:\overline{yz}} &= a_{\overline{wx}:y} + a_{\overline{wx}:z} - a_{\overline{wx}:yz} \\
&= (a_{wy} + a_{xy} - a_{wxy}) + (a_{wz} + a_{xz} - a_{wxz}) - (a_{wyz} + a_{xyz} - a_{wxyz})
\end{aligned}
$$

在上述兩組關係式中，當其中的個別狀態涉及確定期限時，關係式仍成立。

例 12.9 求在直至 x 歲的人死亡為止，或者 y 歲的人活到 $y+n$ 歲為止的較長期間，提供年給付額為 1 的期末年金的表達式。

解： 所求年金值為 $a_{\overline{(x)(y:\overline{n}|)}}$，其表達式為：

$$a_{\overline{(x)(y:\overline{n}|)}} = a_x + a_{y:\overline{n}|} - a_{xy:\overline{n}|}$$

例 12.10 求在 x 歲的人到達 $x+n$ 歲為止，或者確定的 m 年的較長期限內，提供年給付額為 1 的期末年金的值（僅寫出表達式）。

解：所求年金值為 $a_{\overline{(x:\overline{n|})(\overline{m|})}}$，且，

$a_{\overline{(x:\overline{n|})(\overline{m|})}} = a_{x:\overline{n|}} + a_{\overline{m|}} - a_{x:\overline{n|}:\overline{m|}}$，當 $m < n$ 時，狀態($\overline{m|}$) 在狀態($\overline{n|}$) 之前已消失，從而狀態($x:\overline{n|}:\overline{m|}$) 與狀態($x:\overline{m|}$) 相同，所以

$$a_{\overline{(x:\overline{n|})(\overline{m|})}} = a_{x:\overline{n|}} + a_{\overline{m|}} - a_{x:\overline{m|}} \quad (m < n)$$

2. 複合狀態的保險函數

類似於複合狀態的年金函數，複合狀態的保險函數的表達可以有兩種方法：

方法一：從複合狀態的定義出發，將結果轉化為單生保險函數和簡單連生保險函數。

例 12.11　求在連生狀態(wx) 和最后生存者狀態($\overline{yz}$) 中發生第二件消失的年末，提供保險金額為 1 的連生保險的躉繳純保險費。

解：所求躉繳純保險費是 $A_{\overline{wx:\overline{yz}}}$，且

$$\begin{aligned} A_{\overline{wx:\overline{yz}}} &= \sum_{t=0}^{\infty} v^{t+1}\ {}_{t|}q_{\overline{wx:\overline{yz}}} \\ &= \sum_{t=0}^{\infty} v^{t+1}({}_{t}p_{\overline{wx:\overline{yz}}} - {}_{t+1}p_{\overline{wx:\overline{yz}}}) \\ &= \sum_{t=0}^{\infty} v^{t+1}({}_{t|}q_{y} + {}_{t|}q_{x} - {}_{t|}q_{yz} + {}_{t|}q_{wz} - {}_{t|}q_{wxy} - {}_{t|}q_{wxz} + {}_{t|}q_{wxyz}) \\ &= A_{y} + A_{z} - A_{yz} + A_{wz} - A_{wxy} - A_{wxz} + A_{wxyz} \end{aligned}$$

方法二：運用最后生存者狀態的保險函數與連生狀態的保險函數之間的確定關係式，簡化複合狀態。

兩組常用關係式是：

$$A_{\overline{uv}} = A_{u} + A_{v} - A_{uv} \tag{12.20}$$

$$A_{u:\overline{vw}} = A_{uv} + A_{uw} - A_{uvw} \tag{12.21}$$

上式中：狀態 u、v、w 可以是任一類型的狀態。

例 12.12　運用基本關係式，簡化保險函數 $A_{\overline{wx:\overline{yx}}}$。

解：
$$\begin{aligned} A_{\overline{wx:\overline{yz}}} &= A_{wx} + A_{\overline{yz}} - A_{wx:\overline{yz}} \\ &= A_{wx} + (A_{y} + A_{z} - A_{yz}) - (A_{wxy} + A_{wxz} - A_{wxyz}) \\ &= A_{y} + A_{z} - A_{yz} + A_{wx} - A_{wxy} - A_{wxz} + A_{wxyz} \end{aligned}$$

例 12.13　求在 x 歲簽發的，在 x 歲的人死亡年末，或者活到 $x+n$ 歲為止，兩者中發生第二件狀態消失，提供保險金額為 1 的保險的躉繳純保險費。

解：依題意，所求躉繳純保險費為：

$$\begin{aligned} A_{\overline{x:\overline{n|}}} &= A_{x} + A_{\overline{n|}} - A_{x:\overline{n|}} \\ &= A_{x} - A_{x:\overline{n|}} + v^{n} \end{aligned}$$

12.4　簡單條件保險函數

在本章前幾個部分，雖然對常見多生命狀態及有關計算做了討論，但是在所有的討論過程中，並沒有嚴格區分組成狀態的生命發生死亡的先后次序。例如，狀態(xyz) 消失，只要發

生第一個生命的死亡，卻未指明究竟是(x)、(y)還是(z)誰先死亡。又如最后生存者狀態中，其消失也未特別指明某個個別成員是最后生存者。可是，在很多情況下，不僅需要考慮死亡次序，而且還要決定相應的有關函數。顯然地，這類函數與前述函數存在著差異。這類依賴於某種具體的死亡次序的函數，稱為條件函數。

12.4.1 多生命條件概率及其計算

以下分情況進行討論：

1. 年齡均相同，服從相同死亡表的一群生命的條件概率

對於滿足這些條件的每個生命，發生死亡的機會是相同的，從而m個生命中的某個具體的生命在n年内將先死亡的概率記作${}_nq^{\,1}_{xx\cdots x}$，且

$$ {}_nq^{\,1}_{xx\cdots x} = \frac{1}{m}\,{}_nq_{xx\cdots x} \tag{12.22} $$

上式中：${}_nq_{xx\cdots x}$表示連生狀態在n年内消失的機會；$\frac{1}{m}$表示這個具體生命的死亡而導致連生狀態消失的機會。

2. 年齡互不相同，服從相同死亡表的一群生命的條件概率

首先，考慮兩生命(x)和(y)組成的群體的條件概率。特別地，(x)將在一年内先於(y)發生死亡的概率，記作$q^{\,1}_{xy}$。由於$q^{\,1}_{xy}$本質上是指(x)先死亡從而導致連生狀態在一年内消失的機會，所以

$$ q^{\,1}_{xy} = \int_0^1 {}_tp_{xy}\,\mu_{x+t}\,\mathrm{d}t \tag{12.23} $$

上式中：微分${}_tp_{xy}\,\mu_{x+t}\mathrm{d}t$表示$x$歲的人活到年齡$x+t$歲的瞬時發生死亡，而$y$歲的人此時仍生存的概率。

類似推導，可以定義${}_nq^{\,1}_{xy}$、${}_\infty q^{\,1}_{xy}$和${}_{n|}q^{\,1}_{xy}$，其值分別是：

$$ {}_nq^{\,1}_{xy} = \int_0^n {}_tp_{xy}\,\mu_{x+t}\,\mathrm{d}t \tag{12.24} $$

$$ {}_\infty q^{\,1}_{xy} = \int_0^\infty {}_tp_{xy}\,\mu_{x+t}\,\mathrm{d}t \tag{12.25} $$

$$ {}_{n|}q^{\,1}_{xy} = \int_n^{n+1} {}_tp_{xy}\,\mu_{x+t}\,\mathrm{d}t \tag{12.26} $$

關於兩生命的條件概率，進一步還可定義(x)將遲於(y)發生死亡的概率。

例如：(x)在n年内遲於(y)發生死亡的概率，記作${}_nq^{\,2}_{xy}$。因為${}_nq^{\,2}_{xy}$不僅表明(y)在n年内將死亡，而且(x)也得死亡，還必須是第二個發生死亡，所以

$$ {}_nq^{\,2}_{xy} = \int_0^n {}_tp_x(1-{}_tp_y)\,\mu_{x+t}\,\mathrm{d}t \tag{12.27} $$

從這個等式出發，還可以獲得一個有趣的結論：

$$ \begin{aligned} {}_nq^{\,2}_{xy} &= \int_0^n {}_tp_x(1-{}_tp_y)\,\mu_{x+t}\,\mathrm{d}t \\ &= \int_0^n {}_tp_x\,\mu_{x+t}\,\mathrm{d}t - \int_0^n {}_tp_{xy}\,\mu_{x+t}\,\mathrm{d}t \end{aligned} $$

$$= {}_nq_x - {}_nq_{xy}^{1} \tag{12.28}$$

即

$${}_nq_x = {}_nq_{xy}^{1} + {}_nq_{xy}^{2} \tag{12.29}$$

其次,考慮三生命(x)、(y)和(z)組成的群體的條件概率。類似於兩生命的情形,關於(xyz)的條件概率的幾個關係是:

$${}_nq_{xyz}^{1} = \int_0^n {}_tp_{xyz}\,\mu_{x+t}\,dt \tag{12.30}$$

$${}_nq_{xyz}^{2} = \int_0^n {}_tp_x\,{}_tp_{\overset{[1]}{yz}}\,\mu_{x+t}\,dt \tag{12.31}$$

上式中:${}_tp_{\overset{[1]}{yz}}$表示有確定的一個生命在$t$年內生存的概率,且

$$\begin{aligned}{}_nq_{xyz}^{3} &= \int_0^n (1-{}_tp_y)(1-{}_tp_z)\,{}_tp_x\,\mu_{x+t}\,dt\\ &= {}_nq_x - {}_nq_{xy}^{1} - {}_nq_{xz}^{1} + {}_nq_{xyz}^{1}\end{aligned} \tag{12.32}$$

再次,關於單生命組成的狀態的條件概率,可以推廣到多生命組成的狀態的條件概率。例如:${}_nq_{\overset{1}{xy}:z}$代表狀態$(xy)$在$n$年內先於$z$消失的概率,且

$$\begin{aligned}{}_nq_{\overset{1}{xy}:z} &= \int_0^n {}_tp_{xy}\,{}_tp_z\,\mu_{x+t}\,dt + \int_0^n {}_tp_{xy}\,{}_tp_z\,\mu_{y+t}\,dt\\ &= {}_nq_{xyz}^{1} + {}_nq_{x\overset{1}{y}z}\end{aligned} \tag{12.33}$$

又如:${}_nq_{x,\overline{yz}}^{1}$表示$x$歲的人在$n$年內將比$y$歲和$z$歲兩人的殘存者先死亡的概率,且

$$\begin{aligned}{}_nq_{x:\overline{yz}}^{1} &= \int_0^n {}_tp_{x:\overline{yz}}\,\mu_{x+t}\,dt\\ &= \int_0^n {}_tp_x({}_tp_y + {}_tp_z - {}_tp_{yz})\,\mu_{x+t}\,dt\\ &= {}_nq_{xy}^{1} + {}_nq_{xz}^{1} - {}_nq_{xyz}^{1}\end{aligned} \tag{12.34}$$

再如:${}_nq_{\overset{2}{xy}:z}$表示$x$歲與$y$歲的兩個殘存者在$n$年內將遲於$z$歲的人發生死亡的概率,且

$${}_nq_{\overset{2}{xy}:z} = \int_0^n [{}_tp_x(1-{}_tp_y)\mu_{x+t} + {}_tp_y(1-{}_tp_x)\mu_{y+t}](1-{}_tp_z)\,dt \tag{12.35}$$

例 12.14 假定(60)和(65)都服從$\omega = 100$的 de Moivre 分佈,且相互獨立,求${}_\infty q_{60:65}^{2}$。

解:

$$\begin{aligned}{}_\infty q_{60:65}^{1} &= \int_0^{35} {}_tp_{60:65}\,\mu_{60+t}\,dt\\ &= \int_0^{35}\left(\frac{40-t}{40}\cdot\frac{35-t}{35}\cdot\frac{1}{40-t}\right)dt = 0.437,5\end{aligned}$$

$$\therefore\ {}_\infty q_{60:65}^{2} = 1 - {}_\infty q_{60:65}^{1} = 0.562,5$$

12.4.2 條件保險函數

1. 關於兩生命的條件保險函數

(1) 條件終身保險。關於(x)和(y)簽發的保單,只要(x)先於(y)死亡,便在(x)死亡發生年度的年末,提供保險金額1;反之,如(y)先於(x)死亡,則分文不給。其躉繳純保險費記作A_{xy}^{1},且它由下式決定:

壽險精算

$$A^{\ 1}_{xy} = \sum_{t=0}^{\infty} v^{t+1}\ {}_{t|}q^{\ 1}_{xy} \tag{12.36}$$

(2) 條件定期保險。關於 (x) 和 (y) 簽發的保單，在確定的 n 年內，若 (x) 先於 (y) 死亡，則在死亡發生的年末提供保險金額 1；反之，n 年后如 (x) 先於 (y) 或 (y) 先於 (x) 死亡，均不進行任何給付。這種保險的躉繳純保險費用 $A^{\ 1}_{xy:\overline{n|}}$ 表示，它取決於：

$$A^{\ 1}_{xy:\overline{n|}} = \sum_{t=0}^{n-1} v^{t+1}\ {}_{t|}q^{\ 1}_{xy} \tag{12.37}$$

在上述的條件終身保險和定期保險中，用在死亡即刻給付取代在死亡年末給付，其餘條件全然不變，其相應的躉繳純保險費是：

$$\bar{A}^{\ 1}_{xy} = \int_0^{\infty} v^t\ {}_tp_{xy}\ \mu_{x+t}\mathrm{d}t \tag{12.38}$$

$$\bar{A}^{\ 1}_{xy:\overline{n|}} = \int_0^{n} v^t\ {}_tp_{xy}\ \mu_{x+t}\mathrm{d}t \tag{12.39}$$

當條件保險的給付依賴於某種具體狀態的后死亡時，也可用類似前述的方法進行分析和計算。

例如，關於 (x) 和 (y) 簽發的保單約定：只要 (x) 發生死亡，且 (y) 先於 (x) 死亡，便在 (x) 死亡發生的年末提供保險金額 1。這種保險的躉繳純保險費記作 $A^{\ 2}_{xy}$，它取決於：

$$\begin{aligned} A^{\ 2}_{xy} &= \sum_{t=0}^{\infty} v^{t+1}\ {}_{t|}q^{\ 2}_{xy} \\ &= \sum_{t=0}^{\infty} v^{t+1}(\ {}_{t|}q_x - {}_{t|}q^{\ 1}_{xy}) \\ &= A_x - A^{\ 1}_{xy} \end{aligned} \tag{12.40}$$

2. 關於三生命的條件保險函數

類似於兩生命的條件保險函數，可以用定積分形式寫出三生命的條件保險函數表達式。例如：

$$\bar{A}^{\ 1}_{xyz} = \int_0^{\infty} v^t\ {}_tp_{xyz}\ \mu_{x+t}\mathrm{d}t \tag{12.41}$$

$$\begin{aligned} \bar{A}^{\ \ 1}_{\overline{xy}:z} &= \int_0^{\infty} v^t\ {}_tp_{xyz}\ \mu_{x+t:y+t}\mathrm{d}t \\ &= \int_0^{\infty} v^t\ {}_tp_{xyz}(\mu_{x+t} + \mu_{y+t})\mathrm{d}t \\ &= \bar{A}^{\ 1}_{xyz} + \bar{A}^{\ \ 1}_{xyz} \end{aligned} \tag{12.42}$$

$$\begin{aligned} \bar{A}^{\ 3}_{xyz} &= \int_0^{\infty} v^t(1 - {}_tp_z)(1 - {}_tp_y)\ {}_tp_x\ \mu_{x+t}\mathrm{d}t \\ &= \bar{A}_x - \bar{A}^{\ 1}_{xy} - \bar{A}^{\ 1}_{xz} + \bar{A}^{\ 1}_{xyz} \end{aligned} \tag{12.43}$$

$$\begin{aligned} \bar{A}^{\ \ 2}_{\overline{xy}:z} &= \int_0^{\infty} v^t(1 - {}_tp_z)\ {}_tp_{xy}\ \mu_{x+t:y+t}\mathrm{d}t \\ &= \bar{A}_{xy} - \bar{A}^{\ 1}_{xyz} - \bar{A}^{\ \ 1}_{xyz} \end{aligned} \tag{12.44}$$

12.5　複合條件保險函數

除前述介紹的簡單條件概率以及條件保險函數外，實際中有時還要求這樣的條件函數，函數中不僅要考慮一定的死亡條件，而且這種死亡條件還不只涉及單個生命或某一個狀態。當條件函數中的死亡次序涉及多種生命或狀態時，這樣的條件函數就稱為複合條件函數。

很顯然，兩生命狀態的條件函數，不存在複合條件函數，因為限制其中一個生命的次序，另一個生命的次序便自動決定。因此，談及複合條件函數時，狀態涉及兩個以上的生命，且死亡次序關係到兩個或兩個以上的條件。

12.5.1　複合條件概率

以下僅列舉幾例，以說明複合條件概率的意義及表達。

例如：${}_{\infty}q_{\underset{1}{x}\overset{2}{y}z}$ 表示關於狀態(xyz)消失的概率，其中概率值的決定，取決於(y)第二個發生死亡，但(x)比(z)先死亡。一般來說，在后綴上方的數字，說明函數的決定依賴於它，而在后綴下方的數字，表明其他生命發生死亡的次序。這種有關符號標示的約定以下相同。

${}_{\infty}q_{\underset{1}{x}\overset{2}{y}z}$ 有以下多種表達方式：

$$ {}_{\infty}q_{\underset{1}{x}\overset{2}{y}z} = \int_0^{\infty} {}_tp_{xyz}\,\mu_{x+t}\,{}_{\infty}q_{\overset{1}{y+t}:z+t}\,\mathrm{d}t \tag{12.45} $$

或者

$$ {}_{\infty}q_{\underset{1}{x}\overset{2}{y}z} = \int_0^{\infty} {}_tq_x\,{}_tp_{yz}\,\mu_{y+t}\,\mathrm{d}t \tag{12.46} $$

或者

$$ {}_{\infty}q_{\underset{1}{x}\overset{2}{y}z} = \int_0^{\infty} {}_tq_{x\overset{2}{y}}\,{}_tp_z\,\mu_{z+t}\,\mathrm{d}t \tag{12.47} $$

又如：${}_{\infty}q_{\underset{1}{w}\underset{2}{x}\overset{3}{y}z}$ 表示狀態由於(y)第三個發生死亡而導致消失的概率。(y)死亡之前，(w)先於(x)，且(w)、(x)均死亡。同樣，這個概率可以有如下幾種表達方式：

$$ {}_{\infty}q_{\underset{1}{w}\underset{2}{x}\overset{3}{y}z} = \int_0^{\infty} {}_tq_w\,{}_tp_{xyz}\,\mu_{x+t}\,{}_{\infty}q_{\overset{1}{y+t}:z+t}\,\mathrm{d}t \tag{12.48} $$

或者

$$ {}_{\infty}q_{\underset{1}{w}\underset{2}{x}\overset{3}{y}z} = \int_0^{\infty} {}_tq_{w\overset{2}{x}}\,{}_tp_{yz}\,\mu_{y+t}\,\mathrm{d}t \tag{12.49} $$

12.5.2　複合條件保險函數

由於在一群生命之間死亡次序不同，有不同的保險函數，所以同樣的生命群體，難以就不同排列一一列舉保險函數。下面僅舉例來說明複合條件保險函數的原理。

例12.15　關於狀態(xyz)簽發的保單，有如下規定：若(y)第二個發生死亡，且(y)死亡之前，(x)已經死亡，但(z)仍生存，則在(y)死亡以后立刻提供保險金額1。求這種保單的躉繳純保險費的表達式。

解：所求躉繳純保險費記作 $\bar{A}_{\underset{1}{x}\overset{2}{y}z}$,且

$$\bar{A}_{\underset{1}{x}\overset{2}{y}z} = \int_0^\infty v^t \, {}_tq_x \, {}_tp_{yz} \, \mu_{y+t} \, \mathrm{d}t$$

例 12.16　關於(xyz)的某種保單,如果(z)第三個發生死亡,而且(z)死亡時,(x)與(y)均已死亡,(x)還比(y)先死亡,那麼在(z)死亡后立刻提供保險金額1。求這種保單躉繳純保險費的表達式。

解：躉繳純保險費為 $\bar{A}_{\underset{1}{x}y\overset{3}{z}}$,且

$$\bar{A}_{\underset{1}{x}y\overset{3}{z}} = \int_0^\infty v^t \, {}_tq_x \, {}_tp_{yz} \, \mu_{y+t} \, \bar{A}_{z+t} \, \mathrm{d}t$$

習題 12

12 - 1　寫出如下連生狀態的概率表達式:

(1) ${}_{10|}q_{(20)(30)(40)}$;

(2) 狀態(xy)在t年內失效的概率;

(3) ${}_{t|}q_{\overline{xy}}$;

(4) ${}_tp_{\overline{wx}:\overline{yz}}$。

12 - 2　試用單生命或多生命狀態年金函數,表達最后生存者(20)和(25)與最后生存者(30)和(35)共同生存的期間,提供年給付額為1,000元的期末對年金的精算現值。

12 - 3　求(x)與(y)中至少有一個在第$n+1$年死亡的概率。這個概率是否就是${}_{n|}q_{\overline{xy}}$?請解釋。

12 - 4　設$\mu_x = \dfrac{1}{100-x}, 0 < x < 100$,計算:① ${}_5p_{30:40}$;② ${}_{10}p_{\overline{40:50}}$;③ $\overset{0}{e}_{40:50}$。

12 - 5　在(s)存活時,(t)死亡年末一單位保險金額的現值是否可以表達為$vp_s\ddot{a}_{t:s+1} - a_{st}$?

12 - 6　設(20)和(60)相互獨立,且死亡力均恒定。已知$\mu_{20+t} = 0.02$, $\mu_{60+t} = 0.05$, $t > 0$, $\delta = 0.03$,求$\bar{A}^{\,2}_{20:60}$。

12 - 7　給定兩個獨立群體的期望生存人數:

群體1:$l_x^A = 100 - x, 0 \leqslant x \leqslant 100$

群體2:$l_x^B = 10,000 - x^2, 0 \leqslant x \leqslant 100$

已知個體(40)來自群體1,個體(50)來自群體2,求${}_{30}q^{\,2}_{40:50}$。

12 - 8　設$\mu_x = \dfrac{1}{100-x}, 0 \leqslant x < 100$,求${}_{10}q^{\,2}_{40:20}$。

12 - 9　假定(70)和(75)都服從$\omega = 110$的 de Moivre 分佈,且相互獨立,求$\overset{0}{e}_{70:75}$。

12 - 10　假定(60)和(65)都服從$\omega = 100$的 de Moivre 分佈,且相互獨立,且$\delta = 0.05$,分別求$\bar{A}_{60:65}$、$\bar{A}_{\overline{60:65}}$。

13 資產份額與利源分析

不論是均衡純保險費的計算,還是均衡純保險費責任準備金的評估,或者毛保險費的厘定,無不以一定的預定率為基礎,以實現收與支的平衡,或符合法定或其他某些規定的要求。但是,以死亡表或過去資料為依據的預定死亡率、預定利息率以及預定費用率等,與實際死亡率、實際利息率或收益率以及實際費用率等總會存在程度不同的偏差。這些預定率與實際率之間產生的差額,形成了壽險公司盈餘或虧損的主要源泉。本章正是圍繞這個問題,研究下面四個問題:①評估不同計算基礎下所產生的盈餘或虧損的大小,並分析盈虧的原因;②當法定計算基礎與壽險公司選擇的計算基礎不同時,考察壽險公司的資產是否符合法定準備金要求;③揭示一種壽險公司立足於現在便能洞察或判定壽險公司某筆業務預期是盈還是虧的分析工具;④通過利源分析討論壽險公司對待利源問題的常用措施或對策。

13.1 資產份額

資產份額是利源分析的重要工具,在此,對資產份額及其有關範疇做一介紹。

13.1.1 資產份額及其說明

資產份額系指同一種類大量相同保單,根據預定死亡率、預定利息率、預定費用率以及預定失效率等計算所累積的基金淨額,按照每千元或每單位保險金額的比例基礎加以分配時,每一個別有效保單預估所能配置或均攤的數額。

關於資產份額的概念,有幾點需要進一步說明:

(1)資產份額是同類大量相同保單中每一有效保單事先預估均攤的數額。其中同類大量相同保單,一般要求保險類型、承保或簽單年齡以及保險金額等均相同。

(2)壽險合同通常系長期性合同。保險人的收入主要來源於保險費和投資所得,支出主要是死亡保險金額給付,解約現金價值的給付以及業務經營活動中所花的費用。毛保險費收入要受競爭的影響。解約現金價值不僅受競爭的影響,而且要符合法律對最低現金價值的規定。資產份額正是為保險人評估各種收支的精算現值的結餘狀況而安排和設計的一種分析工具。

(3)資產份額與責任準備金既有聯繫也有區別。聯繫表現在:資產份額離不開責任準備金,並以此為基礎。責任準備金作為一種對全體投保人的負債,遲早將返還給被保險人。這一點在法律上體現為保險人應按特定死亡表和利息率計算最低責任準備金,並將其予以提留。但是,保險人往往按照自身需要,選擇適當的死亡表和利息率,計算毛保險費和責任準備金等項目。因此,保險人既要履行保單責任,又要取得效益,最基本的目標就是使其按自身選擇的計算基礎所得資產份額和責任準備金大於或等於法定最低責任準備金。兩者的區別在於:資產份額與責任準備金畢竟是兩個不同的概念。前者是一種特定資產,后者是一種負債。此外,它們各自的計算所考慮的因素及其他方面也有一定的不同。

13.1.2 資產份額的評估

對於不同的保險類型的資產份額的計算,只是在表述上有形式上的差異,其計算的原理和方法並沒有什麼兩樣。因此,以下不妨以某種約定條件下的保單的資產份額的計算為例。

假定:所考察保單在 x 歲簽單,毛保險費為 G,保單持有人共計 l_x 人,死亡保險金額1於死亡發生的年末兌現,現金價值 CV 於解約發生的年末支付。

${}_kAS$:保單簽發后的第 k 年末的每一有效保單的預期資產份額;

c_k:保單簽發后的第 k 年末的費用占毛保險費的比例;

e_k:保單簽發后的第 k 年末的每保單的費用;

$q_{x+k}^{(d)}$:現年 $x+k$ 歲的被保險人在到達 $x+k+1$ 歲之前死亡的概率,從而現年 $x+k$ 歲的被保險人在未來一年內的死亡人數 $d_{x+k}^{(d)} = l_{x+k}q_{x+k}^{(d)}$;

$q_{x+k}^{(w)}$:現年 $x+k$ 歲的被保險人在到達 $x+k+1$ 歲之前解約或退保的概率,從而現年 $x+k$ 歲的被保險人在未來一年內的退保人數 $d_{x+k}^{(w)} = l_{x+k}q_{x+k}^{(w)}$;

i:預定利息率;

n:考察的年數,其可能取值為 $0,1,2,\cdots,\omega - x$。其中 ω 為終極年齡。

在上述假定下,

第一個保險年度末的預期資產份額為:

$${}_1AS = \frac{l_x[{}_0AS + G(1-c_0) - e_0](1+i) - 1 \cdot d_x^{(d)} - d_x^{(w)} \cdot {}_1CV}{l_{x+1}}$$

上式中:${}_0AS = 0$

第二個保險年度末的預期資產份額為:

$${}_2AS = \frac{l_{x+1}[{}_1AS + G(1-c_1) - e_1](1+i) - 1d_{x+1}^{(d)} - d_{x+1}^{(w)} \cdot {}_2CV}{l_{x+2}} \qquad (13.1)$$

……

第 $k+1$ 個保險年度末的預期資產份額為:

$${}_{k+1}AS = \frac{l_{x+k}[{}_kAS + G(1-c_k) - e_k](1+i) - 1 \cdot d_{x+k}^{(d)} - d_{x+k}^{(w)} \cdot {}_{k+1}CV}{l_{x+k+1}}$$

……

在上面所有式子的兩端分別乘以 $v^{t+1}l_{x+t}, t = 0,1,2,\cdots,k$,再作差分變換可得第 n 個保險年度末的預期資產份額為;

$$_{n}AS = \sum_{k=0}^{n-1} \frac{[G(1-c_k)-e_k]l_{x+k}(1+i)^{n-k} - [d_{x+k}^{(d)} + d_{x+k}^{(w)} \cdot {}_{k+1}CV](1+i)^{n-k-1}}{l_{x+n}} \tag{13.2}$$

該式表明:在選定死亡表和利息率,而且應收毛保險費、未來將支出的費用以及解約價值等項目均固定的條件下,同類大量保單中的每一個有效保單的預估的資產份額。

例 13.1　已知 3 年期兩全保險,保險金額為 10,000 元,毛保險費 $G = 3,878$ 元,$i = 5\%$,另外有表 13.1 的條件:

表 13.1

k	q_{x+k}	$q_{x+k}^{(d)}$	$q_{x+k}^{(w)}$	c_k	e_k	$_{k+1}(CV)$
0	0.5	0.1	0.4	0.2	80	2,300
1	0.4	0.15	0.25	0.06	20	5,600
2	0.5	0.5	0	0.06	20	10,000

計算各年末的資產份額。

解:由上面的公式得:

$$_{k+1}AS = \frac{l_{x+k}[{}_kAS + G(1-c_k) - e_k](1+i) - 1 \cdot d_{x+k}^{(d)} - d_{x+k}^{(w)} \cdot {}_{k+1}CV}{l_{x+k+1}}$$

分子分母同時除以 l_{x+k} 得:

$$_{k+1}AS = \frac{[{}_kAS + G(1-c_k) - e_k](1+i) - q_{x+k}^{(d)} - q_{x+k}^{(w)} \cdot {}_{k+1}CV}{p_{x+k}}$$

代入題目中所給數據得:

$$_{1}AS = \frac{[0 + 3,878(1-0.2) - 80](1+5\%) - 10,000 \times 0.1 - 0.4 \times 2,300}{0.5}$$

$$\approx 2,507.04(\text{元})$$

$$_{2}AS =$$

$$\frac{[2,507.04 + 3,878(1-0.06) - 20](1+5\%) - 10,000 \times 0.15 - 0.25 \times 5,600}{0.6}$$

$$\approx 5,898.30(\text{元})$$

$$_{3}AS = \frac{[5,898.3 + 3,878(1-0.06) - 20](1+5\%) - 10,000 \times 0.5 - 0 \times 10,000}{0.5}$$

$$\approx 10,000(\text{元})$$

13.1.3　資產份額的計算實例

以下用一個假設的例題,說明資產份額計算的方法和原理。

例 13.2　求滿足以下條件的保單在各個保險年度末的預估資產份額。

保險類型:三年期兩全保險;簽單年齡為 x 歲;死亡給付時刻:死亡發生的年末;繳費方

式：每年年初繳費一次；保險金額：1,000 元；年內死亡率：$q_x = 0.1$，$q_{x+1} = 0.111,1$，$q_{x+2} = 0.5$；實際年利息率：$i = 0.15$；費用及其大小：每年年初發生，第一年年初費用占毛保險費的比例為 20%，每保單費為 8 元；第二年與第三年年初費用占毛保險費的比例均為 6%，每保單費為 2 元。

解：第一步：費用分析及毛保險費計算。

根據題意，單位保險金額的年繳純保險費為：

$$P_{x:\overline{3}|} = \frac{A_{x:\overline{3}|}}{\ddot{a}_{x:\overline{3}|}}$$

上式中：

$$A_{x:\overline{3}|} = A^{1}_{x:\overline{3}|} + A_{x:\overline{3}|}^{\ \ 1}$$
$$= vq_x + v^2 p_x q_{x+1} + v^3 {}_2p_x q_{x+2} + v^3 {}_3p_x$$
$$= 0.688,58$$

$$\ddot{a}_{x:\overline{3}|} = \frac{1 - A_{x:\overline{3}|}}{d}$$
$$= 2.387,5$$

因此，保險金額為 1,000 元的年繳純保險費為：

$$1,000P_{x:\overline{3}|} = 288.41(\text{元})$$

設年繳毛保險費為 G，它滿足如下等式：

$$G\ddot{a}_{x:3} = 1,000A_{x:\overline{3}|} + (0.2G + 8) + (0.06G + 2)a_{x:\overline{2}|}$$

$$\therefore\ G = 332.35(\text{元})$$

第二步：決定解約價值。

不妨假定：${}_kCV = 1,000 \cdot {}_kV_{x:\overline{3}|} - 10$，$k = 1,2$，${}_3CV = 1,000$。運用責任準備金計算原理可以求得：

$$1,000\ {}_0V_{x:\overline{3}|} = 0.00$$
$$1,000\ {}_1V_{x:\overline{3}|} = 257.41$$
$$1,000\ {}_2V_{x:\overline{3}|} = 581.16$$

從而

$${}_1CV = 1\ 000\ {}_1V_{x:\overline{3}|} - 10 = 247.41$$
$${}_2CV = 1,000\ {}_2V_{x:\overline{3}|} - 10 = 571.16$$
$${}_3CV = 1,000$$

第三步：決定各年年末預期的資產份額。

假定：當各年度同時考慮死亡和解約兩因素時，死亡概率和解約概率如表 13.2 所示。

表 13.2

k	$p_{x+k} = \frac{l_{x+k}}{l_x}$	$q^{(d)}_{x+k} = \frac{d^{(d)}_{x+k}}{l_{x+k}}$	$q^{(w)}_{x+k} = \frac{d^{(w)}_{x+k}}{l_{x+k}}$
0	0.54	0.08	0.38
1	0.62	0.09	0.29
2	0.50	0.50	0.00

那麼,

第一個保險年度末的資產份額為:

$$_1AS = \frac{[_0AS + G(1 - c_0) - e_0](1 + i) - 1,000q_{x+t}^{(d)} - {_1CV} \cdot q_x^{(w)}}{p_x}$$

$$= \frac{(0.00 + 332.35 \times 0.8 - 8)(1.15) - 80 - 247.41 \times 0.38}{0.54}$$

$$= 226.94(\text{元})$$

第二個保險年度末的資產份額為:

$$_2AS = \frac{[_1AS + G(1 - c_1) - e_1](1 + i) - 1,000q_{x+1}^{(d)} - {_2CV} \cdot q_{x+1}^{(w)}}{p_{x+1}}$$

$$= \frac{(226.94 + 332.35 \times 0.94 - 2) \times 1.15 - 90 - 571.16 \times 0.29}{0.62}$$

$$= 584.38(\text{元})$$

第三個保險年度末的資產份額為:

$$_3AS = \frac{[_2AS + G(1 - c_2) - e_2](1 + i) - 1,000q_{x+2}^{(d)} - {_3CV} \cdot q_{x+2}^{(w)}}{p_{x+2}}$$

$$= \frac{(584.38 + 332.35 \times 0.94 - 2) \times 1.15 - 500 - 1,000 \times 0}{0.5}$$

$$= 1,058.01(\text{元})$$

通過這個例題,可以歸納出資產份額計算的基本步驟如下:

(1) 決定毛保險費(純保險費和附加保險費);

(2) 計算現金價值(既符合公司自身經營要求,又不違反政府規定的最低要求);

(3) 選擇合適或運用恰當的死亡概率和解約概率;

(4) 代入資產份額計算公式,求出各年度預估資產份額。整個關於資產份額的計算,最好用計算機運算,以減少工作量。

13.2 利源分析

對盈餘分別按各種計算基礎分析其產生原因,可以作為瞭解壽險經營的現狀與趨勢的重要參考,這樣的分析稱為利源分析。

13.2.1 盈虧的判定

從人壽保險原理中知道,人壽保險合同一般是長期合同,合同期限短則幾年,長則幾十年。而未來變化情況難以確切把握,這就是說,某種同類大量相同壽險保單的營運結果是盈是虧,只有等到這些合同的責任全部終止才能進行準確評定。顯然,這樣的核算既沒必要,也無現實意義。在實際中,儘管以預定死亡率、預定利息率、預定費用率以及預定解約率等為基礎計算的各個項目,與實際死亡率、實際利息率、實際費用率以及實際解約率等為基礎計算的各個項目有出入,但是,除非發生重大異常情況,以慎選的死亡表和利息率作為未來實際發生率的擬合值是可以的。這樣,至少可以在預定率基礎之上,對未來盈虧做一定的預測和判定。資產份額就是盈虧判定的一個重要分析工具。

首先,分析和計算預估資產份額。

$$_{k+1}AS = [\,_kAS + G(1 - c_k) - e_k](1 + i) - q_{x+k}^{(d)}(1 - \,_{k+1}AS) - q_{x+k}^{(w)}(\,_{k+1}CV - \,_{k+1}AS) \tag{13.3}$$

上式中,$k = 0,1,2,\cdots$

其次,對資產份額做經驗調整。

假定:

i'_{k+1}:第 $k + 1$ 年的實際利息率;

c'_k:第 k 年費用占毛保險費的實際比例;

e'_k:第 k 年每一保單實際費用;

$q'^{(d)}_{x+k}$:$x + k$ 歲的人在一年內實際死亡概率;

$q'^{(w)}_{x+k}$:$x + k$ 歲的人在一年內實際解約概率;

$_{k+1}AS'$:第 $k + 1$ 年末的實際資產份額。

那麼,資產份額的經驗值為:

$$_{k+1}AS' = [\,_kAS + G(1 - c'_k) - e'_k](1 + i'_{k+1}) - q'^{(d)}_{x+k} \cdot (1 - \,_{k+1}AS') - q'^{(w)}_{x+k}(\,_{k+1}CV - \,_{k+1}AS') \tag{13.4}$$

最后,利用資產份額進行盈虧判定。

第 $k + 1$ 年末實際資產份額 $_{k+1}AS'$ 與第 $k + 1$ 年末預期資產份額之差為:

$$_{k+1}AS' - \,_{k+1}AS = (\,_kAS + G)(i'_{k+1} - i) + [(Gc_k + e_k)(1 + i) - (Gc'_k + e'_k)(1 + i'_{k+1})] + [q_{x+k}^{(d)}(1 - \,_{k+1}AS) - q'^{(d)}_{x+k}(1 - \,_{k+1}AS)] + [q_{x+k}^{(w)}(\,_{k+1}CV - \,_{k+1}AS) - q'^{(w)}_{x+k}(\,_{k+1}CV - \,_{k+1}AS)] \tag{13.5}$$

顯然,$_{k+1}AS' - \,_{k+1}AS$ 的結餘就是保單在第 $k + 1$ 個保險年度的盈虧額。具體地,

$_{k+1}AS' > \,_{k+1}AS$,其差額為盈餘;

$_{k+1}AS' < \,_{k+1}AS$,其差額為虧損;

$_{k+1}AS' = \,_{k+1}AS$,其差額為 0,不虧不盈。

13.2.2 盈虧的原因及防止虧損的基本對策

由於每一有效保單在 $k + 1$ 年末的盈虧大小取決於 $(\,_{k+1}AS' - \,_{k+1}AS)$,所以盈虧的原因在於決定 $(\,_{k+1}AS' - \,_{k+1}AS)$ 的各項因素,而這些因素主要有如下四項:

(1) $(\,_kAS + G)(i'_{k+1} - i)$ 表示資產實際運用收益率與責任準備金計算所採用的預定利息率的利差產生的利差益或利差損,因此,利差益或利差損影響業務的盈虧。

(2) $[(Gc_k + e_k)(1 + i) - (Gc'_k + e'_k)(1 + i'_{k+1})]$ 表示附加保險費中的預定費用按預定利息率在年末的數值,扣除年內實際支出的費用按實際利息率在年末的數值所產生的費差益或費差損。同樣,費差益或費差損影響著整個業務的經營狀況。

(3) $[q_{x+k}^{(d)}(1-{}_{k+1}AS)-q'^{(d)}_{x+k}(1-{}_{k+1}AS')]$ 表示保險費計算所用預定死亡率與實際死亡率的差距產生的利益或虧損,亦即該年度內收入的危險保險費總額與所支付的危險保險費總額之差。這個差額稱作死差益或死差損。

(4) $[q_{x+k}^{(w)}({}_{k+1}CV-{}_{k+1}AS)-q'^{(w)}_{x+k}({}_{k+1}CV-{}_{k+1}AS')]$ 表示預期退保率與實際退保率之差所產生的退保或解約收益、退保或解約虧損。由於預計的退保價值為 ${}_{k+1}CV$,而保單經過一定年份也具有一定的資產份額,所以保險人的退保支付淨額,將是 ${}_{k+1}CV$ 與資產份額之差額。

綜上所述,利差益(損)、費差益(損)、死差益(損)、解約收益(虧損)等均是壽險經營形成利潤(虧損)的主要源泉。同時,導致盈虧的直接原因,也就是這四個因素為主要因素並相互影響、相互制約的結果。

但是,之所以會產生利差益(損)、費差益(損)、死差益(損)、解約收益(虧損)等,更根本的原因在於費率計算基礎與現實計算基礎存在一定的差距,也就是預定率與實際率之間總會有偏差,從而費率制訂基礎準確與否,將最終關係到業務經營的盈或虧。

鑒於對盈虧原因的分析,為使某項業務產生必要的盈餘,就得從費率計算基礎的可靠性和穩定性方面下功夫。具體的措施是:① 確定較為保守的預定利息率;或者增加有效投資,提高實際投資收益率。② 增大保險金額、減少費用成本或降低每保單費用。③ 降低死亡概率。如加強驗體、選擇強體入保;或者選擇較安全的死亡概率。④ 加強保險宣傳及採取其他措施,維持有效保單的數額,減少保單解約概率。此外,考慮到死差、利差、費差以及解約差之間的相互制約關係,應從總體盈餘的角度考慮,而並不一定要求死差、利差、費差以及解約差等每項均有盈餘。從綜合平衡出發,評估總體效益,也是經營中的重要策略之一。

13.3　資產份額的應用

利源分析是資產份額的一個應用。考慮到利源分析的重要性,特在本書 13.2 節中單獨進行了介紹。然而資產份額的應用遠非只有利源分析,它在壽險經營中有著廣泛的用途,這些用途主要是:① 檢驗費率的合理性;② 驗證退保率是否合理;③ 決定分紅額度及其合理性;④ 評估投資收益率的高低等。

以下討論資產份額在檢驗和確定合理的保險費以及決定紅利分配額度中的應用。

13.3.1　檢驗和確定合理的保險費

以一定的生命表為基礎,按照收支平衡原則決定的毛保險費 G 由下列關係式決定:

$$G\ddot{a}=A(\text{或}\bar{A})+\sum_{k=0}^{\infty}(Gc_k+e_k)\,{}_kE_x$$

上式中:等式左端表示保險人的收入總額;右端表示保險人的支出總額。

不難發現,上述關於 G 的計算,忽略了保單解約的發生或者假定保單中途無解約。

但是,保單解約系投保人的一項權利,在實務中,保險人不能避免或阻止保單的退保,這就是說,保單無解約的假定是不現實的。現在取消這一假設,而考慮保單解約在內時,毛保險

費 G 的完整的計算。此時,決定 G 的更一般的等式為:

$$G\ddot{a} = A(\text{或}\bar{A}) + \sum_{k=0}^{\infty}(Gc_k + e_k)\,{}_kE_x + \sum_{k=0}^{\infty}{}_kp_x q_{x+k}^{(w)}\,{}_{k+1}CV$$

在費用和解約價值等確定的條件下,上式決定的毛保險費就隨之確定。

但是,由上式確定的毛保險費 G 是否合理?怎樣判定 G 合理與否,判斷標準又是什麼?一般說來,毛保險費是合理的,就是毛保險費本身以及投資收益能夠支付保險金額、費用開支以及解約價值等項目。換言之,毛保險費對應的預期資產份額應確保法定最低準備金以及最低解約價值的給付,並在同業競爭中獲取適度利潤。

如果毛保險費 G 對應的第 $k+1$ 年末的資產份額為 ${}_{k+1}AS_G(k=0,1,2\cdots)$,法定準備金為 ${}_{k+1}V_T$,最低解約價值為 ${}_{k+1}CV_T$,那麼合理的毛保險費 G 的基本判斷標準是:

$${}_{k+1}AS_G \geqslant {}_{k+1}V_T \geqslant {}_{k+1}CV_T \tag{13.6}$$

據此可得到檢驗和確定合理毛保險費的方法和步驟:若 ${}_{k+1}AS_G \geqslant {}_{k+1}V_T$,則 G 基本符合要求;否則,G 不盡合理,應做一定的調整。給予毛保險費一個試驗值 H_1,它對應的資產份額是 ${}_{k+1}AS_{H_1}$。若 ${}_{k+1}AS_{H_1} \geqslant {}_{k+1}V_T$,則 H_1 是合理的毛保險費,否則,H_1 不合理。此時再給毛保險費一個試驗值 H_2,它對應的資產份額是 ${}_{k+1}AS_{H_2}$,若 ${}_{k+1}AS_{H_2} \geqslant {}_{k+1}V_T$,則 H_2 是合理的,否則 H_2 不合理。再給毛保險費一個試驗值 H_3,重複上述步驟,直至找到一個毛保險費 H,它對應的資產份額 ${}_{k+1}AS_H$ 滿足 ${}_{k+1}AS_H \geqslant {}_{k+1}V_T$ 為止。此時決定的毛保險費 H,才是實際應收取的合理毛保險費。

當然,確定合理毛保險費的標準並不是絕對的、唯一的,視具體情況可以有不同的形式。如一方面為簡化試驗法的繁瑣,另一方面考慮到資產份額對應的毛保險費易決定,常可確定資產目標為:資產份額不低於 n 年末的責任準備金。若滿足這一目標的毛保險費為 G,其對應的資產份額為 ${}_nAS_G$,任給一個毛保險費試驗值 H,其對應的資產份額為 ${}_nAS$,則毛保險費 G 由下式決定:

$$G = H + \frac{({}_nAS_G - {}_nAS)v^n\,{}_np_x}{\sum_{k=0}^{n-1}(1-c_k)v^k\,{}_kp_x} \tag{13.7}$$

上式中 ${}_np_x$、v^n、c_k 等的含義與前面約定的含義相同。

此外,無論是採用一般標準,還是運用具體的辦法,滿足資產目標的毛保險費可能不止一個。遇到這種情形,毛保險費的確定和選擇應當綜合考慮經營狀況、被保險人的承受能力以及宏觀政策目標等因素而定。

為清楚起見,我們引用 Walter O. Menge 的一個例題,看看運用資產份額對毛保險費的合理性判斷的應用。

例 13.3　試計算如下保險的毛保險費,並判斷該保單的毛保險費是否合理,進而決定合理的毛保險費:假定保單在 35 歲簽發,保險金額 10 萬元,30 年期且 30 年均衡繳費的兩全保險。其保單費用估計如下:第一年年初發生代理人佣金占毛保險費的 55%;第二年為 10%,第三年年初到第十年年初為5%,以后每年年初還需毛保險費的2% 作為服務費。每年年初發生保險費稅為毛保險費的3%。第一年年初發生管理費1,200元,第二年乃至以后每年年初均為500元。在死亡立即提供給付或滿期理賠成本是500元。進一步假定,該保單期末準備金用保險監察官修正法(CRVM)並以CL1(2010—2013)2.5%為計算基礎。最低不喪失價值以CL1(2010—2013)2.5%為計算基礎。毛保險費以安達遜選擇表(Anderson's $X_{18}3\frac{3}{4}\%$)為基礎(見附表)。

解:首先根據上述已知條件,所示保單在35歲起的均衡毛保險費 G 決定如下:

$$G = \frac{100,500\bar{A}^{1}_{[35]:\overline{30}|} + 100,500A_{[35]:\overset{1}{\overline{30}|}} + 1,200 + 300a_{[35]:\overline{29}|}}{0.95\ddot{a}_{[35]:\overline{30}|} - 0.03\ddot{a}_{[35]:\overline{10}|} - 0.05\ddot{a}_{[35]:\overline{2}|} + 0.10\ddot{a}_{[35]:\overline{1}|} - 0.55}$$

$$\doteq \frac{100,500(1.037,5)^{0.5}A^{1}_{[35]:\overline{30}|} + 100,500A_{[35]:\overline{30}|} + 120 + 50a_{[35]:\overline{29}|}}{0.95\ddot{a}_{[35]:\overline{30}|} - 0.03\ddot{a}_{[35]:\overline{10}|} - 0.05\ddot{a}_{[35]:\overline{2}|} + 0.10\ddot{a}_{[35]:\overline{1}|} - 0.55}$$

$$= 3,057.77(元)$$

其次,確定資產份額並以此檢驗毛保險費的合理性。

由於壽險公司保持法定準備金基於CRVM法和CL1(2010—2013)2.5%,這些生命表與計算毛保險費所用死亡表不同,所以要驗證所求毛保險費是否合理,就是要判斷毛保險費對應的資產份額能否應付法定準備金和最低解約價值。為使問題論述方便,又不失一般原理,本例的資產份額的計算中不考慮解約價值。最低不喪失價值以CL1(2010—2013)2.5%為基礎,採用調整保險費法計算。

毛保險費 $G = 3,057.77$ 元對應的預期資產份額分別為:

第一年末:

$$(3,057.77 - 58\% \times 3,057.77 - 1,200)\cdot\ddot{s}_{[35]:\overline{1}|} - 100000\cdot\frac{\bar{A}^{1}_{[35]:\overline{1}|}}{{}_1E_{[35]}}$$

$$\doteq 84.26\times\frac{\ddot{a}_{[35]:\overline{1}|}}{{}_1E_{[35]}} - 100,000\times(1.037,5)^{0.5}\cdot\frac{A^{1}_{[35]:\overline{1}|}}{{}_1E_{[35]}}$$

$$= 1,013.12\times 1.026,32 - (1.037,5)^{0.5}\times 129.17 = -45.09(元)$$

第二年末:

$$(-45.09 + 3,057.77 - 300 - 13\% \times 3,057.77)\cdot\ddot{s}_{[36]:\overline{1}|} - 100000\cdot\frac{\bar{A}^{1}_{[36]:\overline{1}|}}{{}_1E_{[36]}}$$

$$\doteq(-45.09 + 2,360.26)\times 1.026,43 - (1.037,5)^{0.5}\times 139.694,3 = 2,234.08(元)$$

第三年末以及保險期間的其他年末的資產份額可以類似地獲得。表13.3列舉了從第一年末到第十年末的資產份額,CRVM及CL1(2010—2013)2.5%為基礎的準備金以及以CL1(2010—2013)2.5%為基礎的調整保險費法最低解約價值。

表 13.3　　資產份額、準備金和最低解約價值的比較

(30 年期兩全保單、毛保險費 3,057.77 元,簽單年齡 35 歲)　　單位:元

保單年末	資產份額 Anderson's $X_{18}3\frac{3}{4}\%$ 選擇表	期末準備金 CRVM CL1 (2010—2013)2.5%	差額	最低解約價值 CL1 (2010—2013)2.5%	差額
1	- 45.09	0.00	- 45.09	- 125.17	80.08
2	2,234.08	2,525.83	- 291.76	2,329.98	- 95.91
3	4,561.81	5,109.21	- 547.40	4,840.58	- 278.77
4	6,938.41	7,751.15	- 812.74	7,407.54	- 469.13
5	9,364.28	10,452.45	- 1,088.17	10,031.55	- 667.27
6	11,839.60	13,213.97	- 1,374.37	12,713.33	- 873.73
7	14,364.75	16,036.70	- 1,671.95	15,453.75	- 1,089.00
8	16,939.94	18,921.51	- 1,981.57	18,253.51	- 1,313.58
9	19,565.54	21,869.47	- 2,303.93	21,113.52	- 1,547.98
10	22,242.04	24,881.68	- 2,639.64	24,034.69	- 1,792.65

從表 13.3 可知,每年期末準備金均超過該年年末的資產份額,且差額呈遞增變化。進一步,在后五年的最低解約價值超過資產份額,其差額也呈遞增變化。顯然,僅比較前十年資產份額、期末準備金以及最低解約價值,不能說明問題並判斷毛保險費是否合理。所以,需重複上述步驟,求出整個保險期限的資產份額、期末準備金和最低解約價值,再進行比較。這些工作可以說明毛保險費 3,057.77 元並不是令人滿意的毛保險費。

再次,對毛保險費進行調整,以確定合理的毛保險費。

現對毛保險費做適度調整,在毛保險費 3,057.77 元基礎上,增加毛保險費 200 元,使調整后的毛保險費為 3,257.77 元。調整后的前十年毛保險費對應的資產份額以及在約定準備金方法和調整保險費法下期末準備金和最低解約價值的數據,類似於上述方法,可列表如表 13.4 所示。

表 13.4　　資產份額、期末準備金及最低解約價值的比較

(30 年期兩全保單、毛保險費 3,257.77 元,簽單年齡 35 歲)　　單位:元

保單年末	資產份額 Anderson's $X_{18}3\frac{3}{4}\%$ 選擇表	期末準備金 CRVM CL1 (2010—2013)2.5%	差額	最低解約價值 CL1 (2010—2013)2.5%	差額
1	41.12	0.00	41.12	- 125.17	166.29
2	2,501.16	2,525.83	- 24.67	2,329.98	171.18
3	5,014.60	5,109.21	- 94.61	4,840.58	174.02

表 13.4(續)

保單年末	資產份額 Anderson's $X_{18}3\frac{3}{4}\%$ 選擇表	期末準備金 CRVM CL1 (2010—2013)2.5%	差額	最低解約價值 CL1 (2010—2013)2.5%	差額
4	7,581.93	7,751.15	-169.22	7,407.54	174.40
5	10,203.75	10,452.45	-248.70	10,031.55	172.21
6	12,880.47	13,213.97	-333.50	12,713.33	167.14
7	15,612.70	16,036.70	-424.00	15,453.75	158.95
8	18,400.92	18,921.51	-520.58	18,253.51	147.41
9	21,245.83	21,869.47	-623.63	21,113.52	132.31
10	24,148.24	24,881.68	-733.44	24,034.69	113.55

在表 13.4 基礎上,繼續比較 30 年期的后 20 年每年的資產份額、期末準備金以及最低解約價值。通過比較可以發現,毛保險費 3,257.77 元對應的資產份額,非常接近期末準備金和最低解約價值。因此,可以認為毛保險費 3,257.77 元是合理的。

13.3.2 決定紅利分配的額度

紅利來源於盈餘。視保險公司為相互公司和股份公司的結合體,紅利一般也有保單紅利和股東紅利之分。在壽險保單中,通常標明保險基金份額或保單現值。保險基金份額是在考慮同類大量保單的基礎上事前建立的一個量。一方面,該量同保單未來保險費和投資收入、應付保單給付和費用有較大的關聯。保險基金份額一般局限於考慮死亡差、利息率差、費用差和解約差,它較資產份額範圍窄一些。另一方面,保險基金份額又是資產份額的重要的等價部分,它的最大限額不會超過資產份額。這些表明了保險基金份額可以用類似於資產份額的公式給予評估。

假設:${}_kF$ 表示第 k 年末的基金份額。G、c_k、e_k、$q_{x+k}^{(d)}$、$q_{x+k}^{(w)}$ 以及 ${}_{k+1}CV$ 均已知,且它們的含義與討論資產份額時的含義相同。

那麼,保險金額為 1 的保單在第 $k+1$ 年末的基金份額為;

$$ {}_{k+1}F = [{}_kF + G(1-c_k) - e_k](1+i) - q_{x+k}^{(d)}(1 - {}_{k+1}F) - q_{x+k}^{(w)}({}_{k+1}CV - {}_{k+1}F) \tag{13.8} $$

進一步,假定 ${}_{k+1}D$ 表示第 $k+1$ 年末的紅利,且對死亡者和解約者不分紅利,那麼保單在第 $k+1$ 年末的經驗基金份額為:

$$ \begin{aligned} {}_{k+1}F' = {} & [{}_kF + G(1-c'_k) - e'_k](1+i'_{k+1}) - q'^{(d)}_{x+k}(1 - {}_{k+1}F - {}_{k+1}D) \\ & - q'^{(w)}_{x+k}({}_{k+1}CV - {}_{k+1}F - {}_{k+1}D) \end{aligned} \tag{13.9} $$

從而

$$ {}_{k+1}D = {}_{k+1}F' - {}_{k+1}F $$

$$= ({}_kF + G)(i'_{k+1} - i) + [E_k(1+i) - E'_k(1+i'_{k+1})] + (1 - {}_{k+1}F)(q^{(d)}_{x+k} - q'^{(d)}_{x+k})$$
$$+ ({}_{k+1}CV - {}_{k+1}F)(q^{(w)}_{x+k} - q'^{(w)}_{x+k}) + {}_{k+1}D(q'^{(d)}_{x+k} + q'^{(w)}_{x+k}) \quad (13.10)$$

上式中：$E_k = Gc_k + e_k$；$E'_k = Gc'_k + e'_k$；${}_{k+1}D(q'^{(d)}_{x+k} + q'^{(w)}_{x+k})$ 表示死亡者、解約者喪失的紅利額，它僅分配給生存者，即有效保單持有人。

如果對死亡者、解約者分配紅利額，那麼保單第 $k+1$ 年末的經驗基金份額為：

$$_{k+1}F' = [{}_kF + G(1 - c'_k) - e'_k](1 + i'_{k+1}) - q'^{(d)}_{x+k}(1 - {}_{k+1}F + {}_{k+1}D)$$
$$- q'^{(w)}_{x+k}({}_{k+1}CV - {}_{k+1}F + {}_{k+1}D) \quad (13.11)$$

從而

$$_{k+1}F' - {}_{k+1}F = {}_{k+1}D$$
$$= ({}_kF + G)(i'_{k+1} - i) + [E_k(1+i) - E'_k(1+i'_{k+1})] + (1 - {}_{k+1}F)(q^{(d)}_{x+k} - q'^{(d)}_{x+k})$$
$$+ ({}_{k+1}CV - {}_{k+1}F)(q^{(w)}_{x+k} - q'^{(w)}_{x+k}) + {}_{k+1}D(q^{(d)}_{x+k} - q'^{(d)}_{x+k}) + {}_{k+1}D(q^{(w)}_{x+k} - q'^{(w)}_{x+k})$$
$$(13.12)$$

可見，保單紅利的分析與資產份額的分析極為相似。當保單紅利對保單有效者實行分配以后，總的盈餘扣除保單紅利，就是可用於股東的紅利分配額以及其他用途的額度。

例 13.4　在例 13.1 的基礎上，如果紅利也分配給死亡和退保的被保險人，計算各年紅利及來源。假設 ${}_0F = {}_0AS = 0$，${}_1F = {}_1AS = 2,507.04$，${}_2F = {}_2AS = 5,898.30$，${}_3F = {}_3AS = 10,000$；$i'_1 = 5\%$，$i'_2 = 6\%$，$i'_3 = 4\%$；$q'^{(d)}_x = 0.09$，$q'^{(d)}_{x+1} = 0.1$，$q'^{(d)}_{x+2} = 0.4$；$q'^{(w)}_x = 0.5$，$q'^{(w)}_{x+1} = 0.2$，$q'^{(w)}_{x+2} = 0.1$；$c'_k = c_k (k = 0,1,2)$，$e'_0 = 100$，$e'_1 = 10$，$e'_2 = 10$。

解：各年利源及來源如表 13.5 所示。

表 13.5　　單位：元

利潤來源	第 1 年	第 2 年	第 3 年
利差損益 $({}_kF + G)(i'_{k+1} - i)$	(0 + 3, 878) × (0.05 − 0.05) =0	(2, 507.04 + 3, 878) × (0.06 − 0.05) =63.85	(5, 898.3 + 3, 878) × (0.04 − 0.05) = −97.76
費差損益 $E_k(1+i) - E'_k(1+i'_{k+1})$	(3, 878 × 0.2 + 80) × 1.05 − (3, 878 × 0.2 + 100) × 1.05 = −21	(3, 878 × 0.06 + 20) × 1.05 − (3, 878 × 0.06 + 10) × 1.06 = −8.07	(3, 878 × 0.06 + 20) × 1.05 − (3, 878 × 0.06 + 10) × 1.04 = −12.93
死差損益 $(10,000 - {}_{k+1}F)(q^{(d)}_{x+k} - q^{(d)}_{x+k})$	(10, 000 − 2, 507.04) × (0.1 − 0.09) =74.93	(10, 000 − 5, 898.3) × (0.15 − 0.1) =205.09	(10, 000 − 10, 000) × (0.5 − 0.4) =0
退保損益 $({}_{k+1}CV - {}_{k+1}F)(q^{(w)}_{x+k} - q^{(w)}_{x+k})$	(2, 300 − 2, 507.04) × (0.4 − 0.5) = −20.70	(5, 600 − 5, 898.3) × (0.25 − 0.2) = −14.92	(10, 000 − 10, 000) × (0 − 0.1) =0
合計	33.23	245.95	−110.69

紅利分配是一個較為複雜的問題，如分配多少給保單持有人、分配多少給股東、用什麼方法分配等。在國外，主要由精算師和其他專業人員承擔分配中涉及的技術性處理，最終由

公司高層決策者或董事會共同決定。

總之,在運用資產份額作為分析工具解決實際問題時,有幾項工作必須要做:① 合理地對保單進行分類整理,以滿足資產份額要求的同類大量性;② 對於資產份額的計算,應編制軟件,採用電腦運算,以節約人力、物力和時間,更重要的是提高運算準確度,增強決策的科學性;③ 在資產份額的具體分析和計算中,應視情況,酌情靈活運用,切忌機械照搬公式,尤其應收集、整理和保存經驗資料,使經驗率更接近預期率。計算時,最好按年齡大小分佈分數組計算;按保險金額大小分佈分數組計算;按險別、年期別分開計算,這樣,可以使分析和計算更富有說服力。

13.3.3 中國個人分紅保險的盈餘分配規定

紅利的分配應當滿足公平性原則和可持續性原則。

保險公司每一會計年度向保單持有人實際分配盈餘的比例不低於當年可分配盈餘的70%。

可分配盈餘的確定應當有一個客觀的標準,遵循一貫性的原則。

保險公司應對分紅保險帳戶提取分紅保險特別儲備。

分紅保險特別儲備是分紅保險帳戶逐年累積的,用於平滑未來的分紅水平。保險公司計提的分紅保險特別儲備不得為負,分紅保險帳戶的任何準備金科目也不得為負。

1. 紅利分配方式

(1) 現金紅利

分配現金紅利指直接以現金的形式將盈餘分配給保單持有人。

保險公司可以提供多種紅利領取方式,比如現金、抵繳保險費、累積生息以及購買繳清保險金額等。

採用累積生息的紅利領取方式的,保險公司應當確定紅利計息期間,並不得低於6個月。在紅利計息期間,保險公司改變紅利累積利息率的,對於該保單仍適用改變前的紅利累積利息率。

(2) 增額紅利

分配增額紅利指在整個保險期限內每年以增加保險金額的方式分配紅利,增加的保險金額一旦作為紅利公布,則不得取消。

採用增額紅利方式的保險公司可在合同終止時以現金方式給付終了紅利。

2. 紅利計算方法

保險公司可以選擇現金紅利方式或增額紅利方式分配盈餘。

(1) 採用現金紅利分配方式的保險公司應根據貢獻法計算紅利。

① 貢獻法是指在各個保單之間根據每張保單對所產生盈餘的貢獻比例分配盈餘的方法,按照利差、死差、費差三種利源項目表示,其計算公式為:

$$C = (V_0 + P)(i' - i) + (q - q')(S - V_1) + (GP - P - e')(1 + i') \tag{13.13}$$

上式中:C 指該張保單對盈餘的貢獻;V_0 指按評估基礎計算的上一保單期末準備金,其中不包括上一保單期末的生存給付金金額;V_1 指按評估基礎計算的保單期末準備金;P 指按評估基礎計算的淨保險費;i' 指實際投資收益率;i 指評估利息率;q' 指實際經驗死亡率;q 指評估死亡率;S 指死亡保險金;GP 指保險費;e' 指實際經驗費用支出。

保險公司採用貢獻法分配盈餘時,可以減少或增加上述公式所包括的利源項目,但對於特定產品選用的利源項目在保險期間不得改變。

② 保險公司應按照下列公式計算每張保單實際分配的紅利:

$$\frac{C}{\sum_{\Omega} C} \times 可分配盈餘 \times R$$

上式中:Ω 表示所有分紅保單;R 為保險公司確定的不低於 70% 的比例。

(2) 採用增額紅利分配方式的保險公司應當根據下列要求計算增額紅利和終了紅利。

① 增額紅利成本應當按照評估基礎計算,每張保單增額紅利成本的計算公式為:

$$RB_t \times A$$

上式中:RB_t 為該保單在 t 時刻分配到的增額紅利;A 為按照評估基礎計算的在 t 時刻購買原保單責任的躉繳淨保險費。

② 終了紅利的計算應當按照每張保單對分紅保險特別儲備的貢獻確定。

保險公司根據產品類型、繳費方式、繳費期限、保險期限等保單信息對所有分紅保單分組,計算各組的資產份額,並利用各組的資產份額和責任準備金,劃分各組對應的分紅保險特別儲備,即:

每組對應的分紅保險特別儲備份額 = 每組的資產份額 - 每組的責任準備金

每張保單享有的終了紅利應當與該保單對應的分紅保險特別儲備份額中將分配給保單持有人的比例大體相當。

習題 13

13－1　簡述個人分紅保險的紅利分配方式和計算方法。

13－2　簡述影響資產份額的主要因子。

13－3　計算資產份額的主要用途有哪些?

13－4　哪些措施有利於保險業務產生盈餘?

13－5　試述壽險保單盈餘的主要來源以及它們的決定因素。

13－6　解釋該公式各組成部分所表示的含義:

$$\begin{aligned}{}_{k+1}AS' - {}_{k+1}AS = &({}_{k}AS + G)(i'_{k+1} - i) + [(Gc_k + e_k)(1+i) - (Gc'_k + e'_k)(1 + i'_{k+1})] \\ &+ [q^{(d)}_{x+k}(1 - {}_{k+1}AS) - q'^{(d)}_{x+k}(1 - {}_{k+1}AS)] + [q^{(w)}_{x+k}({}_{k+1}CV - {}_{k+1}AS) \\ &- q'^{(w)}_{x+k}({}_{k+1}CV - {}_{k+1}AS)]\end{aligned}$$

13－7　證明如下有關資產份額關係式的等價性:

(1) ${}_{k+1}AS \cdot p^{(\tau)}_{x+k} = [{}_{k}AS + G(1 - c_k) - e_k](1 + i) - q^{(d)}_{x+k} - q^{(w)}_{x+k} \cdot {}_{k+1}CV$, 且 $k = 0,1,2,\cdots$

(2) $_{k+1}AS = [\,_kAS + G(1 - c_k) - e_k](1 + i) - q_{x+k}^{(d)}(1 - \,_{k+1}AS)$

$- q_{x+k}^{(w)}(\,_{k+1}CV - \,_{k+1}AS)$

(3) $_{k+1}AS \cdot l_{x+k+1} = l_{x+k}[\,_kAS + G(1 - c_k) - e_k](1 + i) - d_{x+k}^{(d)} - d_{x+k}^{(w)} \cdot \,_{k+1}CV$

式中 $p_{x+k}^{(\tau)} = 1 - q_{x+k}^{(d)} - q_{x+k}^{(w)}$

13-8　某人30歲購買保險金額為 y，於死亡年末提供給付的終身死亡保險。已知：

(1) $_{10}AS = 1,000 = \,_{11}CV + 100$；

(2) $_{11}AS = 986.45$；

(3) $q_{x+k}^{(w)} = 9q_{x+k}^{(d)} = 0.18$；

(4) $i = 0.06$；

(5) $C_{10} = 0.1$；

(6) 每單位保險金額的固定費用 $e_{10} = 0.000,4$；

(7) G 等於保險金額的1%。

求該保險的保險金額 y。

13-9　現一份60歲的兩年期兩全保險，保險金額為1萬元，毛保險費 $G = 5,581.16$ 元，$i = 5\%$，$q_{60}^{(d)} = 0.1$，$q_{60}^{(w)} = 0.2$，初年度費用占毛保險費的10%，保單費用為100元，第一年末的解約價值為6,000元，求第一年末的資產份額 $_1AS$。

13-10　在上題的基礎上，如果紅利也分配給死亡和退保的被保險人，計算第一年的紅利及來源。假設有 $_0F = \,_0AS = 0$，$_1F = \,_1AS$，$i'_1 = 5\%$，$q'^{(d)}_{60} = 0.09$，$q'^{(w)}_{60} = 0.15$，$c'_0 = 0.12$，$e'_0 = 80$。

14 壽險保單的精算分析

通過前面幾章的論述,學習者對於常見的幾種年金保險和死亡保險,如終身年金保險和終身死亡保險、定期年金保險和定期死亡保險、延付年金保險和延期死亡保險以及兩全保險等的保險費和責任準備金的計算,已經不會有太大的技術上的困難。但是,任何一個試圖在保險市場上立於不敗之地,長期發展的保險公司,就不應當僅滿足於現狀,只出售單一的保險種類。相反,為適應保戶的不同層次的需求,應以市場信息為準繩,積極開發新險種,簽發形式多樣的保單。對於由常見保險形式結合在一起的保單或者一些特殊形式的保單,原有計算公式往往不能直接地運用,這就有必要研究特殊保單有關項目的計算公式。而研究特殊保單的計算問題,離不開前面已述的常見保險的計算原理和基本結論。或者更確切地說,特殊保單的有關計算,是以前述有關計算原理和方法為基礎的綜合運用。

本章側重分析壽險精算的進一步應用及一些操作技巧。

14.1 確定期間年金

確定期間年金,是指在約定的一定期間,不論年金受領人生存還是死亡,均按事先約定給付方式和給付金額提供年金受領人或指定受益人。如果年金受領人在這段時間結束時仍生存,那麼在以后生存期間也將提供約定的年金給付,直至死亡發生停止給付為止。確定期間年金的實質乃返還年金的一種類型。定義中的約定期間既可以是具體的年數,如 5 年、10 年或 20 年,也可以規定到達特定的年齡。

14.1.1 連續給付的 n 年確定期間年金

假定:年給付額為 1,於每年連續地支付。簽單年齡為 x 歲,躉繳毛保險費為 G,費用占毛保險費的比例為 r。n 與 G 無關。按照確定期間年金的定義,不難得到:

$$(1-r)G = \bar{a}_{\overline{n}|} + {}_{n|}\bar{a}_x$$

$$G = \frac{\bar{a}_{\overline{n}|} + {}_{n|}\bar{a}_x}{1-r} \tag{14.1}$$

14.1.2 每年分期 m 次給付的確定期間年金

(1) 考慮年金期間與 G 無關的保單。假定：簽單年齡為 x 歲，年給付額為 1，分期於每 $\frac{1}{m}$ 年末給付。躉繳毛保險費為 G，費用占毛保險費的比例為 r。n 與 G 無關。那麼，G 由下式決定：

$$(1-r)G = a_{\overline{n}|}^{(m)} + {}_{n|}a_x^{(m)}$$

$$G = \frac{a_{\overline{n}|}^{(m)} + {}_{n|}a_x^{(m)}}{1-r} \tag{14.2}$$

(2) 考慮年金期間與 G 有關的保單。基本假設完全類似於前述的確定期間年金，只是現在將討論的年金，其期間與 G 有關，依賴於 G 的大小。即要求年金給付期內的各項給付額之總和必須足以返還躉繳毛保險費。

① 當 G 為整數時，毛保險費 G 取決於：

$$(1-r)G = a_{\overline{G}|}^{(m)} + {}_{G|}a_x^{(m)}$$

② 當 G 為非整數時，毛保險費 G 取決於：

$$(1-r)G = a_{\overline{G}|}^{(m)} + {}_{G|}a_x^{(m)}$$

此時 G 的計算如下：

令 $f(G) = a_{\overline{G}|}^{(m)} + {}_{G|}a_x^{(m)} - G(1-r)$

通過一系列試驗，確定一個整數 n，使 $f(n) > 0$，且 $f(n+1) < 0$，再運用插值法，G 具體由下式決定：

$$G \doteq n + \frac{f(n)}{f(n) - f(n+1)} \tag{14.3}$$

特別地，像這樣的保證繼續給付年金給受領人或指定受益人，直到給付總額等於所繳納的年金保險費總額為止的一種年金，稱為分期返還年金。

例 14.1 在 65 歲簽單的某種分期返還年金，每月提供金額為 10 元，附加保險費為毛保險費的 6%，求這種年金的躉繳毛保險費。

解：因為在 x 歲簽單、年給付額為 1，分期於每月給付 $\frac{1}{12}$ 的分期返還年金的躉繳毛保險費：

$$G \doteq n + \frac{f(n)}{f(n) - f(n+1)}$$

所以當每月給付 10 元時，所求躉繳毛保險費為：

$$120G = 120\left(\frac{f(n)}{f(n) - f(n+1)} + n\right)$$

對 $f(n) = a_{\overline{n}|}^{(12)} + {}_{n|}a_{65}^{(12)} - 0.94n$ 試驗得：

$$f(15) = 0.473,9, f(16) = -0.109,4$$

從而

$$G \doteq 15 + \frac{0.473,9}{0.473,9 - (-0.109,4)} = 15.812,4$$

所以躉繳毛保險費為

$$120 \cdot G = 120 \times 15.812,4 = 1,897.49(\text{元})$$

例 14.2　關於 x 歲的人簽發的、年給付額為1,且可提供有 n 年保證期的期末付終身生存年金保險,在 x 歲的精算現值為 $a_{\overline{n}|} + {}_{n|}a_x$。試證這一精算現值可以表示為如下形式:

$$a_x + \frac{\ddot{a}_{\overline{n}|}M_x - v^n N_{x+1} + N_{x+n+1}}{D_x}$$

證明: $a_{\overline{n}|} + {}_{n|}a_x = a_{\overline{n}|} + a_x - a_{x:\overline{n}|}$

$$= a_x + \ddot{a}_{\overline{n}|} + v^n - 1 - a_{x:\overline{n}|}$$

$$= a_x + \frac{(\ddot{a}_{\overline{n}|} + v^n - 1)D_x - N_{x+1} + N_{x+n+1}}{D_x}$$

$$= a_x + \frac{\ddot{a}_{\overline{n}|}D_x + v^n D_x - N_{x+1} + N_{x+n+1} - D_x}{D_x}$$

$$= a_x + \frac{\ddot{a}_{\overline{n}|}D_x + v^n D_x - N_x + N_{x+n+1}}{D_x}$$

$$= a_x + \frac{\ddot{a}_{\overline{n}|}D_x + v^n N_x - N_x - v^n N_{x+1} + N_{x+n+1}}{D_x}$$

$$= a_x + \frac{\ddot{a}_{\overline{n}|}D_x - d\ddot{a}_{\overline{n}|}N_x - v^n N_{x+1} + N_{x+n+1}}{D_x}$$

$$= a_x + \frac{\ddot{a}_{\overline{n}|}M_x - v^n N_{x+1} + N_{x+n+1}}{D_x}$$

14.2　退休年金型壽險

退休年金型壽險,既不完全相同於壽險,又不完全等價於年金,它是保險與年金的一種結合。保險成分體現在從簽單年齡到指定的特定退休年金第一次支付對應的年齡的那段期間,如果被保險人死亡,將提供保障。年金成分體現在提供老年生活保障的給付,通常從特定退休年齡開始,確保生存時每月定期給付。退休年金型壽險的給付期限可以是確定的年數,也可以是退休者退休后的餘命。保險費的繳納一般限於從簽單年齡到退休年齡這段時期。退休年金型壽險的年金給付一般是死亡保險金額的一定百分比。

在正常情況下,退休年金型壽險的退休年金收入在退休年齡的精算現值,將超過它的壽險保險金額。這意味著,退休年金型壽險是退休年齡滿期量大於壽險保險金額的一種兩全保險。進一步,準備金和現金價值在退休年齡必須逼近滿期量,從而在退休前的一段時期,準備金和現金價值也將超過壽險保險金額。又因為壽險保險金額小於現金價值是不現實的,所以被保險人在現金價值超過壽險保險金額的時期內發生死亡,則死亡給付額等於這一現金價值。

14.2.1　退休年金型壽險純保險費的計算

假定:退休年金型壽險在 x 歲簽單,保險金額為1,在 $x+n$ 歲的滿期量為$(1+K)$。其中 K

為年金收入現值超過保險金額的差額。年繳純保險費為 P。

因此,這樣的退休年金型壽險可視為兩種保單的結合:一種是以保險金額為$(1+K)$,在退休年齡滿期的純生存保險;另一種是從簽單年齡到退休年齡的那段時期為保險期間,在死亡發生的年末以 1 或現金價值的較大者為給付額的定期保險。若記第 t 年末的現金價值為${}_tCV$,第一個超過保險金額 1 的那年年末的現金價值為${}_{a+1}CV$。結合上述分析,P 的決定如下所示:

$$P\ddot{a}_{x:\overline{n}|} = A^{1}_{x:\overline{a}|} + \sum_{t=a+1}^{n} {}_tCV \cdot v^{t}{}_{t-1}p_x q_{x+t-1} + (1+K)\ {}_nE_x$$

$$P = \frac{M_x - M_{x+a} + \sum_{t=a+1}^{n}({}_tCV \cdot C_{x+t+1}) + (1+K)D_{x+n}}{N_x - N_{x+n}} \tag{14.4}$$

通常情況下,現金價值與P有關,從而由上式決定的P,僅是一個P的隱函式。要獲得P的顯函式,需進一步假定。

14.2.2 退休年金型壽險的年繳純保險費顯函式

在上述退休年金型壽險的年繳純保險費中,假定在大於 a 的時期裡,現金價值等於均衡純保險費準備金,而期末均衡純保險費準備金${}_tV$從${}_0V=0$增加到${}_nV=1+K$。這樣,${}_aV \leqslant 1$且${}_{a+1}V>1$。

在最初的 a 年期內,死亡給付額等於保險金額,於是

$$({}_tV+P)(1+i) = 1 \cdot q_{x+t} + p_{x+t} \cdot {}_{t+1}V$$

在 a 年以后的$(n-a)$年內,死亡給付額等於準備金,從而

$$({}_tV+P)(1+i) = {}_{t+1}V \cdot q_{x+t} + p_{x+t} \cdot {}_{t+1}V$$

即

$$({}_tV+P)(1+i) = {}_{t+1}V \tag{14.5}$$

該式說明,a 年之后準備金的累積與死亡率無關,不存在風險淨量,也就沒有保險成分。第 a 年末的預期法準備金為:

$${}_aV = (1+K)v^{n-a} - P\ddot{a}_{\overline{n-a}|} \tag{14.6}$$

又因追溯法準備金為:

$${}_aV = P\ddot{s}_{x:\overline{a}|} - {}_ak_x \tag{14.7}$$

所以

$$(1+K)v^{n-a} - P\ddot{a}_{\overline{n-a}|} = P\ddot{s}_{x:\overline{a}|} - {}_ak_x$$

解出 P:

$$P = \frac{{}_ak_x + (1+K)v^{n-a}}{\ddot{s}_{x:\overline{a}|} + \ddot{a}_{\overline{n-a}|}} \tag{14.8}$$

$$= \frac{M_x - M_{x+a} + (1+K)v^{n-a}D_{x+a}}{N_x - N_{x+a} + \ddot{a}_{\overline{n-a}|}D_{x+a}} \tag{14.9}$$

這裡,a 依賴於 P。一般情況下,可以通過試驗誤差過程決定。當然不排除用獨立的決定 a 的尺度。

當採用連續年繳保險費購買於死亡后立即提供給付額的退休年金型壽險時，純保險費的分析和計算與前述情形類似。特別地，在大於 a 的時期，當現金價值等於均衡純保險費準備金時，連續年繳純保險費為：

$$\bar{P} = \frac{{}_{a}\bar{k}_{x} + (1+K)v^{n-a}}{\bar{s}_{x:\overline{a}|} + \bar{a}_{\overline{n-a}|}} \tag{14.10}$$

$$= \frac{(\bar{M}_{x} - \bar{M}_{x+a}) + (1+K)v^{n-a}D_{x+a}}{\bar{N}_{x} - \bar{N}_{x+a} + \bar{a}_{\overline{n-a}|} \cdot D_{x+a}} \tag{14.11}$$

14.3　家庭(族)收入保險

家庭收入保險是人壽保險的一種變形保險形式，它本質上由普通終身壽險與遞減定期保險搭配而成。被保險人死亡時，除給付保單保險金額外，倘若被保險人死亡發生於保戶所選定的期間以內時，保險公司還另外按一定方式和金額給付受益人，直至選定期間屆滿為止。被保險人在選定期間以外死亡，保險公司只給付保單保險金額。特別地，稱家庭收入保險中的選定期間為家庭收入期。

家庭收入保險的年金給付期間的長短視被保險人死亡時期的早晚而定。就保險公司所負擔的危險而言，選定期間的初期最大，到期末趨於零。搭配的遞減定期保險的保險金額等於其后的年金給付額的現值。這樣，家庭收入保單的躉繳純保險費，也就是普通終身壽險躉繳純保險費與遞減定期保險的躉繳純保險費之和。考慮到計算普通終身壽險躉繳純保險費是前面已經解決了的問題，所以計算家庭收入保單純保險費的關鍵在於計算其中的遞減定期保險的純保險費。

14.3.1　每期相等區間給付一次的家庭收入保單

假設所要討論的家庭收入保單，在 x 歲簽單，家庭收入期為 n 年，在被保險人死亡時，除給付保險金額 1 以外，當被保險人的死亡發生在 n 年家庭收入期內時，保單還將提供年收入 1，分期於每 $\frac{1}{m}$ 年提供給付額，直至家庭收入期屆滿為止。

(1) 在死亡發生的 $\frac{1}{m}$ 年末開始第一次給付的家庭收入保險。

令 ${}_{n}F_{x}$ 為所考察的家庭收入保單的遞減定期保險部分在 x 歲的躉繳純保險費，則

$${}_{n}F_{x} = a_{\overline{n}|}^{(m)} - a_{x:\overline{n}|}^{(m)} \tag{14.12}$$

(2) 在死亡后立即開始第一次給付，以后每隔 $\frac{1}{m}$ 年繼續提供給付，直至家庭收入期屆滿。

由於從死亡之日到家庭收入期屆滿的這段時期，並不一定是 $\frac{1}{m}$ 的倍數，所以連同零數期間的給付的家庭收入保單的遞減定期保險，在 x 歲的現值為：

$$\int_0^n v^t \ddot{a}^{(m)}_{\overline{n-t|}} {}_tp_x \mu_{x+t} \mathrm{d}t = \frac{\delta}{d^{(m)}} \int_0^n v^t \bar{a}_{x:\overline{n-t|}} {}_tp_x \mu_{x+t} \mathrm{d}t$$

$$= \frac{\delta}{d^{(m)}} (\bar{a}_{\overline{n|}} - \bar{a}_{x:\overline{n|}})$$

(3) 死亡后連續提供年金給付的家庭收入保單。

如果被保險人在家庭收入期內發生死亡,年給付 1 將連續地提供給受益人,直至家庭收入期屆滿。於是,家庭收入保單中的遞減定期保險部分在 x 歲的躉繳純保險費為:

$$\int_0^n v^t \bar{a}_{\overline{n-t|}} {}_tp_x \mu_{x+t} \mathrm{d}t \text{ 或 } \bar{a}_{\overline{n|}} - \bar{a}_{x:\overline{n|}}$$

當家庭收入保單的終身壽險部分在 x 歲的躉繳純保險費為 A_x 時,對應於上述(1)、(2)和(3) 的家庭收入保單在 x 歲的躉繳純保險費分別為:

$$A_x + \begin{cases} a^{(m)}_{\overline{n|}} - a^{(m)}_{x:\overline{n|}} & (1) \\ \dfrac{\delta}{d^{(m)}}(\bar{a}_{\overline{n|}} - \bar{a}_{x:\overline{n|}}) & (2) \\ \bar{a}_{\overline{n|}} - \bar{a}_{x:\overline{n|}} & (3) \end{cases}$$

14.3.2 一般的家庭收入保單

在前述家庭收入保單純保險費的計算中,蘊含著終身壽險純保險費計算所需利息率,與遞減定期保險純保險費計算所需利息率相同的假設。或者說,保險期限內的利息率與年金支付期內的利息率相同。然而,更一般的家庭收入保單,保險期限內的利息率與年金支付期內的利息率可能不同。這時,關於家庭收入保單的躉繳純保險費的計算,也得做出相應的調整。

考察這樣的保單:在 x 歲簽單,死亡保險金額為 1,年金給付額也為 1,死亡后立即進行第一次給付,以后每隔 $\frac{1}{m}$ 年提供一次給付,n 年家庭收入期的家庭收入保單。進一步假定,這種家庭收入保單的保險期限內的利息率為 i,死亡后立即提供給付的年金期限內的利息率為 i'。遞減定期保險部分的躉繳純保險費為 ${}_nF_x^{i\text{或}i'}$,而且

$${}_nF_x^{i\text{或}i'} = \int_0^n v^t_{i'} {}_tp_x \mu_{x+t} \cdot \ddot{a}^{(m)}_{\overline{n-t|}i'} \mathrm{d}t \tag{14.13}$$

於是,家庭收入保單在 x 歲的躉繳純保險費為:

$$A_x + {}_nF_x^{i\text{或}i'}$$

例 14.3 (1) 對保險金額 100,000 元的 m 年兩全保單進行修正,使其在最初的 n 年內發生死亡,死亡保險金額維持到 n 年末才給付;在 n 年后發生死亡,死亡后立即提供保險金額。試證經修正后的兩全保單在 x 歲的躉繳純保險費為:

$$100,000(v^n {}_nq_x + \bar{A}_{x:\overline{m|}} - \bar{A}^1_{x:\overline{n|}}) \qquad (n < m)$$

(2) 現有一種結合(1) 的 m 年兩全保單的每月給付 1,000 元的 n 年家庭收入保單。試證:對於這樣的家庭收入保單,總的躉繳純保險費超過未經修正的 m 年兩全保單躉繳純保險費 $100,000\bar{A}_{x:\overline{m|}}$ 的餘額為:

$$(\frac{12,000}{d^{(12)}} - 100,000)\bar{A}^{1}_{x:\overline{n}|} - (\frac{12,000}{d^{(12)}} - 100,000)v^{n}{}_{n}q_{x}$$

證明：

(1) 修正后的 m 年兩全保險在 x 歲的躉繳純保險費為($n < m$)：

$$\int_0^n 100,000v^{n}{}_{t}p_x\mu_{x+t}\mathrm{d}t + {}_{n}E_x\bar{A}_{x+n:\overline{m-n}|}100,000$$

$$= 1,000v^{n}\int_0^n {}_{t}p_x\mu_{x+t}\mathrm{d}t + 100,000(\bar{A}_{x:\overline{m}|} - \bar{A}^{1}_{x:\overline{n}|})$$

$$= 100,000(v^{n}{}_{n}q_x + \bar{A}_{x:\overline{m}|} - \bar{A}^{1}_{x:\overline{n}|})$$

(2) 原 n 年家庭收入保單在 x 歲的躉繳純保險費為：

$$\int_0^n 12,000\ddot{a}^{(12)}_{\overline{n-t}|}v^{t}{}_{t}p_x\mu_{x+t}\mathrm{d}t + 100,000(v^{n}{}_{n}q_x + \bar{A}_{x:\overline{m}|} - \bar{A}^{1}_{x:\overline{n}|})$$

$$= 12,000\int_0^n \frac{1-v^{n-t}}{d^{(12)}}\cdot v^{t}{}_{t}p_x\mu_{x+t}\mathrm{d}t + 100,000(v^{n}{}_{n}q_x + \bar{A}_{x:\overline{m}|} - \bar{A}^{1}_{x:\overline{n}|})$$

$$= (\frac{12,000}{d^{(12)}}\bar{A}^{1}_{x:\overline{n}|} - \frac{v^{n}}{d^{(12)}}\cdot{}_{n}q_x) + 100,000(v^{n}{}_{n}q_x + \bar{A}_{x:\overline{m}|} - \bar{A}^{1}_{x:\overline{n}|})$$

扣除未修正的 m 年兩全保單在 x 歲的躉繳純保險費 $100,000\bar{A}_{x:\overline{m}|}$，即為

$$(\frac{12,000}{d^{(12)}} - 100,000)\bar{A}^{1}_{x:\overline{n}|} - (\frac{12,000}{d^{(12)}} - 100,000)v^{n}{}_{n}q_{x}$$

例 14.4 在 35 歲簽單的某種保單規定：如果被保險人在第 20 年末生存，那麼保單將提供 100,000 元給付額；若被保險人在簽單后的 20 年內死亡，保單在死亡發生月末開始提供第一次給付 1,000 元，直至 20 年屆滿。簽單 20 年后保單不再提供任何給付。試求出購買這種保單的限期 20 年繳費的均勻純保險費，以 CL1(2010—2013)2.5% 為計算基礎。

解：設限期 20 年繳費的純保險費為 P 元，那麼 P 取決於：

$$P\ddot{a}_{35:\overline{20}|} = 100,000\,{}_{20}E_{35} + 12,000(a^{(12)}_{\overline{20}|} - a^{(12)}_{35:\overline{20}|})$$

由

$$N^{(m)}_{x+\frac{1}{m}} = \alpha(m)N_x - \beta(m)D_x - \frac{1}{m}D_x$$

$$a^{(m)}_{x:\overline{n}|} = \frac{N_{x+\frac{1}{m}} - N_{x+n+\frac{1}{m}}}{D_x}$$

$$\ddot{a}_{x:\overline{n}|} = \frac{N_x - N_{x+n}}{D_x}$$

可得

$$P = \frac{10,000\,{}_{20}E_{35} + 1,200(\ddot{a}^{(12)}_{\overline{20}|} - \ddot{a}^{(12)}_{35:\overline{20}|})}{\ddot{a}^{(12)}_{35:\overline{20}|}} \approx 389(元)$$

14.4 集合壽險保單的精算處理

本書大部分內容僅處理一種保單的精算問題。實踐中，在同一年齡上可能簽發大量的相同或不同的保險形式的保單，對這些保單做出分析，不僅有重要的意義，而且更接近現實。

14.2.1　相同年齡相同壽險保單的精算分析

具體例題分析如下：假設活到 35 歲的每一個人，購買限期 10 年繳費、於死亡年底提供保險金額1元的15年期兩全保險。試以 CL1(2010—2013)2.5%為基礎，追蹤這些保單的預期現金流動狀況，並獲取均衡純保險費準備金。

根據CL1(2010—2013)2.5%，l_{35} = 98,188，從而在35歲簽發的98,188份保單，每一份保單的均衡純保險費為：

$$ {}_{10}P_{35:\overline{15}|} = \frac{A_{35:\overline{15}|}}{\ddot{a}_{35:\overline{15}|}} = \frac{M_{35} - M_{50} + D_{50}}{N_{35} - N_{50}} = 0.077,796 $$

於是，在第一年年初純保險費總額為7,639元。它形成了一筆初始基金。這筆基金在往后年份的變化，主要表現為：利息收入使基金增長，索賠賠款使基金減少、應繳純保險費使基金增長等，到第15年末，所有剩餘保單滿期。所有保單的上述變化詳見表14.1。

表 14.1　　15 年期兩全保單的現金流動狀況

[CL1(2010—2013)2.5%，$P = {}_{10}P_{35:\overline{15}|} = 0.077,796$]

(1) 年份	(2) $l_{35+t-1}P$	(3) 年初基金總額	(4) (1.025)×(3)	(5) d_{35+t-1}	(6) (4)-(5)	(7) l_{35+t}	(8) ${}^{10}_{t}V_{35:\overline{15}|} = \frac{(6)}{(7)}$
1	7,639	7,639	7,830	109	7,721	98,079	0.078,72
2	7,630	15,351	15,734	117	15,617	97,962	0.159,42
3	7,621	23,238	23,819	126	23,693	97,835	0.242,17
4	7,611	31,304	32,086	136	31,950	97,699	0.327,03
5	7,601	39,551	40,539	148	40,391	97,551	0.414,05
6	7,589	47,980	49,180	161	49,019	97,390	0.503,33
7	7,577	56,595	58,010	176	57,835	97,214	0.594,92
8	7,563	65,397	67,032	192	66,840	97,022	0.688,92
9	7,548	74,388	76,248	211	76,037	96,811	0.785,41
10	7,531	83,568	85,658	232	85,426	96,579	0.884,51
11		85,426	87,561	255	87,307	96,324	0.906,38
12		87,307	89,489	281	89,209	96,044	0.928,83
13		89,209	91,439	309	91,130	95,735	0.951,90
14		91,130	93,409	339	93,070	95,397	0.975,61
15		93,070	95,397	371	95,026	95,026	1.000,00

表14.1中：(1) 年份 t；(2) 保險費總收入 $l_{35+t-1}P$；(3) 每年年初基金總額；(4) 基金額及其所產生的利息(1.025)×(3)；(5) 死亡給付總額 d_{35+t-1}；(6) 第 t 年末的基金額(4)-(5)；(7) 存活人數 l_{35+t}；(8) 每一個存活者的基金份額 $\frac{(6)}{(7)} = {}^{10}_{t}V_{35:\overline{15}|}$。

進一步對上述表14.1所揭示的欄目和內容加以分析：一方面，因為年利息率為2.5%，所以在第一年年末的基金額為7,830元；另一方面，從CL1表中已知，35歲的98,188人，在第一年內有109人死亡，扣除每個死亡者1元的保險金額之后，所剩基金額為7,721元。活到36歲的有98,079人，他們在第二年初繳納的純保險費總額是7,630元，從而在第二年年初的基金總額為7,721+7,630=15,351元。以后年份的變化情況，可以完全類似地進行分析。但是，整個現金流動變動中，有兩點值得注意：一是從簽單起的10年以后，不再有欠繳的純保險費，以至於整個基金的累積，只靠利息的增長；二是在第15年末累積的基金總額，能夠提供活到50歲的每一個人事先約定的保險金額。

由於已收取的純保險費能夠充分應付到期的索賠給付額，且保險費的累積值超過索賠給付額的餘額，使得基金總額逐漸增長。按追溯法的含義，純保險費累積總額超過賠付總額的差額，就是所有這些保單的累積準備金。而每一份保單在這種累積準備金中的份額，便是準備金函數${}_{t}^{10}V_{35:\overline{15|}}$。

例14.5 現有年齡均為25歲的、相互獨立的1,000人，購買在死亡后立即提供給付100萬元的終身保險。被保險人的死力$\mu=0.04$，純保險費形成的基金的利息力$\delta=0.06$，如果保險公司在簽單時，希望有95%的把握使未來死亡給付的現值不超過初始基金，那麼初始基金中應含多少安全加成？用CL1(2010—2013)2.5%/5%生命表計算。

解：$S=X_1+X_2+\cdots+X_{1\,000}$

對於X_i $(i=1,2,\cdots,1,000)$

$$E(X_i)=100\bar{A}_{25}=100\int_0^{\infty}e^{-\delta t}e^{-\mu t}\mu dt=\frac{100\mu}{\mu+\delta}=40$$

$$E(X_i^2)=10,000\int_0^{\infty}e^{-2\delta t}e^{-\mu t}\mu dt=10,000\frac{\mu}{\mu+2\delta}=2,500$$

$$var(X_i)=E(X_i^2)-E^2(X_i)=900$$

從而

$$E(S)=1\,000E(X_i)=40\,000$$

$$var(S)=1,000var(X_i)=900,000$$

令初始基金為

$$E(S)+QE(S)=(1+Q)E(S)$$

$$P(S\leqslant(1+Q)E(S))=95\%$$

$$P\left(\frac{S-E(S)}{\sqrt{var(S)}}\leqslant\frac{QE(S)}{\sqrt{var(S)}}\right)=0.95$$

$$\frac{40,000Q}{948.68}=1.645$$

$$\therefore\quad Q=0.039$$

$$E(S)+QE(S)=41,560.58(萬元)$$

因此，總的安全加成是1,560.58萬元，占躉繳純保險費的3.90%，每人每單位給付附加0.015,606，每人附加約1.560萬元。如果根據CL1(2010—2013)2.5%，那麼

$\mathrm{E}(X_i) = 28.793$;$\mathrm{E}(X_i^2) = 971.17$;$\mathrm{var}(X_i) = 142.126,5$

$\mathrm{E}(S) = 28,793.07$;$\mathrm{var}(S) = 142,126.50$

則

$$Q = 0.021,5$$

在這種情況下,總的安全加成是 620.16 萬元,占躉繳純保險費的 2.15%,每人每單位給付附加 0.006,2,每人附加約 0.62 萬元。

14.2.2 相同年齡不同保險金額壽險保單的精算分析

在保險實務中,對於成千上萬的壽險保單的保險費和責任準備金等項目的計算,並不是逐筆計算然后相加。因為這樣不僅耗時耗力,而且不符合保險公司運行機理。實際上,在壽險精算中,通常採取對同類保單進行集合處理,亦即運用集團分類法,將壽險保單分成集團,每一集團合併計算。在同一集團中,使用它的平均值作為計算標準。例如,同一保險種類中,簽單年度、投保年齡相同的保單列入同一集團處理時,簽單的日期假定均在營業年度的中間,當時的年齡可假定剛好足歲。

以下以保險金額為 1、簽單年齡和評估之日均相同的大量保單的責任準備金為例加以說明。

根據追溯法公式,

$$_tV = \frac{P(N_x - N_{x+t}) - (M_x - M_{x+t})}{D_{x+t}}$$

從而整個集團的準備金為

$$\sum {_tV} = \sum P \cdot \frac{N_x - N_{x+t}}{D_{x+t}} - \sum \frac{M_x - M_{x+t}}{D_{x+t}}$$

現對這個追溯法公式加以改進,以使用評估之日到達年齡的集團,代替同時考慮簽單年齡和評估之日的雙因素集團。

$$\begin{aligned} _tV &= \frac{P(N_x - N_{x+t}) - (M_x - M_{x+t})}{D_{x+t}} \\ &= \frac{M_{x+t} - PN_{x+t} + (P - P_x)N_x}{D_{x+t}} \\ &= A_{x+t} - P\ddot{a}_{x+t} + \frac{(P - P_x)N_x}{D_{x+t}} \end{aligned}$$

上式中,P 為最初簽發的保險的純保險費;P_x 是在最初簽單年齡的普通保險的純保險費。

顯然,在整個保險期間,$(P - P_x)N_x$ 是一個常數,故用 Q_x 表示它。但是保單不同,P 就不同,Q_x 也就有差異。

這樣,對到達年齡的集團,當已知集團總的純保險費($\sum P$)和總的保險金額($\sum S$)以及總的 Q 因子($\sum Q$)時,集團總的準備金為:

$$\sum {_tV} = \sum SA_{x+t} - \sum P\ddot{a}_{x+t} + \frac{\sum Q_x}{D_{x+t}} \qquad (14.14)$$

習題 14

14－1　試證如下兩式的等價性：

$(1)a_{\overline{n|}}+{}_{n}E_{x}a_{x+n}$；

$(2)a_{x}+\ddot{a}_{\overline{n|}}A_{x}-v^{n}a_{x}+{}_{n|}a_{x}$。

14－2　在 35 歲簽單的某種保單，如果被保險人在第 20 年末生存，那麼保單將提供 2,000,000 元的給付額；若被保險人在簽單后的 20 年內死亡，保單在死亡發生季末開始提供第一次給付 10,000 元，直到 20 年屆滿。簽單 20 年后保單不再提供任何給付。試寫出購買該保單的限期 20 年繳費的均衡純保險費公式。進一步，如果該保單首年佣金為毛保險費的 15%，續年為 5%；每年稅金為毛保險費的 3%；每保單每年固定費用 2,000 元，試求限期 20 年繳費的均衡毛保險費，以 CL1(2010—2013)2.5% 為計算基礎。

14－3　某 40 歲的被保險人投保了每年給付 1 萬元的延期 25 年且有 10 年保證期的連續型終身年金保險。但是，若被保險人在 65 歲之前死亡，則為其家庭提供受益至 65 歲且至少給付 10 年的確定年金。求該被保險人應該繳納的躉繳純保險費表達式。若以 CL1(2010—2013)2.5% 為計算基礎，求出具體的值。

14－4　某基金建立對 100 名年齡為 x 歲的獨立生命支付年金，每名成員將以連續方式獲得每年 10,000 元的年金，直至其死亡。已知：$\delta=0.06$，$\bar{A}_{x}=0.40$，${}^{2}\bar{A}_{x}=0.25$。採用正態近似方法，要使得該基金以 90% 的可能性滿足支付，則該基金需要的數額為多少萬元？

參考答案

習題 2

2－1　(1) 對;(2) 錯;(3) 錯

2－3　①1, 092. 727;②1, 196. 680, 525;③1, 126. 825, 03

2－4　0. 058, 216

2－5　1, 038. 830, 164

2－6　$i > i^{(m)} > \delta$

2－7　20. 4%

2－8　0. 114, 074;0. 102, 393

2－9　0. 060, 9;0. 059, 557;0. 058, 252;0. 059, 118

2－11　1, 385. 564, 4

2－12　71. 94 元

2－13　12

2－14　0. 709, 411

2－15　0. 037, 558

習題 3

3－1　5. 70

3－2　4, 354. 92

3－3　(1)917, 276. 11 (2)915, 023. 62(3)944, 623. 03

3－4　4, 323. 95

3－5　(1)0. 4(2)0. 343, 354(3)0. 44

3－6　94, 654. 64

3 - 7　11, 466. 13

3 - 8　(1) 正確(2) 錯誤,正確的式子為:$\ddot{s}_{\overline{n}|}^{(m)} = s_{\overline{n+\frac{1}{m}}|}^{(m)} - \frac{1}{m}$(3) 正確(4) 正確

3 - 9　269, 319. 58

3 - 10　38, 849. 81

3 - 11　163, 862. 06

3 - 12　179, 259. 89

3 - 13　261, 854. 41;19, 827. 26

3 - 14　15, 716. 87

習題 4

4 - 1　0. 125

4 - 2　0. 707, 107;0. 014, 713;0. 978, 337;0. 007, 813

4 - 3　(2)、(3)、(5)

4 - 4　0. 59

4 - 5　0. 1

4 - 7　(1)90 (2)90 (3)0. 8 (4)0. 29

4 - 8　(1)0. 008, 409;(2)0. 008, 427;(3)0. 008, 445

4 - 11　0. 002, 990

4 - 12　20

4 - 13　36. 35

4 - 14　0. 059

4 - 15　$\frac{a}{\omega - x}$;$\frac{\omega - x}{a + 1}$

習題 5

5 - 1　(1) 錯誤;(2) 正確;(3) 錯誤;(4) 正確

5 - 3　0. 04

5 - 4　0. 982, 2

5 - 5　147, 010. 64

5 - 6　(1)88, 370. 81 (2)10, 059. 24

5 - 7　(1)175, 700. 70 (2)171, 509. 65

5 - 8　$500 \cdot \frac{S_x - 3S_{x+10} + 2S_{x+14}}{D_x} - 500$

5 - 9　10

5 - 10　0. 54

5 - 11　7. 159, 252 ; 7. 334, 686 ; 7. 633, 041 ; 7. 393, 761

5 - 12　85, 230. 53

5 - 13　11, 986

5 - 14　8. 706, 688 ; 8. 790, 057 ; 8. 934, 083

5 - 15　1, 082. 25

5 - 16　39, 879. 98

5 - 17　5, 692. 31

習題 6

6 - 1　(1) 錯誤，$A_{x:\overline{n}|} = v\ddot{a}_{x:\overline{n}|} - a_{x:n-1}$；(2) 錯誤，$A_x = v + (v-1)a_x$；
(3) 錯誤，$A_{x:\overline{n}|} = 1 - d\ddot{a}_{x:\overline{n}|}$；(4) 錯誤，$(IA)_x = v(I\ddot{a})_x - (Ia)_x$；(5) 正確。

6 - 2　4. 76%

6 - 3　3, 073. 31

6 - 4　1, 053, 663. 76

6 - 5　27, 224. 59

6 - 6　0. 830, 7

6 - 7　0. 05

6 - 8　15, 358. 98

6 - 9　$\dfrac{R_{50} + 2R_{51} - 7R_{56} + 4R_{59}}{D_{50}}$ 萬元

6 - 10　$A^{\ 1}_{30:\overline{20}|} = 0.05$；$A_{30:\overset{\ 1}{\overline{20}|}} = 0.5$

6 - 12　$\bar{A}_x > A_x^{(m)} > A_x$

6 - 13　0. 206, 619 , 0. 069, 444

習題 7

7 - 3　${}_{20}P_{30}$

7 - 4　0. 016, 35

7 - 5　5. 39 萬元

7 - 6　56. 84

7 - 7　489. 08

7 - 8　7, 909. 49

7 - 9　(1)6.91;(2)7.12

7 - 10　258.04

7 - 11　0.026,455

7 - 12　0.014

7 - 13　1,887.63;1,909.62

7 - 14　8,416.90

7 - 15　12.77

習題 8

8 - 1　73,599.9、177,075.09、200,000

8 - 2　2,490.958、4,800.092、4,800.584、4,800.629

8 - 3　$P_x = (v_{k+1}V_x - {}_kV_x) + (1 - {}_{k+1}V_x)vq_{x+k}$

8 - 4　${}_{10\frac{1}{3}}V^{(2)} = \frac{2}{3}\,{}_{10}V^{(2)} + \frac{1}{3}\,{}_{11}V^{(2)} + \frac{1}{6}P^{(2)}$

8 - 5　0.347,3

8 - 7　0.2、0.25

8 - 8　0.25

8 - 9　17,199.325

8 - 10　0.02

8 - 11　1,027.42

8 - 12　0.929

8 - 13　$\frac{1}{3}$

8 - 14　0.26

8 - 15　0.027,4

習題 9

9 - 1　$a = 1,300 \quad c = 200 + 100d$

9 - 2　1,504.98

9 - 3　$e = \dfrac{100 + 50\ddot{a}_{30:30}}{\ddot{a}_{30:30} - 5\%\,\ddot{a}_{30:\overline{20|}} - 25\%}$

9 - 4　$G = 1.05\,\dfrac{5,000M_{40} + 3(N_{40} - N_{50})}{(N_{40} - N_{50}) - 1.05(R_{40} - R_{50})}$

9 - 5　2,856.040 元

9－6　1,464.46 元

9－7　6,115.644 元

9－8　$a=1+e_0+e_2+e_3 \quad c=e_1+e_0d$

9－9　$G=332.35$ 元；責任準備金：0 元，218.41 元，559.16 元。

9－10　$R(\sqrt{200})=\dfrac{35+12/\sqrt{200}}{1-0.25}=47.798$

習題 10

10－2　$\beta^{com}=P_{30:\overline{20|}}+\dfrac{{}_{19}P_{31}-A^{1}_{30:\overline{1|}}}{\ddot{a}_{30:\overline{20|}}}$，$10,000\left[\dfrac{M_{35}-M_{50}+D_{50}}{D_{35}}-\beta^{com}\dfrac{N_{35}-N_{50}}{D_{35}}\right]$

10－4　${}_5CV=10,000A^{1}_{40:\overline{5|}}-P_{35:\overline{10|}}\ddot{a}_{40:\overline{5|}}-100$

10－5　681.82 元

10－6　19,205

10－7　1,959.223

10－8　583.22

10－9　(1)$E=\dfrac{({}_{10}CV-L)-(1-L)\bar{A}^{1}_{40:\overline{10|}}}{{}_{10}E_{40}}$；(2)$(1-L)\bar{A}^{1}_{45:\overline{5|}}+E\times{}_5E_{45}$

習題 11

11－1　0.071,916、0.143,833、0.287,666、0.503,415

11－2　0.095,163、0.181,269、0.329,680

11－3　0.090,9

11－4　7,500

11－5　0.133

11－6　0.076,75

11－7　0.936、0.024,5

11－8　40,809.67

11－9　1

11－10　$\dfrac{S}{7}$

习题 12

12 - 4　0. 851, 2 ,0. 966, 7 ,18. 06

12 - 6　0. 2

12 - 7　0. 12

12 - 8　0. 010, 4

12 - 9　12. 4

12 - 10　0. 586, 7 ,0. 317, 7

习题 13

13 - 8　$y = 10,000$;

13 - 9　${}_{1}AS = 4,241.71$;

13 - 10　49. 29 ;0; - 96. 2 ;57. 58 ;87. 91

习题 14

14 - 2　74, 053. 77 ;83, 243. 11

14 - 3　$\bar{a}_{25} - \bar{a}_{40:\overline{15}|} - \delta\bar{a}_{\overline{10}|} \cdot {}_{15|}\bar{a}_{40:\overline{10}|} + {}_{35|}\bar{a}_{40}$;7. 337, 14

14 - 4　1, 064

附錄

附錄1 常見利息率的複利函數表

$i=2\%$

n	v^n	$(1+i)^n$	$a_{\overline{n\|}}$	$s_{\overline{n\|}}$	$1/s_{\overline{n\|}}$
1	0.980,392	1.020,000	0.980,392	1.000,000	1.000,000
2	0.961,169	1.040,400	1.941,561	2.020,000	0.495,050
3	0.942,322	1.061,208	2.883,883	3.060,400	0.326,755
4	0.923,845	1.082,432	3.807,729	4.121,608	0.242,624
5	0.905,731	1.104,081	4.713,460	5.204,040	0.192,158
6	0.887,971	1.126,162	5.601,431	6.308,121	0.158,526
7	0.870,560	1.148,686	6.471,991	7.434,283	0.134,512
8	0.853,490	1.171,659	7.325,481	8.582,969	0.116,510
9	0.836,755	1.195,093	8.162,237	9.754,628	0.102,515
10	0.820,348	1.218,994	8.982,585	10.949,721	0.091,327
11	0.804,263	1.243,374	9.786,848	12.168,715	0.082,178
12	0.788,493	1.268,242	10.575,341	13.412,090	0.074,560
13	0.773,033	1.293,607	11.348,374	14.680,332	0.068,118
14	0.757,875	1.319,479	12.106,249	15.973,938	0.062,602
15	0.743,015	1.345,868	12.849,264	17.293,417	0.057,825
16	0.728,446	1.372,786	13.577,709	18.639,285	0.053,650
17	0.714,163	1.400,241	14.291,872	20.012,071	0.049,970
18	0.700,159	1.428,246	14.992,031	21.412,312	0.046,702
19	0.686,431	1.456,811	15.678,462	22.840,559	0.043,782
20	0.672,971	1.485,947	16.351,433	24.297,370	0.041,157
21	0.659,776	1.515,666	17.011,209	25.783,317	0.038,785
22	0.646,839	1.545,980	17.658,048	27.298,984	0.036,631
23	0.634,156	1.576,899	18.292,204	28.844,963	0.034,668
24	0.621,721	1.608,437	18.913,926	30.421,862	0.032,871
25	0.609,531	1.640,606	19.523,456	32.030,300	0.031,220

n	v^n	$(1+i)^n$	$a_{\overline{n}\rceil}$	$s_{\overline{n}\rceil}$	$1/s_{\overline{n}\rceil}$
26	0. 597, 579	1. 673, 418	20. 121, 036	33. 670, 906	0. 029, 699
27	0. 585, 862	1. 706, 886	20. 706, 898	35. 344, 324	0. 028, 293
28	0. 574, 375	1. 741, 024	21. 281, 272	37. 051, 210	0. 026, 990
29	0. 563, 112	1. 775, 845	21. 844, 385	38. 792, 235	0. 025, 778
30	0. 552, 071	1. 811, 362	22. 396, 456	40. 568, 079	0. 024, 650
31	0. 541, 246	1. 847, 589	22. 937, 702	42. 379, 441	0. 023, 596
32	0. 530, 633	1. 884, 541	23. 468, 335	44. 227, 030	0. 022, 611
33	0. 520, 229	1. 922, 231	23. 988, 564	46. 111, 570	0. 021, 687
34	0. 510, 028	1. 960, 676	24. 498, 592	48. 033, 802	0. 020, 819
35	0. 500, 028	1. 999, 890	24. 998, 619	49. 994, 478	0. 020, 002
36	0. 490, 223	2. 039, 887	25. 488, 842	51. 994, 367	0. 019, 233
37	0. 480, 611	2. 080, 685	25. 969, 453	54. 034, 255	0. 018, 507
38	0. 471, 187	2. 122, 299	26. 440, 641	56. 114, 940	0. 017, 821
39	0. 461, 948	2. 164, 745	26. 902, 589	58. 237, 238	0. 017, 171
40	0. 452, 890	2. 208, 040	27. 355, 479	60. 401, 983	0. 016, 556
41	0. 444, 010	2. 252, 200	27. 799, 489	62. 610, 023	0. 015, 972
42	0. 435, 304	2. 297, 244	28. 234, 794	64. 862, 223	0. 015, 417
43	0. 426, 769	2. 343, 189	28. 661, 562	67. 159, 468	0. 014, 890
44	0. 418, 401	2. 390, 053	29. 079, 963	69. 502, 657	0. 014, 388
45	0. 410, 197	2. 437, 854	29. 490, 160	71. 892, 710	0. 013, 910
46	0. 402, 154	2. 486, 611	29. 892, 314	74. 330, 564	0. 013, 453
47	0. 394, 268	2. 536, 344	30. 286, 582	76. 817, 176	0. 013, 018
48	0. 386, 538	2. 587, 070	30. 673, 120	79. 353, 519	0. 012, 602
49	0. 378, 958	2. 638, 812	31. 052, 078	81. 940, 590	0. 012, 204
50	0. 371, 528	2. 691, 588	31. 423, 606	84. 579, 401	0. 011, 823

$i = 3\%$

附錄1(續2)

n	v^n	$(1+i)^n$	$a_{\overline{n}\rceil}$	$s_{\overline{n}\rceil}$	$1/s_{\overline{n}\rceil}$
1	0. 970, 874	1. 030, 000	0. 970, 874	1. 000, 000	1. 000, 000
2	0. 942, 596	1. 060, 900	1. 913, 470	2. 030, 000	0. 492, 611
3	0. 915, 142	1. 092, 727	2. 828, 611	3. 090, 900	0. 323, 530
4	0. 888, 487	1. 125, 509	3. 717, 098	4. 183, 627	0. 239, 027
5	0. 862, 609	1. 159, 274	4. 579, 707	5. 309, 136	0. 188, 355
6	0. 837, 484	1. 194, 052	5. 417, 191	6. 468, 410	0. 154, 598
7	0. 813, 092	1. 229, 874	6. 230, 283	7. 662, 462	0. 130, 506
8	0. 789, 409	1. 266, 770	7. 019, 692	8. 892, 336	0. 112, 456
9	0. 766, 417	1. 304, 773	7. 786, 109	10. 159, 106	0. 098, 434
10	0. 744, 094	1. 343, 916	8. 530, 203	11. 463, 879	0. 087, 231
11	0. 722, 421	1. 384, 234	9. 252, 624	12. 807, 796	0. 078, 077
12	0. 701, 380	1. 425, 761	9. 954, 004	14. 192, 030	0. 070, 462
13	0. 680, 951	1. 468, 534	10. 634, 955	15. 617, 790	0. 064, 030
14	0. 661, 118	1. 512, 590	11. 296, 073	17. 086, 324	0. 058, 526
15	0. 641, 862	1. 557, 967	11. 937, 935	18. 598, 914	0. 053, 767
16	0. 623, 167	1. 604, 706	12. 561, 102	20. 156, 881	0. 049, 611
17	0. 605, 016	1. 652, 848	13. 166, 118	21. 761, 588	0. 045, 953
18	0. 587, 395	1. 702, 433	13. 753, 513	23. 414, 435	0. 042, 709
19	0. 570, 286	1. 753, 506	14. 323, 799	25. 116, 868	0. 039, 814
20	0. 553, 676	1. 806, 111	14. 877, 475	26. 870, 374	0. 037, 216
21	0. 537, 549	1. 860, 295	15. 415, 024	28. 676, 486	0. 034, 872
22	0. 521, 893	1. 916, 103	15. 936, 917	30. 536, 780	0. 032, 747
23	0. 506, 692	1. 973, 587	16. 443, 608	32. 452, 884	0. 030, 814
24	0. 491, 934	2. 032, 794	16. 935, 542	34. 426, 470	0. 029, 047
25	0. 477, 606	2. 093, 778	17. 413, 148	36. 459, 264	0. 027, 428

n	v^n	$(1+i)^n$	$a_{\overline{n}\rceil}$	$s_{\overline{n}\rceil}$	$1/s_{\overline{n}\rceil}$
26	0. 463, 695	2. 156, 591	17. 876, 842	38. 553, 042	0. 025, 938
27	0. 450, 189	2. 221, 289	18. 327, 031	40. 709, 634	0. 024, 564
28	0. 437, 077	2. 287, 928	18. 764, 108	42. 930, 923	0. 023, 293
29	0. 424, 346	2. 356, 566	19. 188, 455	45. 218, 850	0. 022, 115
30	0. 411, 987	2. 427, 262	19. 600, 441	47. 575, 416	0. 021, 019
31	0. 399, 987	2. 500, 080	20. 000, 428	50. 002, 678	0. 019, 999
32	0. 388, 337	2. 575, 083	20. 388, 766	52. 502, 759	0. 019, 047
33	0. 377, 026	2. 652, 335	20. 765, 792	55. 077, 841	0. 018, 156
34	0. 366, 045	2. 731, 905	21. 131, 837	57. 730, 177	0. 017, 322
35	0. 355, 383	2. 813, 862	21. 487, 220	60. 462, 082	0. 016, 539
36	0. 345, 032	2. 898, 278	21. 832, 252	63. 275, 944	0. 015, 804
37	0. 334, 983	2. 985, 227	22. 167, 235	66. 174, 223	0. 015, 112
38	0. 325, 226	3. 074, 783	22. 492, 462	69. 159, 449	0. 014, 459
39	0. 315, 754	3. 167, 027	22. 808, 215	72. 234, 233	0. 013, 844
40	0. 306, 557	3. 262, 038	23. 114, 772	75. 401, 260	0. 013, 262
41	0. 297, 628	3. 359, 899	23. 412, 400	78. 663, 298	0. 012, 712
42	0. 288, 959	3. 460, 696	23. 701, 359	82. 023, 196	0. 012, 192
43	0. 280, 543	3. 564, 517	23. 981, 902	85. 483, 892	0. 011, 698
44	0. 272, 372	3. 671, 452	24. 254, 274	89. 048, 409	0. 011, 230
45	0. 264, 439	3. 781, 596	24. 518, 713	92. 719, 861	0. 010, 785
46	0. 256, 737	3. 895, 044	24. 775, 449	96. 501, 457	0. 010, 363
47	0. 249, 259	4. 011, 895	25. 024, 708	100. 396, 501	0. 009, 961
48	0. 241, 999	4. 132, 252	25. 266, 707	104. 408, 396	0. 009, 578
49	0. 234, 950	4. 256, 219	25. 501, 657	108. 540, 648	0. 009, 213
50	0. 228, 107	4. 383, 906	25. 729, 764	112. 796, 867	0. 008, 865

$i=4\%$

附錄1(續4)

n	v^n	$(1+i)^n$	$a_{\overline{n}\mid}$	$s_{\overline{n}\mid}$	$1/s_{\overline{n}\mid}$
1	0. 961, 538	1. 040, 000	0. 961, 538	1. 000, 000	1. 000, 000
2	0. 924, 556	1. 081, 600	1. 886, 095	2. 040, 000	0. 490, 196
3	0. 888, 996	1. 124, 864	2. 775, 091	3. 121, 600	0. 320, 349
4	0. 854, 804	1. 169, 859	3. 629, 895	4. 246, 464	0. 235, 490
5	0. 821, 927	1. 216, 653	4. 451, 822	5. 416, 323	0. 184, 627
6	0. 790, 315	1. 265, 319	5. 242, 137	6. 632, 975	0. 150, 762
7	0. 759, 918	1. 315, 932	6. 002, 055	7. 898, 294	0. 126, 610
8	0. 730, 690	1. 368, 569	6. 732, 745	9. 214, 226	0. 108, 528
9	0. 702, 587	1. 423, 312	7. 435, 332	10. 582, 795	0. 094, 493
10	0. 675, 564	1. 480, 244	8. 110, 896	12. 006, 107	0. 083, 291
11	0. 649, 581	1. 539, 454	8. 760, 477	13. 486, 351	0. 074, 149
12	0. 624, 597	1. 601, 032	9. 385, 074	15. 025, 805	0. 066, 552
13	0. 600, 574	1. 665, 074	9. 985, 648	16. 626, 838	0. 060, 144
14	0. 577, 475	1. 731, 676	10. 563, 123	18. 291, 911	0. 054, 669
15	0. 555, 265	1. 800, 944	11. 118, 387	20. 023, 588	0. 049, 941
16	0. 533, 908	1. 872, 981	11. 652, 296	21. 824, 531	0. 045, 820
17	0. 513, 373	1. 947, 900	12. 165, 669	23. 697, 512	0. 042, 199
18	0. 493, 628	2. 025, 817	12. 659, 297	25. 645, 413	0. 038, 993
19	0. 474, 642	2. 106, 849	13. 133, 939	27. 671, 229	0. 036, 139
20	0. 456, 387	2. 191, 123	13. 590, 326	29. 778, 079	0. 033, 582
21	0. 438, 834	2. 278, 768	14. 029, 160	31. 969, 202	0. 031, 280
22	0. 421, 955	2. 369, 919	14. 451, 115	34. 247, 970	0. 029, 199
23	0. 405, 726	2. 464, 716	14. 856, 842	36. 617, 889	0. 027, 309
24	0. 390, 121	2. 563, 304	15. 246, 963	39. 082, 604	0. 025, 587
25	0. 375, 117	2. 665, 836	15. 622, 080	41. 645, 908	0. 024, 012

n	v^n	$(1+i)^n$	$a_{\overline{n}\rceil}$	$s_{\overline{n}\rceil}$	$1/s_{\overline{n}\rceil}$
26	0. 360, 689	2. 772, 470	15. 982, 769	44. 311, 745	0. 022, 567
27	0. 346, 817	2. 883, 369	16. 329, 586	47. 084, 214	0. 021, 239
28	0. 333, 477	2. 998, 703	16. 663, 063	49. 967, 583	0. 020, 013
29	0. 320, 651	3. 118, 651	16. 983, 715	52. 966, 286	0. 018, 880
30	0. 308, 319	3. 243, 398	17. 292, 033	56. 084, 938	0. 017, 830
31	0. 296, 460	3. 373, 133	17. 588, 494	59. 328, 335	0. 016, 855
32	0. 285, 058	3. 508, 059	17. 873, 551	62. 701, 469	0. 015, 949
33	0. 274, 094	3. 648, 381	18. 147, 646	66. 209, 527	0. 015, 104
34	0. 263, 552	3. 794, 316	18. 411, 198	69. 857, 909	0. 014, 315
35	0. 253, 415	3. 946, 089	18. 664, 613	73. 652, 225	0. 013, 577
36	0. 243, 669	4. 103, 933	18. 908, 282	77. 598, 314	0. 012, 887
37	0. 234, 297	4. 268, 090	19. 142, 579	81. 702, 246	0. 012, 240
38	0. 225, 285	4. 438, 813	19. 367, 864	85. 970, 336	0. 011, 632
39	0. 216, 621	4. 616, 366	19. 584, 485	90. 409, 150	0. 011, 061
40	0. 208, 289	4. 801, 021	19. 792, 774	95. 025, 516	0. 010, 523
41	0. 200, 278	4. 993, 061	19. 993, 052	99. 826, 536	0. 010, 017
42	0. 192, 575	5. 192, 784	20. 185, 627	104. 819, 598	0. 009, 540
43	0. 185, 168	5. 400, 495	20. 370, 795	110. 012, 382	0. 009, 090
44	0. 178, 046	5. 616, 515	20. 548, 841	115. 412, 877	0. 008, 665
45	0. 171, 198	5. 841, 176	20. 720, 040	121. 029, 392	0. 008, 262
46	0. 164, 614	6. 074, 823	20. 884, 654	126. 870, 568	0. 007, 882
47	0. 158, 283	6. 317, 816	21. 042, 936	132. 945, 390	0. 007, 522
48	0. 152, 195	6. 570, 528	21. 195, 131	139. 263, 206	0. 007, 181
49	0. 146, 341	6. 833, 349	21. 341, 472	145. 833, 734	0. 006, 857
50	0. 140, 713	7. 106, 683	21. 482, 185	152. 667, 084	0. 006, 550

$i=5\%$

附錄1(續6)

n	v^n	$(1+i)^n$	$a_{\overline{n}\vert}$	$s_{\overline{n}\vert}$	$1/s_{\overline{n}\vert}$
1	0. 952, 381	1. 050, 000	0. 952, 381	1. 000, 000	1. 000, 000
2	0. 907, 029	1. 102, 500	1. 859, 410	2. 050, 000	0. 487, 805
3	0. 863, 838	1. 157, 625	2. 723, 248	3. 152, 500	0. 317, 209
4	0. 822, 702	1. 215, 506	3. 545, 951	4. 310, 125	0. 232, 012
5	0. 783, 526	1. 276, 282	4. 329, 477	5. 525, 631	0. 180, 975
6	0. 746, 215	1. 340, 096	5. 075, 692	6. 801, 913	0. 147, 017
7	0. 710, 681	1. 407, 100	5. 786, 373	8. 142, 008	0. 122, 820
8	0. 676, 839	1. 477, 455	6. 463, 213	9. 549, 109	0. 104, 722
9	0. 644, 609	1. 551, 328	7. 107, 822	11. 026, 564	0. 090, 690
10	0. 613, 913	1. 628, 895	7. 721, 735	12. 577, 893	0. 079, 505
11	0. 584, 679	1. 710, 339	8. 306, 414	14. 206, 787	0. 070, 389
12	0. 556, 837	1. 795, 856	8. 863, 252	15. 917, 127	0. 062, 825
13	0. 530, 321	1. 885, 649	9. 393, 573	17. 712, 983	0. 056, 456
14	0. 505, 068	1. 979, 932	9. 898, 641	19. 598, 632	0. 051, 024
15	0. 481, 017	2. 078, 928	10. 379, 658	21. 578, 564	0. 046, 342
16	0. 458, 112	2. 182, 875	10. 837, 770	23. 657, 492	0. 042, 270
17	0. 436, 297	2. 292, 018	11. 274, 066	25. 840, 366	0. 038, 699
18	0. 415, 521	2. 406, 619	11. 689, 587	28. 132, 385	0. 035, 546
19	0. 395, 734	2. 526, 950	12. 085, 321	30. 539, 004	0. 032, 745
20	0. 376, 889	2. 653, 298	12. 462, 210	33. 065, 954	0. 030, 243
21	0. 358, 942	2. 785, 963	12. 821, 153	35. 719, 252	0. 027, 996
22	0. 341, 850	2. 925, 261	13. 163, 003	38. 505, 214	0. 025, 971
23	0. 325, 571	3. 071, 524	13. 488, 574	41. 430, 475	0. 024, 137
24	0. 310, 068	3. 225, 100	13. 798, 642	44. 501, 999	0. 022, 471
25	0. 295, 303	3. 386, 355	14. 093, 945	47. 727, 099	0. 020, 952

n	v^n	$(1+i)^n$	$a_{\overline{n}\rceil}$	$s_{\overline{n}\rceil}$	$1/s_{\overline{n}\rceil}$
26	0. 281, 241	3. 555, 673	14. 375, 185	51. 113, 454	0. 019, 564
27	0. 267, 848	3. 733, 456	14. 643, 034	54. 669, 126	0. 018, 292
28	0. 255, 094	3. 920, 129	14. 898, 127	58. 402, 583	0. 017, 123
29	0. 242, 946	4. 116, 136	15. 141, 074	62. 322, 712	0. 016, 046
30	0. 231, 377	4. 321, 942	15. 372, 451	66. 438, 848	0. 015, 051
31	0. 220, 359	4. 538, 039	15. 592, 811	70. 760, 790	0. 014, 132
32	0. 209, 866	4. 764, 941	15. 802, 677	75. 298, 829	0. 013, 280
33	0. 199, 873	5. 003, 189	16. 002, 549	80. 063, 771	0. 012, 490
34	0. 190, 355	5. 253, 348	16. 192, 904	85. 066, 959	0. 011, 755
35	0. 181, 290	5. 516, 015	16. 374, 194	90. 320, 307	0. 011, 072
36	0. 172, 657	5. 791, 816	16. 546, 852	95. 836, 323	0. 010, 434
37	0. 164, 436	6. 081, 407	16. 711, 287	101. 628, 139	0. 009, 840
38	0. 156, 605	6. 385, 477	16. 867, 893	107. 709, 546	0. 009, 284
39	0. 149, 148	6. 704, 751	17. 017, 041	114. 095, 023	0. 008, 765
40	0. 142, 046	7. 039, 989	17. 159, 086	120. 799, 774	0. 008, 278
41	0. 135, 282	7. 391, 988	17. 294, 368	127. 839, 763	0. 007, 822
42	0. 128, 840	7. 761, 588	17. 423, 208	135. 231, 751	0. 007, 395
43	0. 122, 704	8. 149, 667	17. 545, 912	142. 993, 339	0. 006, 993
44	0. 116, 861	8. 557, 150	17. 662, 773	151. 143, 006	0. 006, 616
45	0. 111, 297	8. 985, 008	17. 774, 070	159. 700, 156	0. 006, 262
46	0. 105, 997	9. 434, 258	17. 880, 066	168. 685, 164	0. 005, 928
47	0. 100, 949	9. 905, 971	17. 981, 016	178. 119, 422	0. 005, 614
48	0. 096, 142	10. 401, 270	18. 077, 158	188. 025, 393	0. 005, 318
49	0. 091, 564	10. 921, 333	18. 168, 722	198. 426, 663	0. 005, 040
50	0. 087, 204	11. 467, 400	18. 255, 925	209. 347, 996	0. 004, 777

附錄 2 Anderson's X_{18}選擇表 $3\frac{3}{4}\%$ (片斷表)

簽單年齡	保險年度						到達年齡
	1	2	3	4	5	6 ~	
30	0.78	0.88	0.19	1.10	1.25	1.41	35
31	0.80	0.91	1.02	1.17	1.33	1.53	36
32	0.82	094	1.08	1.24	1.44	1.68	37
33	0.84	0.98	1.14	1.33	1.57	1.87	38
34	0.88	1.03	1.22	1.45	1.74	2.10	39
35	0.92	1.10	1.33	1.61	1.95	2.36	40
36	0.97	1.19	1.46	1.79	2.19	2.64	41
37	1.04	1.30	1.62	2.00	2.44	2.95	42
38	1.13	1.40	1.80	2.22	2.72	3.28	43
39	1.24	1.59	1.99	2.47	3.01	3.63	44
40	1.36	1.74	2.20	2.72	3.32	4.02	45
41	1.48	1.91	2.41	2.99	3.67	4.45	46
42	1.61	2.09	2.64	3.29	4.05	4.92	47
43	1.74	2.27	2.89	3.61	4.46	5.46	48
44	1.87	2.46	3.16	3.97	4.93	6.06	49

附錄3　中國人身保險業經驗生命表(2010—2013)

年齡	非養老類業務一表		非養老類業務二表		養老類業務表	
	男(CL1)	女(CL2)	男(CL3)	女(CL4)	男(CL5)	女(CL6)
0	0.000,867	0.000,620	0.000,620	0.000,455	0.000,566	0.000,453
1	0.000,615	0.000,456	0.000,465	0.000,324	0.000,386	0.000,289
2	0.000,445	0.000,337	0.000,353	0.000,236	0.000,268	0.000,184
3	0.000,339	0.000,256	0.000,278	0.000,180	0.000,196	0.000,124
4	0.000,280	0.000,203	0.000,229	0.000,149	0.000,158	0.000,095
5	0.000,251	0.000,170	0.000,200	0.000,131	0.000,141	0.000,084
6	0.000,237	0.000,149	0.000,182	0.000,119	0.000,132	0.000,078
7	0.000,233	0.000,137	0.000,172	0.000,110	0.000,129	0.000,074
8	0.000,238	0.000,133	0.000,171	0.000,105	0.000,131	0.000,072
9	0.000,250	0.000,136	0.000,177	0.000,103	0.000,137	0.000,072
10	0.000,269	0.000,145	0.000,187	0.000,103	0.000,146	0.000,074
11	0.000,293	0.000,157	0.000,202	0.000,105	0.000,157	0.000,077
12	0.000,319	0.000,172	0.000,220	0.000,109	0.000,170	0.000,080
13	0.000,347	0.000,189	0.000,240	0.000,115	0.000,184	0.000,085
14	0.000,375	0.000,206	0.000,261	0.000,121	0.000,197	0.000,090
15	0.000,402	0.000,221	0.000,280	0.000,128	0.000,208	0.000,095
16	0.000,427	0.000,234	0.000,298	0.000,135	0.000,219	0.000,100
17	0.000,449	0.000,245	0.000,315	0.000,141	0.000,227	0.000,105
18	0.000,469	0.000,255	0.000,331	0.000,149	0.000,235	0.000,110
19	0.000,489	0.000,262	0.000,346	0.000,156	0.000,241	0.000,115
20	0.000,508	0.000,269	0.000,361	0.000,163	0.000,248	0.000,120
21	0.000,527	0.000,274	0.000,376	0.000,170	0.000,256	0.000,125
22	0.000,547	0.000,279	0.000,392	0.000,178	0.000,264	0.000,129
23	0.000,568	0.000,284	0.000,409	0.000,185	0.000,273	0.000,134
24	0.000,591	0.000,289	0.000,428	0.000,192	0.000,284	0.000,139
25	0.000,615	0.000,294	0.000,448	0.000,200	0.000,297	0.000,144
26	0.000,644	0.000,300	0.000,471	0.000,208	0.000,314	0.000,149
27	0.000,675	0.000,307	0.000,497	0.000,216	0.000,333	0.000,154
28	0.000,711	0.000,316	0.000,526	0.000,225	0.000,354	0.000,160
29	0.000,751	0.000,327	0.000,558	0.000,235	0.000,379	0.000,167
30	0.000,797	0.000,340	0.000,595	0.000,247	0.000,407	0.000,175
31	0.000,847	0.000,356	0.000,635	0.000,261	0.000,438	0.000,186
32	0.000,903	0.000,374	0.000,681	0.000,277	0.000,472	0.000,198
33	0.000,966	0.000,397	0.000,732	0.000,297	0.000,509	0.000,213
34	0.001,035	0.000,423	0.000,788	0.000,319	0.000,549	0.000,231

附錄3(續1)

年齡	非養老類業務一表		非養老類業務二表		養老類業務表	
	男(CL1)	女(CL2)	男(CL3)	女(CL4)	男(CL5)	女(CL6)
35	0.001,111	0.000,454	0.000,850	0.000,346	0.000,592	0.000,253
36	0.001,196	0.000,489	0.000,919	0.000,376	0.000,639	0.000,277
37	0.001,290	0.000,530	0.000,995	0.000,411	0.000,690	0.000,305
38	0.001,395	0.000,577	0.001,078	0.000,450	0.000,746	0.000,337
39	0.001,515	0.000,631	0.001,170	0.000,494	0.000,808	0.000,372
40	0.001,651	0.000,692	0.001,270	0.000,542	0.000,878	0.000,410
41	0.001,804	0.000,762	0.001,380	0.000,595	0.000,955	0.000,450
42	0.001,978	0.000,841	0.001,500	0.000,653	0.001,041	0.000,494
43	0.002,173	0.000,929	0.001,631	0.000,715	0.001,138	0.000,540
44	0.002,393	0.001,028	0.001,774	0.000,783	0.001,245	0.000,589
45	0.002,639	0.001,137	0.001,929	0.000,857	0.001,364	0.000,640
46	0.002,913	0.001,259	0.002,096	0.000,935	0.001,496	0.000,693
47	0.003,213	0.001,392	0.002,277	0.001,020	0.001,641	0.000,750
48	0.003,538	0.001,537	0.002,472	0.001,112	0.001,798	0.000,811
49	0.003,884	0.001,692	0.002,682	0.001,212	0.001,967	0.000,877
50	0.004,249	0.001,859	0.002,908	0.001,321	0.002,148	0.000,950
51	0.004,633	0.002,037	0.003,150	0.001,439	0.002,340	0.001,031
52	0.005,032	0.002,226	0.003,409	0.001,568	0.002,544	0.001,120
53	0.005,445	0.002,424	0.003,686	0.001,709	0.002,759	0.001,219
54	0.005,869	0.002,634	0.003,982	0.001,861	0.002,985	0.001,329
55	0.006,302	0.002,853	0.004,297	0.002,027	0.003,221	0.001,450
56	0.006,747	0.003,085	0.004,636	0.002,208	0.003,469	0.001,585
57	0.007,227	0.003,342	0.004,999	0.002,403	0.003,731	0.001,736
58	0.007,770	0.003,638	0.005,389	0.002,613	0.004,014	0.001,905
59	0.008,403	0.003,990	0.005,807	0.002,840	0.004,323	0.002,097
60	0.009,161	0.004,414	0.006,258	0.003,088	0.004,660	0.002,315
61	0.010,065	0.004,923	0.006,742	0.003,366	0.005,034	0.002,561
62	0.011,129	0.005,529	0.007,261	0.003,684	0.005,448	0.002,836
63	0.012,360	0.006,244	0.007,815	0.004,055	0.005,909	0.003,137
64	0.013,771	0.007,078	0.008,405	0.004,495	0.006,422	0.003,468
65	0.015,379	0.008,045	0.009,039	0.005,016	0.006,988	0.003,835
66	0.017,212	0.009,165	0.009,738	0.005,626	0.007,610	0.004,254
67	0.019,304	0.010,460	0.010,538	0.006,326	0.008,292	0.004,740
68	0.021,691	0.011,955	0.011,496	0.007,115	0.009,046	0.005,302
69	0.024,411	0.013,674	0.012,686	0.008,000	0.009,897	0.005,943
70	0.027,495	0.015,643	0.014,192	0.009,007	0.010,888	0.006,660
71	0.030,965	0.017,887	0.016,106	0.010,185	0.012,080	0.007,460

附錄3(續2)

年齡	非養老類業務一表		非養老類業務二表		養老類業務表	
	男(CL1)	女(CL2)	男(CL3)	女(CL4)	男(CL5)	女(CL6)
72	0. 034, 832	0. 020, 432	0. 018, 517	0. 011, 606	0. 013, 550	0. 008, 369
73	0. 039, 105	0. 023, 303	0. 021, 510	0. 013, 353	0. 015, 387	0. 009, 436
74	0. 043, 796	0. 026, 528	0. 025, 151	0. 015, 508	0. 017, 686	0. 010, 730
75	0. 048, 921	0. 030, 137	0. 029, 490	0. 018, 134	0. 020, 539	0. 012, 332
76	0. 054, 506	0. 034, 165	0. 034, 545	0. 021, 268	0. 024, 017	0. 014, 315
77	0. 060, 586	0. 038, 653	0. 040, 310	0. 024, 916	0. 028, 162	0. 016, 734
78	0. 067, 202	0. 043, 648	0. 046, 747	0. 029, 062	0. 032, 978	0. 019, 619
79	0. 074, 400	0. 049, 205	0. 053, 801	0. 033, 674	0. 038, 437	0. 022, 971
80	0. 082, 220	0. 055, 385	0. 061, 403	0. 038, 718	0. 044, 492	0. 026, 770
81	0. 090, 700	0. 062, 254	0. 069, 485	0. 044, 160	0. 051, 086	0. 030, 989
82	0. 099, 868	0. 069, 880	0. 077, 987	0. 049, 977	0. 058, 173	0. 035, 598
83	0. 109, 754	0. 078, 320	0. 086, 872	0. 056, 157	0. 065, 722	0. 040, 576
84	0. 120, 388	0. 087, 611	0. 096, 130	0. 062, 695	0. 073, 729	0. 045, 915
85	0. 131, 817	0. 097, 754	0. 105, 786	0. 069, 596	0. 082, 223	0. 051, 616
86	0. 144, 105	0. 108, 704	0. 115, 900	0. 076, 863	0. 091, 239	0. 057, 646
87	0. 157, 334	0. 120, 371	0. 126, 569	0. 084, 501	0. 100, 900	0. 064, 084
88	0. 171, 609	0. 132, 638	0. 137, 917	0. 092, 504	0. 111, 321	0. 070, 942
89	0. 187, 046	0. 145, 395	0. 150, 089	0. 100, 864	0. 122, 608	0. 078, 241
90	0. 203, 765	0. 158, 572	0. 163, 239	0. 109, 567	0. 134, 870	0. 086, 003
91	0. 221, 873	0. 172, 172	0. 177, 519	0. 118, 605	0. 148, 212	0. 094, 249
92	0. 241, 451	0. 186, 294	0. 193, 067	0. 127, 985	0. 162, 742	0. 103, 002
93	0. 262, 539	0. 201, 129	0. 209, 999	0. 137, 743	0. 178, 566	0. 112, 281
94	0. 285, 129	0. 216, 940	0. 228, 394	0. 147, 962	0. 195, 793	0. 122, 109
95	0. 309, 160	0. 234, 026	0. 248, 299	0. 158, 777	0. 214, 499	0. 132, 540
96	0. 334, 529	0. 252, 673	0. 269, 718	0. 170, 380	0. 234, 650	0. 143, 757
97	0. 361, 101	0. 273, 112	0. 292, 621	0. 183, 020	0. 256, 180	0. 155, 979
98	0. 388, 727	0. 295, 478	0. 316, 951	0. 196, 986	0. 279, 025	0. 169, 421
99	0. 417, 257	0. 319, 794	0. 342, 628	0. 212, 604	0. 303, 120	0. 184, 301
100	0. 446, 544	0. 345, 975	0. 369, 561	0. 230, 215	0. 328, 401	0. 200, 836
101	0. 476, 447	0. 373, 856	0. 397, 652	0. 250, 172	0. 354, 803	0. 219, 242
102	0. 506, 830	0. 403, 221	0. 426, 801	0. 272, 831	0. 382, 261	0. 239, 737
103	0. 537, 558	0. 433, 833	0. 456, 906	0. 298, 551	0. 410, 710	0. 262, 537
104	0. 568, 497	0. 465, 447	0. 487, 867	0. 327, 687	0. 440, 086	0. 287, 859
105	1	1	1	1	1	1

資料來源:中國保監會關於發佈《中國人身保險業經驗生命表(2010—2013)》的通知。http://www. circ. gov. cn/web/site0/tab5, 216/info4, 054, 990. htm.

附錄 4　中國人身保險業經驗生命表(一類非養老金業務男子表)[CL1(2010—2013)]

x	q_x	p_x	l_x	d_x	L_x	T_x	e_x	$\mathring{e}_x$
0	0.000,867	0.999,133	100,000	87	99,956.65	7,642,014.19	76.42	75.92
1	0.000,615	0.999,385	99,913	61	99,882.58	7,542,057.54	75.49	74.99
2	0.000,445	0.999,555	99,852	44	99,829.64	7,442,174.96	74.53	74.03
3	0.000,339	0.999,661	99,807	34	99,790.50	7,342,345.32	73.57	73.07
4	0.000,280	0.999,720	99,774	28	99,759.62	7,242,554.82	72.59	72.09
5	0.000,251	0.999,749	99,746	25	99,733.13	7,142,795.21	71.61	71.11
6	0.000,237	0.999,763	99,721	24	99,708.79	7,043,062.08	70.63	70.13
7	0.000,233	0.999,767	99,697	23	99,685.36	6,943,353.28	69.64	69.14
8	0.000,238	0.999,762	99,674	24	99,661.89	6,843,667.92	68.66	68.16
9	0.000,250	0.999,750	99,650	25	99,637.57	6,744,006.03	67.68	67.18
10	0.000,269	0.999,731	99,625	27	99,611.71	6,644,368.46	66.69	66.19
11	0.000,293	0.999,707	99,598	29	99,583.72	6,544,756.75	65.71	65.21
12	0.000,319	0.999,681	99,569	32	99,553.25	6,445,173.02	64.73	64.23
13	0.000,347	0.999,653	99,537	35	99,520.10	6,345,619.77	63.75	63.25
14	0.000,375	0.999,625	99,503	37	99,484.17	6,246,099.67	62.77	62.27
15	0.000,402	0.999,598	99,466	40	99,445.52	6,146,615.50	61.80	61.30
16	0.000,427	0.999,573	99,426	42	99,404.30	6,047,169.97	60.82	60.32
17	0.000,449	0.999,551	99,383	45	99,360.77	5,947,765.67	59.85	59.35
18	0.000,469	0.999,531	99,338	47	99,315.16	5,848,404.90	58.87	58.37
19	0.000,489	0.999,511	99,292	49	99,267.59	5,749,089.75	57.90	57.40
20	0.000,508	0.999,492	99,243	50	99,218.10	5,649,822.16	56.93	56.43
21	0.000,527	0.999,473	99,193	52	99,166.76	5,550,604.06	55.96	55.46
22	0.000,547	0.999,453	99,141	54	99,113.51	5,451,437.30	54.99	54.49
23	0.000,568	0.999,432	99,086	56	99,058.25	5,352,323.79	54.02	53.52
24	0.000,591	0.999,409	99,030	59	99,000.85	5,253,265.54	53.05	52.55
25	0.000,615	0.999,385	98,972	61	98,941.15	5,154,264.70	52.08	51.58
26	0.000,644	0.999,356	98,911	64	98,878.87	5,055,323.55	51.11	50.61
27	0.000,675	0.999,325	98,847	67	98,813.66	4,956,444.68	50.14	49.64
28	0.000,711	0.999,289	98,780	70	98,745.18	4,857,631.03	49.18	48.68
29	0.000,751	0.999,249	98,710	74	98,673.00	4,758,885.85	48.21	47.71
30	0.000,797	0.999,203	98,636	79	98,596.62	4,660,212.85	47.25	46.75
31	0.000,847	0.999,153	98,557	83	98,515.58	4,561,616.23	46.28	45.78
32	0.000,903	0.999,097	98,474	89	98,429.38	4,463,100.65	45.32	44.82
33	0.000,966	0.999,034	98,385	95	98,337.40	4,364,671.27	44.36	43.86

x	q_x	p_x	l_x	d_x	L_x	T_x	e_x	$\mathring{e}_x$
34	0.001,035	0.998,965	98,290	102	98,239.01	4,266,333.87	43.41	42.91
35	0.001,111	0.998,889	98,188	109	98,133.60	4,168,094.86	42.45	41.95
36	0.001,196	0.998,804	98,079	117	98,020.41	4,069,961.26	41.50	41.00
37	0.001,290	0.998,710	97,962	126	97,898.57	3,971,940.85	40.55	40.05
38	0.001,395	0.998,605	97,835	136	97,767.15	3,874,042.27	39.60	39.10
39	0.001,515	0.998,485	97,699	148	97,624.90	3,776,275.13	38.65	38.15
40	0.001,651	0.998,349	97,551	161	97,470.37	3,678,650.23	37.71	37.21
41	0.001,804	0.998,196	97,390	176	97,301.99	3,581,179.86	36.77	36.27
42	0.001,978	0.998,022	97,214	192	97,118.00	3,483,877.87	35.84	35.34
43	0.002,173	0.997,827	97,022	211	96,916.44	3,386,759.87	34.91	34.41
44	0.002,393	0.997,607	96,811	232	96,695.19	3,289,843.43	33.98	33.48
45	0.002,639	0.997,361	96,579	255	96,451.92	3,193,148.23	33.06	32.56
46	0.002,913	0.997,087	96,324	281	96,184.19	3,096,696.31	32.15	31.65
47	0.003,213	0.996,787	96,044	309	95,889.60	3,000,512.12	31.24	30.74
48	0.003,538	0.996,462	95,735	339	95,565.95	2,904,622.52	30.34	29.84
49	0.003,884	0.996,116	95,397	371	95,211.33	2,809,056.58	29.45	28.95
50	0.004,249	0.995,751	95,026	404	94,824.19	2,713,845.24	28.56	28.06
51	0.004,633	0.995,367	94,622	438	94,403.11	2,619,021.06	27.68	27.18
52	0.005,032	0.994,968	94,184	474	93,946.95	2,524,617.94	26.81	26.31
53	0.005,445	0.994,555	93,710	510	93,454.86	2,430,670.99	25.94	25.44
54	0.005,869	0.994,131	93,200	547	92,926.24	2,337,216.13	25.08	24.58
55	0.006,302	0.993,698	92,653	584	92,360.80	2,244,289.88	24.22	23.72
56	0.006,747	0.993,253	92,069	621	91,758.26	2,151,929.09	23.37	22.87
57	0.007,227	0.992,773	91,448	661	91,117.21	2,060,170.83	22.53	22.03
58	0.007,770	0.992,230	90,787	705	90,434.06	1,969,053.62	21.69	21.19
59	0.008,403	0.991,597	90,081	757	89,702.88	1,878,619.55	20.85	20.35
60	0.009,161	0.990,839	89,324	818	88,915.25	1,788,916.67	20.03	19.53
61	0.010,065	0.989,935	88,506	891	88,060.69	1,700,001.42	19.21	18.71
62	0.011,129	0.988,871	87,615	975	87,127.75	1,611,940.73	18.40	17.90
63	0.012,360	0.987,640	86,640	1,071	86,104.78	1,524,812.98	17.60	17.10
64	0.013,771	0.986,229	85,569	1,178	84,980.16	1,438,708.20	16.81	16.31
65	0.015,379	0.984,621	84,391	1,298	83,742.04	1,353,728.04	16.04	15.54
66	0.017,212	0.982,788	83,093	1,430	82,378.02	1,269,986.00	15.28	14.78
67	0.019,304	0.980,696	81,663	1,576	80,874.71	1,187,607.98	14.54	14.04
68	0.021,691	0.978,309	80,086	1,737	79,217.92	1,106,733.27	13.82	13.32

附錄4(續2)

x	q_x	p_x	l_x	d_x	L_x	T_x	e_x	$\mathring{e}_x$
69	0.024,411	0.975,589	78,349	1,913	77,393.05	1,027,515.35	13.11	12.61
70	0.027,495	0.972,505	76,437	2,102	75,385.94	950,122.29	12.43	11.93
71	0.030,965	0.969,035	74,335	2,302	73,184.24	874,736.35	11.77	11.27
72	0.034,832	0.965,168	72,033	2,509	70,778.81	801,552.12	11.13	10.63
73	0.039,105	0.960,895	69,524	2,719	68,164.90	730,773.31	10.51	10.01
74	0.043,796	0.956,204	66,806	2,926	65,342.62	662,608.40	9.92	9.42
75	0.048,921	0.951,079	63,880	3,125	62,317.18	597,265.78	9.35	8.85
76	0.054,506	0.945,494	60,755	3,311	59,098.91	534,948.60	8.81	8.31
77	0.060,586	0.939,414	57,443	3,480	55,703.04	475,849.69	8.28	7.78
78	0.067,202	0.932,798	53,963	3,626	52,149.70	420,146.65	7.79	7.29
79	0.074,400	0.925,600	50,336	3,745	48,463.98	367,996.95	7.31	6.81
80	0.082,220	0.917,780	46,591	3,831	44,676.08	319,532.97	6.86	6.36
81	0.090,700	0.909,300	42,761	3,878	40,821.51	274,856.89	6.43	5.93
82	0.099,868	0.900,132	38,882	3,883	36,940.76	234,035.38	6.02	5.52
83	0.109,754	0.890,246	34,999	3,841	33,078.56	197,094.61	5.63	5.13
84	0.120,388	0.879,612	31,158	3,751	29,282.39	164,016.05	5.26	4.76
85	0.131,817	0.868,183	27,407	3,613	25,600.53	134,733.66	4.92	4.42
86	0.144,105	0.855,895	23,794	3,429	22,079.75	109,133.13	4.59	4.09
87	0.157,334	0.842,666	20,365	3,204	18,763.24	87,053.38	4.27	3.77
88	0.171,609	0.828,391	17,161	2,945	15,688.66	68,290.14	3.98	3.48
89	0.187,046	0.812,954	14,216	2,659	12,886.62	52,601.48	3.70	3.20
90	0.203,765	0.796,235	11,557	2,355	10,379.61	39,714.87	3.44	2.94
91	0.221,873	0.778,127	9,202	2,042	8,181.30	29,335.25	3.19	2.69
92	0.241,451	0.758,549	7,160	1,729	6,295.99	21,153.96	2.95	2.45
93	0.262,539	0.737,461	5,432	1,426	4,718.55	14,857.96	2.74	2.24
94	0.285,129	0.714,871	4,006	1,142	3,434.50	10,139.41	2.53	2.03
95	0.309,160	0.690,840	2,863	885	2,420.82	6,704.91	2.34	1.84
96	0.334,529	0.665,471	1,978	662	1,647.31	4,284.09	2.17	1.67
97	0.361,101	0.638,899	1,316	475	1,078.75	2,636.78	2.00	1.50
98	0.388,727	0.611,273	841	327	677.59	1,558.04	1.85	1.35
99	0.417,257	0.582,743	514	215	406.86	880.44	1.71	1.21
100	0.446,544	0.553,456	300	134	232.71	473.58	1.58	1.08
101	0.476,447	0.523,553	166	79	126.31	240.88	1.45	0.95
102	0.506,830	0.493,170	87	44	64.81	114.56	1.32	0.82
103	0.537,558	0.462,442	43	23	31.31	49.75	1.16	0.66
104	0.568,497	0.431,503	20	11	14.17	18.44	0.93	0.43
105	1	0	9	9	4.27	4.27	0.50	0.00

附錄5　中國人身保險業經驗生命表的替換函數表[CL1(2010—2013)2.5%]

x	D_x	N_x	S_x	C_x	M_x	R_x
0	100,000.00	3,439,036.85	94,620,963.32	84.59	16,121.05	1,131,208.48
1	97,476.39	3,339,036.85	91,181,926.47	58.49	16,036.47	1,115,087.42
2	95,040.43	3,241,560.46	87,842,889.62	41.26	15,977.98	1,099,050.96
3	92,681.11	3,146,520.03	84,601,329.16	30.65	15,936.72	1,083,072.97
4	90,389.94	3,053,838.92	81,454,809.13	24.69	15,906.07	1,067,136.26
5	88,160.62	2,963,448.97	78,400,970.22	21.59	15,881.38	1,051,230.19
6	85,988.77	2,875,288.36	75,437,521.24	19.88	15,859.79	1,035,348.81
7	83,871.60	2,789,299.58	72,562,232.89	19.07	15,839.90	1,019,489.03
8	81,806.89	2,705,427.98	69,772,933.30	19.00	15,820.84	1,003,649.12
9	79,792.60	2,623,621.10	67,067,505.32	19.46	15,801.84	987,828.28
10	77,826.98	2,543,828.49	64,443,884.23	20.42	15,782.38	972,026.44
11	75,908.34	2,466,001.51	61,900,055.73	21.70	15,761.96	956,244.06
12	74,035.21	2,390,093.18	59,434,054.22	23.04	15,740.26	940,482.10
13	72,206.44	2,316,057.96	57,043,961.04	24.44	15,717.22	924,741.84
14	70,420.86	2,243,851.53	54,727,903.08	25.76	15,692.77	909,024.62
15	68,677.51	2,173,430.67	52,484,051.55	26.93	15,667.01	893,331.85
16	66,975.52	2,104,753.15	50,310,620.89	27.90	15,640.07	877,664.84
17	65,314.07	2,037,777.64	48,205,867.73	28.61	15,612.17	862,024.77
18	63,692.43	1,972,463.57	46,168,090.09	29.14	15,583.56	846,412.59
19	62,109.81	1,908,771.14	44,195,626.52	29.63	15,554.42	830,829.03
20	60,565.31	1,846,661.33	42,286,855.38	30.02	15,524.79	815,274.61
21	59,058.09	1,786,096.02	40,440,194.05	30.36	15,494.77	799,749.82
22	57,587.28	1,727,037.93	38,654,098.03	30.73	15,464.41	784,255.05
23	56,151.98	1,669,450.65	36,927,060.10	31.12	15,433.68	768,790.64
24	54,751.31	1,613,298.66	35,257,609.46	31.57	15,402.56	753,356.97
25	53,384.34	1,558,547.36	33,644,310.80	32.03	15,370.99	737,954.41
26	52,050.25	1,505,163.02	32,085,763.44	32.70	15,338.96	722,583.42
27	50,748.03	1,453,112.76	30,580,600.42	33.42	15,306.26	707,244.46
28	49,476.86	1,402,364.73	29,127,487.66	34.32	15,272.84	691,938.20
29	48,235.78	1,352,887.88	27,725,122.93	35.34	15,238.52	676,665.37
30	47,023.96	1,304,652.09	26,372,235.05	36.56	15,203.18	661,426.85
31	45,840.47	1,257,628.14	25,067,582.96	37.88	15,166.61	646,223.67
32	44,684.53	1,211,787.67	23,809,954.82	39.37	15,128.73	631,057.06
33	43,555.30	1,167,103.14	22,598,167.15	41.05	15,089.37	615,928.33

附錄5(續1)

x	D_x	N_x	S_x	C_x	M_x	R_x
34	42, 451. 92	1, 123, 547. 84	21, 431, 064. 01	42. 87	15, 048. 32	600, 838. 96
35	41, 373. 64	1, 081, 095. 92	20, 307, 516. 17	44. 84	15, 005. 45	585, 790. 65
36	40, 319. 69	1, 039, 722. 28	19, 226, 420. 25	47. 05	14, 960. 61	570, 785. 20
37	39, 289. 23	999, 402. 59	18, 186, 697. 97	49. 45	14, 913. 56	555, 824. 59
38	38, 281. 51	960, 113. 36	17, 187, 295. 38	52. 10	14, 864. 11	540, 911. 03
39	37, 295. 72	921, 831. 84	16, 227, 182. 03	55. 12	14, 812. 01	526, 046. 92
40	36, 330. 94	884, 536. 13	15, 305, 350. 19	58. 52	14, 756. 89	511, 234. 90
41	35, 386. 30	848, 205. 19	14, 420, 814. 06	62. 28	14, 698. 37	496, 478. 01
42	34, 460. 94	812, 818. 89	13, 572, 608. 87	66. 50	14, 636. 09	481, 779. 65
43	33, 553. 93	778, 357. 95	12, 759, 789. 98	71. 13	14, 569. 59	467, 143. 56
44	32, 664. 41	744, 804. 02	11, 981, 432. 04	76. 26	14, 498. 45	452, 573. 97
45	31, 791. 45	712, 139. 61	11, 236, 628. 02	81. 85	14, 422. 19	438, 075. 52
46	30, 934. 20	680, 348. 16	10, 524, 488. 41	87. 91	14, 340. 34	423, 653. 32
47	30, 091. 79	649, 413. 96	9, 844, 140. 24	94. 33	14, 252. 43	409, 312. 98
48	29, 263. 52	619, 322. 17	9, 194, 726. 28	101. 01	14, 158. 10	395, 060. 55
49	28, 448. 77	590, 058. 65	8, 575, 404. 12	107. 80	14, 057. 09	380, 902. 45
50	27, 647. 10	561, 609. 88	7, 985, 345. 47	114. 61	13, 949. 29	366, 845. 35
51	26, 858. 17	533, 962. 78	7, 423, 735. 59	121. 40	13, 834. 69	352, 896. 06
52	26, 081. 69	507, 104. 61	6, 889, 772. 81	128. 04	13, 713. 29	339, 061. 38
53	25, 317. 51	481, 022. 92	6, 382, 668. 19	134. 49	13, 585. 24	325, 348. 09
54	24, 565. 52	455, 705. 41	5, 901, 645. 27	140. 66	13, 450. 75	311, 762. 84
55	23, 825. 70	431, 139. 89	5, 445, 939. 86	146. 49	13, 310. 09	298, 312. 09
56	23, 098. 10	407, 314. 19	5, 014, 799. 97	152. 04	13, 163. 61	285, 002. 00
57	22, 382. 69	384, 216. 09	4, 607, 485. 78	157. 81	13, 011. 57	271, 838. 39
58	21, 678. 96	361, 833. 40	4, 223, 269. 69	164. 34	12, 853. 75	258, 826. 82
59	20, 985. 86	340, 154. 44	3, 861, 436. 29	172. 04	12, 689. 41	245, 973. 07
60	20, 301. 97	319, 168. 58	3, 521, 281. 85	181. 45	12, 517. 37	233, 283. 66
61	19, 625. 35	298, 866. 61	3, 202, 113. 27	192. 71	12, 335. 92	220, 766. 29
62	18, 953. 97	279, 241. 26	2, 903, 246. 66	205. 79	12, 143. 21	208, 430. 36
63	18, 285. 89	260, 287. 29	2, 624, 005. 40	220. 50	11, 937. 42	196, 287. 16
64	17, 619. 39	242, 001. 40	2, 363, 718. 11	236. 72	11, 716. 91	184, 349. 74
65	16, 952. 93	224, 382. 01	2, 121, 716. 71	254. 36	11, 480. 20	172, 632. 82
66	16, 285. 08	207, 429. 08	1, 897, 334. 70	273. 46	11, 225. 84	161, 152. 63
67	15, 614. 42	191, 144. 00	1, 689, 905. 61	294. 07	10, 952. 37	149, 926. 79
68	14, 939. 51	175, 529. 58	1, 498, 761. 61	316. 15	10, 658. 30	138, 974. 42

x	D_x	N_x	S_x	C_x	M_x	R_x
69	14, 258. 99	160, 590. 07	1, 323, 232. 03	339. 59	10, 342. 16	128, 316. 11
70	13, 571. 62	146, 331. 08	1, 162, 641. 96	364. 05	10, 002. 57	117, 973. 96
71	12, 876. 55	132, 759. 46	1, 016, 310. 88	389. 00	9, 638. 52	107, 971. 39
72	12, 173. 49	119, 882. 91	883, 551. 42	413. 69	9, 249. 52	98, 332. 87
73	11, 462. 89	107, 709. 41	763, 668. 51	437. 32	8, 835. 84	89, 083. 35
74	10, 745. 99	96, 246. 52	655, 959. 10	459. 15	8, 398. 51	80, 247. 52
75	10, 024. 74	85, 500. 53	559, 712. 58	478. 46	7, 939. 36	71, 849. 00
76	9, 301. 77	75, 475. 79	474, 212. 06	494. 64	7, 460. 90	63, 909. 64
77	8, 580. 27	66, 174. 02	398, 736. 26	507. 16	6, 966. 26	56, 448. 74
78	7, 863. 83	57, 593. 75	332, 562. 25	515. 58	6, 459. 10	49, 482. 48
79	7, 156. 45	49, 729. 93	274, 968. 50	519. 45	5, 943. 52	43, 023. 38
80	6, 462. 45	42, 573. 48	225, 238. 57	518. 38	5, 424. 07	37, 079. 85
81	5, 786. 44	36, 111. 03	182, 665. 10	512. 03	4, 905. 69	31, 655. 78
82	5, 133. 28	30, 324. 58	146, 554. 07	500. 15	4, 393. 66	26, 750. 09
83	4, 507. 93	25, 191. 30	116, 229. 48	482. 70	3, 893. 51	22, 356. 44
84	3, 915. 29	20, 683. 37	91, 038. 18	459. 86	3, 410. 81	18, 462. 92
85	3, 359. 94	16, 768. 08	70, 354. 81	432. 09	2, 950. 96	15, 052. 11
86	2, 845. 89	13, 408. 15	53, 586. 73	400. 10	2, 518. 86	12, 101. 15
87	2, 376. 37	10, 562. 25	40, 178. 59	364. 77	2, 118. 76	9, 582. 29
88	1, 953. 65	8, 185. 88	29, 616. 33	327. 09	1, 753. 99	7, 463. 53
89	1, 578. 91	6, 232. 23	21, 430. 46	288. 13	1, 426. 91	5, 709. 54
90	1, 252. 28	4, 653. 32	15, 198. 23	248. 95	1, 138. 78	4, 282. 63
91	972. 79	3, 401. 04	10, 544. 91	210. 57	889. 83	3, 143. 85
92	738. 49	2, 428. 25	7, 143. 87	173. 96	679. 26	2, 254. 01
93	546. 52	1, 689. 77	4, 715. 61	139. 98	505. 30	1, 574. 75
94	393. 21	1, 143. 25	3, 025. 85	109. 38	365. 32	1, 069. 45
95	274. 24	750. 04	1, 882. 60	82. 71	255. 94	704. 13
96	184. 83	475. 81	1, 132. 56	60. 32	173. 23	448. 18
97	120. 00	290. 98	656. 75	42. 28	112. 90	274. 96
98	74. 80	170. 98	365. 77	28. 37	70. 63	162. 05
99	44. 61	96. 18	194. 80	18. 16	42. 26	91. 43
100	25. 36	51. 57	98. 62	11. 05	24. 10	49. 17
101	13. 69	26. 21	47. 05	6. 37	13. 05	25. 06
102	6. 99	12. 52	20. 84	3. 46	6. 69	12. 01
103	3. 37	5. 52	8. 32	1. 76	3. 23	5. 32
104	1. 52	2. 16	2. 80	0. 84	1. 47	2. 09
105	0. 64	0. 64	0. 64	0. 62	0. 62	0. 62

國家圖書館出版品預行編目(CIP)資料

壽險精算 / 卓志　編著. -- 第三版.
-- 臺北市 : 財經錢線文化出版 : 崧博發行, 2018.12

　面 ;　公分

ISBN 978-957-680-311-6(平裝)

1.人壽保險 2.保險數學

563.73　　107019770

書　名：壽險精算
作　者：卓志 編著
發行人：黃振庭
出版者：財經錢線文化事業有限公司
發行者：崧博出版事業有限公司
E-mail：sonbookservice@gmail.com
粉絲頁　　網　址：
地　址：台北市中正區延平南路六十一號五樓一室
8F.-815, No.61, Sec. 1, Chongqing S. Rd., Zhongzheng Dist., Taipei City 100, Taiwan (R.O.C.)
電　話：(02)2370-3310 傳　真：(02) 2370-3210
總經銷：紅螞蟻圖書有限公司
地　址：台北市內湖區舊宗路二段 121 巷 19 號
電　話：02-2795-3656　傳真：02-2795-4100　網址：
印　刷　：京峯彩色印刷有限公司（京峰數位）

定價：500元
發行日期：2018 年 12 月第三版
◎ 本書以POD印製發行